JN411566

상해박물관장전국초죽서

上海博物館藏戰國楚竹書

『공자시론(孔子詩論)』

The ShangHai Museum Chu slips-text KongZiShiLun

主編 · 整理注釋 馬承源(1927～2004) 浙江省 鎭海人. 前 上海博物館館長. 主要著書 : 『仰韶文化的彩陶』, 上海人民出版社, 1956年; 『上海博物館藏青銅器』, 上海人民出版社, 1964年; 『中國古代青銅器』, 上海人民出版社, 1982年; 『青銅禮器』, 台北幼獅文化事業公司, 1996年; 『上海博物館藏戰國楚竹書』 主編(第一～七冊), 上海古籍出版社, 2001～2011年; 『商周青銅器銘文選』, 文物出版社, 1987年; 『中國青銅器』, 上海古籍出版社, 1988年; 『中國文物精華大全』(青銅器卷), 商務印書館, 1993年; 『吳越地區青銅器論文集』, 香港兩目出版社, 1997年; 『中國青銅器全集』, 文物出版社, 1999年.

譯註 崔南圭 現 全北大學校 中語中文學科 敎授. 主要著作 : 『西周金文十八品-考釋과 臨書』, 崔南圭 考釋, 書藝文人畵, 2007.04; 『戰國時代 楚簡과 書藝』, 崔南圭 著, 書藝文人畵, 2008.08; 『中國古代金文의 理解(I)-殷商兩周青銅器金文100選解說』, 崔南圭 共著, 신아사, 2009.02; 『西周金文精選三十三篇』, 崔南圭 考釋, 書藝文人畵, 2010.2; 『中國古代金文의 理解(II)-臺灣故宮博物館所藏西周金文의 解說』, 신아사, 2010.12; 『郭店楚墓竹簡老子考釋』, 崔南圭 共著, 도서출판 덕, 2011.02.

상해박물관장전국초죽서上海博物館藏戰國楚竹書_ 『공자시론(孔子詩論)』

1판 1쇄 인쇄 2012년 3월 30일 **1판 1쇄 발행** 2012년 4월 10일

주편 · 정리주석 마승원 **역주** 최남규 **펴낸이** 박성모 **펴낸곳** 소명출판
등록 제13-522호 **주소** 137-878 서울시 서초구 서초동 1621-18 (란빌딩 1층)
대표전화 (02) 585-7840 **팩시밀리** (02) 585-7848
이메일 somyong@korea.com **홈페이지** www.somyong.co.kr

ISBN 978-89-5626-643-5 94820 값 27,000원, ⓒ 2012, 한국연구재단
ISBN 978-89-5626-642-8 (전3권)

이 번역도서는 2007년 정부재원(교육인적자원부 학술연구조성사업비)으로 한국연구재단의 지원에 의하여 연구되었음.

行此者丌又不王虐■ 孔=曰訔亡隱志樂亡隱情旻亡隱言

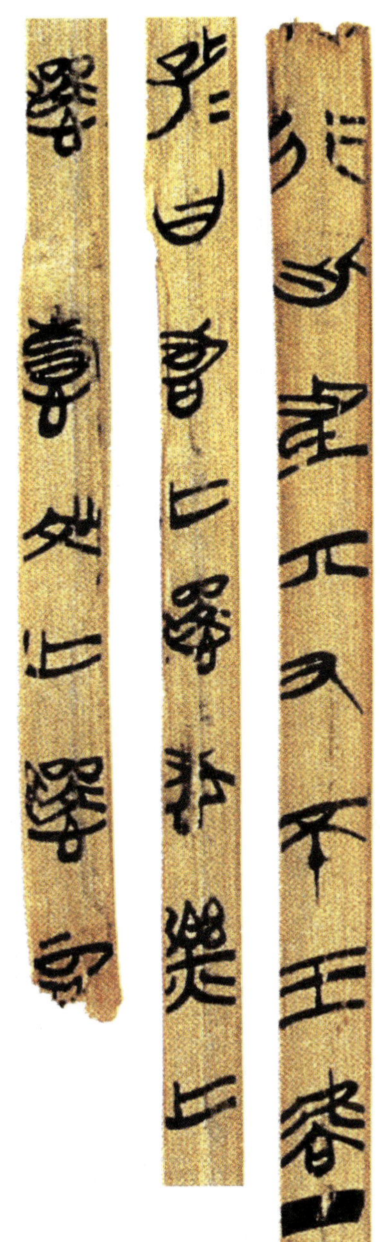

『공자시론(孔子詩論)』第1簡

寺也文王受命矣▪訟坪悳也多言逡丌樂安而屖丌訶紳而蓤▪丌思深而遠至矣▪大顕盛悳也多言

『공자시론(孔子詩論)』第2簡

也多言難而悹退者也衰矣少矣邦風丌内勿也尃儥人谷安大會材安丌言旻丌聖善孔=曰隹能夫

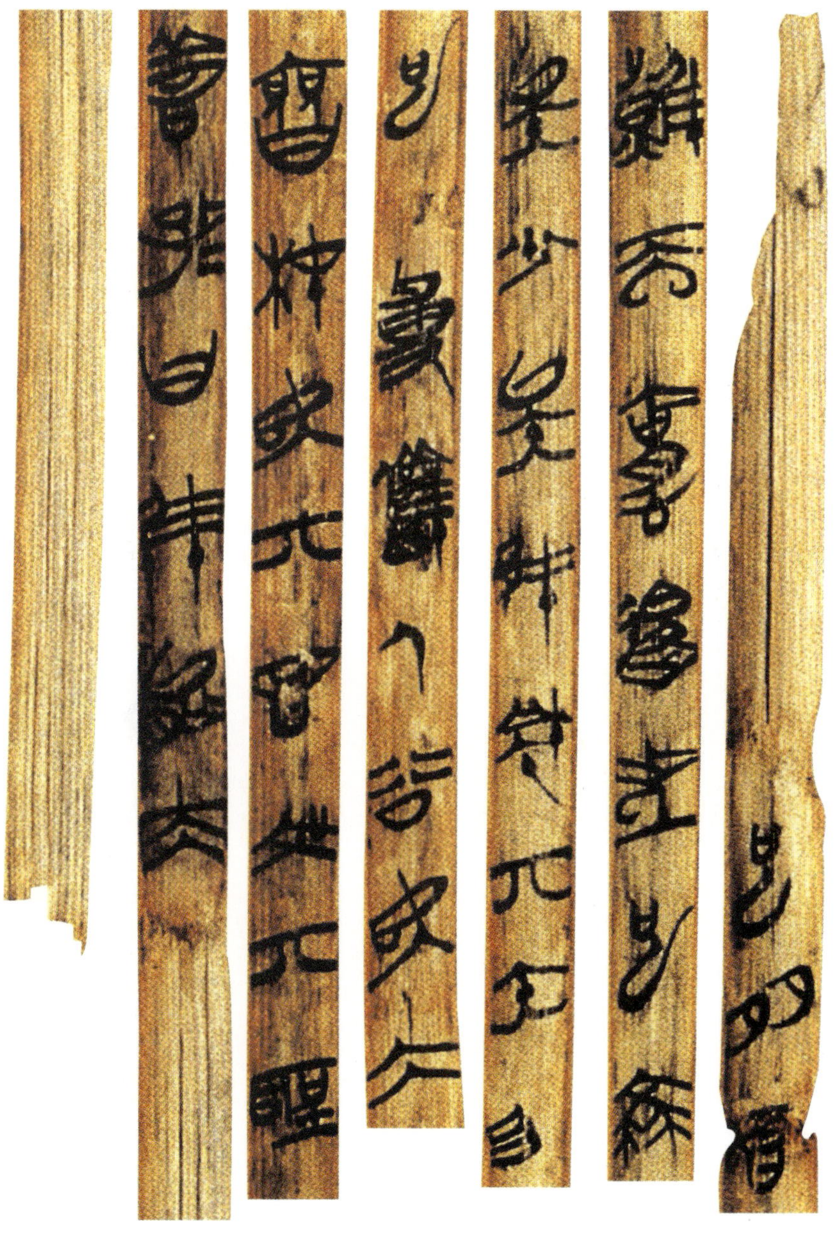

『공자시론(孔子詩論)』第3簡

曰詩丌猷坪門■與戏民而䘮之丌甬心也牆可女曰邦風氏也■民之又慼惓也卡=之不和者丌甬心也牆可女

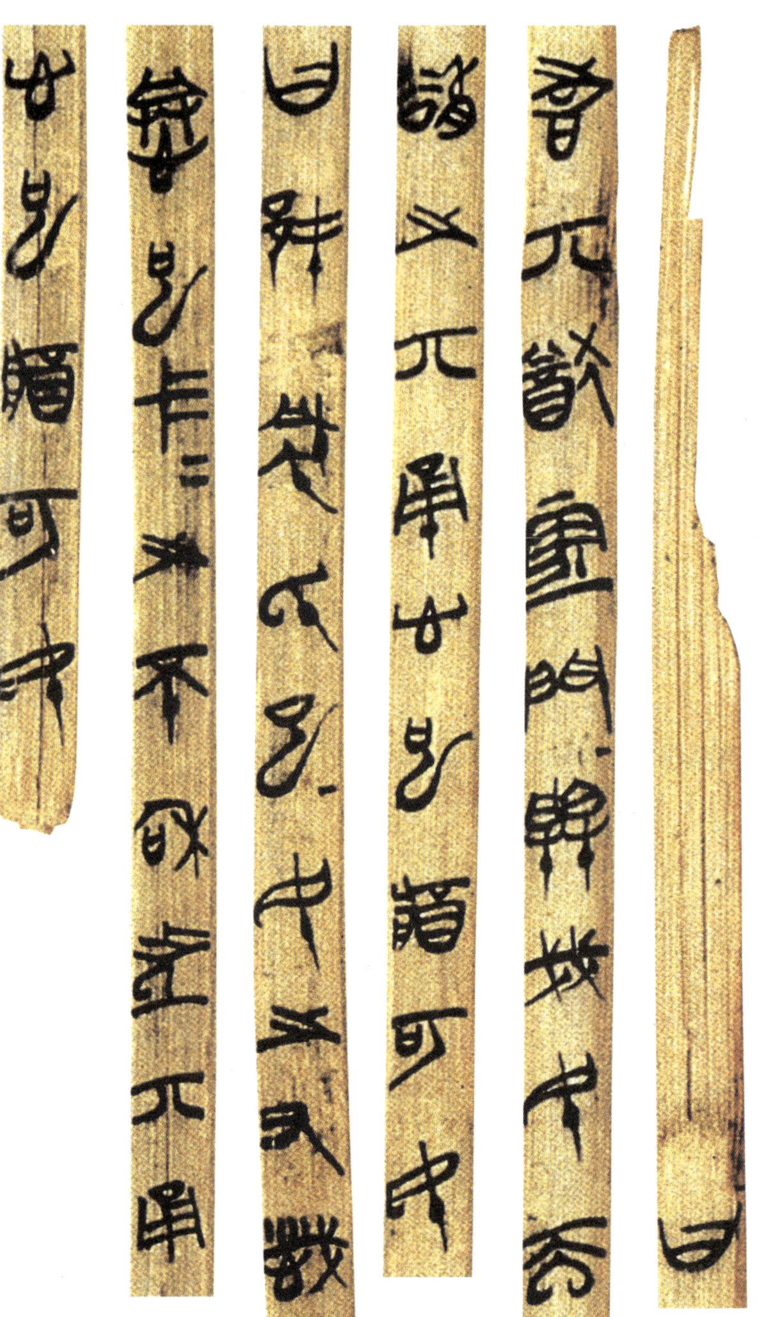

『공자시론(孔子詩論)』第4簡

氏也又城工者可女曰訟氏也▬清宙王悳也▪至矣敬宗宙之豊吕爲丌沓秉旻之悳吕爲丌䊢▪肅售

『공자시론(孔子詩論)』第5簡

多士秉旻之悳虗敬之剌旻曰乍競隹人不㬎隹悳於虐前王不忘虗敓之旲= 又城命二后受之貴㪺㬎矣訟

『공자시론(孔子詩論)』第6簡

褱爾⿱罒示悳害城胃之也又命自天命此文王城命之也■信矣■孔=曰此命也夫■文王隹谷也㝵虖此命也

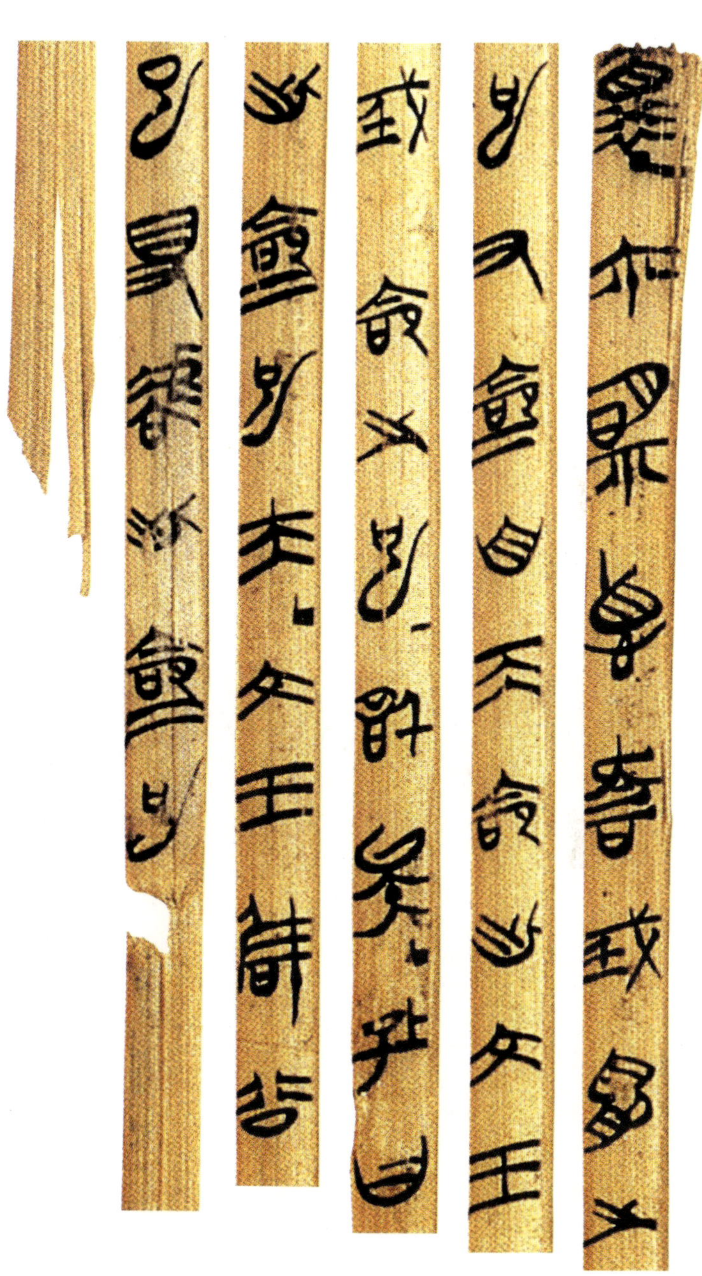

『공자시론(孔子詩論)』第7簡

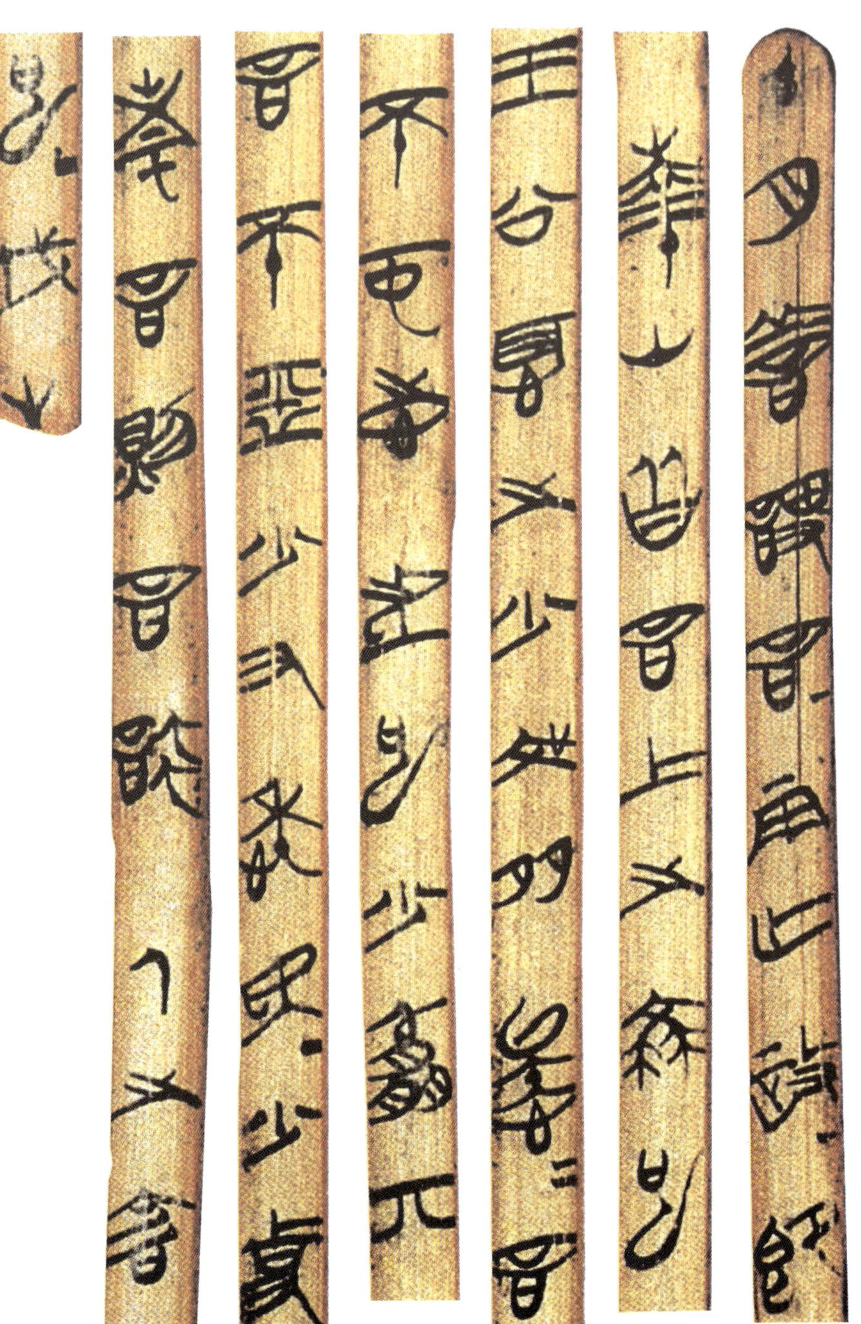

不亞少又恁安■少㝵考言則言讒人之害也■伐木

『공자시론(孔子詩論)』第8簡

賨咎於其也■天保丌㝵彔蔑疆矣巽寡悳古也■誶父之賕亦又㠯也■黃鳥則困而谷反丌古
也多恥者丌忞之虐䴖=者䖍則㠯人𦳣也棠=者芋則

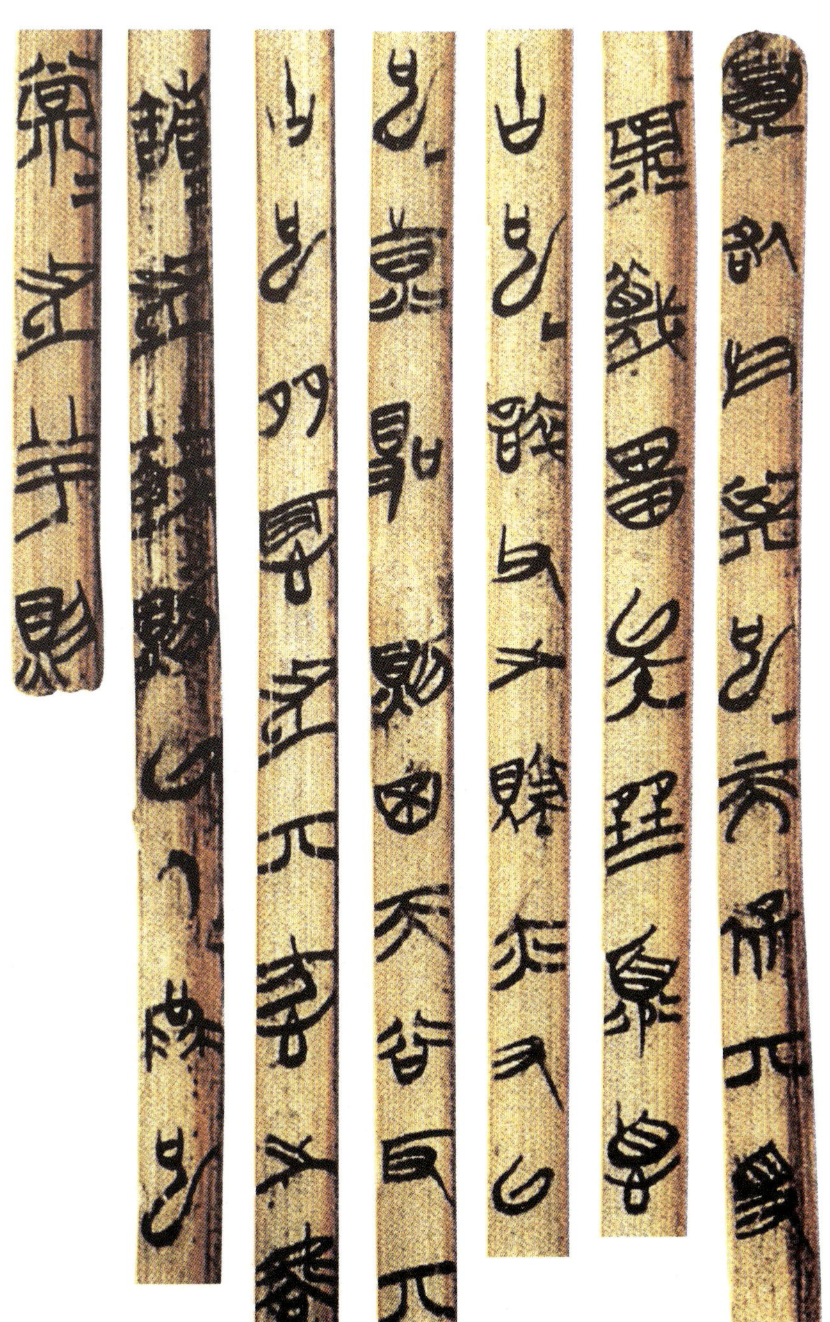

『공자시론(孔子詩論)』第9簡

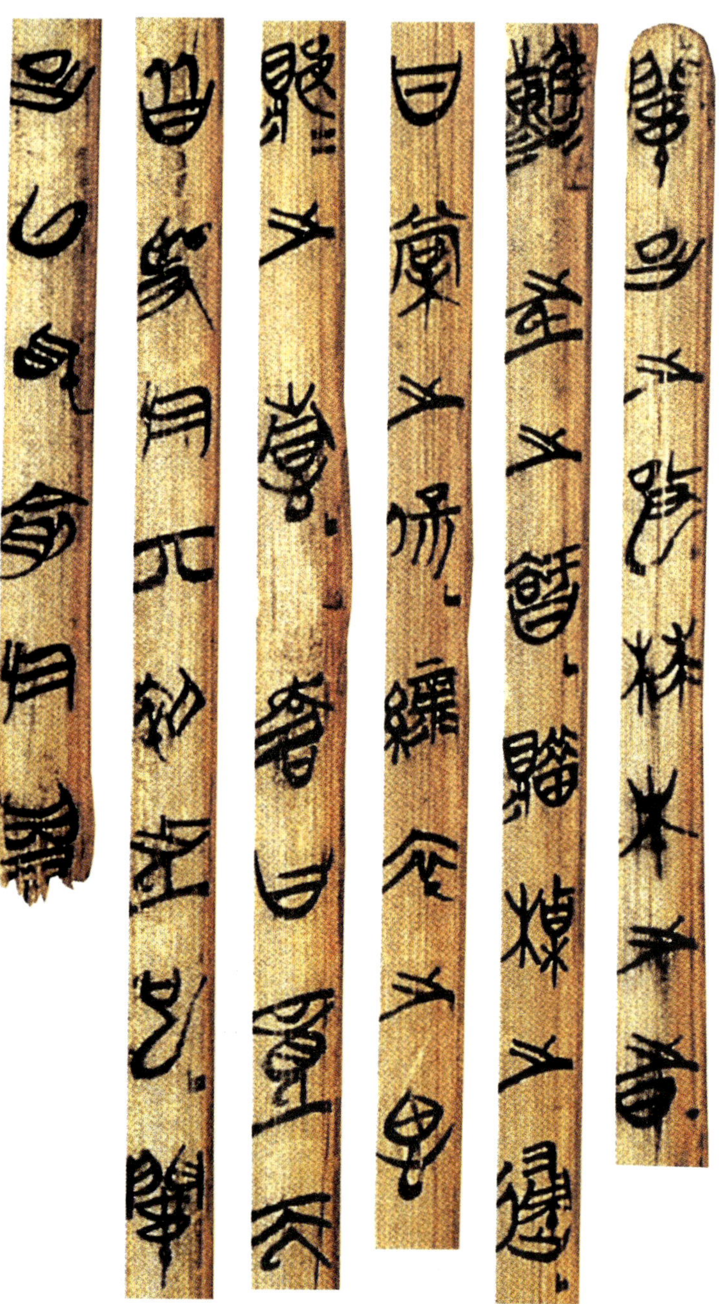

闗疋之攺▪梂木之皆▪灘圭之智▪䴗=鵲樔之逯▪甘棠之保▪绿衣之思▪燕=之情▪害曰童而皆臤於丌初者也▪闗疋㠯色俞於豊

『공자시론(孔子詩論)』第10簡

青蟋也■闈疋之改則丌思𧶞矣■梂木之㫖則㠯丌录也■灘㞷之智則智不可㝵也鵲槕之逿則𢕟者

『공자시론(孔子詩論)』第11簡

好反內於豊不亦能改虖■梂木福斯才晷=不

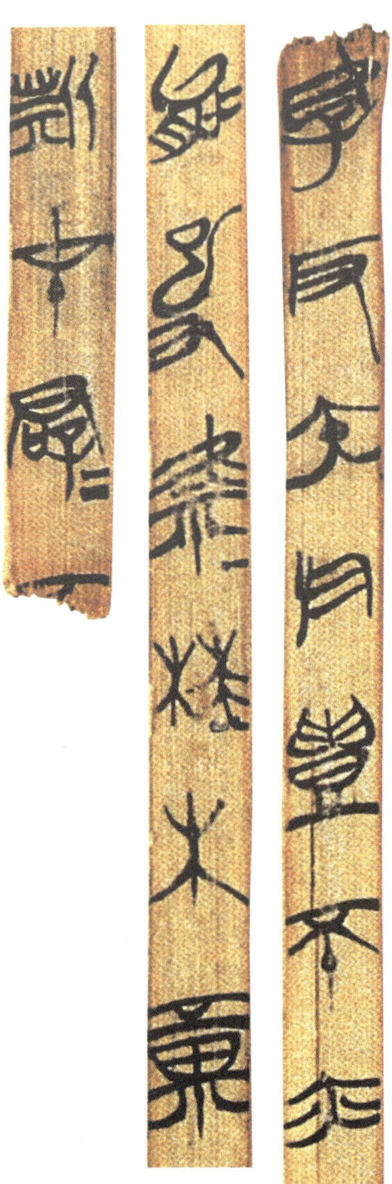

『공자시론(孔子詩論)』第12簡

可㝵不攵不可能不亦𣈬亙虐■䳡𣚍出𢀳百兩不亦又𨕗𧆛■甘

『공자시론(孔子詩論)』第13簡

兩矣■丌四章則俞矣■㠯𤦎𤨜之敓悆好色之忨㠯鐘鼓之樂

『공자시론(孔子詩論)』第14簡

及丌人敬蟋丌查丌保厚矣▪甘棠之蟋吕卲公

『공자시론(孔子詩論)』第15簡

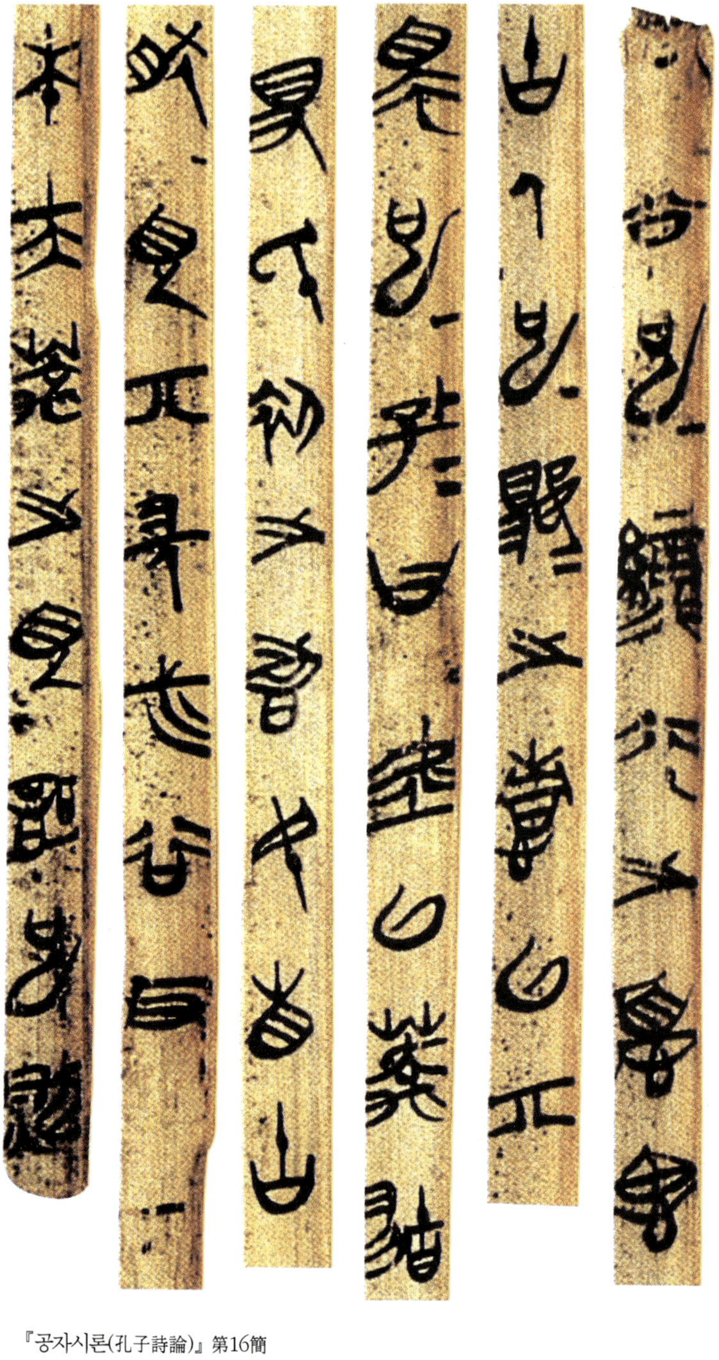

卲公也▪綠衣之𢡺思古人也▪𦢓=之情㠯丌蜀也▪孔=曰虗㠯蕁[illegible]㝵氏初之詩民眚古然▪見丌𡵂必谷反一本夫蕁之見訶也則

『공자시론(孔子詩論)』第16簡

東方未明又利詞▪ 牐中之言不可不韋也▪ 湯之水丌忎婦悡▪ 菜薾之忎婦

『공자시론(孔子詩論)』第17簡

因木苽之保吕俞丌㤅者也折杜則情憙丌至也▬

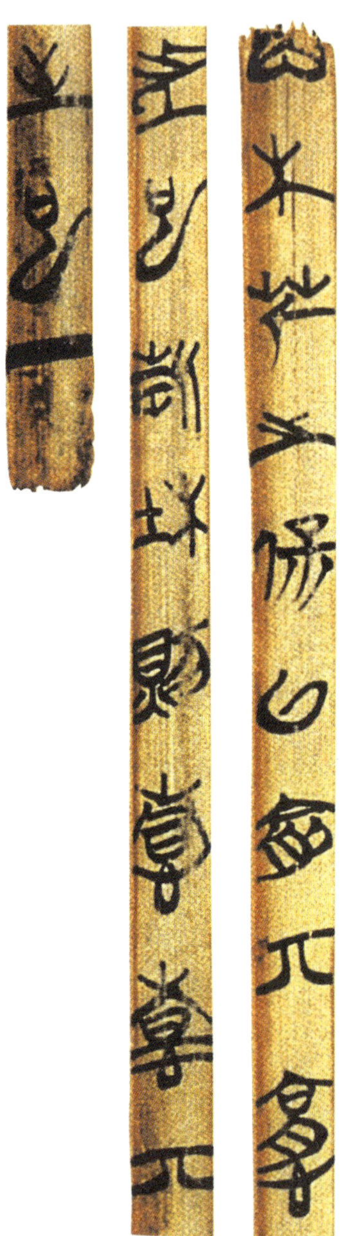

『공자시론(孔子詩論)』第18簡

志既曰天也猷又悥言▪木苽又藏忨而未㝵達也▪交

『공자시론(孔子詩論)』第19簡

番帛之不可迲也▪民眚古然丌隈志必又㠯俞也▪丌言又所載而后内或前之而后交人不
可觧也虗㠯折杜㝵雀

『공자시론(孔子詩論)』第20簡

貴也賷大車之嚚也則㠯爲不可女可也審雺之賺也丌猷乾與■孔=曰訶丘虛善之■於
差虛憙之■巳鵖虛信之■文王虛肙之淸

『공자시론(孔子詩論)』第21簡

之𠷎丘曰訇又情而亡望虗善之於差曰四矢㚅吕御𠰥虗惪之▪𡰥鴼曰丌義一氏心女

結也虗信之文王　王才上於卲于天虗㞯之

『공자시론(孔子詩論)』第22簡

鹿鳴㠯樂詞而會㠯道交見善而斈冬虖不猒人■兔虘丌甬人則虘取

『공자시론(孔子詩論)』第23簡

亓人必敬亓立敓亓人必好亓所爲亞亓人者亦然

『공자시론(孔子詩論)』第24簡

腸=少人▪又兔不弄旹▪大田之㚇章智言而又豊▪少明不

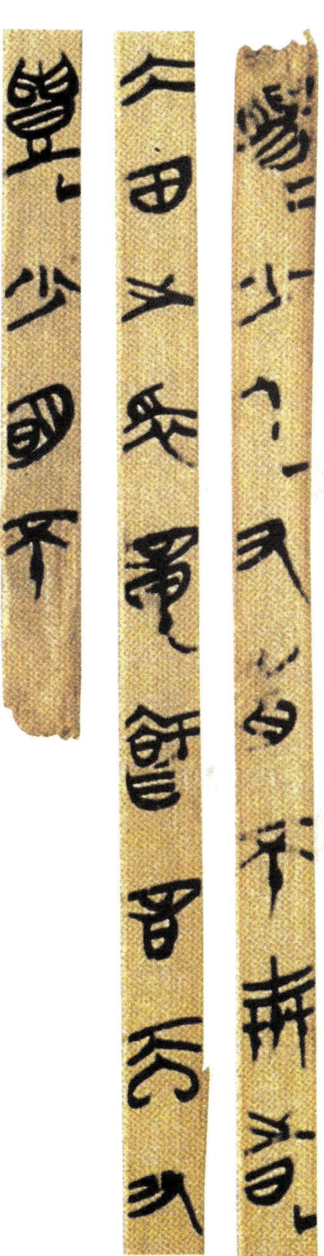

『공자시론(孔子詩論)』第25簡

忠▪北白舟悶▪浴風恖▪翏莪又孝志▪隓又長楚㝵而悬之也

『공자시론(孔子詩論)』第26簡

女此可斯雀之矣䢅丌所忎必曰虗奚舍之賓贈氏也孔=曰七衜智難■中氏君子■北風
不幽人之怨子立不

『공자시론(孔子詩論)』第27簡

亞而不廈𤖨又薺慙窨而不智言▪青蠅智

『공자시론(孔子詩論)』第28簡

卷而不智人■涉秦丌幽律而士■角幡婦■河水智

『공자시론(孔子詩論)』第29簡

상해박물관장전국초죽서
『공자시론』

上海博物館藏戰國楚竹書
『孔子詩論』

마승원 주편 · 정리주석
최남규 역주

소명출판

◆ 일러두기

1. 본『上海博物館藏戰國楚竹書』는 각 편 주석이 완성되는 대로 색인을 포함하여 차례로 발표하기로 한다.
2. 발표하는 모든 편들은, 먼저 순서에 맞게 배열한 전체 죽간 도판을 앞부분에 수록하고, 다시 각 죽간을 확대한 컬러도판을 수록하기로 한다. 이는 전문 학자들이 죽간을 연구 감상하고 문자 형태를 쉽게 인식할 수 있는 자료를 제공해 주기 위한 것이다. 각 편에는 또한 그에 상응하는 주석을 달기로 한다.
3. 내용이 상당히 복잡하여 주석 이외의 설명이 더욱 필요한 경우에는 부록에서 부가 설명하기로 한다. 주석에서 인용하는 전적(典籍)은 한대(漢代) 이전의 저술과 주소(注疏)만으로 한정한다. 인용된 전적은 문장 중에 언급하고, 본문 뒤에 따로 주요참고문헌을 나열하지 않기로 한다.
4. 죽간 중에는 당대(當代) 사람 약 20여 명이 직접 편제(篇題)를 쓴 것이 있다. 편제가 있는 경우 모두 그 편제를 그대로 따르기로 하며, 편제가 없는 경우에는, 주석하는 학자가 내용에 따라 편명(篇名)을 추가하기로 한다.
5. 죽간은 문장의 문맥 내용 순서에 따라 안배하기로 하며, 짝 맞추기를 할 수 있는 죽간들은 모두 맞춘 상태로 배열하기로 한다. 부서진 잔간(殘簡)들은 문장의 전후 문맥, 편선(編線)의 상태, 죽간의 양쪽 끝 등을 참작하여 적절한 위치에 배열하기로 한다. 잔간 중, 죽간의 순서는 알 수 있으나 그 죽간 속에서 전후 위치를 정확히 알 수 없는 경우에는 일률적으로 첫째 편선 아래에 놓기로 한다. 편의상, 각 죽간은 그 순서에 따라 제일 앞부분에 번호를 붙이기로 한다. 같은 죽간에 속하나 몇 조각으로 파손된 경우는 하나의 죽간으로 간주하고 하나의 번호만을 붙이기로 한다. 문자가 선명하지 않고, 부서진 정도가 심하여 해당 위치를 확신할 수 없는 잔간은 각 편 마지막 부분에 첨부하여 참고자료로 제시한다.
6. '釋文' 중, 문자가 보이지 않고 형태가 완전하지 않거나 혹은 모호하여 잘 보이지 않는 경우에는 일률적으로 부호 '□'를 사용하여 표시하기로 한다. 부호 '□'는 잔자(殘字)의 수량을 정확히 알 수 있는 경우이며 한 자를 하나의 부호로 표시한다. 그러나 잔자의 수량을 정확히 알 수 없는 경우에는 부호 '……'로 표시한다. 잔자(殘字)와 전후 문맥을 고려하여 어떤 자인지 알 수 있는 경우에는 부호 '□' 내부에 문자를 보충하기로 한다. 확대한 컬러도판 옆 예정(隸定) 중 잔자(殘字)가 하나인 경우 한 자 정도의 공간을 비워 두고, 두 자 혹은 두 자 이상이 파손된 경우에는 두 자의 거리만큼만 공간을 비워 두기로 한다.
7. 컬러 확대본 '圖板釋文(도판석문)'에서는 원 간문(簡文)의 순서에 따라 문자 그대로 예정하고, 문자 옆 부분에는 어떤 다른 주석(注釋) 문자를 추가하지 않기로 한다. 탈자(奪字)나 연자(衍字 : 군더더기로 들어간 글자)도 고치지 않고 그대로 예정하기로 한다. 간문(簡文) 중 중문(重文), 합문(合文), 검은 못 점(墨釘), 節을 표시하는 검은 절 점(墨節), 검은 고리 점(墨鉤) 등의 각종 문장 부호는 원 모양대로 석문(釋文) 옆에 붙이기로 한다.
8. '석문주석(釋文注釋)'에서는 독자를 위하여 모든 죽간은 원래 크기의 흑백 사진을 덧붙이기로 한다. 각 간문은 각각의 문장을 구절로 나누어 하나하나씩 주석하기로 한다. '이체자(異體字)'와 '가차자(假借字)'는 해당 문자 옆에 괄호 부호를 사용하여 표시하기로 한다.
9. 예정(隸定)을 할 수 없는 자는 원 형태 그대로 모사(摹寫)하기로 한다.
10. 각 편마다 각기 다른 전문가를 초청하여 주석하였다. 문체는 각 개인의 취향을 고려하여 통일하지 않기로 한다.
11. 현행본(今本)이나 혹은『郭店楚墓竹簡』에 보이는 판본은『上海博物館藏戰國楚竹書』와 비교한 문자 비교표를 첨부하여 문자의 이동(異同)과 문자사용의 실제적인 상황을 이해하는데 도움이 되도록 한다.

상해박물관장전국초죽서 _『공자시론(孔子詩論)』 차례

序

陳爕君

『上海博物館藏戰國楚竹書』가 발견된 후, 이를 보존하고 정리 연구하는 작업은 중국문헌학이나 고고학을 비롯한 여러 학술계의 큰 관심거리였다. 수많은 전문가들은 이 戰國 楚竹書가 정리되어 발표되기를 학수고대하였다.

『上博爲兩千年'水蝕朽竹'强筋健骨, 一千二百支戰國竹簡容光煥發(물에 부식된 후 2천 년 동안을 강건히 버텨온 戰國시기 1천2백여 개의 죽간이 상해박물관에 의해 빛을 보게 되었다)』·『解讀戰國楚簡(전국 시기 초죽서의 해독)』이나 『上海戰國楚簡解密(상해 초죽서의 비밀 해독)』과 같은 뉴스 보도는 이 문헌에 대해 더 큰 기대감을 갖게 하였다.

2000년 가을, 북경대학에서 열린 '新出簡帛國際學術研討會'에 참석한 전문가들은 이 戰國楚竹書의 학술적 문학적 가치에 대하여 지대한 관심을 보였다. 특히 『孔子詩論』에 보이는 '孔子'라는 글자를 '卜子'로 볼 것인가 아니면 '子上'으로 볼 것인가 하는 해독의 문제는 楚竹書 연구가 앞으로 더 많은 관심을 끌기에 충분하였다.

2001년 5월, 미국 하버드대학 방문 당시, 국제적으로 유명한 몇몇 학자들을 만났는데, 그들 모두 이 초죽서가 그들의 연구분야와 밀접한 관계가 있음을 강조하면서, 비록 부분적이나마 하루빨리 정리되어 세상에 발표되기를 진심으로 바라고 있었다.

馬承源 선생이 主編한 上海古籍出版社의 『上海博物館藏戰國楚竹書』는 이 초죽서에 대한 연구 성과인 동시에 이러한 대중적 희망에 부응한 것이기도 했다.

이 초간을 정리하기 위하여 上海博物館의 硏究 직원들은 지혜를 모아 꾸준히 노력하였다. 초죽서를 정리하면서 부딪치는 어려운 문제를 해결해 나가면서 이들은 더욱더 성숙할 수 있었다.

죽간 소장에 있어 가장 어려운 문제는 죽간의 '습기 제거'와 '보존'이었다. 이에 상해박물관문물보존처(上海博物館文物保護)와 고고과학실험실(考古科學實驗室)의 연구원들이 최근 3년 동안 노력을 기울인 끝에 '일정한 습기를 함유한 죽간의 특성과 진공냉동건조(眞空冷凍乾燥)'에 관한 문제를 원만하게 해결할 수 있었다. 습기를 제거하되 본연의 상태를 유지할 수 있도록 메탄알코올을 사용하고 진공냉동건조법을 응용하여, 부식상태가 심각한 1200여 개 죽간의 습기를 제거하였다. 그 결과 죽간은 오염 물질 제거와 동시에 더욱 높은 강도를 가지며, 자연스러운 본래의 색깔을 유지할 수 있게 되었다.

이는 지하에서 대량의 습기가 함유된 죽간을 출토하여 처리하고 보존한 첫 번째 사례가 되었으며, 또한 습기로 인해 부식 상태가 심각한 많은 죽간을 효과적으로 처리할 수 있는 방법의 모델이 되었다.

그밖에 이를 연구하는 학자들에게는 두 가지 난제가 있었는데, 그 중 하나가 '簡文의 解讀' 문제이다.

연대 측정 결과, 이 죽간은 중국 戰國 말기에 묻혔다. 간문의 내용은

楚나라 역사와 밀접한 관련이 있고, 여기에는 초나라 문학작품도 포함되어 있으며, 또한 그 문자가 초나라 문자이기 때문에, 해독하는 것이 결코 쉽지 않다. 초나라 문자는 중국 육국(六國) 문자 중 하나인 전국시기의 東土文字 계통에 속한다. 진나라가 중국을 통일하고 난 후에 진나라 문자와 같지 않은 다른 나라 문자는 폐지되었다. 때문에 漢나라와 晉나라 때에 이미 초나라 문자의 해독은 쉽지 않았으며, 지금은 더욱더 어려운 일이 되었다. 간문을 해독하는 과정에서 발생하는 어려운 문제들을 하나하나 해결해 나가는 것만이 戰國시기의 초죽간(楚竹簡)을 연구하고 정리하는 지름길이다.

두 번째는 '죽간의 배열(依序排簡)'이다.

초죽간은 모두 1200여 매에 달한다. 이 죽간은 원래 도굴 당했던 것이기 때문에, 이미 없어지거나 파손된 것도 있어 죽간의 순서를 알맞게 배열하는 것은 결코 쉬운 일이 아니다. 죽간을 구입할 당시 이미 상당 부분이 분산되어 있어, 몇 차례에 걸쳐 조금씩 상해 박물관으로 옮겼다. 이와 같이 도굴되거나 유산(流散)된 죽간을 재배열하는 작업은 매우 어려운 일이었다. 그럼에도 불구하고, 전문 학자들의 끊임없는 노력이 점차 좋은 결과를 얻을 수 있게 하여 초죽서의 전반적인 연구가 순리적으로 진행될 수 있는 계기를 만들어 주었다.

초죽서를 발견하고 보존 정리하는 과정에서 전문가와 친구들로부터 많은 관심과 도움을 받았으며, 특히 죽간을 발견하고 이를 구입할 때는 홍콩에 있는 친구의 도움을 많이 받았다.

죽간의 연대를 측정할 때는 중국과학원 상해원자핵 연구소로부터 도움을 받았고, 죽간에 사용된 대나무와 禾木科에 속하는 목질에 대한 측정·검사는 중국 임업과학연구원의 목재공업 연구소의 도움을 받았다.

죽간을 배열하고 석문하고 정리할 때는 박물관 소속 연구원 이외에 초청된 외부 전문가들이 참여하였다. 소속 연구원과 외부 전문가들의 협력 연구는 전반적인 연구 진행에 큰 도움이 되었다. 외부 전문가와 과학연구원의 적극적인 지원과 전문적인 연구에 대하여 이 자리를 빌어 진심으로 감사를 드린다.

戰國 시기 초나라 죽간을 발견 보존하고 연구하는 작업은 이와 관련이 있는 분야에도 중요한 가치가 있다. 따라서 이러한 초죽간 작업은 다양한 문화적 의미와 총체적인 학술적 의미를 지니고 있다.

초죽간의 방대한 양과 내용, 다양한 영역과의 관련성, 다른 판본보다 이른 시기의 판본이라는 점 등은 이미 많은 사람의 입에 오르내리는 미담이 되었다. 이 초죽간은 약 1200여 매이고, 문자는 모두 3500여 자에 달한다. 양적인 면에서 볼 때, 이미 출토된 다른 초죽간보다 훨씬 많다. 여기에다 철학, 문학, 역사, 종교, 군사, 교육, 정론, 음악, 문자학 등과 관련된 내용이 포함되어 있다.

이 초죽서는 당시 초나라가 郢都로 도읍을 옮기기 전에 묻혔던 귀족 무덤 속 수장물로, 진시황의 '焚書坑儒(분서갱유)' 이전의 것이다. 儒家와 관련된 내용이 주를 이루며, 道家, 兵家, 陰陽家 등과도 관련이 있다.

이 간문은 또한 서예학상으로 볼 때도 매우 중요한 문화유산이다. 이 초죽서는 편명(篇名)이 중복되는 몇 편을 포함해서 대략 백여 편 되는데, 이중 지금까지 전해 내려오는 선진고적 판본은 십여 편도 되지 않는다.

戰國 초죽서는 다른 판본보다 앞선 시기(早期)의 것들이며, 『周易』은 현재 판본 중 가장 이른 시기의 판본이다. 『周易』의 길이는 44㎝로, 세 개의 편선(編線)으로 묶여져 있으며, 죽간 하나에 약 44개의 문자가 기록되어 있다. 서체가 매우 정연하고 자간의 거리 또한 일정하다. 죽간은 모두 58개인데, 여기에 35개의 괘(卦)의 내용이 포함되어 있고, 문자는 약 1800여 자이다.

죽간에는 빨간색과 검은색으로 쓰여진 여섯 가지 부호가 있는데, 이는 그동안 다른 문헌에서 볼 수 없었던 현상이다. 이 부호들은 음양괘의 순환이나 인과를 나타내는 역학 이론을 표현한다.

죽간 『恒先』은 흔하지 않은 道家 문헌으로 결손된 내용 없이 완전한데, 이는 보기 드문 경우이다. 죽간은 모두 13개로 뒷면에 편제(篇題)가 쓰여 있으며, 문자는 479자이며 길이는 39.5㎝이다. 이 죽간은 세 개의 편선으로 묶여 있는데, 글자체가 『周易』과 같은 것으로 보아 같은 사람이 쓴 것으로 보인다. 세 번째 죽간 뒷면에 '恒先'이란 두 글자의 편제가 있다. 이 『恒先』은 도가 학술 연구에 있어서 매우 중요한 자료이다.

楚竹書는 선진시기 음악의 비밀을 해결할 수 있는 중요한 자료이기도 하다. 馬承源은 『戰國 竹簡의 詩樂』이라는 논문에서 초죽서가 선진시기 음악과 관련이 있다는 점을 언급한 적이 있다. 예를 들어, 『孔子詩論』·『詩樂』과 『詩經』에 수록되어 있지 않은 몇몇의 시편이 바로 음악과 관련이 있다는 것이다. 馬承源은 詩는 음악을 구성하는 성분이며, 詩句는 음악의 가사(歌詞, 樂曲)라고 설명하였다.

초죽서 『詩樂』의 殘卷인 죽간은 모두 일곱 개로 죽간에는 각종 시 편명과 곡을 연주하거나 노래 부를 때 사용되는 음조가 기록되어 있다. 그 중 『碩人』은 『詩經·衛風』에 이미 있는 편명이다. 그러나 고대 시가 중에는 편명은 같지만 내용이 다른 경우가 종종 있기 때문에, 죽간의 『碩人』이 바로 『詩經』 가운데 『碩人』이라는 결론을 내릴 수는 없다. 그래도 편명이 같은 것만은 사실이다. 그 외 약 40편은 『詩經』의 내용과 풍격이 비슷하여, 모두 『詩經』 305편 이외의 편명인 것으로 보인다. 이는 지난 약 이천여 년 동안 알려지지 않았던 내용들이다. 특히 한 편이나 혹은 여러 편을 한 편으로 묶은 편명 앞에 적혀있는 특정한 音名은 지금 우리가 이야기하는 음악의 고조를 나타내는데 사용하는 음정이다.

이 음정은 두 글자로 되어 있으며, 하나는 다섯 개의 음 계명을 나타내는 '聲'名으로, 宮商徵羽 등 네 개의 聲名 혹은 계명(階名)이다. 또 다른 하나는 변화음의 명칭으로, 穆和訐 등 아홉 개의 음이 있다. 이 중 穆(목)과 和(화)의 변화음은 楚王 청동기인 『曾侯乙編鐘』에서는 '穆商'으로 쓴다. 이 아홉 개의 음명이 모두 초나라 음명과 관련이 있는지 아직 잘 모르겠지만, 어쨌든 이것이 초나라 郢都에서 유행했던 詩歌의 曲調인 것만은 분명하다. 왜냐하면 시가의 곡조는 그 고장에 원래 있었던 것이기도 하지만, 외부에서 전해 들어오는 경우도 있기 때문이다.

초죽서에 보이는 이러한 音調 명칭은 이전에는 알지 못했던 사실을 밝힐 수 있는 중요한 근거 자료가 된다. 이런 자료를 통하여 우리는 각 시가에는 자신만의 독특한 음정이 있었으며, 아무 음에나 맞추어 마음대로 노래 부르지 않았다는 사실을 알 수 있다. 또한 『詩經』에서부터 이미 성숙한 음악과 규범화된 곡조가 있었다는 사실도 알 수 있다.

戰國시기 초죽서의 발견과 정리는 문자학적으로도 중요한 의의가 있다. 『郭店楚簡』과 비교하고 현행본(今本)과도 비교해 보면, 전국시기 문자들의 통용과 약정속성(約定俗成)의 상황을 이해할 수 있고, 문자가 역사적으로 변형되어 가는 과정에서 발생하게 된 현행본과의 통가(通假) 현황을 알 수 있다. 이는 우리가 전국 시대의 문헌을 이해하는데 직접적인 도움이 된다. 이 외에도 초죽간은 六國문자와 초나라 방언을 연구하는 데에도 중요한 자료를 제공한다.

초죽서는 또한 현행본(今本)과의 차이를 비교할 수 있는 중요한 문헌이다.

『詩經』은 중국 역사상 최초의 시가 총집이다. 현행본 『詩經』은 『國風』·『小雅』·『大雅』·『頌』의 순서로 편집되어 있다. 그러나 초죽서의 『孔子詩論』은 이와는 반대로 『訟(頌)』·『大夏』('夏'자는 '雅'자와 통한다)·『小夏』·『邦風』(漢代 사람들은 劉邦의 이름을 피휘하기 위하여 '邦'자 대신 '國'자를 썼다)의 순으로 되어 있다. 『詩論·序』에서 논한 순서 또한 현행본 『詩經·大序』의 순서와 다르며, 詩句의 문자 또한 현행본 『詩經』과 다르다. 초죽서 『孔子詩論』에는 현행본 『小序』에 보이는 '풍자(刺)'와 '찬미(美)'의 내용이 없다.

戰國 초죽간 중 가장 짧은 죽간의 길이는 23.8㎝이고, 가장 긴 죽간의 길이는 57.2㎝이다. 전국 초죽간은 길이가 각기 다른 많은 판본들을 포

함하고 있다. 매 죽간의 넓이는 대략 0.6㎝ 쯤 되고, 두께는 약 0.14㎝ 쯤 된다.

죽간에는 줄(編繩)을 사용하여 묶은 편선(編線)이 두 곳 또는 세 곳이 있다. 비교적 긴 죽간에는 편선이 세 곳 있으며, 묶은 편선의 재료는 실(絲)이다. 편선은 대나무가 흙에 매몰되어 약해지거나 지층에 눌려 있을 때, 대나무를 파고 들어갔다.

오른쪽 자리에는 편선을 묶는 홈이 파여 있으며, 이 홈에 실을 고정시켰다. 모든 죽간들은 편선(編線)을 홈에다 동여매 쉽게 감거나 펼칠 수 있게 하였다.

죽간의 길이와 죽간이 제조되었던 과정을 통해 우리는 戰國 죽간의 版制를 이해할 수 있고, 중국 圖書 역사를 연구할 수 있다.

『上博楚簡』을 발견하고 보존하며 정리하고 연구하는 작업은 전반적인 선진시기 문화 연구에 중대한 영향을 미치고 있다.

향후 전국 초죽서에 대한 정리 작업이 계속되고 연구 성과가 지속적으로 발표된다면 그 영향력은 더욱 더 커질 것이다.

前言 전국 초죽서의 발견 · 보존 · 정리

馬承源

1994년 봄, 홍콩 골동품 시장에 죽간(竹簡)들이 계속해서 그 모습을 드러냈다. 戰國 시기의 죽간 문자 편찬에 많은 관심을 가지고 있었던 張光裕가 이 사실을 나에게 전해 주었고, 몇 개의 죽간을 모사한 摹本을 팩스로 보내 주었다.

이 摹本 중 몇 개는 『周易』에 관한 것이었고, 나머지 몇 개는 편명을 알 수는 없었지만 文王과 周公에 관한 내용이었다. 나는 張光裕 교수에게 좀 더 많은 摹本을 보내 줄 것을 요청하였다. 그 후 팩스로 보내온 摹本을 통하여 이 죽간들은 지금 현재 우리가 볼 수 없는 先秦 시대의 古籍이고, 여기에 쓰여진 문자들은 이미 출토된 전국시대 초나라 문자라는 것을 알 수 있었다. 시간이 지나면 산실될 가능성이 있었지만, 내가 당시 다른 일정 때문에 곧바로 홍콩으로 건너가 실물을 확인할 수 없었기에, 장 교수에게 이 죽간을 살 수 있는 방법을 모색해 보고 이를 파는 상인과 적정한 구매 날짜를 타진해 볼 것을 부탁하였다.

당시 홍콩으로 가려면 약 2-3개월의 수속 기간이 걸렸다. 그러므로 홍콩에 도착했을 때 이미 그 죽간이 어디로 사라질지도 모르는 일이었다. 실물을 제대로 보지 못했기에 이 골동품을 확보하기 위해서 나는 더 많은 摹本을 요구하고 이를 참고하기로 하였다. 이후 약 30여 쪽 분량의 摹本을 확인하고, 그것이 가짜가 아닌 진짜라는 판단을 내릴 수 있었고 그 내용이 모두 선진 시기의 고적이라는 것을 확신할 수 있었다. 『周易』 이외에는 대다수가 그 출처를 알 수 없는 것들이었다.

이런 초보적인 감정 결과를 張光裕 교수에게 알려주고, 장교수에게 죽간의 보존 상태, 햇빛에 노출된 후의 색깔 변화, 습기가 증발된 후의 변화 등등에 관하여 관심을 가지고 살펴보도록 하였다. 특히 글자의 먹 색깔과 필획의 형태를 주의 깊게 살펴보도록 하였다. 죽간의 상황들을 파악하고, 감정과 판단에 확신이 서자, 우리는 박물관 동료들과 상의하여 이 죽간을 즉시 구매하기로 결정하였다.

1994년 5월, 이 죽간이 상해 박물관에 도착하였다. 일부 殘簡(부러진 죽간)은 부석부석 떨어져 나갔으며, 대부분의 죽간은 진흙 덩어리에 쌓여 있었다. 자외선 광선에 노출되자 갈색이었던 죽간이 곧바로 검붉은 색으로 변해버렸고, 습기가 적은 죽간도 바로 변형되어 버렸다. 그 다음 해, 모두 1200여 매 죽간을 확보하였다.

따라서 죽간을 어떻게 보존하느냐가 급선무였다. 먼저 상해박물관문물보존처(上海博物館保護處)와 고고과학실험실(考古科學實驗室)에 이를 넘겨주고, 陳元生 연구원을 책임자로 한 전문연구팀을 구성하였다. 이 연구팀에서는 전문적으로 습기를 제거하고 오염 물질을 없애 보존하는 연구를 전담하였다.

1994년 가을과 겨울, 한 무더기의 죽간을 또 발견하였는데, 우리는 이것이 처음 우리가 발견한 죽간과 관련이 있음을 알았다. 그러나 연말이어서 박물관은 이 죽간을 살 만한 여력이 없었다. 다행히, 상해박물관과 인맥이 닿았던 朱昌言, 董慕節, 顧小坤, 陸宗麟, 葉昌午 선생님들이 돈을 모아 홍콩으로 부터 이 죽간들을 구입하여, 이것을 기꺼이 상해박물관에 기부하였다. 이 죽간들은 이전에 구입한 죽간과 특징이나 상태가 같았기 때문에 서로 짝 맞추기를 할 수 있었다. 죽간은 모두 497매였다. 그러나 사실상 이 죽간도 이미 유실된 부분이 있었다. 후에 饒宗頤 선생이 발표한 『紂衣』의 죽간은 본 박물관이 소장한 죽간의 유실된 부분과 관련이 있었으며 서로 짝 맞추기를 할 수 있는 잔간(殘簡)이기도 하였다. 즉 본 박물관이 소장하고 있는 죽간 중의 유실된 일부분이었던 『周易·楑』 또한 같은 경우이지만, 유실된 전체적인 상황에 대해서는 아직 잘 모른다.

이 죽간들은 원래 도굴되었던 것이기 때문에 출토된 시기와 장소들을 정확히 알 수 없지만, 소문에 의하면 湖北 지방에서 출토된 것이라고 한다.

1998년에 『郭店楚墓竹簡』이 출판되었는데, 이중 『緇衣』와 『性自命出』은 본 상해박물관 죽간에 있는 내용이다.

『郭店楚墓竹簡』의 보고에 따르면, 이 죽간은 1993년 겨울에 발굴되었는데, 이 묘지에서 이미 도굴되어 유실되었던 죽간은 1994년에 봄에 발견되었다고 한다. 발굴한 때와 유실된 죽간이 발견된 때는 거의 비슷하다. 이러한 상황은 山西 曲沃 지방에서 발견된 晉國의 묘지의 경우와 매우 비슷하다. 晉侯 묘지 중 일부분도 고고연구소에서 학술적 용도로 발굴하였고, 다른 한 부분은 도굴꾼에게 도굴 당하여 문물들이 유실되었다. 유실된 문물들은 후에 발견되어 보충할 수 있었다.

그러나 상해박물관의 죽간은 발굴한 문물이 아니기 때문에 출토된 지역을 정확히 알 수 없다. 곽점묘지에서 출토되었다는 추측은 앞의 상황을 미루어 짐작한 것이지 이에 관한 실질적인 증거는 없다.

죽간에는 역사와 관련된 내용이 있는데, 이는 대부분 초나라와 관련이 있고, 문자는 우리가 자주 보아왔던 초나라 문자이다.

『上海博物館竹簡 樣品에 대한 증명(上海博物館樣品的測量證明)』과 중

국과학원 상해원자핵연구소 荷電입자가속장치 물질분량측정 실험실(SMCAMS : Shanghai Mini-cyclotron Mass Spectrometer)에서 측정한 연대 보고서에 의하면, 이 죽간의 시기는 戰國 말기에 해당된다고 한다.(이와 관련된 보고서는 상해박물관문물보존처와 고고과학실험실에서 장차 발표할 예정이다)

이 중 賦를 기록한 殘簡 두 편은 아직까지 다른 고적에서 보지 못했던 초나라 문학 작품이다. 현재 전해 내려오고 있는 부(賦)는 대부분 전국 말기의 작품이며, 순자의 賦와 屈原의 부 역시 이 시기의 것이다. 본 죽간의 부(賦) 역시 동일 시기의 문학작품이다.

여러 정황을 고려해 보고 『곽점초간(郭店楚簡)』과 비교해 보았을 때, 상해박물관 죽간은 영도(郢都)로 수도를 이전하기 이전 초나라에 묻힌 귀족 무덤의 수장물임을 알 수 있다.

상해박물관이 이 죽간을 구매할 당시 마침 박물관은 새로운 건물을 지어 개관을 준비하고 있었고, 나 또한 한 부서의 책임자였기 때문에 매일 잡일에 매달려야 했다. 다른 연구원 역시 전적으로 죽간을 정리하는 일에만 몰두할 수 없었다. 그러나 사진을 찍고, 진공냉동기로 건조시키는 일은 계속해서 진행하였다.

사진 찍는 일을 대략적으로 마치고 난 다음, 1995년 북경대학 이령(李零) 교수를 초청하여 죽간을 초보적으로 분류하고 釋文한 다음에 또 다시 석문하고 배열하고 짝 맞추는 작업을 계속하였다. 그러나 습기 제거 작업이 완결되지 않아 전문적으로 죽간을 정리하는 작업을 시작하지는 못했다.

1997년, 박물관은 드디어 모든 죽간의 습기와 오염 물질을 제거하였다. 습기와 오염물질을 전문적으로 제거하는 일에 종사했던 훌륭한 연구원들 덕분에, 삼년에 걸쳐 모두 1200여 개의 죽간과 잔간들의 습기와 오염 물질은 제거되었다. 새로 개관한 서예진열관 전등 아래, 내용이 다른 죽간 열 개를 진열하였는데 삼년동안 모양이나 색깔 변화가 전혀 없었다.

1999년 10월, 우리는 국내 전문가를 초청하여 『嚴重朽蝕飽水竹簡的眞空冷凍乾燥硏究(물에 심하게 부식된 죽간의 진공냉동 건조 연구)』라는 감정회를 개최하고, 이 내용을 『文物保護與考古科學』(199년 第一期) 학술지에 발표하였다. 또한 이 연구는 '국가문화재 과학기술부 일등 진보상(國家文物局科技進步一等奬)'과 '2000년도 국가과학기술 이등 진보상(國家科學技術進步二等奬)'을 받기도 하였다.

이와 같이 죽간을 자연 상태에서 정리하고 인공 광선에서 진열할 수 있도록 연구하고 적절하게 보존할 수 있게 된 것은 대단히 성공적인 일이 아닐 수 없다.

글자의 크기는 매우 작은데, 어떤 것은 반듯반듯하게 쓰여져 있고, 어떤 것은 휘갈겨 쓰여져 있는 것으로 보아 이 죽간은 약 십여 명이 나누어 집필한 것 같다.

박물관은 식별하기 어려운 글자의 필획을 정확하게 인식하기 위하여 고밀도 아날로그 전자현미경을 구입하여 모든 글자를 최대한 크게 확대하여 관찰하였다. 편리하게 사용할 수 있는 전자 현미경은 글자를 인식하고 예정(隸定 : 고문자 자형을 해서 형태로 쓰는 것)하는데 큰 도움이 되었다. 눈으로는 확인할 수 없었던 문자와 초죽서를 교정할 때 보충해 써 넣은 작은 글자도 확인할 수 있었다. 하지만 아직은 어떤 글자인지 알 수 없어 예정(隸定)할 수 없는 자들은 크게 확대하여, 전문가들의 연구자료로 제공하고자 한다.

1997년 여름, 죽간을 각각 나누어 정리하고 주석(注釋)하기 위하여 간독(簡牘) 전문가를 초청하여 회의를 열었다. 내부와 외부 인사들이 모두 참여하는 것을 원칙으로 하여, 박물관 일부 연구원과 외부에서 초빙된 전문가가 작업을 분담하기로 하였다. 이렇게 하여 죽간 문장의 내용, 주석(注釋), 죽간의 재배열과 연구가 정식으로 시작되었다.

완전한 모양의 죽간과 잔간은 모두 1200여 매로 여기에는 철학, 문학, 역사, 정론 등등의 내용이 풍부하게 담겨져 있다. 문자는 모두 3만여 자로 선진 고적이 이처럼 대량으로 발견된 것은 매우 드문 일이다.

내용은 다른 판본에 이미 있는 몇 편을 포함하여 모두 100여 편에 달한다. 아직 완전히 정리되지 않아서 정확한 편수를 확실히 알 수는 없다. 모두 정리되어 발표된 후에 합해지거나 나누어 질 수도 있다. 이 100여 편 중, 현재 전해 내려오는 현행본과 대조하여 교석(校釋)할 수 있는 것은 10편도 되지 않는다.

죽간을 정리할 때, 함께 붙어 있는 죽간은 연번(連番)으로 번호를 매겼으나, 이는 정리하는데 그다지 도움이 되지 않았고 큰 의미도 없다는 것을 후에 알게 되었다. 특히 유실된 죽간이 많은 篇들은 죽간의 순서를 알기가 더욱 어려웠다. 사실상 정본(定本)이 없기 때문에 주석 전문가들은 합리적인 해결 방법을 독자적으로 모색하여야만 했다.

2000년 10월, 북경대학에서 개최된 '신출 간백 국제학연토회(新出簡帛國際學術硏討會)'에 참석한 많은 전문가들은 이 죽간의 중요성을 인식하고 이 죽간을 하루라도 빨리 정리하여 세상에 발표해 주기를 희망하였다. 그러나 내용이 너무 방대하기 때문에 하나씩 지속적으로 발표해 나갔으면 하는 의견을 준 일부 학자도 있었다. 실제 정황으로 볼 때, 후자의 의견이 보다 합리적이라고 판단되어, 분량이 비교적 많은 편목(篇目)부터 시작하여 차례대로 발표하기로 하였다. 문자는 컬러사진으로 확대본을 제시하여 독자들이 문자를 고석(考釋)하거나 예정(隸定)하는데 크게 도움이 되도록 하였다.

본 책은 고문자를 연구하는 전문가뿐만 아니라, 서예 애호가들에게도 좋은 문자자료이다. 죽간의 서체는 서체 발전에 있어서도 중요한 역사적 의의가 있기 때문이다.

편목(篇目)은 이후에 다시 종합적으로 정리할 필요가 있는데, 이는 죽간 정리가 모두 끝난 다음 마지막에 다시 정리하기로 했다.

『子羔』·『恒先』을 비롯하여 약 20여 편은 죽간 뒷면에 편제(篇題)가 기록되어 있으나, 편제가 없는 죽간들 역시 고대 전적이다. 晉나라 사람들이 魏나라 묘에서 발견한 史書들을 후에 『竹書紀年』이라 부른 것을 참작하여, 상해박물관이 소장하고 있는 죽서(竹書)를 『楚竹書』라고 칭하기로 한다.

說明

馬承源

『孔子詩論』[1]은 모두 29매(枚)이다. 이 중에 파손되지 않은 완전한 竹簡도 있고, 파손된 죽간도 있다. 상태가 비교적 완전한 죽간에는 우측 세 곳에 죽간을 묶을 때 사용하는 약간 기울어진 홈이 파여 있는데, 이는 편선(編線)[2]의 자리이다. 어떤 홈에는 묶을 때 사용한 줄 흔적이 여전히 남아있다.

문자는 균형 잡힌 아름다운 글씨로 쓰여져 있다. 문자와 문자 사이의 간격 중 편선이 있는 자리는 자간의 거리가 약간 멀다. 죽간마다 문자의 수는 약간씩 차이가 있으나, 많게는 54~57개가 있다.

정리된 『孔子詩論』 29매의 죽간 중, 파손되지 않고 완전한 죽간은 단

1 『孔子詩論』은 『上海博物館藏戰國楚竹書(一)』 중의 한편으로 馬承源이 『孔子詩論』 부분을 釋文하고 考釋하였다. 『說明』부분은 원 책의 121-122쪽이고, 釋文考釋 부분은 123-165쪽이다. 최초로 정리하였기 때문 『整理本』으로 간칭하기로 한다.

2 '죽간을 묶는 실을 꼬아 만든 새끼줄'. 서승(書繩 : 編繩)이라고도 한다. 『整理本』에서는 '編線'이라고도 칭하기 때문에 아래에서는 編線이라 칭하기로 한다.

하나 뿐으로, 길이는 55.5㎝이다. 길이가 50㎝를 넘는 죽간은 5개이고, 40㎝ 이상인 것은 8개가 있다. 이외 나머지는 많이 파손되었다. 죽간의 양끝은 원형으로 다듬어져 있으며, 전체 문자의 수는 1906자이다.

『孔子詩論』은 『上博楚簡』 중의 『子羔』, 『魯邦大旱』의 字形과 죽간의 길이, 양쪽 끝의 형태 등이 모두 같다. 따라서 이들을 한 편으로 간주할 수도 있을 것이다.

『子羔』의 세 번째 죽간 뒷면에 『子羔』라는 篇題(篇題 : 卷의 題目)가 쓰여 있으며, 이 『子羔』에 해당되는 죽간은 모두 7개로, 이는 내용 순서에 따라 배열할 수 있다.[3] 『子羔』의 내용은 子羔가 孔子에게 "三王者之乍(作)(禹・契・后稷의 흥성)"에 대하여 질문한 것이다. 파손된 제일 마지막 竹簡에서는 공자가 '三王의 흥성'에 대하여 대답을 해주자, 子羔가 다시 다른 문제를 언급하고 있다. 그러나 공자가 대답한 내용은 파손으로 알 수 없고, 얼마나 파손되었는지도 현재로서는 알 수가 없다.

『魯邦大旱』은 공자가 '魯國大旱(魯나라의 가뭄)'에 대한 견해를 언급하고 나라를 다스리는 '刑'과 '德'에 관하여 자신의 의견을 밝히고 있다. 첫 간의 내용에 이어 다음 두 죽간은 공자가 子貢에게 '旱災(가뭄의 재난)'을 극복하는 방법을 언급하고 있다.

『孔子詩論』의 시작 부분 '…… 行此者其有不王虐(이러한 일을 행하는 데 어찌 천하를 통일할 수 없겠는가?)'는 子羔나 子貢에게 한 말투도 아니고, 또한 魯 哀公과의 問答 형식도 아니기 때문에, 또 다른 문제에 관한 내용이 아닌가 생각된다.

『孔子詩論』은 『詩』를 평론한 것으로, 『子羔』나 『魯邦大旱』의 내용과 확실히 다르다. 공자가 자공에게 대답한 내용인 『子羔』에 이렇게 많은 내용을 포함하고 있을 수는 없으므로 우리는 두 가지 가능성을 추론해 볼 수 있다.

3 『上海博物館藏戰國楚竹書(二)』의 『子羔』편 중의 '子羔'는 세 번째 죽간 뒷면이 아니라, 다섯 번째 죽간의 뒷면에 쓰여 있다. 다섯 번째 죽간 후에 9개가 더 있어 모두 14매로 되어 있다.

그 중의 하나는, 한 卷이 세 편 혹은 세 편 이상의 내용을 포함하고 있는 것이거나, 또 하나는 형태가 같은 동일한 竹簡에 한 사람이 각각 다른 내용을 옮겨 쓴 것일 수도 있다.

여기서는 정리된 순서에 따라 『孔子詩論』을 먼저 발표하기로 한다. 『孔子詩論』 29매(枚) 중에는 파손된 것도 많고, 상호 비교할 수 있는 현존하는 현행본(今本)도 없어, 내용 연결에 어려움이 많다. 이 때문에 죽간을 순서대로 배열하는 것 또한 상당히 곤란하다. 어떤 죽간은 문맥을 고려하여 그 순서를 배열했으나, 그 중 어떤 것은 이미 손실되었고, 또한 그 파손 상태가 심한 경우도 있어 그 순서를 확실하게 정하기란 쉽지 않다. 또한 편의 제목을 표시하는 편제(篇題)도 없어, 내용과 문자의 서체가 동일한 죽간을 한 편으로 정리하기는 했지만, 정리된 내용이 본래 이런 연계성을 지닌 한편인지도 확신할 수 없다. 문장 부호 또한 일률적이지 않아 다시 몇 편으로 나누어질 수도 있다.

이렇게 파손된 상태가 심하기 때문에, 그 내용에 따라 일시적으로 몇 개로 나누어서 『孔子詩論』이라 칭하기로 한다.

아래 네 가지로 죽간의 내용을 나눌 수 있다.

첫째, 첫 번째 編線(書繩) 위와 마지막 세 번째 編線 아래에 문자가 없이 공백으로 남아있는 경우로 적게는 38자이고, 많게는 43자가 쓰여 있다. 『詩論』의 다른 죽간에서 문자를 공백 없이 수록하는 것과는 반대로, 이와 같이 上下端에 공백을 둔 것은 매우 특별한 경우이다.[4] 따라서 이러한 종류의 죽간을 다른 죽간과 따로 분류하여 구별하기로 한다. 이 죽간은 評論하고자 하는 『詩經』의 구체적 구절은 언급하지 않고, 『訟』·『大夏』·『少夏』와 『邦風』을 각각 개론적으로 설명하고 있다.

4 이러한 형태의 竹簡을 '留白簡' 혹은 '空白簡'이라고 한다. 일반적으로 죽간은 앞뒤 공백 없이 문자를 써 넣는데, 이를 '滿寫簡'이라 부른다.

둘째, 『詩經』의 각 편을 구체적으로 언급하고 그 내용을 評論한 것이다. 이 종류는 일반적으로 『詩經』 중 몇 편을 한 그룹으로 설정한 후 한 편씩 한 편씩 설명하고, 어떤 시편은 중복하여 설명하기도 한다. 공자가 언급한 『詩』의 순서와 현행본(今本) 『毛詩正義』(이하에서는 『毛詩』로 칭함)의 순서와는 상당히 다르다. 『訟』은 『大夏』나 『少夏』 등과 섞여 있지 않고 내용을 명확하게 구분하여 언급하고 있기 때문에 『訟』에 대한 몇 개의 죽간을 단독적으로 따로 정리해 낼 수 있다.

셋째, 『邦風』만을 전문적으로 논술한 죽간이다.

넷째, 『邦風』과 『大夏』, 『邦風』과 『少夏』를 함께 논술한 죽간이다.

이상 네 가지 중 첫 번째 종류는 『詩經』의 '序言'에 가깝다. 第1簡은 파손 정도가 비교적 심하고, 第2簡은 먼저 『訟』을 논평한 다음, 이어서 『大夏』에 대하여 논술하고 있어, 순서가 매우 확실하다. 문장 말미에 『少夏』에 대해서 약간 언급한 다음, 마지막 부분에 『邦風』에 대하여 논평하고 있다. 이는 공자가 『詩經』을 논평하기 이전에 『詩經』 각 編의 명칭이 이미 존재하고 있었다는 것을 의미한다. 『詩論』의 순서는 일찍이 보지 못했던 새로운 자료로, 본 정리본도 이 죽간 순서에 따라 배열하기로 한다. 따라서 『詩論』의 29간(簡) 배열순서는 『毛詩』의 『國風』·『小雅』·『大雅』·『頌』과는 달리, 『詩論』 '序言' 중에서 제시하고 있는 새로운 순서에 따라 정리하기로 한다. 만약에 『毛詩』의 배열 방식에 따르고자 한다면, 두 번째와 세 번째 종류는 독립적으로 분류할 수 있는 부분이기 때문에 그 순서를 바꾸어도 가능하겠으나, 네 번째 종류는 그 순서를 바꿀 수 없다.

이외에도 그 파손 상태가 심하고 너무 짧은 일부 소수의 죽간은 하나의 문장을 이루지 못한다. 이러한 죽간은 이 죽간과 관련된 내용을 설명하는 곳에서 부가적으로 언급하고자 한다.

이상의 내용이 본 『詩論』 죽간 순서를 결정하는 기본적인 조건이다.

『上博楚簡』의『孔子詩論』과 編聯(죽간 배열 순서)

1.『上海博物館藏戰國楚竹書』와『孔子詩論』

簡帛書의 연구는 政治·經濟·軍事·文化·文學·歷史·文字 등뿐만 아니라, 인간이 살아가는 모든 영역과 관련된 종합학문이다. 簡牘學(간백서를 연구하는 학문)은 역사학적으로 중요한 자료들을 제공한다. 간독은 지하에 고스란히 묻혀 있어 인간의 손길이 닿지 않은 상태에서 몇 천여 년 동안 보존되어 온 원시적 자료이기 때문이다. 이 자료들을 통하여 역사를 재 증명할 수 있고, 역사를 수정할 수 있고, 보충할 수 있다. 20세기에 중국 최고의 문헌적 발견은 일반적으로 殷商의 甲骨文, 漢晋簡牘, 敦煌莫高窟에서 발견된 敦煌文獻과 故宮紫禁城에서 발견된 清朝 문서라고 할 수 있지만, 근 몇 년 동안 발견되고 있는 楚簡들 역시 이에 버금가거나 이를 능가하는 문헌학적 가치를 지니고 있다. 초간들 중에서도 특히 『郭店楚墓竹簡』(이하 『郭店楚簡』으로 약칭함)과 『上海博物館藏戰國楚竹書』(이하 『上博楚簡』으로 약칭함)의 楚竹書가 발견된 후, 중국뿐만 아니라 세계 중국 학술문화연구에 큰 반응을 불러일으켜, 21세기는 이 초나라 문자 연구가 인문학의 주요 연구학술 분야가 되고 있다. 이러한 연구 분야를 "초죽간 열풍(楚簡熱)"이라고 부르기도 한다.

1998년 『郭店楚簡』이 대중에 공포되었고, 이어서 2001年부터 『上博楚簡』이 세상에 발표된 후 楚竹書 연구는 새로운 국면에 접어들게 되었다. 지하에 묻힌 시기가 거의 같은 이 두 초죽서는 양적인 면에서 『上博楚簡』이 『郭店楚簡』의 약 두 배 이상이나 되고, 내용은 『周易』과 『緇衣』 이외에는 이미 모두 유실된 경서이기 때문에 중국 고대 학술사를 이해하는데 중요한 참고자료가 되고 있다.

최근 인터넷에 '簡帛硏究(jianbo.org)'라는 『郭店楚簡』과 『上博楚簡』에 관한 전문 사이트가 생겨 이에 대한 많은 연구논문이 발표되고 있다. 다행히 국내에서도 이미 활발한 연구가 진행되고 있는 것으로 알고 있다. 그러나 그동안 발표된 논문은 文字의 考證·隸定이나 현존하는 판본과의 비교연구가 주를 이루고, 文字의 '點畫'·'結構'·'形態'·'書體'나 '風格' 같은 書法에 관한 연구나 문자학사적인 연구가 비교적 적다는 문제점도 안고 있다.

『郭店楚簡』의 우리말 번역서가 이미 출간되었다. 그리고 『上博楚簡』은 2001년부터 2011년까지 上海古籍出版社에서 馬承源 主編으로 모두 8권이 발표되었다.

현재 세계 학술계가 주목하고 있는 『上博楚簡』 중 『上海博物館藏戰國楚竹書(一)』의 『孔子詩論』·『緇衣』와 『性情論』을 우리말로 옮기면서 문제시 되었던 내용을 살펴보고자 하는데, 그 중에서도 죽간의 배열순서인 『孔子詩論』의 編聯 문제와 이를 어떻게 처리해야 하는가에 대해서도 살펴보기로 한다.

『孔子詩論』은 『詩經』에 관한 현재까지 발견된 자료 중 가장 이른 시기의 孔門들의 '詩經學' 자료이다. 따라서 『孔子詩論』은 중국의 經學史와 學術史에 상당한 가치를 지니고 있다. 아래에서는 『孔子詩論』의 학술적 가치에 대하여 살펴보기로 한다.

『孔子詩論』을 통하여 『詩經』의 가장 초기적인 상태의 文句·篇名이나 순서 등을 연구할 수 있다. 『孔子詩論』이 있기 전 가장 이른 시기의 『詩經』은 漢代의 『毛詩』이다. 따라서 『毛詩』 이전의 『詩經』의 모습에 대해서는 알 수 없었다. 물론 齊魯韓의 『三家詩』가 있기는 하지만 분량이 너무 적어 충분한 자료가 되지 못하고 있다. 馬承源은 『整理本』의 『孔子詩論』의 『說明』부분에서 『孔子詩論』 이전에 이미 『詩經』 각 편의 명칭이 존재했었으며, 『詩經』의 순서는 現行本처럼 '國風', '小雅', '大雅', '頌'이 아니라, 이와는 정반대인 '頌', '大雅', '小雅', '國風'이라고 주장하고 있다(122쪽). 물론 이에 대하여 반대 의견을 제시하는 학자들이 많지만, 馬承源의 주장에 주의를 할 만한 충분한 가치가 있다.

공자는 『詩經』에 대하여 도대체 어떠한 역할을 하였는가, 공자가 刪詩를 했는가, 공자는 『詩經』의 각 편에 대하여 구체적으로 어떠한 생각을 가지고 있었는가 등등의 문제는 그동안 『詩經』 연구에 상당히 중요한 문제였다. 『孔子詩論』은 이러한 문제의 이해에 도움이 될 만한 실마리를 제공해 주고 있다.

陸璣는 『爾雅草木鳥獸虫魚疏』에서 『詩經』의 傳承관계에 대하여 설명하고 있다.

> 孔子刪『詩』, 授卜商, 商爲之序, 以授魯人曾申; 申授魏人李克; 克授魯人孟仲子; 仲子授根牟子; 根牟子授趙人荀卿; 荀卿授魯人毛亨; 毛亨作『詁訓傳』, 以授趙國毛萇. 時人謂亨爲大毛公, 萇爲小毛公.(孔子가 刪詩를 하여 卜商에게 전수하자 商은 『詩』의 序를 썼으며, 이를 魯人 曾申에

게 선수하였다. 申은 다시 魏人 李克에게 전수하고, 克은 魯人 孟仲子에게 전수하고, 仲子는 根牟子에게 전수하고, 根牟子는 趙人 荀卿에 전수하였다. 荀卿은 다시 魯國 毛亨에게 전수하자 毛亨은 『詁訓傳』을 썼고, 이를 趙國 毛萇에게 전수하였다. 당시 사람들은 亨을 大毛公이라 부르고, 萇을 小毛公이라 했다.)[1]

陸璣에 의하면 孔子 이후에 卜商(子夏)만이 『詩經』을 전수 받은 것으로 되어 있으나, 『孔子詩論』의 작자는 子夏가 아닌 다른 사람일 가능성이 높기 때문에 전수문제에 또 다른 접근이 필요하다.

『毛詩序』의 작자는 子夏인가, 『毛詩序』의 학술적 가치는 무엇이고, 『大序』와 『小序』의 관계 등등의 문제를 『孔子詩論』과의 비교를 통하여 살펴볼 수 있다. 이외에도 『孔子詩論』과 『毛詩』·『三家詩』의 비교 연구를 통하여 이들 셋의 관계를 알아 볼 수 있다.

역대 『詩經』에 대한 이해는 그야말로 '汗牛充棟'이다. 『詩經』이 묘사하고 있는 내용에 대한 이해도 漢代 『毛詩序』 이후 의견이 분분하다. 『孔子詩論』이 『詩經』 각 편이 묘사하고자 하는 내용에 대한 이해가 『詩經』 원 작자의 의도와 그래도 가장 가깝다 할 수 있을 것이다. 따라서 『孔子詩論』을 통하여 『詩經』의 내용 이해에 접근할 수 있다. 반대로, 『孔子詩論』의 평론을 통하여 잘못된 『詩經』에 대한 견해를 바로 잡을 수 있다.

『孔子詩論』은 또한 현행본 『詩經』의 誤字를 바로 잡을 수 있다. 예를 들어, 『裳裳者華』를 『棠棠者芋』로 쓰고 있다. 현행본 '華'자는 '芋'의 오자로 보인다.

이와 같이 學術史上 『孔子詩論』은 『詩經』 연구에 매우 중요한 가치를 지니고 있다.

『孔子詩論』이란 이름으로 『孔子詩論』이 세상이 공포되자, 죽간의 파

1 『文淵閣四庫全書』 電子版.

손 상태가 심하여 내용에 대한 이해도 쉽지 않고, 죽간의 순서에 대한 이해 또한 분분하고, ‘評論’ 중의 일부는 ‘孔子’가 직접 평론한 것이 아닌 것 등등의 이유 때문에 『孔子詩論』의 작자에 대하여 많은 이견들이 제시되었다.

『整理本』은 상당히 긴 편폭을 이용하여(124-125쪽), ‘’자는 ‘孔子’의 합문이고, 『孔子詩論』 중의 『詩經』을 傳授하는 자는 ‘只能是孔子’라고 확신하고 있다. 이외에도 이 자를 ‘卜子’ 혹은 ‘子上’이라고 주장하는 학자들도 있으나, 合文이란 그 중의 한 자가 다른 자의 일부를 字의 일부로 취하는 경우이기 때문에, 字件 ‘子’ 이외의 부분이 ‘卜’이나 ‘上’으로 해석되어질 가능성은 적다. 또는 『說苑・貴德』이나 『孔叢子・記義』에서 공자가 평론하는 『甘棠』이나 『木瓜』의 내용과 같은 것으로 보아, ‘’자는 ‘孔子’임이 확실하다. 그러나 傳授者는 孔子 본인이 아니라, 공자의 학문을 재 傳授者한 자로 보인다. ‘孔子’라고 직접 쓴 것으로 보아 공자 자신도 아니고, ‘子曰’이라 하지 않고 직접 이름을 언급한 것으로 보아 ‘子夏’나 ‘子羔’도 아닌 것으로 보인다. 하지만 이들이 아닌 어느 누가 공자의 시경학을 제자들에게 전수했는지는 확실히 알 수 없다. 따라서 戰國時期의 그 많은 孔子의 儒家 後學 중이 한 사람인 것으로 보인다.

사실상 공자가 직접 『詩經』을 논술한 것이 아니기 때문에, 『孔子詩論』이란 편명은 사실과 맞지 않다. 그래서 ‘孔子’ 두 자를 쓰지 않고, 『詩論』이라고 하거나, 『古詩序』라고 하는 학자들도 있다. 그러나 『孔子詩論』은 『上海博物館藏戰國楚竹書』가 세상에 발표된 후 줄곧 습관적으로 사용되어왔고, 『孔子詩論』을 공자가 직접 지은 것이 아닐지라도 孔子가 주장하고 있는 『詩經』에 대한 평론이기 때문에, 『孔子詩論』이란 편명을 그대로 써도 별 문제가 없겠다.[2]

Cyclotron Mass spectrometer(C.M.S, 回旋加速器質譜儀)로 초죽서를 검사한

---

2 陳桐生, 『孔子詩論研究』(2004), 96쪽.

결과 2257±65년 쯤 된다. 따라서 이 측정에 의한다면 B.C. 256을 기준으로 하여, 빠르게는 B.C. 321 전후가 될 것이고, 늦게는 B.C. 191 전후가 될 것이다. 역사상 B.C. 278년에 秦나라 白起에 의하여 초나라 수도 郢을 함락되자 초나라 왕실귀족들은 이곳을 떠났다. 따라서 이 郭店楚墓는 적어도 戰國後期인 B.C. 321에서 B.C. 278년 전에 만들어진 것으로 보인다. 그러나 사실 이 초죽서가 실제로 쓰여 진 시기나 이 『詩論』에 대한 사상이 확립된 시기는 이보다 이른 시기이다. 陳桐生은 『孔子詩論研究』(2004)에서 많은 자료를 참고하여, 『孔子詩論』의 내용과 사상은 다른 초죽서의 자료인 『性情論』과 유사하나 『孟子』의 '以史論詩'의 영향을 받지 않았고, 또한 『周禮』에서 언급되고 있는 '比興'의 개념이 아직 『孔子詩論』에서 보이지 않는 것 등으로 보아 子思보다는 늦고, 『孟子』나 『周禮』 보다는 빠른 시기의 것으로 보고 있다.[3]

2. 『孔子詩論』의 編聯(죽간 배열 순서)

죽간이 무덤, 혹은 골동품 상점에서 발견된 당시에는 현재 우리가 보고 있는 정리된 죽간의 배열들이 아니라, 아무렇게나 흐트러져 있던 것을 전문가들이 오랜 연구 끝에 정리해 낸 것이다. 예를 들어, 『郭店楚簡』은 1993년 8月 23日 도굴꾼이 郭店 1호의 槨板(관을 담는 궤판)을 뜯고 도굴하면서 묘 내에 있는 기물들이 많이 파손되었고, 물이 널 안쪽으로 스며들게 되었다. 荊州博物館이 이 사실을 알고 이를 보호하기 위하여 10月 18日부터 24日까지 郭店 1호(墓M1)를 발굴할 당시 죽간의 형태는 도굴꾼이 발로 밟고 일부는 횃불로 사용하여 상태가 매우 좋지 않았

3 陳桐生, 『孔子詩論研究』(2004), 88-96쪽.

다한다. 죽간 정리팀들이 오랜 기간동안 연구하고 재배열한 것이 현재 우리가 보고 있는 『郭店楚墓竹簡』이다. 『上博楚簡』은 1994년 홍콩 문물시장에서 상해박물관이 구매한 것이기 때문에, 언제 어디에서 출토 되었는지 알 수가 없어, 전문가들이 이 죽간은 문자의 형태 · 죽간의 형식과 經書의 내용 등을 참고하여 『郭店楚簡』과 유사한 楚竹書라는 것을 증명하였다. 구입할 당시에는 부식되어 문자를 잘 알아볼 수 없었지만, 화학적 처리와 정리 과정을 거쳐 지금은 대부분 문자를 인식할 수 있게 되었으며, 죽간의 배열 또한 제각각이었지만, 죽간의 크기, 문자의 형태, 서체의 특징, 죽간의 모양 등을 고려하여 전문가들이 현재의 상태로 정리해 낸 것이다.

이와 같이 여러 가지 상태들을 종합하여 재배열한 것이기 때문에 죽간의 순서에 대하여 학자마다 의견이 같지 않다. 『上博楚簡(一)』의 『孔子詩論』 · 『紂衣』와 『性情論』 중의 죽간의 배열 순서 즉 編聯, 특히 『孔子詩論』(馬承源 整理注釋)에 대하여 竹簡의 순서와 보충문자에 대하여 각 학자마다 의견이 매우 분분하기 때문에 이에 대하여 살펴보기로 한다. 馬承源은 『整理本』 「序文」에서 아래와 같이 밝히고 있다.

> 정리 해낸 『孔子詩論』 29개 竹簡 중, 파손되지 않은 완전한 죽간은 단 하나이며, 길이는 55.5㎝이다. 길이가 50㎝ 이상인 죽간은 5개가 있고, 40㎝ 이상인 것은 모두 8개가 있고, 나머지는 파손된 상태가 상당히 심하다. 문자는 모두 합하면 1,906자이고, 죽간의 양끝은 원형으로 다듬어져 있다. 본 『孔子詩論』은 『上博楚簡』 중의 다른 한편인 『子羔』와 『魯邦大旱』의 字形, 죽간의 길이, 양쪽 끝의 형태 등이 모두 같다. 그래서 이들은 동일한 한 편으로 간주할 수도 있을 것이다. ……『孔子詩論』 29간 중에는 파손된 죽간이 많고, 상호 비교할 수 있는 현존하는 現行本 또한 없어, 문맥상 서로 연결이 곤란한 경우도 있다. 따라서 죽간의 순서 배열 또한 상당히 곤란하다. 어떤 죽간들은 문맥의 내용에 따라 배열했으나, 그 중 어떤 죽간은 이미 손실된

것도 있고, 또한 그 파손 상태가 심한 경우가 있어 그 순서를 확실하게 확정하기란 매우 어렵다. 또한 篇에 대한 제목도 없고, 비록 그 내용과 문자의 서체가 동일하여 한 편으로 정리하기는 했지만, 본래 연계성을 지닌 한편인지도 확신할 수 없다. 문장 부호 또한 일률적이지 않아, 또 다시 몇 편으로 나눌 수 있는지도 모른다. 파손된 상태가 심한 관계로 내용에 따라 몇 개로 분류하고, 잠시 『孔子詩論』이라 칭하기로 한다. 죽간의 내용은 아래 네 가지로 나눌 수 있다. 첫 번째 종류는, 첫 編線(書繩) 위와 마지막 세 번째 編線 아래에 문자가 없이 공백으로 남아있는 경우이다. 문자는 적게는 38자이고, 많게는 43자가 쓰여져 있다. 『詩論』의 다른 죽간이 문자를 공백 없이 수록하는 것과는 반대로, 이와 같이 上下端에 공백이 있는 경우는 상당히 특별하다.[4] 따라서 이러한 종류의 죽간을 따로 다른 죽간과 분류하여 구별하기로 한다. 이 종류의 죽간은 評論하고자 하는 『詩經』의 구체적인 내용은 언급하고 있지 않고, 『訟』·『大夏』·『少夏』와 『邦風』을 각각 개론적으로 설명을 하고 있다. 두 번째 종류는, 『詩經』의 각 편을 구체적으로 언급하고 그 내용을 評論한 것이다. 이 종류는 일반적으로 『詩經』 중의 몇 편을 한 그룹으로 설정한 후 한 편 한 편씩 설명을 하고, 어떤 시편은 중복 설명을 하기도 한다. 공자가 언급한 『詩』의 순서와 今本 『毛詩正義』(이하에서는 『毛詩』로 칭함)의 순서와는 상당히 다르다. 『訟』의 내용에 대한 언급이 『大夏』나 『少夏』 등의 내용과 서로 교차되지 않고 명확하게 구분하여 언급하고 있기 때문에 『訟』에 대한 몇 개의 죽간을 단독적으로 따로 정리해 낼 수 있다. 세 번째 종류는, 『邦風』만을 전문적으로 논술한 죽간이다. 네 번째 종류는, 『邦風』과 『大夏』를 혹은 『邦風』과 『少夏』를 함께 논술한 죽간이다. 이상의 네 종류 중 첫 번째 종류는 『詩經』 '序言'의 성격에 가깝다. 第1簡은 파손 정도가 비교적 심하고, 第2簡은 먼저 『訟』을 논평한 다음, 이어서 『大夏』에 대하여 논술하고 있다. 이 순서는 매우 명확하다. 문미에서 『少夏』에

4 이러한 형태의 竹簡을 '留白簡'이라 한다. 일반적으로 공백 없이 처음부터 끝까지 문자를 써 넣는데, 이러한 형태의 죽간을 일반적으로 '滿寫簡'이라 부른다.

대해서 약간 언급한 다음, 마지막부분에서 『邦風』에 대하여 논평하고 있다. 이는 『詩經』 각 編의 명칭이 공자가 『詩經』을 논평하기 이전 이미 존재하고 있었다는 것을 의미하고 있다. 『詩論』과 같은 編의 순서는 일찍이 보지 못했던 새로운 자료이다. 본 정리본도 이 죽간 순서에 따라 배열하기로 한다. 따라서 『詩論』의 29간 배열순서는 『毛詩』의 『國風』·『小雅』·『大雅』·『頌』과는 달리, 『詩論』 '序言' 중에서 제시하고 있는 새로운 순서에 따라 정리하기로 한다. 만약에 『毛詩』의 배열 방식에 따르고자 한다면, 두 번째 종류와 세 번째 종류는 독립적으로 분류될 수 있는 부분이기 때문에 그 순서를 바꾸어도 가능하겠으나, 네 번째 종류는 그 순서를 바꾸어서는 안 된다. 이외에도 일부 소수의 죽간은 그 파손 상태가 심하고 너무 짧아, 하나의 문장을 이루지 못하는 경우가 있다. 이러한 죽간은 이 죽간과 관련된 내용을 설명하는 곳에서 부가적으로 언급하고자 한다. 이상의 내용이 본 『詩論』의 죽간 순서를 결정하는 기본적인 조건이다.[5]

이와 같이 『孔子詩論』의 죽간 배열 순서는 매우 복잡한 문제점을 지니고 있음을 알 수 있다. 따라서 학자마다 죽간의 배열 순서는 상당히 다르다. 아래에서 배열 순서에 대한 의견을 제시한 주요한 문장들을 소개하겠다.

1) 編聯(죽간 배열 순서)에 대한 旣往의 견해

『整理本』은 『上海博物館藏戰國楚竹書』의 『釋文考釋』에서 죽간 배열을 모두 크게 네 종류로 나누고, 여섯 종류로 세분하여 죽간을 배열하고 있다.[6]

---

5 『上海博物館藏戰國楚竹書(一)』, 『孔子詩論·說明』, 馬承源 整理註釋, 129쪽.

6 上海古籍出版社(2001年), 121-165쪽. 네 종류로 크게 분류한 설명은 『孔子詩論』의

第一類

① '詩序' 부분 : 1-2-3-4.

第二類

② '訟' 부분 : 5-6.

③ '大夏' 부분 : 7.

④ '少夏' 부분 : 8-9.

第三類

⑤ '邦風' 부분 : 10-11-12-13-14-15-16-17.

第四類

⑥ '綜論' 부분 : 18-19-20-21-22-23-24-25-26-27-28-29.

濮茅左는 『孔子詩論簡序解析』(2002)에서 각종 부호들을 이용하여 매 竹簡의 문자와 상태를 설명하고, 『孔子詩論』의 죽간 상태를 알기 쉽게 아래와 같이 표로 나타내고 있다.[7]

編號	寬長		契口의 上, 中, 下 位置				죽간상태	文字
	길이	넓이	上端-上	上-中	中-下	下-下端		
1	22	0.6		17.1			上下端 파손	23자 합문1
2	55.5	0.6	8.7	19.2	19.5	8.1	완전	38자
3	51	0.6	4.9	19.1	19.2	7.8	上下端 파손	40자 합문1
4	46.1	0.6	7.3	19.2	19.5	0.1	上下端 파손	43자 합문1
5	47.5	0.6	8.5	19.3	19.6	0.1	下端 파손	38자
6	49.5	0.6	0.7	19.7	20.4	8.7	上端 파손	43자 합문1
7	42	0.6		16.9	19.6	5.5	上下端 파손	40자 합문1
8	52.4	0.6	8.8	19.2	19.4	5	下端 파손	55자 합문1
9	53.8	0.6	8.7	19.2	19.4	6.5	下端 파손	57자 중문2
10	46	0.6	8.4	19.1	18.5		下端 파손	46자 중문1
11	38.1	0.6		10.3	19.2	8.6	上端 파손	38자
12	18.5	0.6					上下端 파손	18자 합문1

『說明』部分 122쪽 참고.

7 『濮茅左』는 『上海博物館藏戰國楚竹書(一)』의 정리에 직접 참여한 濮茅左가 『上博館藏戰國楚竹書研究』에 발표한 『孔子詩論簡序解釋』(2002, 9-50쪽)을 말한다.

13	23.7	0.6	7.3	16.4			上下端 파손	24자
14	24.5	0.6	8.7	16.8			下端 파손	23자
15	18.4	0.6	0.1	18.3			上下端 파손	18자
16	47.8	0.6	7	19.2	19.4	8.5	上端 파손	50자 중문1 합문1
17	24.1	0.6		8.5	15.6		上下端 파손	28자
18	18.6	0.6			18	0.6	上下端 파손	19자
19	21.6	0.6	1.3	19.3	1		上下端 파손	21자
20	44.3	0.6	6.4	19.2	18.7		上下端 파손	44자
21	47.6	0.6	8.7	19.3	19.5	0.1	下端 파손	49자 합문1
22上	38.4	0.6	0.7	19.3	18.4		上端 파손	41자
22下	9.3	0.6			0.7	8.6	下端 파손	10자
23	27.7	0.6		0.1	19.2	8.6	下端 파손	27자
24	53.8	0.6	8.6	19.2	19.4	6.6	下端 파손	53자
25	20	0.6		0.1	19.5	0.4	上下端 파손	22자 중문1
26	23.4	0.6	4	19.3	0.1		上下端 파손	22자
27	43	0.6	5.4	19.2	18.4		上下端 파손	42자 합문1
28	20.3	0.6		0.7	19.2	0.4	上下端 파손	16자
29	18.7	0.6					上下端 파손	18자

이에 대하여 濮茅左는 다시 죽간의 내용과 순서에 대하여 아래와 같이 나누어 설명하고 있다.

① '詩序'에 대한 論述 부분: 1-2-3-4

② '訟'에 대한 논술 부분: 5-6

③ '大雅'의 篇名에 대한 논술 부분: 7.

④ '小雅'의 篇名에 대한 논술 부분: 8-9.

⑤ '邦風'에 篇名에 대한 논술 부분: 10－14－15－11－12－13－16－20－24－19－17－18-21－22－23－25－26－27－28－29.

馬承源과 濮茅左는 『孔子詩論』의 내용에 대해서는 기본적으로 같으나, 죽간의 순서에 대해서는 서로 의견을 달리하고 있음을 알 수 있다. 죽간의 編聯은 논술되는 『詩經』의 편명과 내용 이해와 밀접한 관계가 있기 때문에 죽간 배열은 중요한 의의를 지니고 있다.

30.31簡

하지만 廖名春 등은『整理本』의 共 29簡은 모두 같은 종류가 아니라, 각각 다른 두 종류로 분류하여야 한다고 주장하고 있다.[8]『整理本』의 죽간의 형태에 따라 크게 竹簡에 처음부터 끝까지 글자를 메운 '滿寫簡'과 상하단을 공백으로 남겨놓은 '留白簡'이 있다. '滿寫簡'은『整理本』의 제1간과 제8간에서 29간으로 모두 23簡이 있으며, '留白簡'은 제2간에서 7간으로 모두 여섯간이 있다.『整理本』에서는『孔子詩論』의 29간 이외에도 내용은 같으나 글씨체가 달라, 제3간 아래 참고 죽간으로 제시하고 있는데, 일반적으로 우리는 이를『孔子詩論』의 제30간이라 한다. 또한 형식과 글씨체가『孔子詩論』과 같으나, 내용이 연결되지 않아, 제7간 아래 참고 죽간으로 제시하고 있는데, 이를 일반적으로『孔子詩論』의 제31간이라 한다. 廖名春은『整理本』의 '滿寫簡'을 크게 한 종류로 나누어『上海博物館藏戰國楚竹書(二)』의『子羔』에 귀속시키고, '留白簡'은 이 30간과 31간을 합하여 또 다른 한 종류로 분류하여야 한다고 주장하고 있다.

『整理本』의『孔子詩論』이 세상에 공포된 후, 죽간이 파손된 상태가 상당히 심각하고, 또한 내용에 대한 이해가 상호간에 서로 다르기 때문에 竹簡의 배열 순서에 대하여 많은 의견이 제시되었다. 아래는 馬承源과 濮茅左 이외에 비교적 중요하다고 제시된 이견을 보면 아래와 같다.

① 李學勤,『「詩論」簡的編聯与复原』(『中國哲學史』, 2002年 第2期).

第一章 : 10－14－12－13－15－11－16(上半段)

第二章 : 16(下半段)－24－20－27(上半段)

第三章 : 27(下半段)－19－18

第四章 : 8－9

第五章 : 17－25－26－23－28－29－21(上半段)

第六章 : 21(下半段)－22－6

---

8 廖名春,『上博詩論簡的形制和編聯』, 인터넷사이트『簡帛研究』, http://www.jianbo.org/(2002).

第七章 : 7－2(上半段)

第八章 : 2(上半段)－3(上半段)

第九章 : 3(上半段)

第十章 : 4－5(上半段)

第十一章 : 5(下半段)

第十二章 : 1

② 李零, 『上博楚簡校讀記(之一)』(『中華文史論叢』, 第68輯).

(1) 1－19－20－18.

(2) 11－16－10－12－13－14+15－24.

(3) 27－29－28－25－26－17.

(4) 8－9－23－21－22－6－

(5) 4－5－7－2－3

③ 廖名春, 『上博「詩論」的形制与編連』(『孔子研究』, 2002年 第2期).

(一) : 1－8－9

(二) 10－14－12－13－15－11－16(上半段)

(三) 16(下半段)－24－20－19－18－27(上半段)

(四) 27(下半段)-29－26－28－17－25－23－21(上半段)

(五) 21(下半段)-22－4(上半段)

(六) 4(下半段)-5－6[9]

(七) 7－2－3

④ 姜廣輝, 『古「詩序」的夏原方案』(『中國哲學』, 第24輯).

---

9 廖名春은 『孔子詩論』 중의 제6간, 제21간과 22간을 보충적 관계로 보고, 22간과 4간 사이에 6간의 내용을 보충하고, 제6간 앞에는 제21간과 22간의 내용을 보충하여 쓰고 있다.

第一章 : 4－5(上半段)■

第二章 : 5(下半段)-1(上半段)■ [10]

第三章 : 1(下半段)

第四章 : 10－14－12－13－15－11－16(上半段)

第五章 : 16(下半段)－24－20－27－23－19－18■

第六章 : 17－25－26－28－29

第七章 : 8－9－21(上半段)

第八章 : 21(下半段)22－6

第九章 : 7－2(上半段)

第十章 : 2(下半段)-3

4－5－1－10－14－12－13－15－11－16－24－20－27－23－19－18－17－25－26－28－29－8－9－21－22－6－7－2－3

⑤ 濮茅左, 『「孔子詩論」簡序解析』(『上博館藏戰國楚竹書硏究』, 2001年).

(一) 詩序論述部分 : 1－2－3－4-5(上半段)

(二) 論述『頌』的篇名 : 5(下半段)－6

(三) 論述『大雅』的篇名 : 7

(四) 論述『小雅』的篇名 : 8－9

(五) 論述『邦風』的篇名 : 10－14－15－11－12－13－16－20－24－19－17－18

(六) 綜合類論述 :

(1) 三類(『頌』『大雅』『邦風』)篇名綜合論述 : 21－22

(2) 兩類(『小雅』『邦風』)篇名綜合論述 : 23－25－26－27

(3) 邦風과 篇名을 잘 모르는 경우 : 28－29[11]

---

10 姜廣輝는 제1간을 '滿寫簡'으로 보지 않고, "根據上下文關係, 也以留白簡視之(앞 뒤 문장의 내용을 참고하여 제1간은 留白簡으로 추증된다)"라며 '留白簡'으로 보고 있다.

11 濮茅左는 제29간에서 언급된 편명 중 『角幡』은 알 수 없고, 『河水』는 佚詩라고 하고 있다(濮茅左(2002), 37쪽).

⑥ 范毓周,『上海博物館藏楚簡「詩論」的釋文、簡序与分章』(『上博館藏戰國楚竹書研究』, 2001年).

第一章 : 4－5(上半段)

第二章 : 5(下半段)－6－1(上半段)

第三章 : 1(下半段)－10－11－19－15－16－12－14－13－24－20－18

第四章 : 27－29－28－26－17－25

第四章 : 23－9－8－21－22－7－2(上半段)

第五章 : 2(下半段)－3

⑦ 李銳,『「孔子詩論」簡序調整芻議』(『上博館藏戰國楚竹書研究』, 2001年).

第一章 : 10－14－12－13－15－11－16－24－20－19－18

第二章 : 9－21－22－23(上半段)

第三章 : 23(上半段)－27－25－8－28－29－26－17－4－5－6—7－2－3－1

⑧ 曹峰,『對「孔子詩論」第八簡以后簡序的再調整』(『上博館藏戰國楚竹書研究』)

滿寫簡

第一段 : 10－14－12－13－15－11－16(上半段)

第二段 : 16(下半段)-24－20－19－18

第三段 : 8－9－21(上半段)

第四段 : 21(下半段)-22－

第五段 : 23－27－26－25－28－29－17

留白簡

第一段 : 4-5(下半段)

第二段 : 5(下半段)-6-7-2(上半段)

第三段 : 2-3

⑨ 曹建國, 『論上博孔子詩論簡的編聯』, 2003年, 簡帛硏究사이트.

上 :

第一章 : 1(上半段)■ －1(下半段)

第二章 : 8－9－21(上半段)

第三章 : 21(下半段)－22

第四章 : 23－27(上半段)

第五章 : 27(下半段)－17－25－26－28－29■

中 :

第一章 : 10－14－15－11(情愛也.)

第二章 : 11(自“關雎”以下)－16(上半段)

第三章 : 16(下半段)－24－20－19

第四章 : 12－13－18■

下 :

第一章 : 4－5(上半段)■

第二章 : 5(下半段)－6－7－2(詩也, 文王受命矣)

第三章 : 2(自“頌, 旁德也”始)－3

⑩ 黃懷信, 『上海博物館藏戰國楚竹書詩論解義』(社會科學出版社, 2004年).

第一組 : 10－14－12－13－15－11－16－24－20－27－19－18

第二組 : 17－25－26－28－29－23－8-9-21－22－6

第三組 : 7－2－3

第四組 : 4－5－1

이외에도 黃人二은 『上海博物館藏戰國楚竹書(一)硏究』(武漢大學博士學位論文, 2002年 6月)에서 『整理本』의 編聯은 옳다고 긍정적으로 평가하고, 胡平生의 『做好「詩論」的編聯與考釋』(『文藝硏究』, 2002年 第2期)과 周鳳五의 『論上博「孔子詩論」竹簡的留白問題』(『上博館藏戰國楚竹書硏究』,

187-198쪽)에서 編聯에 대하여 의견을 제시하고 있지만, 구체적으로 배열을 하지 않고 있기 때문에 여기에서는 생략하기로 한다.

2) 編聯(죽간배열 순서)에 대한 再考

학자마다 編聯 순서가 다른 가장 큰 이유는 아래 세 가지가 있다.

첫째는 『詩經』의 순서가 『風』-『雅』-『頌』인가, 아니면 『頌』-『雅』-『風』이다. 『整理本』은 그 순서를 『頌』-『雅』-『風』으로 보고,[12] 『孔子詩論』을 크게 '第一類, 詩序, 概論部分. 第二類, 論各篇詩的具體內容. 第三類, 邦風부분. 第四類, 綜論' 등 네 종류로 분류하였다.[13]

『整理本』의 『訟』·『大夏』·『少夏』·『邦風』의 순서를 濮茅左·黃人二과 廖名春이 동의하고 있으나, 李學勤은 현행본 『詩經』의 순서를 따르고 있다. 姜廣輝·范毓周와 黃懷信 등이 이에 동의하고 있다. 어떤 기준을 따르나에 따라 8, 9簡 두 簡과 第10簡의 위치가 변하게 된다. 이외에도 21·22·23簡의 안배와 밀접한 관계가 있다.

두 번째는, 29간 중 어떤 簡을 '留白簡'으로 볼 것인가이다. 특히 제1간은 上下端이 부러져 있기 때문에 의견이 분분하다. 『整理本』은 "這枚簡雖殘, 看不出上下端是否留白, 從辭意看, 應該是『詩論』的首簡"이라고 설명하고 있다.[14]

『詩論』 중에 2簡에서 7簡까지는 上下端에 확실히 空白이 있다. 비교적 파손되지 않은 완전한 간인 2簡과 下端이 완전한 6簡으로 미루어 볼 때 上端의 공백은 8.7㎝이고, 下端의 공백은 8㎝이다. 『整理本』은 이들 '留白簡'은 다른 '滿寫簡'과 확실한 구분하여야 한다고 주장하고 있다.

---

12 『上海博物館藏戰國楚竹書(一)』, 馬承源, 『釋文考釋』 부분, 123-165쪽과 『說明』 부분 122쪽 참고.

13 整理本(2001), 122쪽.

14 정리본(2001), 126쪽 참고.

廖名春은 『整理本』의 주장에 기본적으로 동의하고 2簡에서 7簡까지는 동일한 성질의 것으로 처리하고 있다. 曹峰과 李銳 등이 이에 찬성하고 있다. 그러나 제1간은 상하단이 파손되었기 때문에 이 간을 '滿寫簡'으로 보거나 혹은 '留白簡'으로 보아 廖名春은 第1簡은 '滿寫簡'으로 『子羔』와 연결되는 내용이라고 주장하고 있다.

李學勤・周鳳五・姜廣輝 등은 '滿寫簡'과 '留白簡'의 구별이 없다고 주장하고 있다. 죽간의 상하단에 공백이 있는 이유에 대해서도 의견이 분분하다. 李學勤은 죽간의 보존상태가 각각 다르기 때문이라[15] 하였고, 周鳳五는 먼저 글자를 쓰고 난 다음에 죽간을 다듬었기 때문에 문자가 없어진 것이라고[16] 하였으며, 姜廣輝는 전하는 판본이 원래 殘簡이었기 때문이라고[17] 각각 설명하고 있다.

周鳳五는 죽간에 먼저 글씨를 쓰고 난 다음에 죽간을 다듬기 때문에 글자가 없어진 것으로 원래 '滿寫簡'과 '留白簡'의 차이가 없다는 것이다. 彭浩도 이에 기본적으로 동의하고 있다. 濮茅左와 廖名春 등은 『整理本』의 의견에 따르고 있다.

세 번째는, 通說부분과 각 편들의 평술 내용에 대한 이해가 다르기 때문에 죽간의 순서를 달리하는 경우이다.

馬承源과 濮茅左는 通說 부분을 앞부분에 놓고, 李學勤・李零・廖名春 등은 뒷부분에 수록하고 있다. 姜廣輝와 范毓周는 "通說『詩』旨" 部分을 두 부분으로 나누어 "總－分－總"의 형식을 취하고 있다.

아래에서는 각 簡에 대한 내용들을 종합적으로 정리하기로 한다.

---

15 "文字滅脫, 以致簡面皺縮, 且延伸程度不一." 본 주석과 이하 주석 18까지는 인터넷 사이트 『簡帛硏究』(http://www.jianbo.org)를 참고함.

16 "所謂的留白可能是先寫後後削, 是削除文字所造成的, 不是這批竹簡的原貌, 更非先秦楚國簡牘形制的常態."

17 "留白簡的眞正意含, 并不是所謂的'詩序', 而是意味 : '此類是殘簡!' 就是說, 竹書抄寫者所用的底本已經有殘簡, 他大槪知道竹簡殘缺的大致字數, 因而在抄寫時預留了一定的空白. 一是向讀者提醒, 這部分是殘簡; 二是希望有朝一日找到完本, 將缺字補齊. 如果這一分析不誤. 那么, 這篇簡文在當時已經是珍本, 抄寫者與簡文作者之間已經有了一定的歷史間隔."

(1) 第6簡의 순서

제21간 마지막에 '淸'자만 보인다. 『整理本』은 "'淸'字以下文殘, 當是『淸廟』, 其評語應是「虔敬之」('淸'字 아래가 파손되어 있지만, 『淸廟』에 관한 評語는 「虔敬之」이 확실하다)"라고 설명하고 있다(151쪽).

제6간의 순서에 대하여 학자의 의견을 종합하면, 크게 네 가지로 나눌 수 있다.

첫째는 '留白簡'으로 보고, 제5간과 연결하는 경우로 『整理本』과 濮茅左가 대표적이다.

둘째는 '滿寫簡'으로 上下兩端 부분에 문자가 파손된 것으로 보고, 21-22-6의 연결하여 보고 있다. 李學勤 등이 대표적이다.

셋째는 '半滿寫簡' 혹 '半留白簡'으로 보고, 21-22-6의 연결로 보고 있는 경우다. 李零 등이 대표적이다. 李零은 제6간을 2-7간의 '留白簡'으로 이어지는 아래쪽 만 留白인 '反留白簡'으로 이해하고 있다.[18]

넷째는 簡과 簡 사이에 '脫簡'이 있기 때문에 다른 간의 내용을 참고하여 보충하는 경우이다. 22간 다음 簡이 없어졌기 때문에(脫簡), 6간의 내용을 보충하여 21-22-(6)의 순서로 볼 수 있고, 5간과 6간 사이에 脫簡되었기 때문에 21간과 22간을 참고하여 보충하여, 5-(21-22)-6의 순서로 볼 수 있다는 것이다. 廖名春의 경우가 대표적이다.

21-22-6의 순서로 보면, 詩篇의 배열 순서가 내용과 문장 격식이 원만하게 보인다. 『宛丘』-『猗嗟』-『鳲鳩』-『文王』-『淸[廟』-『烈文』]-[『昊天有成命』]에 대하여 먼저 '善'·'喜'·'信'·'美'·['敬'·'悅']·'□'의 字로[19] 각 편에 대한 감상을 論한 다음, 이어서 그 이유에 해당되는 詩句를 다시

18 李零(2002)은 "其中簡6殘去上部, 從文意簡, 其斷切部分, 卽第一道編繩的上面還應有字, 留白只在下面, 與2-5和簡7不太一樣, 應是構成前後過渡的關鍵. 從它以後, 才是剩下的五枚留白簡."(6쪽)·"(六簡)'頌'字以下留白, 形式同以下各簡, 可見此簡是向下節過渡的關鍵."(21쪽)이라고 설명하고 있다.

19 부호 '□'는 문맥 상 해당되는 문자가 있으나 죽간이 파손되어 보이지 않는 문자를 가리킨다.

인용하고 있는 형식을 취하고 있다.

그러나 죽간의 배열은 죽간의 형태가 먼저 고려되어져야 한다. 『整理本』은 1에서 7간까지를 '留白簡'으로 보고 있다. 그러나 李學勤 등은 제6간은 원래 글씨가 있던 것을 칼로 도려냈다고 주장하고 있는데, 이는 설득력이 없다. 廖名春 등이 주장하는 '半滿寫簡'과 '脫簡' 등의 주장도 '칼로 도려 낸 것이다'라는 주장과 오십보백보이다. 내용과 문장 형식에서 적절한 안배라고 생각되기 때문에, 죽간 형태의 모순을 억지로 맞추려는 설명이다. 6간의 문장 형식 또한 사실상 21・22간과 같지 않다. 21간과 22간은 '詩篇名+曰+兩句詩+吾×之'라는 형식을 취하고 있지만, 6간은 『烈文』은 詩 三句를 인용하고, 『昊天有成命』은 詩 한 句만 인용하고 또한 '吾×之'의 형식도 취하지 않으며, 마지막에 '頌'자가 있는 것으로 보아 앞의 내용은 모두 '頌'과 관계된 詩篇의 내용인 것으로 보이기 때문에 굳이 6간을 22간과 연결하여 볼 필요가 없다. 따라서 『整理本』처럼 6간을 '留白簡'으로 보고, 그 죽간의 순서는 5-6-7이며, 5간과 6간은 '訟'에 대한 부분이고, 7간은 '大夏'에 관한 부분이고, 8간과 9간은 '少夏'에 관한 부분으로 보기로 한다.

(2) 第7簡과 第2簡의 연계

『整理本』은 1간에서 9간까지를 내용에 따라 아래와 같이 나누고 있다.

第一類

① '詩序' 부분 : 1-2-3-4.

第二類

② '訟' 부분 : 5-6.

③ '大夏' 부분 : 7.

④ '少夏' 부분 : 8-9.

위의 1간에서 8간 중 제2간과 7간이 『大雅』의 내용이다. 제2간과 7간의 내용은 아래와 같다.[20]

第二簡

(=========§寺也, 文王受命矣▬. 『頌』平德也, 多言後, 其樂安而屖, 其歌‖紳而篪▬, 其思深而遠, 至矣▬. 『大夏(雅)』盛德也, 多言ℵ========)

第七簡

§□, □懷爾明德曷? 誠謂之也. 有命自天, 命此文王. 誠‖命之也▬, 信矣▬. 孔子曰 : 此命也夫▬. 文王唯裕也, 得乎? 此命也. ℵ======

李學勤·李零 등은 "寺也, 文王受命矣▬" 구절을 7簡 내용과 연결되는 것으로 보고 있고, 본 2簡의 '訟坪(平)悳(德)也'부터 3簡 전부를 『頌』·『大雅』·『邦風』에 대한 설명으로 보고 있다. 제7간의 후반부가 '文王'에 대한 언급이고, 제2간 앞부분 또한 '文王'에 대한 언급을 하고 있기 때문이지만, 『大雅·文王』의 편명도 언급되지 않고, 단지 評說만 하고 있기 때문에 『整理本』처럼 2-3-4의 순서로 '詩序'를 언급한 것으로 보아도 무방하다 하겠다.

(3) 第8-9-21簡의 連繫 문제

『黃鳥』는 『小雅·鴻雁之什』 중의 『黃鳥』다. '鳥'자는 '鳥'자의 오자이다. 시는 타향에 사는 사람이 고향이 되돌아가고 싶어하는 마음을 읊

20 濮茅左(2002), 39-41쪽. 『整理本』을 기초로 하여 죽간의 형태를 표시하고 있기 때문에 濮茅左의 釋文을 참고하기로 한다. 각종 문장 부호는 濮茅左의 釋文에서 사용한 부호를 그대로 따르기로 한다.

은 내용이다. '古'자는 '故鄕'의 '故'이다. "困而谷(欲)反丌(其)古也"는 '『黃鳥』의 곤궁은 고향으로 돌아가고자 하는 마음을 노래한 것이다'의 의미이다. 李零은 이곳의 『黃鳥』의 『秦風』 중의 『黃鳥』로 보고 있다.(『上博楚簡校讀記』, 19쪽). 9간을 21 간의 연계로 보느냐 안 보느냐는 크게 두 가지로 볼 수 있다.

첫째는 "『黃鳥』則困而谷(欲)反丌(其)古也"의 釋文을 "『黃鳥』則困, 天谷(欲)反丌(其)古也"로 이해하는 경우이다. 즉 ''자를 『整理本』은 '而'자로 豫定하고 있으나, '而'가 아닌 '天'자로 예정하는 경우이다. 李學勤·周鳳五·黃二人 등 '而'자로 이해하고 『小雅』의 『黃鳥』로 보고 있다. 李零을 비롯하여 劉信芳·曹建國 등은 '天'자로 이해하고 『黃鳥』는 『秦風』의 『黃鳥』로 보고 있다.[21]

두 번째는 21간과 22간이 『邦風』과 『雅』를 함께 논하고 있는 것 같이 이해하여, 제8간과 9간 역시 『邦風』과 『雅』를 같이 평어하고 있는 것으로 이해하는 경우다. 결국은 첫 번째 문제와 같은 경우이지만, 『黃鳥』를 『小雅』의 편명으로 이해하면 8·9간은 『小雅』만을 전문적으로 논평하고, 만약에 『邦風』으로 이해하면 21간과 같이 『邦風』과 『小雅』를 같이 논하는 것으로 이해하는 것이다.

앞 '天保' 중 '天'자를 ''으로 쓰고 있다. 『孔子詩論』에 '天'자는 '天保'의 '' 이외에 7·19·22간 모두는 ''의 형태로 쓰고 있다. 반면에 '而'자는 '', ''(제2간)으로 쓴다. '天'자는 일반적으로 아래 두 획을 바깥쪽으로 향하게 하는 반면에, '而'자는 안쪽으로 향하게 하고 있다. 그러나 '天保' 중의 ''은 바깥쪽을 향하지 않고 있다. 따라서 형태상으로는 '天'자와 '而'자의 구별은 쉽지 않다.

또한 8간의 『十月之交』·『雨無正』·『節南山』·『小旻』·『小宛』·『小弁』·『巧言』과 『伐木』은 모두 『小雅』이기 때문에 제9간의 『黃鳥』만이 『邦風』이 될 가능성은 적어 보인다.

21 李零, 『上博楚簡校讀記』, 19쪽.

따라서 이 죽간은 『小雅』에 관한 내용을 평하는 것으로 보고, '而'자를 '天'자로 잘 못 쓰고 있는 것으로 판단하여, 『小雅・鴻雁之什』 중의 『黃鳥』로 해석하기로 한다. 즉 굳이 21간과 연결하여 이해할 필요 없이 9간 뒤 부분에 문자가 파손되고, 8-9간은 『小雅』에 관한 논평이고, 21-22간은 『頌』・『大雅』・『邦風』 등을 동시에 논평하는 것으로 이해하는 것이 좋겠다.

만약에 제9간과 21간이 연계된 내용이라면, 21간의 첫 구절인 '貴也'의 詩論을 『裳裳者芋』에 대한 설명으로 이해할 수 있다. 그러나 李零과 廖名春은 23-21간의 순서로 이해하여 『兎罝』의 설명부분으로 보는 반면,[22] 李學勤은 29간과 연결시켜 『河水』의 설명으로 보고 있다.[23] 그러나 『兎罝』는 '富貴'와 관련이 없고, 『河水』는 逸詩이다. 姜廣輝는 『古詩序章次』에서 9간과 연결된 簡으로 이해하여 『裳裳者芋』의 시편에 대한 설명으로 이해하고 있다.[24] 의견이 분분하고 파손된 부분이 많아 현재로써는 해당되는 편명을 확신할 수 없기 때문에 『整理本』처럼 "未知確指何詩"이다.

『秦・黃鳥』(1.11.6)

〈毛詩序〉

『黃鳥』, 哀三良也. 國人刺穆公以人從死, 而作是詩也(『黃鳥』는 三良을 애도한 내용이다. 國人들이 穆公이 사람을 따라 죽게 함을 풍자한 시이다).

〈詩文〉

交交黃鳥, 止於棘. 꾀꼴꾀꼴 꾀꼬리가 대추나무에 앉았네.
誰從穆公? 子車奄息. 누가 목공을 따라갔나? 子車씨의 엄식이란 분이지.
維此奄息, 百夫之特. 이 엄식이란 분은 백사람 몫은 훌륭하게 해낼 분이

22 李零(2002), 20쪽. 廖名春, 『上博詩論簡的刑制和編聯』, 『簡帛硏究』 인터넷사이트 참고.

23 李學勤(2002), 58쪽.

24 『簡帛硏究』 인터넷사이트 참고.

지만,

臨其穴, 惴惴其慄. 묘혈에 들어갈 때에는 덜덜 떨리셨겠지.

彼蒼者天, 殲我良人! 저 푸른 하늘이이여, 어이 우리 님을 죽이셨는가!

如可贖兮, 人百其身. 만약 그분 몸을 살릴 수 있다면 백 사람으로도 그분을 되찾으련만.

交交黃鳥, 止於桑. 꾀꼴꾀꼴 꾀꼬리가 뽕나무에 앉았네.

誰從穆公? 子車仲行. 누가 목공을 따라갔나. 자거씨의 중항이란 분이지.

維此仲行, 百夫之防. 이 중항이란 분이야말로 백 사람을 당해내실 만한 분이시지.

臨其穴, 惴惴其慄. 묘혈에 들어갈 때는 덜덜 떨리셨겠지.

彼蒼者天, 殲我良人! 저 푸른 하늘이여! 어이 우리 님을 죽이셨는가!

如可贖兮, 人百其身. 만약 그분 몸을 살 수 있다면 백 사람으로도 그분을 되찾으련만.

交交黃鳥, 止於楚. 꾀꼴꾀꼴 꾀꼬리가 싸리나무에 앉았네.

誰從穆公? 子車鍼虎. 누가 목공을 따라갔는가? 자거씨의 침호란 분이지.

維此鍼虎, 百夫之禦. 이 침호란 분이야말로 백 사람을 막아내실 만한 분이었지.

臨其穴, 惴惴其慄. 묘혈에 들어갈 때에는 덜덜 떨리셨겠지.

彼蒼者天, 殲我良人! 저 푸른 하늘이시여, 어이 우리 님을 죽이셨는가!

如可贖兮, 人百其身. 만약 그분 몸을 살 수 있다면 백 사람으로도 그분을 되찾으련만.

(4) 第10~16簡과 第24簡

'10~16簡'과 '24簡'의 배열 문제는 『邦風』에 대한 論述 篇名의 죽간

순서, 즉 『關雎』·『樛木』·『漢廣』·『鵲巢』·『甘棠』·『綠衣』·『燕燕』에 관한 배열 문제이다.

『整理本』의 설명에 의하면 『孔子詩論』 중 제10간에 17간까지가 『邦風』에 관한 논술로 보고 있다. 이 간들 중 10간에서 『關雎』·『樛木』·『漢廣』·『鵲巢』·『甘棠』·『綠衣』와 『燕燕』 등 『詩經·國風』 7편에 대하여 '改'·'時'·'智'·'歸'·'保'·'思'와 '情'으로 논평하고 있다. 10간에서 『燕燕』에 대한 논평이 끝 난 다음 다시 『關雎』에 대한 설명이 있는 것으로 보아, 『關雎』에 이어 계속해서 『樛木』·『漢廣』·『鵲巢』·『甘棠』과 『綠衣』 등에 대하여 반복적으로 설명하는 형식을 취하고 있는 것으로 보인다. 그러나 이들의 簡은 모두 앞 뒤 죽간의 문자의 파손 정도가 심하여 연계(編聯)가 쉽지 않다. 이외에도 제24간에 『甘棠』편에 대한 논술이 있지만, 『甘棠』에 대한 논평 앞부분의 형식과 내용으로 보아, 10과 16간 사이의 일부 簡으로 보이지 않는다. 아래는 10간에서 16간의 죽간 순서를 『整理本』처럼 보지 않는 학자들의 의견을 대략적으로 정리하였다.

① 李學勤 : 10－14－12－13－15－11－16(上半段)
② 廖名春 : 10－14－12－13－15－11－16(上半段)
③ 李零 : 11－16－10－12－13－14+15-24
④ 濮茅左 : 10－14－15－11－12－13－16
⑤ 范毓周 : 10－11－19－15－16－12－14－13
⑥ 李銳 : 10－14－12－13－15－11－16
⑦ 曹峰 : 10－14－12－13－15－11－16
⑧ 曹建國 : 第一章 : 10－14－15－11(情愛也)
第二章 : 11(自"關雎"以下)－16(上半段)
第三章 : 16(下半段)－24－20－19
第四章 : 12－13－18

⑨ 黃懷信 : 10－14－12－13－15－11－16

⑩ 姜廣輝 : 10－14－12－13－15－11－16

위의 학자 중 李零만이 비교적 독특하게 11간을 이 그룹의 첫 번째의 간으로 보고, 11간 다음에 16간의 연결하여, 『周南』의 『葛覃』·『關雎』·『樛木』·『漢廣』, 『召南』의 『鵲巢』·『甘棠』, 『邶風』의 『綠衣』·『燕燕』 등에 설명으로 이들은 모두 '情愛'와 관련된 시편들이라고 설명하고 있다. 그러나 10간과 11간의 문장 배열 체제를 『關雎』와 비교해 보면, 10간은 '『關雎』之攺(怡)'와 같이 한 자로 설명하고, 11간은 '『關雎』之攺(怡), 則其思賹(益)矣'와 같이 10간의 내용을 반복한 다음 다시 추가내용을 덧붙이고 있다. 따라서 문장의 체제상 10간을 11간보다 앞에 놓는 경우가 더욱 합당하겠다. 李零 이외에 다른 학자들의 編聯 순서는 거의 일치를 보이고 있다.

濮茅左는 『孔子詩論簡序解析』에서 문장의 형식과 체제, 내용 등을 고려하여 파손된 문자를 보충하고, 그 죽간 순서를 다시 아래와 같이 배열하고 있다.[25]

第十簡 : 『關雎』之攺(怡)▬, 『樛木』之時▬, 『漢§廣』之智▬, 『鵲巢』之歸▬, 『甘棠』之褒▬; 『綠衣』之思, 『燕燕』之情▬, ‖曷曰 : 動而皆賢於其初者也▬. 『關雎』以色喩於禮, □□ℵ□□□□□□□□□

第十四簡 : 兩矣▬. 其四章則愉矣▬§. 以琴瑟之悅, 凝好色之願; 以鐘鼓之樂, □□□□‖□□□□□□□□□□□□□□□□□□□□□□□□□ℵ□□□□□□□□

第十五簡 : □□□□□□□□□§及其人, 敬愛其樹, 其褒厚矣▬. 『甘棠』之愛, 以召公▱‖□□□□□□□□□□□□□□□□□□□□□□□□□ℵ□□□□□□□□

25　濮茅左(2002), 32-33쪽.

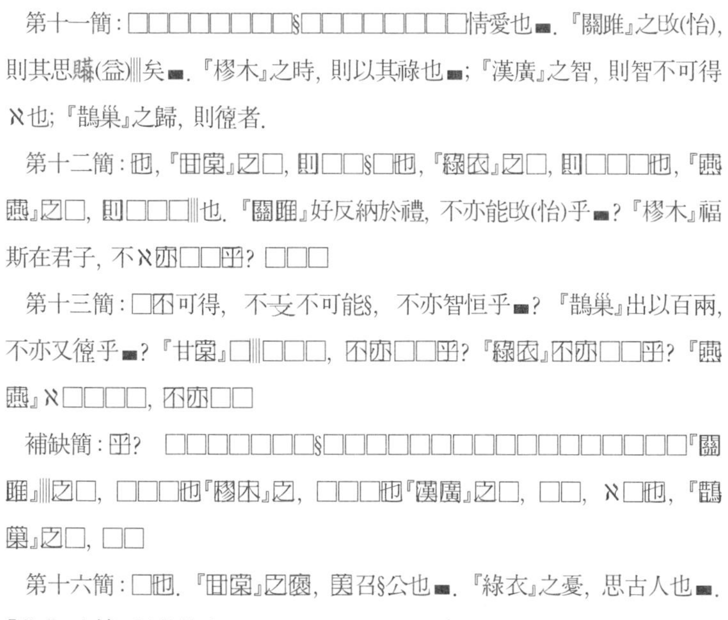
第十一簡 : □□□□□□□□§□□□□□□□□情愛也■. 『關雎』之攺(怡), 則其思𧆑(益)‖矣■. 『樛木』之時, 則以其祿也■; 『漢廣』之智, 則智不可得ℵ也; 『鵲巢』之歸, 則儠者.

第十二簡 : 也, 『甘棠』之□, 則□□§□也, 『綠衣』之□, 則□□□也, 『燕燕』之□, 則□□□‖也. 『關雎』好反納於禮, 不亦能攺(怡)乎■? 『樛木』福斯在君子, 不ℵ亦□□乎? □□□

第十三簡 : □不可得, 不妄不可能§, 不亦智恒乎■? 『鵲巢』出以百兩, 不亦又儠乎■? 『甘棠』□‖□□□, 不亦□□乎? 『綠衣』不亦□□乎? 『燕燕』ℵ□□□□, 不亦□□

補缺簡 : 乎? □□□□□□□§□□□□□□□□□□□□□□□□□『關雎』‖之□, □□□也『樛木』之, □□□也『漢廣』之□, □□, ℵ□也, 『鵲巢』之□, □□

第十六簡 : □也. 『甘棠』之褒, 美召§公也■. 『綠衣』之憂, 思古人也■. 『燕燕』之情, 以其篤也■.

濮茅左의 위와 같은 배열은 『關雎』→『樛木』→『漢廣』→『鵲巢』→『甘棠』→『綠衣』→『燕燕』의 각 편에 대한 로테이션 논평 형식에 맞다. 第10簡의 뒷부분은 『關雎』에 대한 설명이 파손되었고, 14간 앞부분은 10간에 이어지는 『關雎』에 대한 설명이다. 14간이 『關雎』에 대한 논평이고, 15간에 『甘棠』에 대한 언급이기 때문에 14간과 15간 사이에 『樛木』 『漢廣』 『鵲巢』에 대한 설명이 파손되었고, 15간이 『甘棠』에 대한 언급이 있고, 11간의 앞부분은 『關雎』에 대한 논평이 있기 때문에 그 중간에 『綠衣』와 『燕燕』의 논술이 파손되었다. 11간의 뒷부분이 『鵲巢』에 대한 언급이고, 12간의 앞부분에 『關雎』에 관한 내용이기 때문에 『甘棠』→『綠衣』→『燕燕』의 내용이 파손되었고, 12간의 뒷부분이 『樛木』에 관한 내용이고, 13간의 중간 부분에 『鵲巢』와 『甘棠』이 언급되어 있기 때문에, 13간의 제일 앞부분은 『漢廣』의 내용으로 보인다. 13간과

16간 사이에는 16간의 앞부분에 『甘棠』에 관한 내용이 있기 때문에 그 사이에는 『綠衣』→『燕燕』→『關雎』→『樛木』→『漢廣』→『鵲巢』이 파손된 것으로 보인다.

13간의 제일 마지막 자가 '甘'이고, 15간이 『甘棠』에 관한 내용이기 때문에 李學勤 등은 15간을 13간 뒤에 놓고 있다. 그러나 『孔子詩論』의 문장 형식 체제로 보아 계속해서 한 편의 편명이 언급되는 경우가 없기 때문에 이러한 배열 가능성은 적다.

따라서 10에서 16간의 배열은 10－14－15－11－12－13－16의 순서로 이해할 수 있다.

(5) 第16, 20, 24簡과 第17, 18, 19簡의 문제

'16, 20, 24간'은 『葛覃』·『木瓜』·『杕杜』·『甘棠』의 시편에 대한 언급이고, '17, 18, 19간'은 『東方未明』·『將仲』·『揚之水』·『采葛』·『木瓜』·『杕杜』에 관한 評述이다.

『整理本』은 10-17간까지를 『邦風』에 관한 내용이고, 18-27간까지를 '綜論'으로 보고 있다.

20간의 내용 중 『折(杕)杜』를 『整理本』은 『小雅』의 편명으로 보고 반면, 일부의 학자들은 『唐風』으로 보고 있다. 또한 24간의 '后稷之見貴也, 則以文武之德也'를 『整理本』은 『大雅 · 生民』에 대한 평론으로 보고 있는 반면, 李學勤나 姜廣輝는 16간과 연결하여 『葛覃』의 설명으로 보고 있다.

濮茅左는 『孔子詩論簡序解析』에서 20, 24도 『邦風』을 평술한 것으로 보고 있다. 즉 16의 후반부와 20, 24간의 내용은 『葛覃』·『木瓜』·『甘棠』에 대한 내용으로 보고 있다.[26]

16의 후반부, 17, 18, 19, 20, 24簡의 내용 중에는 각각 또 다른 형식으

---

26 濮茅左(2002), 34-35쪽.

로 『邦風』의 『葛覃』·『木瓜』·『甘棠』·『東方未明』·『將仲』·『揚之水』·『采葛』·『杕杜』[27]에 대한 논술을 하고 있다. 이들 죽간들은 문장 체제 형식도 꼭 어떤 규칙이 있는 것이 아니고, 죽간이 편명을 직접 언급하지 않고 내용만 보이는 경우는 학자마다 의견이 매우 분분하다. 예를 들어 "[illegible]§志, 旣曰天也, 猶又(有)𡨄(損)言"의 내용을 『鄘風·柏舟』·『邶風·北門』·『鄘風·君子偕老』 등 중의 한 편이라고 주장하는 등 의견이 다르기 때문에 굳이 『整理本』의 의견을 따르지 않고 다른 어떤 簡과 무리하게 연계하지 않는 것이 좋겠다. 또한 '21, 22, 23간'의 문자를 濮茅左는 『孔子詩論簡序解析』에서 제6간 등을 참고 하여 아래와 같이 문자를 보충하고 있다. 참고할 만하다.

> 貴也; 『將大車』之囂也, 則以爲不可如何也 『審露』之賹(益)也, 其猶軺與." 孔子曰 : 『宛丘』吾善之, 『猗嗟』吾喜之, 『鳲鳩』吾信之, 『文王』吾美之, 『清廟』吾敬之, 『烈文』吾悅(第21簡)
>
> 之. 『昊天有成命』吾□之.『宛丘』曰 : "洵有情, 而亡望", 吾善之. 『猗嗟』曰 : "四矢𢈮(變), 以禦亂." 吾喜之; 『鳲鳩』曰 : "其儀一氏, 心如結也", 吾信之; 『文王』曰 : "文王才上, 於昭于天", 吾美之.(第22簡)
>
> □□□□□□□□□□□□□□□□□□□□□□□□□□『鹿鳴』以樂詞而會, 以道交見善而效, 終乎不厭人. 『免罝』其用人, 則吾取(第23簡)

위에서 살펴본 바와 같이 죽간의 배열 순서에 대하여 학자마다 의견이 매우 분분함을 볼 수 있다. 그러나 馬承源 『整理本』의 編聯의 주장이 일부를 제외하고는 일반적으로 긍정적으로 평가되고 있다. 아래서는 『孔子詩論』의 전체내용과 편년의 상황을 파악하며, 나름대로 각각의 의견을 파악할 수 있도록 하기 위하여, 그동안의 연구 성과를 토대로 『整理本』과 현행본 『詩經』의 편명을 〈대조표〉로 정리하도록 한다. 『整理

27 『整理本』(2001)은 『小雅』의 내용으로 보고 있다(148쪽 참고).

本』은 원래 『竹書本』(『上博楚簡』의 원 내용을 가리킴)과 『현행본』의 편명만 간단하게 비교하고 있으나, 내용 이해를 위하여 '죽간의 번호'와 '죽서본 내용' 등을 추가하였다. 또한 원래 편명에는 순서 번호가 없으나, 전후 순서에 따라 붙이기로 한다.[28] 아래에서 나열된 篇名과 내용 중의 일부는 아직도 지속적인 연구가 필요하다.

	序	整理本(竹書本)	簡號	현행본	竹書本 내용
訟(頌)	1	清宙	5, 6, 21	淸廟	『淸廟』: 王德也. 至矣. 敬宗廟之豊, 以爲其本, "秉文之德", 以爲其業, "肅雝(5) 多士, 秉文之德", 吾敬之(6)『淸廟』吾敬之(21)
	2	剌文	6	烈文	『烈文』曰: "乍(亡)競隹人, 不顯唯德. 於乎! 前王不忘", 吾悅之(6)
	3	昊天又城命	6	昊天有成命	"昊天有城命, 二后受之", 貴且顯矣(6)
大夏(大雅)	4	有辭失篇名	7	皇矣	"懷爾明德"曷? 誠謂之也(7)
	5	大明	7	大明	"有命自天, 命此文王". 誠命之也, 信矣. 孔子曰: 此命也夫. 文王唯裕也, 得乎? 此命也(7)
少夏(小雅)	6	十月	8	十月之交	『十月』善諀言(8)
	7	雨亡政	8	雨無正	『雨亡政』·『卽南山』, 皆言上之衰也, 王公恥之(8)
	8	卽南山	8	節南山	
	9	少旻	8	小旻	『小文(旻)』多疑, 疑言不中志者也(8)
	10	小䚻	8	小宛	『小䚻(宛)』其言不惡, 少有焦焉(8)
	11	小卣	8	小弁	『小卣』·『考言』則言讒人之害也(8)
	12	考言	8	巧言	
	13	伐木	8	伐木	『伐木』實咎於其也(8)(9)
	14	天保	9	天保	『天保』其得祿蔑疆矣, 巽(饌)寡德故也(9)
	15	誶父	9	祈父	『誶(祁)父』之責, 亦有以也(9)
	16	黃鳥	9	黃鳥	『黃鳥』則困而慾反其故也, 多恥者其忞之乎(9)
	17	菁菁者莪	9	菁菁者莪	『菁菁者莪』, 則以人益也(9)

28 표에서 사용하고 있는 부호 중 '●'은 『整理本』이 전혀 〈대조표〉에 없는 편명이다. 周鳳五 『孔子詩論新釋文及註解』 중의 '孔子詩論主旨一覽表'[1]와 劉信芳의 『孔子詩論術學』 중의 '詩論所論及的詩經篇名'(安徽大學出版社, 2003年, 86-87쪽)을 주 참고로 하고, 필요에 따라서는 다른 학자의 의견도 참고하기로 한다. '×'는 〈대조표〉에서 『竹書本』에는 있으나 現行本 『詩經』에 없는 것으로 보고 있는 편명이다. '비고'란은 편명을 주장하는 대표적인 학자의 이름이다. '有辭失篇名'은 『詩經』의 편명은 보이지 않으나, 내용으로 편명을 결정한 것이다. 그 중 제24간의 『生民』은 본래 편명은 없고 평술만 있으나, 『정리본』은 직접 편명 『生民』이란 편명을 언급하고 있다.

	18	棠棠者芋	9	裳裳者華	『裳裳者華』則(9)
邦風(國風)	19	闢疋	10, 11, 12, 14	關雎	『關雎』之改(怡)(10). 『關雎』以色喩於禮(10). 『關雎』之改(怡), 則其思賹(益)矣(11). 『關雎』好反納於禮, 不亦能改(怡)乎(12). 兩矣. 其四章則愉矣. 以琴瑟之悅, 凝好色之願. 以鐘鼓之樂(14)
	20	梂木	10, 11, 12	樛木	『樛木』之時(10). 『樛木』之時, 則以其祿也(11). 『樛木』福斯才君子, 不(12)
	21	灘生	10, 11, 13	漢廣	『漢廣』之智(10). 『漢廣』之智, 則智不可得也(11). 可得, 不亥不可能, 不亦智恒乎(13)
	22	鵲槕	10, 11, 13	鵲巢	『鵲巢』之歸(10). 『鵲巢』之歸, 則𨒅者 (11). 『鵲巢』出以百兩, 不亦又𨒅乎(13)
	23	甘棠	10, 13, 15, 24	甘棠	『甘棠』之褒(10). 『甘□』(13). 及其人, 敬愛其樹, 其保厚矣. 『甘棠』之愛, 以邵公(15). 吾以『甘棠』得宗廟之敬. 民性固然, 甚貴其人, 必敬其位' 悅其人, 必好其所爲. 惡其人者亦然(24)
	24	綠衣	10, 16	綠衣	『綠衣』之思(10). 『綠衣』之憂, 思古人也 (16)
	25	[illegible]	10, 16	燕燕	『燕燕』之情, 害曰動而皆賢於其初者也.(10) 『燕燕』之情, 以其篤也.(16)
	26	●蕎[illegible]	16, 24	葛覃	孔子曰 : 吾以『蕎[illegible](葛覃)』得氏初之詩民性固然. 見其美, 必慾反一本. 夫蕎之見歌也, 則(16)
	27	東方未明	17	東方未明	『東方未明』有利詞(17)
	28	牆中	17	將仲子	『將中』之言, 不可不畏也(17)
	29	湯之水	17	揚之水	『湯之水』其愛婦悡(17)
	30	茱蕎	17	× 茱葛	『茱蕎』之愛婦(17)
總論	31	木苽	18, 19, 20	木瓜	因『木瓜』之報, 以喩其損者也(18). 『木瓜』有藏忨而未得達也(19) 困瓜得幣帛之不可去也. 民性固然, 其離志必有以逾也. 其言有所載而後納, 或前之而後交, 人不可鼾也(20).
	32	折杜	18, 20	杕杜	『杜杜』則情喜其至也(18) 吾以『折(杜)杜』得雀(20)
	33	●有辭失篇名	19	柏舟	[illegible]志, 旣曰天也, 猶有損言(19)
	34	[illegible]大車	21, 22	無將大車	『將大車』之囂也, 則以爲不可如何也(21)
	35	審零	21, 22	湛露	『審露』之賹(益)也, 其猶軳與(21)
	36	亩丘	21, 22	宛丘	『宛丘』吾善之(21). 『宛丘』曰 : “洵有情, 而亡望”, 吾善之.(22)
	37	於差	21, 22	猗嗟	『猗嗟』吾喜之(21) 『猗嗟』曰 : “四矢𡠂(變), 以禦亂.” 吾喜之(22)
	38	[illegible]	21,	鳲鳩	『鳲鳩』吾信之(21)

		22		『鳲鳩』曰 : "其儀一氏, 心如結也", 吾信之(22)
39	文王	21, 22	文王	『文王』吾美之(21) 『文王』曰 : "文王才上, 於昭于天", 吾美之(22)
40	生民	24	生民	以□薂之古(故)也, 后稷之見貴也, 則以文武之德也(24)
41	鹿鳴	23	鹿鳴	『鹿鳴』以樂詞而會, 以道交見善而效, 冬乎不猒人. (23)
42	兎虘	23	兎罝	『兎罝』其用人則吾取(23)
43	腸腸	25	蕩	『腸腸』小人(25)
44	又兎	25	兎爰	『有兎』不逢時(25)
45	大田	25	大田	『大田』之卒章, 知言而又禮(25)
46	少明	25	小明	『小明』不(25)
47	北白舟	26	邶・柏舟	『邶・柏舟』悶(26)
48	浴風	26	谷風	『谷風』背(26)
49	翏莪	26	蓼莪	『翏莪』有孝志(26)
50	隰又長楚	26	隰有萇楚	『隰有萇楚』得而悔之也(26)
51	可斯	27	× 何人斯	如此, 『何斯』雀之矣. 䢔丌所愛, 必曰吾奚舍之賓贈氏(是)也(27)
52	七衛	27	蟋蟀	『蟋蟀』智難(27)
53	中氏	27	× 螽斯	『中氏』君子(27)
54	北風	27	北風	『北風』不絶, 人之怨(27)
55	● 子立	27	子衿	『子立』不(27)
56	牆又薺	28	× 墻有茨	惡而不度, 『牆有薺』愼密不知言(28)
57	靑蠅	28	靑蠅	『靑蠅』知(28)
58	卷而	29	卷耳	『卷而』不知人(29)
59	涉秦	29	褰裳	『涉秦』其絶(29)
60	律而	29	× 著	『律而』士(29)
61	角幡	29	× 葛生	『角幡』婦(29)
62	河水	29	×新臺	『河水』智(29)

『孔子詩論』은 孔子가 『詩經』에 대한 견해를 밝힌 내용으로 『詩序』와 내용이 유사하지만, 『詩序』의 순서와는 달리 『頌』·『大夏(雅)』·『小夏』와 『邦風』으로 되어 있다. 이외에도 금본 중에 보이는 〈小序〉의 '刺(풍자)'와 '美(찬미)'가 보이지 않는 등 많은 부분에서 차이가 있어 〈詩序〉 연구에 귀중한 자료가 되고 있다.(본 '역자서문'은 『中國人文科學』(第39輯, 2008年)의 「『上博楚簡·孔子詩論』編聯 再考」라는 논문을 재편집한 것임)

楚竹書의 연구는 考釋에 관한 내용이 가장 많다. 고문서인 楚竹書를 이해하기 위해서는 당연히 고석연구가 선행되어야 한다. 많은 학자들이

이 부분에 심혈을 기울여 각고의 노력을 하고 있지만, 아직까지도 정확한 결론을 내리지 못하고 후세대의 연구를 기다리고 있는 부분도 적지 않다.

단순한 번역이 되지 않도록, 그동안의 연구 성과를 참고하고자 '譯註說明'이라는 부분을 첨가하여 설명하였다.

작업을 할 때마다 항상 부족함을 뼈저리게 느끼곤 한다. 부족한 점 아낌없는 질책 바란다.

2011年 11月 30日
訓詁樓에서 崔南圭 씀

『공자시론(孔子詩論)』

「譯註說明」 일러두기

譯者

『上博楚簡』은 고문자 자료여서, 다른 일반적인 고전적과는 번역 방법이 달라야 한다. 원 자료의 번역 이외에 각종 연구 성과를 참고한 추가적 설명이 필요하기 때문에 본 「譯註說明」은 아래와 같은 '일러두기'를 제시한다.

① 釋文과 죽간의 排列순서는 『上海博物館藏戰國楚竹書(一)』(馬承源主編, 上海古籍出版社, 2001年 11月 第一版, 이하 『上博楚簡』으로 간칭함)을 기초자료로 한다. 이 책은 제일 먼저 『孔子詩論』이 정리되어 공포되었기 때문에 필요에 따라서는 『整理本』이나, 혹은 『竹書本』이라 간칭하기로 한다.

② 『校讀記』는 李零의 『上博楚簡三篇校讀記』(中國人民出版社, 2007) 중 「『子羔』篇"孔子詩論"部分」의 '釋文'을 말한다. 전체적인 의미 파악을 위하여 필요하다.

③ 총 29개의 竹簡은 파손된 것이 많기 때문에, 문맥 파악이 쉽지 않으며, 죽간의 배열 순서에 대해서도 각 학자마다 의견이 분분하다. 죽간 배열은 『整理本』을 기본 순서로 하면서, 다른 학자의 의견을 참고하기로 한다.

④ 簡文 중에 보이는 章 · 句讀 · 合文과 重文 등의 부호는 원문에 따라 표시하며, 동시에 괄호 안에 직접 해당되는 문자로 표기하기로 한다. 다만 학자들이 의견을 달리하는 문자들은 부호로 표시하여 주석에서 설명하기로 한다.

⑤ 通假字와 古今字는 ( )로 표시하며, 부가적 설명이 필요한 경우를 제외하고는 별도로 주석하지 않기로 한다.

⑥ 다른 經書와 문맥 전후를 살펴 簡文에 誤字가 있는 경우에는 〈 〉로 표시한다.

⑦ 내용 등을 고려하여 缺文(결손된 부분의 문자)과 奪文(누락된 자) 등은 [ ]로 표시한다.

⑧ 衍文(잘못 추가된 문자)는 { }로 표시한다.

⑨ 缺文 중 문자의 수는 알 수 있으나, 해당하는 자는 모르는 경우에는 □로 표시하고, 문자의 흔적이 있어 추증할 수 있는 문자가 있을 경우에는 □ 안에 문자를 표기하며, 확실한 字數를 모르는 경우에는 …… 로 표시한다.

⑩ 『孔子詩論』의 『整理本』은 竹簡의 형태와 그 내용에 따라 네 종류로 분류하고, 그 내용을 종합 정리하였다.[1]

第一類

(1) '詩序' 부분 : 1-2-3-4.

第二類

(2) '訟' 부분 : 5-6.

(3) '大夏' 부분 : 7.

(4) '少夏' 부분 : 8-9.

第三類

(5) '邦風' 부분 : 10-11-12-13-14-15-16-17.

第四類

(6) '綜論' 부분 : 18-19-20-21-22-23-24-25-26-27-28-29.

---

1 『上海博物館藏戰國楚竹書(一)』, 馬承源 『釋文考釋』 부분 123-165쪽과 『說明』 부분 122쪽 참고. 숫자는 竹簡의 順序.

『孔子詩論』의 자형(字形)이나 竹簡의 형태는 『子羔』와 『魯邦大旱』과 같다. 이는 아마도 이 세편이 같은 卷에 속하는 것이었거나, 혹은 한 사람이 동일한 형태의 簡에 기록했지만 卷 배열을 달리 하였던 것으로 보인다.[2]

⑪ 註釋은 두 부분으로 되어 있다. 하나는 『上博楚簡』의 『整理本』 註釋을 번역한 것이고, 또 다른 하나는 본 번역의 자체 考釋 부분이다.

『整理本』의 註釋을 번역한 것은 '上博楚簡原註'로 표시하기로 한다. 즉 『上博楚簡』의 馬承源이 정리한 『整理本』의 原註를 가리킨다. 原註는 원래 번호가 없기 때문에 본 번역에서는 임의적으로 부호 ◯를 사용하여 전후 순서에 따라 표시하기로 한다. 만약에 원주 중 잘못된 내용이 있으면, '譯註'에서 잘못을 지적하기로 한다. 예를 들어 제17간에서 "'湯'의 음성부분(聲符)은 '昜'이다"[3]라고 하고 있는데, '昜'자는 '易'의 誤字이다. 따라서 "(譯註 : '昜'은 '易'의 誤字)"라고 설명을 덧붙이기로 한다.

자체 考釋 부분은 그동안 연구 성과를 참고하여 '譯註說明'에서 1, 2, 3, 4……의 숫자로 표시하기로 한다.

아래는 주요 참고 자료이다.

清華大學思想文化研究所編, 『上博館藏戰國楚竹書研究』, 上海書店出版社, 2002.3.

______, 『上博館藏戰國楚竹書研究續編』, 上海書店出版社, 2004.7.

李學勤, 「詩論簡的編聯與復原」, 『中國哲學史』, 2002年 第2期.

______, 「上海博物館藏楚竹書詩論分章釋文」, 『國際簡帛研究通訊』 第二卷 第二期, 2002.1.

2 馬承源 主編, 『上海博物館藏戰國楚竹書(一)』, 121-122쪽 참고.

3 '음성부분(聲符)'은 字件 중 음을 표시하는 부분을 가리킨다. '聲符' 또는 '音符'·'音部'·'聲部' 등으로 표시하기도 하며, 본 책에서는 '聲符'로 표시하기로 한다. 상대적으로, 의미를 나타내는 부분은 '意符' 또는 '義符'·'意部'·'義部' 등으로 표시하기도 하며, 본 책에서는 '意符'로 표시하기로 한다. 『說文解字』에서 '從×× 聲'이라고 설명하는 形聲字는 "'×'와 '×'聲으로 이루어진 형성자'로 번역하기로 한다. '字件'은 문자의 한 부분을 가리키며, '×旁'·'×邊'이나 '偏旁×'으로 표시하기도 한다. 하지만 字件과 '×旁'·'×邊'·'偏旁×'과 반드시 일치하는 것만은 아니다. 예를 들어, '案'자 중 '宀'·'女'·'木'은 모두 자건에 해당된다.

______, 「詩論的體裁和作者」, 『上博館藏戰國楚竹書研究』, 2002.3.

李零, 『上博楚簡三篇校讀記』, 中國人民出版社, 2007.8.

______, 「上博楚簡校讀記-『子羔』篇"孔子詩論"部分」, 『中華文史論叢』 第68輯, 2002.4.

廖名春, 「上博詩論簡的形制與編連」, 『孔子硏究』, 2002年 第2期.(『簡帛硏究』, 인터넷사이트 참고)

曹建國, 『論上博孔子詩論簡的編連』, http://www.jianbo.org/Wsst/2003/caojianguo02.htm, 2004.12.8.

黃懷信, 『上海博物館藏戰國楚竹書「詩論」解義』, 社會科學文獻出版社, 2004.8.

姜廣輝, 「古『詩序』復原方案」, 『簡帛硏究』, 2005.02.19.

劉信芳 著, 『孔子詩論術學』, 安徽出版社, 2003.1.

陳桐生 著, 『孔子詩論硏究』, 中華書局, 2004.12.

이외에 아래 참고 논문은 『上海博物館藏戰國楚竹書硏究』(上海古籍出版社, 2002年)에 수록되어 있는 문장이다.

濮茅左, 「孔子詩論簡序解析」, 9-50쪽.

范毓周, 「上海博物館藏楚簡詩論的釋文・簡序與分章」, 173-186쪽.

李銳, 「孔子詩論簡序調整芻議」, 192-198쪽.

曹峰, 「對孔子詩論第八簡以後簡序的再調整」, 199-209쪽.

竹簡의 순서와 보충문자에 대하여 학자마다 의견이 매우 분분하다. 그 중에서 濮茅左의 의견이 『整理本』의 내용에 제일 충실하며 그에 맞게 문자를 잘 보충하고 있기 때문에, 죽간의 순서와 보충문자에 대해서는 濮茅左의 의견을 주로 참고하기로 한다.

⑫ 각주의 설명은 모두 '譯者'가 추가한 注釋이다.

詩序 第1簡

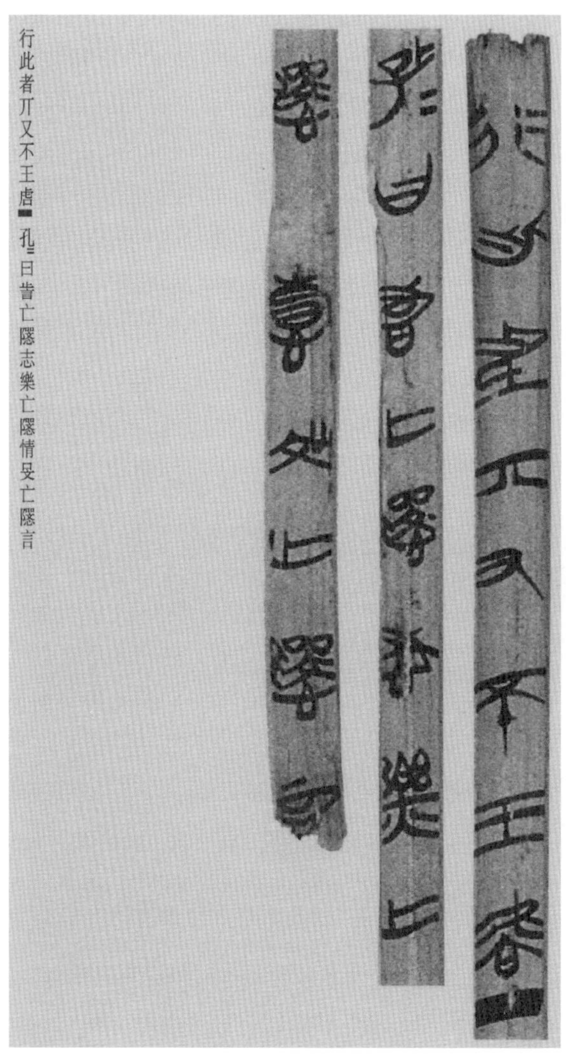

行此者[ⓐ], 丌(其)[①]又(有)[②]不王虐(乎)[③]■[ⓑ]? 孔=(孔子)[④][ⓒ]曰 : 訔(詩)[⑤]亡隱(離)[⑥][ⓓ]志, 樂亡隱(離)情[ⓔ], 旻(文)[⑦][ⓕ]亡隱(離)言[⑧][ⓖ].

『校讀記』

[□□□□□□□□□□□]行此者, 其有不王乎■? 孔子曰 : "詩無吝志, 樂亡吝情, 文無吝言[□□□□□□□□□□□□□□□□□□□□□□□□□□]

해석

이러한 일을 행하는데 어찌 천하를 통일할 수 없겠는가? 공자가 말하였다. 詩歌는 사람의 의지를 드러내는 것이며, 樂曲은 인간의 정감을 드러내는 것이며, 문자란 함의된 내용을 드러내는 것이다……

上博楚簡原註

본 죽간의 길이는 22㎝이고, 상하 양 끝이 파손되어 있다. 문자는 모두 23자로, 그 중 合文이 1자이다.

① '丌' : '其'자와 통한다.
② '又' : '有'자와 통한다.

③ '虐' : 竹簡에서는 대부분 '乎'의 용법과 같다.

이 자 아래 비교적 두터운 검은색 마디가 하나 있다. 각 篇들을 서로 분리하는 부호이거나 혹은 단락과 단락을 나누는 기호이기도 하다. 이 곳 이외에도 두 곳에 이와 같은 부호가 또 있는데, 앞뒤가 詩의 내용을 논평하는 것으로 보아, 큰 단락 분리 기호인 것으로 보인다.

'行此者其有不王乎'의 구절은 王道를 논평한 내용으로 어투 또한 『子羔』나 『魯邦大旱』의 내용과는 다르며 『詩序』와도 확연한 차이가 있다. 그러므로 또 다른 어떤 내용이 아닌가 한다.

④ '孔=' : '孔子' 두 자를 合文한 '孔='로 쓰고 있다(아래에서는 이에 대한 주석을 생략하기로 한다). 이 합문이 '孔子'라는 두 문자를 가리킨다는 것은 『子羔』와 『魯邦大旱』의 자료를 통해서도 증명할 수 있다. 『子羔』는 孔子가 그의 제자 子羔의 '三王者之作(三王의 始祖)' 물음에 대답한 글이다. 비록 내용이 완전하지는 않지만, '孔子曰'이라는 문장 형식으로 시작하는 곳이 모두 네 곳에 보이며, 그 내용은 아래와 같다:

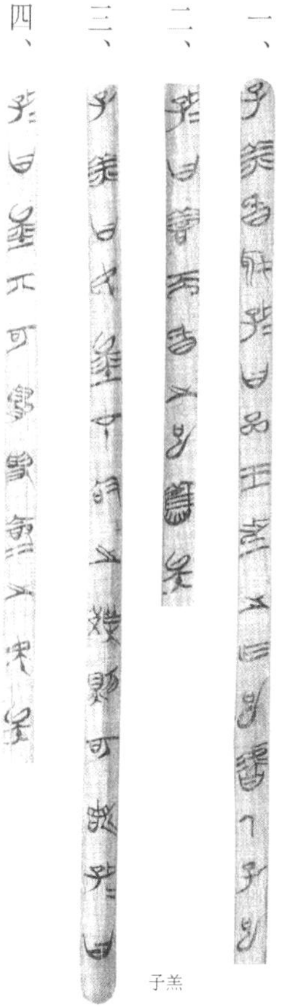

一. 子羔昏(問)於孔子曰:"三王者之乍(作)也, 膚(皆)人子也……."

(子羔가 공자에게 "삼왕의 시조는 모두 일반 사람의 아들인데……"라 물었다.)

二. 孔子曰:"善, 而(爾)昏(問)之也, 舊矣……."

(공자가 말하기를 "훌륭하도다. 그대가 제기한 문제는 오래 전부터 전해오는 것이다……"라 했다.)

三. 子羔曰:"如𡉚(叟)才(在)今之殜(世)則可(何)若? 孔子曰……."

(자고는 "만약에 舜이 지금 세대에 살았다면 어떠했겠습니

一、 二、 三、 四、

子羔

까? 공자가 말하기를…… .")

四. 孔子曰 : "坌(坌)其可胃(謂)受命之民矣 …… "('坌'자는 '坌' 자의 의미로 쓰인다. 字件이 '夋'과 '土'로 이루어진 자다.)

(공자는 "舜은 천명을 받은 일반 백성이니라…… .")

이 예문 중 合文 '孔子'는 우리가 일반적으로 알고 있는 字件 '子'와 '乚'으로 이루어진 형태와는 약간의 차이가 있다. 그 중에서 字件 '乚' 부분이 다르다. 하지만, 전후 내용으로 보아, 위의 예문 중의 '  '자를 공자 제자 중 어떤 한 사람의 이름으로 이해하기에는 실질적으로 불가능하기에 '孔子'임이 확실하다.

이는『魯邦大旱』의 예문을 통해서 더욱 확신할 수 있다. 이와 관련된『魯邦大旱』의 내용은 아래와 같다.

一. 魯邦大旱, 哀公胃(謂)孔子 : "子不爲我圖(圖)之 …… ."

(노나라에 큰 가뭄이 들자, 哀公은 공자에게 "그대는 왜 우리나라를 위하여 힘써주지 않으시오……"라 했다.)

二. 孔子畣(答)曰 : "邦大旱, 毋乃 …… ."

(공자가 답하기를 "나라의 큰 가뭄은 역시 …… 이 아니던가?"라 했다.)

三. 孔子曰 : "名虐(乎) …… "(譯註 : '名'자는 '於'자를 잘못 예정(隸定)한 것이다.)

(공자가 말하기를 "아! …… "라 했다.)

四. 出遇子贛(貢)曰 : 賜, 而(爾)昏(聞)衚(巷)白(伯)逄(路)之言, 毋乃胃(謂)丘之畣(答)非歟(與)? 子贛(貢)曰 : …… .

(나오다가 子貢을 만나자 말하기를 賜야, 그대는 일반백성의

一、 二、 三、 四、

魯邦大旱

말을 듣고 나의 대답이 틀렸다고 말할 수 없던가? 자공이 말하기를……)

네 개의 『魯邦大旱』 예문 중 孔子가 스스로 자신의 이름 '丘'를 지칭하는 곳이 있다. 『孔子詩論』과 『子羔』·『魯邦大旱』 중의 合文 '孔子'는 동일한 사람이 쓴 것으로 필적이 완전히 같다. 이러한 자료는 우리에게 『孔子詩論』 중의 『詩』를 전수하는 자가 확실히 공자라는 것을 확신해 주고 있다. 따라서 합문 ' '가 '孔子'라는 확신은 의심할 여지가 없다.

楚나라 문자는 형태적인 면에서 이미 상당히 규범화되었다. 『上海博物館藏戰國楚竹書』(이하에서는 『上博楚簡』이라 간칭하기로 한다)의 자형들을 통하여 우리는 그 자형들이 어떻게 변화 발전하였는지 확인할 수 있다. 그러나 총체적으로 볼 때, 초나라 문자 중에는 아직도 완전히 규범화되지 않은 문자들이 있다. 따라서 다양한 형태로 쓰는 자들이 있다.

합문 '孔子'도 예외는 아니다. 『上博楚簡』 중 위에서 예로 든 합문 '孔子'자형 이외에 또 다른 형태들이 있다. 예를 들면, 『孔子閒居』에 "孔子曰 : 善才(在)商也(선하도다. 商아)"가 있다. '商'은 바로 '卜商'을 가리킨다.

『說文解字』의 '孔( )'자에 대하여 段玉裁는 "從乙·子. 乙, 請子之候鳥也('乙'과 '子'로 이루어진 회의자이다. '乙'은 새끼의 안녕을 위하여 계절이 변하면 옮겨 다니는 철새를 가리킨다)"라고 설명하고 있다. 그러나 西周나 春秋시기 금문에 보이는 '孔'자는 '乙'과 '子'로 이루어진 회의자가 아니라, 字件 '子' 옆에 작은 활 모양의 획이 붙어있는 형태이다.[1] 그러나 『說文解字』는 字件 '乙'자와 字件 '子'가 완전히 독립된 형태인 ' '로 쓴다.

『孔子閒居』의 합문 ' ' 역시 『說文解字』가 말하는 '乙' 부

子閒居

顏淵

仲弓

1 금문 『虢季子白盤』은 ' '로 쓴다. 『金文編』 761쪽 참고

분을 완전히 분리하여 어깨 아래 놓고 있고, 타원형의 형태를 변형시켜 '∠'으로 쓰고 있다. 즉 '子'와 '∠'으로 이루어진 회의자이다. 이는 合文 '孔子'의 두 번째 형태이다.

이외에 세 번째는 타원형 모양의 필획을 '子'자 위에 놓아 '孛 孛'로 쓴다. '孛'자는 '字'자와 같은 형태이다. 만약에 전후 문맥 없이 이 자만을 해석한다면, '字子'라고 해석할 수 있다. 이 형태는 『顔淵』에 보이고, 그 내용은 "孔子曰 : 悳城(德成)則名至矣(덕이 이루어지면, 그 명분 또한 이루어지게 된다)"이다. 이 자는 『顔淵』편에 모두 다섯 번 보인다. 『子路』와 『顔淵』의 필체가 같고, 合文 '孔子'의 형태가 같은 것으로 보아 같은 사람이 쓴 것으로 보인다.

『仲弓』은 金文의 형태와 비교적 비슷하게 합문 '孔子'를 '孔'로 쓴다. 그 내용은 "仲弓㠯告孔子曰季是 …… , 孔子曰夫祭至敬之 …… "(仲弓이 공자에게 말하기를 '季는 …… 이다', 공자가 말하기를 '이른바 제사는 존경을 다해야 …… ')"이다.

『孔子詩論』과 기타 다른 자료를 비교해 보면, 『孔子詩論』의 合文 '孔子'는 『上博楚簡』의 여러 형태 중 다른 하나임을 알 수 있다.

따라서 『孔子詩論』에서 『詩經』을 논평하는 자는 '孔子'임이 확실하다.

⑤ '𧥺' : '𧥺'자는 '言'과 '止'로 이루어진 '詩'자의 古文이다. 『說文解字』는 "詩, 志也. 從言寺聲, 訨, 古文詩省('詩'는 뜻의 의미이다. '言'과 '寺'聲으로 이루어진 형성자. 古文은 '詩'자의 일부를 생략하여 '訨'로 쓴다)"라고 설명하고 있다.

⑥ '𢡃' : '𢡃'자는 '𨻰'과 '心'으로 이루어진 자이며. 이 문자 중 '𡢁'이 聲符이다. '𢡃'자와 '𡢁'자는 『說文解字』에 보이지 않는다.

『中山王䂂鼎』의 "𡢁邦難新(백성들을 가엽게 여기고, 가까운 사람을 함부로 대하지 말라)"의 문장은 '鄰邦難親'으로 읽을 수 있다. 이를 통하여 '𡢁'자를 '鄰'으로 읽을 수 있음을 알 수 있다. '𡢁'자와 '鄰'자의 형태는 서로 다르지만, 음이 서로 통할 수 있다. 『老子・德經』의 "鄰邦相望(이웃나라가 서로 바라 보이다)"와 『德經』의 "若畏四鄰(사방의 이웃나라가 모두 두려워하는 듯하다)" 중의 '鄰'자를 『馬王堆漢墓帛書・老子乙本』이 모두 '吅'으로 쓰는 것으로 보아 음이 서로 통함을 알 수 있다.

經書에서 聲符가 '粦'인 자들은 일반적으로 '吝'과 통한다. 예를 들어, 『易・蒙』 初六에 "以往吝(앞으로 버리지 않으면 어려움이 따른다)"라는 구절이 있는데, 『說文・辵部』는 "以往遴(앞으로 버리지 않으면 어려움이 따른다)"로 쓴다. 『漢書・王莽傳』의 "性實遴嗇(성격이 인색하다)" 구절 중의 '遴'자를 顔師古는 '吝'자로 읽고 있다.

혹은 '吝'자는 '吅'자의 이체자인지도 모른다. 하지만 '吝'자는 字件 '口'를 아래에 쓰고, '吅'자는 字件 '吅'을 윗부분에 쓰고 있다. 위치를 바꾸어 쓸 수 있는지는 아직 잘 모르겠다.

의미적으로 볼 때, '隱'자는 字件 '阜'와 '心'을 추가하거나, 혹은 '陊'과 '心'으로 쓰는 것으로 보아, 본래 '吅'자와는 의미가 다르다는 것을 알 수 있다. 그렇지 않으면, 字件 '阜'나 '心'을 추가하여 쓸 필요가 없었을 것이다. 따라서 이 자는 聲符 '吅'의 음 관계를 통하여 다른 의미로 사용한 것으로 보인다.

전체적인 문맥으로 보아, '隱'자는 『離騷』에 있는 '離'의 의미로 사용되고 있다. '離'와 '吅'과 '遴'은 雙聲관계이며, 韻部 또한 같은 부류로서 서로 방대전(旁對轉) 관계이다.

'離志'는 『史記・燕召公世家』의 "因搆難數月, 死者數萬, 衆人恫恐, 百姓離志(재난이 오랜 세월동안 계속되고, 죽은 자가 수만 명이나 되며, 많은 사람들이 두려움에 떨자, 백성들의 마음이 멀어졌다)"라는 구절에도 보이고, 『說苑・政理』의 "孔子曰 : 夫荊之地廣而都狹, 民有離志焉(孔子가 말하였다. 荊이라는 지역은 매우 넓으나, 都城은 협소하니, 백성들이 떠나고 싶어하는 마음이 있다)"라는 구절도 있고, 『莊子・馬蹄』의 "其德不離(그 덕을 떠나지 않는다)"나 "性情不離(타고난 성정을 떠나지 않는다)"의 구절과 같이 '離'자는

'志'나 '性情' 같은 낱말과 함께 쓰인다.

'性情'은 심리적 상태를 나타낸다. 『離騷』의 "何離心之可同兮, 吾將遠逝以自疏(마음이 서로 다른 사람과 어찌 함께 하겠는가? 나는 장차 멀리 떠나 조용히 홀로 지내고 싶네)"와 『淮南子·本經訓』의 "是故上下離心, 氣乃上蒸(그런고로 위와 아래의 마음이 떠나면, 나쁜 기운이 상승하게 된다)" 혹은 『俶眞訓』의 "始昧昧晽晽, 皆欲離其童蒙之心(시작이 애매모호하여 분명하지 않으면, 순수한 마음은 장차 멀어지게 된다)" 등의 구절과 같이 마음 상태를 나타내는 '志'·'性情'·'心('騷'를 포함하여)'자들은 '離' 혹은 '不離'와 함께 쓰이는 것을 알 수 있다.

따라서 "詩亡隱志, 樂亡隱情, 旻亡隱言(詩歌는 사람의 의지를 드러내는 것이며, 樂曲은 인간의 정감을 드러내는 것이고, 문자란 함의된 내용을 드러내는 것이다)"는 "詩不離志, 樂不離情, 文不亡言"으로 읽을 수 있다.

⑦ '旻' : '旻'자는 '文'과 '口'로 이루어진 자이다. 죽간에서 '旻'자와 '文'자가 완전히 같은 뜻으로 쓰이는 것만은 아니다. 예를 들어, '文王'의 '文'자는 字件 '口'를 사용하지 않으나, '文章'의 '文'자는 字件 '口'를 사용하여 戰國시기 '吳'자의 형태와 비슷하게 쓴다. '[글자](文)'자와 '[글자](吳)'자는 거의 차이가 없이, '吳'자는 字件 '口'를 '矢'자의 왼쪽 끝에 쓰고, '旻'자의 字件 '口'를 '文'자의 측면 끝에 쓴다. 그러나 簡文에서는 '文'자를 '吝嗇'의 '吝'자처럼 쓰는 경우도 있다. 小篆에서는 '旻'자가 없어지고, '文'자로 통일하여 썼다. '文'은 여기에서 '文彩'의 의미로 쓰인다.

⑧ '言' : '言'자는 윗부분만 보이고, 아랫부분은 파손되어 보이지 않는다. 『孔子詩論』 중에는 '言'자가 모두 일곱 번 출현하는데, 모두 윗부분이 같다. 또한 『孔子詩論』의 『邦風』이 '丌言旻'의 구절을 '旻不隱言'의 구절과 함께 쓰고 있는 것으로 보아, '言'자임을 확실히 알 수 있다.

孔子는 '文'과 '言'의 관계를 『左傳·襄公二十五年』에서 "仲尼曰 : '『志』有之, 言以足志, 文以足言.', 不言, 誰知其志? 言之無文, 行而無遠(공자는 말하였다. '옛 책은 말은 뜻을 족하게 하고, 글은 말을 족하게 한다'라

했다. 따라서 사람이 말을 하지 않으면, 누가 그 뜻을 알겠는가? 또한 말을 할 뿐 글이 없다면, 그 행위는 멀리 전해지지 않을 것이다)"라 했는데, 이와 동일한 내용이 『孔子家語 · 正論』에도 보인다. 따라서 '旻(文)亡隱(離)言'의 뜻이 구체적으로 어떤 것인지 알 수 있다.

이 죽간은 양쪽 끝이 파손되어 上下端이 공백인 '留白簡'인지는 알 수 없으나, 문장의 내용으로 보아 『孔子詩論』의 첫 번째 簡임을 알 수 있다.

譯註說明

『整理本』(馬承源)은 '■'까지는 『孔子詩論』이 아닌 다른 篇名이고, '孔=(孔子)'부터가 『孔子詩論』의 시작이라고 보고 있다. 그러나 章號 '■'는 반드시 篇名을 분리하는 곳에만 쓰인 것이 아니라, 分章 부호로도 쓰이기 때문에 '■' 앞의 내용도 『孔子詩論』의 일부로 볼 수 있다.

ⓐ '者' : 『上博楚簡』에서 '者'자는 다양한 형태로 쓰인다. 『孔子詩論』은 ' ' · ' '의 형태로 쓰고, 『子羔』 역시 『孔子詩論』과 비슷하게 ' ' · ' '로 쓴다. 그러나 『魯邦大旱』은 ' ' · ' '나 ' '로 쓰고, 『緇衣』는 ' ' · ' ' 등으로 쓰기도 한다. 이들의 형태는 모두 金文의 ' '(『令方彝』) · ' '(『乖伯簋』) 등이 와변(譌變)된 것이다.

ⓑ '行此者丌(其)又(有)不王虐(乎)' : '王虐(乎)' 뒤에 비교적 큰 흑점이 있는 것으로 보아 여기까지가 한 단락임을 알 수 있다.

『孔子詩論』의 죽간 배열 순서에 대하여 학자마다 견해가 다르다.

李學勤은 『孔子詩論』을 모두 12章으로 분리하고, '■'까지의 내용을 『整理本』의 제5간과 연결하여 『淸廟』의 연속으로 보면서, 자신이 나눈 12장의 제일 마지막에 놓고 있다. 李零은 부호 '■'의 앞 문장은 『子羔』부분과 연결되는 부분이며, 또한 '留白簡'이 아니라 '滿寫簡'이라 설명하며, '■'의 뒷 문장은 19-20-18간과 연결하여 '綜論'이라고 주장하고 있다.[2] 죽간은 이 簡을 '滿寫簡'으로 보느냐, 아니면 '留白簡'으로 보느냐에 따라 죽간의 순서 배열이 달라진다('滿寫簡'과 '留白簡'에 대해서는 '설명' 부분 참조). 『整理本』은 "這枚簡雖殘, 看不出上下端是否留白, 從辭意看, 應該是『詩論』的首簡(제1간이 파손되어 위 아래로 공백이 있는 '留白簡'인지 확신할 수 없지만, 문장 내용으로 보아 『孔子詩論』의 첫 번째 簡임을 알 수 있다)"라며, 이 간을 제1간으로 보는 이유를 설명하고 있다.[3] 上下端이 파손되어 문자만 남아 있어 이 간이 '滿寫簡'인지 '留白簡'인지 현재로써는 잘 알 수 없기 때문에 이 간을 첫 번째 간으로 이해하기로 한다.

ⓒ '孔=(孔子)' : '孔子'는 합문 ' 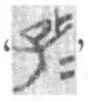 '로 쓰고 있다. 이 자를 '卜子' 혹은 '子上'으로 예정(隷定)하기도 하나, 문자의 형태나 내용으로 보아 '孔子'가 확실하다. 『孔子詩論』에 있는 합문은 이외에도 '  (君子)' · '  卡=(上下)' · ' 㚖=(疑矣)' 등이 있다.

ⓓ '𨼆(離)' : 『整理本』에서는 '  '자를 '𨼆'으로 예정(隷定)하고 있다. 그러나 '離' · '隱' · '吝' · '泯' · '憐' 등으로 해석하기도 한다. ' (𨼆)'자는 '㖑'이 聲符인 형성자이다. 『整理本』에서는 '離'의 의미로 보고 있으나,[4] 黃懷信의 『上海博物館藏戰國楚竹書「詩論」解義』에서는 裘錫圭와 李學勤 등의 의견을 참고하여 '隱'의 의미로 해석하고 있다.[5] 『金文編』은

---

2 李零, 『上博楚簡交讀記』(『中華文史論叢』, 2002), 第68輯, 7쪽 참고.

3 馬承源, 『整理本』, 126쪽 참고.

4 馬承源, 『整理本』, 126쪽 참고.

5 黃懷信著, 『上海博物館藏戰國楚竹書「詩論」解義』(2004), 267-271쪽. 이하에서는 『「詩

『中山王嚳鼎』의 '(⿱吅文)'자에 대하여 "說文所無, 讀爲鄰, 老子德經, 鄰國相望, 道經, 猶兮若畏四鄰. 馬王堆漢墓帛書老子乙本, 均作鄰(『說文解字』에 보이지 않는 자이다. '鄰'의 뜻이다. 『老子·德經』 중에 '鄰國相望(이웃나라가 서로 바라보이다)'라는 구절이 있고, 『道經』의 구절에는 '猶兮若畏四鄰(사방의 이웃나라가 모두 두려워하는 듯하다)'라는 구절이 있는데, 『馬王堆漢墓帛書·老子』 乙本은 모두 '鄰'으로 쓰고 있다)"라고 설명하고 있다.[6] '鄰'은 '隱'이나 '憐' 혹은 '吝'과 통한다. 제1간의 ''자 중 왼쪽 字件이 잘 보이지 않으나, 제20간의 '(⿰阝⿱吅文)'자를 참고하여 字件 '阝' 부분을 확인할 수 있다.

ⓔ '情': 『上博楚簡·紂衣』의 제1간은 '(情)'자를 ''으로 쓴다. 『郭店楚簡·性情論』은 중간 부분에 字件 '口'를 추가하여 ''으로 쓰기도 한다. '(情)'자의 중간 부분 ''은 ''·'(靑)'자의 아랫부분이 와변(譌變)된 것이다. 이외에도 『郭店楚簡·紂衣』는 '情'자를 '(靑)'자로 쓰고, 『郭店楚簡』의 『性自命出』이나 『語叢』에서는 모두 字件 '心'을 추가하여 ''으로 쓰거나, 가운데 부분 '口'의 형태를 생략하여 ''으로 쓰기도 한다.

ⓕ '⿱吅文(文)': ''자를 『整理本』에서는 '⿱吅文'으로 예정(隸定)하고 있는데, 廖名春은 "⿱心文'으로 예정(隸定)하고, 金文 '忞'자의 이체자로 설명하고 있다.[7] 즉 字件이 '口'가 아니고, '心'이라는 설명이다. 금문은 '文'자를 '(文)'(『令簋』)자와 같이 가운데 부분에 字件 '心'을 추가하여 쓰고 있다.[8] ''자 중 '' 부분은 금문의 가운데 부분 '心'이 아닌가 한다.

論』解義』(2004)로 간칭함.

6 容庚, 『金文編』, 638쪽 참고.

7 廖名春, 「上海博物館藏詩論簡校釋箚記」, 『上博藏戰國楚竹書研究』, 261쪽 참고.

8 『金文編』, 635쪽 참고.

ⓖ『整理本』의 이 簡을 李零은 "[□□□□□□□□□□□]行此者, 其有不王乎?■ 孔子曰 : 詩無吝志, 樂無吝情, 文無吝言[□□□□□□□□□□□□□□□□□□□□□□□]"으로 釋文하며, 앞부분 11자와 뒷부분 23자가 파손된 것으로 보고 있다.[9]

[9] 李零, 『上博楚簡校讀記』(2002), 7쪽 참고.

第2簡

寺也文王受命矣▪訟坪悳也多言逡丌樂安而屖丌訶紳而蕘▪丌思深而遠至矣▪大顕盛悳也多言

寺也, 文王受命矣[①]▌[ⓐ]. 訟[②][ⓑ]坪(平)悳(德)[③][ⓒ]也. 多言遂(後)[④], 亓(其)樂安而屖[ⓓ], 亓(其)訶(歌)紳(壎)而蕩(篪)[⑤]▬[ⓔ], 亓(其)思深而遠, 至矣▬. 大頙(夏)[⑥][ⓕ]盛悳(德)也, 多言[ⓖ]

『校讀記』

寺也, 文王受命矣. 『頌』平德也, 多言後, 其樂安而屖, 其歌紳而逖, 其思深而遠至矣. 『大雅』盛德也, 多言

해석

(『大雅 · 文王』) 이는 時運이기 때문에 文王이 천명을 받은 것이다. 『頌』詩의 특징은 큰 德에 있으며, 내용은 대부분이 후대 자손에 관한 것이다. 『頌』의 음악 리듬은 느슨하고 완만하며, 曲調는 느리고 길게 울려 퍼지며, 사상은 심오하고 높다. 리듬 · 곡조와 사상이 모두 극치를 이룬다. 『大雅』의 특징은 盛德에 있으며, 대부분…… 에 관하여 말하고 있다.

上博楚簡原註

이 두 번째 죽간은 길이가 55.5㎝이다. 상단은 파손되지 않은 타원형 태이고, 하단은 약간 파손되긴 했으나, 그래도 기본적인 타원형 형태는 남아있다. 위의 공백부분은 8.7㎝이고, 아래 공백부분은 8㎝이며, 문자는 모두 37자이다.

① '文王受命矣' : 이 구절 바로 아래 검은색 못 모양 '■'(墨釘) 문장부호가 있다. 현행본(今本) 『毛詩』 중 文王이 천명을 받은 내용은 『大雅·文王』에 보인다. 『小明』의 앞부분에도 이 내용을 언급하고 있다(譯者註 : 문왕이 천명을 받은 내용은 『小明』이 아니라, 『大明』이다). 앞부분이 파손되어 있지만, 전체 내용으로 보아 『大雅』의 내용임이 확실하다.

② '訟' : '訟'은 『毛詩』의 편명 『頌』이다. 『說文解字』는 "訟, 爭也. 從言, 公聲. 一曰謌訟('訟'은 爭辯의 의미이다. '言'과 '公'聲으로 이루어진 형성자. '노래'라는 의미로도 쓰인다)"라고 설명하고 있다. 徐鍇는 『說文繫傳』에서 "今世間詩本周頌亦或作訟(현행본 『詩經』 중에는 '周頌'을 '訟'으로 쓰기도 한다)"라고 설명하고 있다. 東周시기에 이미 『訟』을 『頌』이라고 칭한 다른 판본이 있는 것으로 추증된다.

③ '坪悳' : '坪悳'이라는 낱말은 다른 문헌에서는 보이지 않는다. 金文 『平安君鼎』은 '平'자를 字件 '土'와 '平'으로 쓰고 있다.[1] '平'과 '坪'은 서로 통한다. '坪悳'은 곧 '平德'의 의미이다. 『訟』에서 '平德'은 文王과 武王의 덕을 가리킨다. 商紂를 멸하고 천하를 다스리는 것은 주나라 초의 큰 대사였다. 『頌·維天之命』·『維淸』과 『我將』 등은 '文王之德(문왕의 덕)'이나 '文王之典(문왕의 법도)'를 생동감 있게 묘사하고, 『執競』의 "執競文王, 無競維烈(강하신 무왕은 비길 데 없이 공 많으시네)"나 "自彼成康, 奄有四方(성왕과 강왕으로부터 온 세상이 다스려지다)" 구절은 武王·成王·康王을 찬양하고 있다. '平德'은 곧 '平天下(천하를 다스리다)'는 덕이라고 할 수 있다.

④ '多言遂' : '遂'와 '後'자는 서로 통용된다. '遂'는 문왕과 무왕의 후손

---

1 『金文編』은 『平安君鼎』 '[坪]'자에 대하여 "假爲平('平'자의 가차자로 쓰인다)"라고 설명하고 있다. 883쪽 참고.

을 가리킨다. 『頌 · 武』의 "於皇武王, 無競維烈. 允文文王, 克開厥後(아아 위대한 무왕은 비길데 없이 공 많으시네. 진실로 문덕 많으신 문왕은 후손들에게 길 열어 주셨네)" 중의 '後'와 같은 의미이다.

⑤ '丌樂安而屖, 丌訶紳而荖' : '樂'은 『頌』에 해당하는 曲調나 樂章을 가리킨다. '(安)'자는 字件 '女'와 '宀'으로 이루어져 있다. 초나라 문자는 '宀'자를 일반적으로 '∧'으로 쓴다. 이 '安'자도 '宀'의 위치를 약간 변동하여 썼을 뿐이다. 『郭店楚簡』에 이와 같은 형태가 보인다. 의미는 『訟』의 악조가 편안하고 완만함을 말한다.

'屖'자는 '尸'와 '辛'으로 이루어진 자이다. 이 중 字件 '辛'은 좌우 양측에 장식 필획을 추가하고 있다. 금문 '屖'자는 좌측에 한 장식 필획을 추가하거나, 혹은 좌우 양측에 모두 추가하여 쓰기도 한다. 후자의 예로는 『命瓜君壺』의 '屖屖康盄' 중 '屖()'자가 있다.[2] 그러나 『驫羌鐘銘』 '樂辟韓宗' 중의 '辟'자는 字件 '尸'와 '辛'으로 이루어진 자이지만, 증식된 필획이 없다.[3] 樂章에 관한 내용이기 때문에, '屖'자의 의미는 여기에서 『命瓜君壺』 중 '屖(쉴 서, xī)'의 의미와 같다. '屖'자를 혹은 '遟'나 혹은 '遲'로 쓰기도 하며, 완만하고 평안함을 말한다. 즉 『訟』의 곡조가 평안하고 완만함을 의미한다.

'訶'자는 일반적으로 '歌'로 쓴다. 『詩經 · 國風 · 魏風 · 園有圖』의 "心之憂矣, 我歌且謠(마음에 걱정 있으니, 노래나 실컷 불러보세)"에 대하여 『毛亨傳』은 "曲合樂曰歌, 徒歌曰謠(伴奏에 맞추어 노래를 부르는 것을 '歌'라 하고, 그저 목소리로 노래만 부르는 것을 '謠'라 한다)"라고 설명하고 있다.

'紳'과 '荖'는 노래를 부를 때 반주하는 악기의 일종으로, '紳(큰 띠 신, shēn)'은 '壎(질나발 훈, xūn)'이고 '荖'는 '篪(피리 지)'이다.

'紳'자와 '壎'자의 韻部는 旁轉 관계이고 聲母 역시 비슷하기 때문에, 상호간 서로 음이 통한다.

---

2 『命瓜君壺』는 '屖'자를 ''으로 쓴다. 『金文編』, '1413 屖'(604쪽) 참고.

3 『驫羌鐘銘』은 '辟'자를 ''으로 쓴다. 『金文編』, '1514 辟'(648쪽) 참고.

'䔖'자는 字件이 '艸'와 '豸'로 이루어진 자로 聲符가 '豸'이다. 『說文解字』에는 없는 자이다. '䔖'와 '篪'자의 소리는 雙聲疊韻 관계로, 음이 서로 같아 통가자(通假字)로 쓰인다. 『說文解字』는 "鷈, 管樂也. 從龠, 虒聲('鷈'는 管樂器이다. '龠'과 '虒'聲으로 이루어진 형성자)"라 설명하고 있다.

위의 내용을 통하여, 『訟』은 西周시기 왕실 宗廟 祭祀의 樂曲이고, 또한 歌詞와 樂曲이 서로 조화를 이루는 음악임을 알 수 있다. 현행본 『頌』은 모두 一章으로 이루어져 있으며, 그 중 18편은 10句 이하로 이루어져 있고, 내용이 대부분 짧다. 비록 가사는 짧지만 정해진 시간 안에 제사를 지내야 하기 때문에 곡조는 비교적 완만해야 했다. 그래서 '安而屖(느슨하고 완만하다)'라 했다. 하지만 『頌』 중 『載芟』과 『良耜』는 비교적 길어 각각 31句와 23句로 되어 있다. 들에서 행하는 儀式이기 때문에 장중하고 엄숙한 분위기를 요하는 종묘제사와는 그 내용과 句의 수가 다르다. 하지만 『載芟』과 『良耜』의 詩篇이 비록 긴 長句이긴 하지만 모두 일장(一章)으로 되어 있다.

⑥ '大顕' : '大顕'는 즉 '大夏'로 『毛詩』 『大雅』이다. '顕'와 '夏'자는 서로 통한다. 朱駿聲은 '雅'의 가차에 대하여 『說文通訓定聲』에서 "又爲夏. 『荀子·榮辱』 "君子安雅", 按『儒效』篇 '居夏而夏'之'夏'同, 楊倞注 '正而美德者謂之雅'(또한 '夏'와 통한다. 『荀子·榮辱』은 '君子는 바른 것에서 편안하다'라고 했는데, 『儒效』篇의 '居夏而夏(雅에 살면 雅하게 된다)'의 '夏'자와 같다. 楊倞은 '바른 미덕을 갖추고 있는 것을 雅라 한다')"라고 설명하고 있다. '顕'와 '夏'자는 고문자에서 같은 자이다.

『鄂君啓節』은 '夏'자를 意符 '頁'과 聲符 '昰'로 쓴다.[4] '昰'자는 윗부분에 자부 '口'에 한 획을 추가하고, '疋'자를 복잡하게 쓴 것으로 보인다. 『說文解字』는 '疋(𤴔)'자에 대하여 "疋, 足也. …… 古文以爲詩大雅字. 亦以爲足字, 或曰胥字('疋'는 '足'의 의미이다. …… 古文에서는 이 자를 『詩·大雅』의 '雅'자로 쓰기도 하고, '足'자로 쓰기도 하며, 혹은 '胥'자로 쓰기도 한다)"

---

4 『鄂君啓節』은 '夏'자를 '[古文字]'로 쓴다. 『金文編』, '0898 [古文字]'(384쪽) 참고.

라 했고, 朱駿聲은 "'疋'字隷體似正, 故傳會訓正, 其實古文假疋謂, 後借雅謂('疋'자는 예서체 '正'자와 비슷한 형태이기 때문에 '正'의 의미로 잘못 풀이하기도 하지만, 古文에서 '疋'자는 '謂'의 가차자로 쓰며, 후에는 '雅'를 '謂'의 가차자로 쓰기도 한다)"라고 설명하고 있다.

이와 같이 '夏'자는 초나라 문자에서 다양한 형태로 쓰고 있음을 알 수 있다.

譯註說明

이 초간은 『頌』과 『大雅』의 특징에 대하여 총괄적으로 설명하고 있다. 그 중에서 『頌』은 西周 왕실의 宗廟祭祀에 관한 樂曲이기 때문에 曲調는 다른 음악에 비하여 완만하고 장중한 특징을 지니고 있다. 본문 『大雅』는 성대함이 그 특징임을 설명하고 있다.

ⓐ '寺也文王受命矣 ' : 李學勤 · 李零 등은 '寺也, 文王受命矣 ' 구절이 7簡 내용과 연결되는 것으로 보고 있고, 본 2簡의 '訟坪(平)悳(德)也'부터 3簡 전부를 『頌』 · 『大雅』 · 『邦風』에 대한 설명으로 보고 있다.[5] 제7간의 후반부가 '文王'에 대한 언급이고, 제2간 앞부분 또한 '文王'에 대한 언급이 있기 때문이지만, 『大雅 · 文王』 편명도 언급되지 않고, 단지 評說만 하고 있기 때문에 『整理本』처럼 2-3-4의 순서로 '詩序'에 관한 부분으로 보아도 무방하다. 『整理本』에는 '寺'자에 대한 언급이 없다. 이 '寺'자를 '時' · '志' · '詩' · '待' 등으로 해석하나, 『大雅 · 文王』과 『大明』 '文王受命'의 내용을 참고하여 '時'로 풀이하기로 한다.

---

5 李學勤, 『詩論的體裁和作者』(2002), 60쪽, 李零, 『上博楚簡交讀記』(2002), 23쪽.

ⓑ '訟' : '訟'은 『詩經』의 『頌』을 가리킨다. '訟'자와 '頌'자는 聲符가 모두 '公'이다.

ⓒ '坪(平)悳(德)' : '(㙯)'자를 『整理本』에서는 '坪'자라고 풀이하고 있다. 그러나 금문에서 '平'자는 ''·''·''·''·''·''·''·''·''으로 쓰고,[6] '坪'자는 ''·''·''으로 쓰기[7] 때문에 '坪'자일 가능성은 적어 보인다. 금문 중 '旁'자는 ''·''·''으로 쓴다.[8] '(㙯)'자 중 字件 '土'를 제외한 부분이 금문의 '旁'자와 유사하다.[9] 따라서 '(㙯)'자는 '土'와 '旁'으로 이루어진 '塝'자이며, 본 죽간에서는 '旁'의 의미로 쓰이고 있는 것으로 보인다. '旁'자에는 '廣大'라는 의미가 있다. '旁德'은 '큰 덕망'을 말한다.

ⓓ '屖' : 금문은 '遲'자를 字件인 '辵'과 '屖'인 ''·''·''로 쓴다.[10] 『上博楚簡』의 ''자와 字件 '辵' 이외에 '辛'과 '尸'는 모두 같다. 『說文解字』는 '屖(쉴 서, xi)'자에 대하여 "屖遲也, 從尸辛聲('천천히 나아가다'의 의미. '尸'와 '辛'으로 이루어진 형성자)"라고 설명하고, 段玉裁는 "玉篇曰屖今作栖(玉篇의 '屖'자는 오늘날 '栖'로 쓴다)"라고 설명하고 있다. '屖'자는 '遲'자나 혹은 '遟'자와 통한다. '완만하다'의 의미이다.

ⓔ '紳(壎)而蓂(篪)ㄴ' : 『整理本』에서는 '紳'자를 '壎'으로 '蓂'자를 '篪'로 풀이하면서 '指合樂歌吹之物(노래를 부를 때 반주하는 악기)'라 하여 악기의 일종으로 보고 있다. 그러나 문맥이나, 중간에 '而'자를 사용하고 있는 것으로 보아 악기의 명칭이 아니라, 『訟(頌)』의 리듬에 관한 설명이 아닌가 한다. '紳'자는 '伸'·'申'과 통하여 '引'·'長'의 의미가 있다. '蓂'자

6 『金文編』, '0755 '(326쪽) 참고.
7 『金文編』, '2165 '(883쪽) 참고.
8 『金文編』, '0009 '(7쪽) 참고.
9 張桂光, 『戰國楚竹書·孔子詩論文字考釋』, 337쪽.
10 『金文編』, '0228 '(100쪽) 참고.

를 李學勤은 ‘𦳝’으로 예정(隸定)하고 ‘逖(멀 적, ti)’자로 풀이하고 있다.[11] 李零도 ‘易’과 ‘狄’이 古籍에서 자주 통가자로 사용된다고 설명하면서, ‘𦳝’으로 예정(隸定)하고 ‘逖’의 의미인 ‘遠(멀다)’으로 해석하고 있다.[12] 즉 곡조가 느리고 길게 울려 퍼짐을 말한다.

ⓕ ‘䪱(夏)’ : ‘夏’자는 본 죽간의 ‘(䪱)’형 이외에 ‘昰’ · ‘䪱’ · ‘顕’ · ‘虽’나 ‘𡕒’ 등 다양한 형태로 쓴다.[13] ‘夏’자를 金文은 초간의 ‘’나 ‘’의 형태와 비슷하게 ‘’ · ‘’ · ‘’ · ‘’ 등으로 쓰고,[14] 字件 ‘女’는 ‘夊’의 형태가 와변(譌變)된 것이다. 『上博楚簡』에서는 ‘夏’자를 ‘(䪱)’(『孔子詩論』 第2簡) · ‘(顕)’(『容成氏』 第22簡) · ‘(虽)’(『緇衣』 第18簡) · ‘(昰)’(『民之父母』 第1簡) 등으로 쓴다. 이외에도 다른 초간에서는 字件 ‘日’과 ‘止’를 써서 ‘’(『包山楚簡』) · ‘’(『楚帛書』) · ‘’(『郭店楚簡 · 緇衣』) · ‘’(『上博楚簡 · 性自命出』)로, 字件 ‘日’과 ‘正’써서 ‘’(『江陵天星觀』) · ‘’(『新蔡葛陵楚墓』)로, 字件 ‘日’과 ‘女’를 써서 ‘’(『包山楚簡』) · ‘’(『曾侯乙墓竹簡』) · ‘’(『江陵秦家嘴十三號墓) · ‘’(『新蔡葛陵楚墓』)로, 字件 ‘日’과 ‘虫’을 써서 ‘’(包山楚簡)로, 字件 ‘日’을 써서 ‘’(包山楚簡) ‘’(新蔡葛陵楚墓)로 쓰기도 한다.[15]

ⓖ 濮茅左는 마지막 ‘多言’을 제3간과 연결하여 “多□也, …… 矣. 『亓雅』亓德也”로 쓰고 있다.[16]

11 李學勤, 『詩論的體裁和作者』(2002), 60쪽.
12 李零, 『上博楚簡校讀記』(2002), 23쪽.
13 李守奎 主編, 『上海博物館藏戰國楚竹書文字編』, 287-288쪽 참고.
14 『金文編』, ‘0898 ’(384쪽) 참고.
15 滕壬生, 『楚系簡帛文字編(增訂本)』, 526쪽.
16 濮茅左, 「孔子詩論簡序解析」, 『上博館藏戰國楚竹書研究』, 23쪽.

第3簡

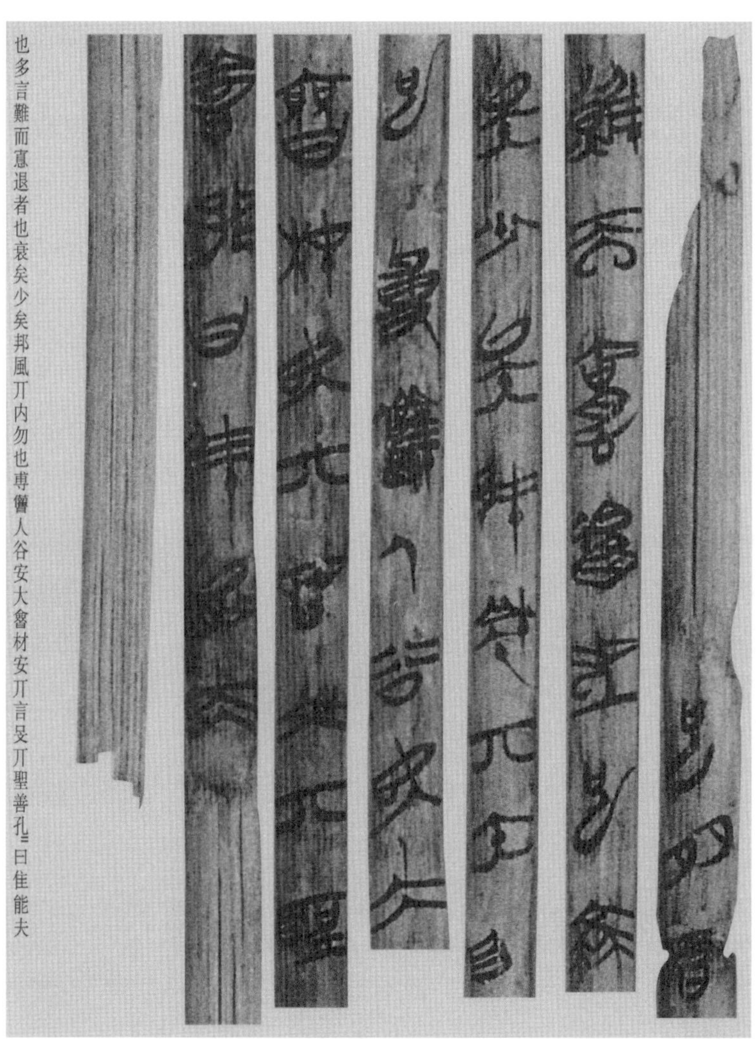

也. 多言[①]難而㥬(悁)[ⓐ]退(懟)[②ⓑ]者也, 衰矣少矣[③ⓒ]. 邦風[④]丌(其)內(納)勿(物)[⑤]也, 尃(溥)[ⓓ]雚(觀)[ⓔ]人谷(俗)[⑥ⓕ]安(焉), 大會(斂)材[⑦ⓖ]安(焉). 丌(其)言彣(文)[⑧ⓗ], 丌(其)聖(聲)[ⓘ]善[⑨]. 孔=(孔子)曰 : 佳(唯)能夫[⑩ⓙ]

『校讀記』

也. 多言難, 而怨懟者也衰矣少矣. 『邦風』, 其納物也, 博觀人欲焉. 大斂材焉, 其言文, 其聲善. 孔子曰 : "唯能夫"

해석

(『小雅』는…… 의 내용이다. 『小雅』는) 災難에 대한 恨歎이나 怨恨에 관한 시의 내용이 많다. 이는 당시 사회가 쇠락하였기 때문이며, 詩의 편폭 또한 적다. 『邦風(國風)』은 내용이 매우 광범위하며, 이를 통하여 민간의 풍속을 살펴볼 수 있다. 또한 그 안에서 대량으로 유용한 재료를 수집할 수 있는데, 그 歌詞는 화려하고 곡조 역시 아름답다. 공자가 말하였다. "『詩經』을 이해하여야 능히 …… 할 수 있다."

上博楚簡原註

본 죽간의 길이는 51㎝로, 상하단이 모두 파손되어 있다. 상단의 공백은 4.9㎝만 남아있고, 하단도 7.8㎝만 남아있다. 모두 47자가 있다. 그 중 합문은 한 자이다.

① '多言' : '多言'은 한 단락 제일 앞부분에서 사용되는 일반적인 형식의 하나이다. 『訟』은 "多言逡(後) …… (내용은 대부분 후손에 관한 것이다)"라 했고, 『大夏』는 "盛德也, 多言 …… (특징은 성덕이며, 대부분 ……)"이라 논평했다. 따라서 "多言難而悳(悁)退(懟)者也(災難에 대한 恨歎이나 怨恨에 관한 시의 내용이 많다)" 구절은 세 번째 단락으로 앞 두 단락과 동일한 형식이고, 『少夏』에 관한 평론임이 확실하다.

② '難而悳退' : '難而悳退(災難에 대한 恨歎이나 怨恨)'은 '難而悁懟'의 의미이다. '悳'자는 字件 '肙'과 '心'으로 이루어진 자이다. 이 자를 제18간에서는 字件의 일부를 생략하고 字件 '肓'과 '心'인 '悳'으로 쓰기도 한다. '悳'과 '悳'은 같은 자이며, 聲符는 '肙'이다. 일부 학자들은 '怨'으로 풀이하기도 한다. 이 자는 형태로 보아 '悁'으로 해석할 수 있다. '悁'과 '怨'은 음이 성전(聲轉)관계이다. 이 자는 또한 '冤'의 의미로 해석할 수 있다. 『廣韻』은 이 자를 '枉也('굽히다'의 의미)'로 해석하고, 『集韻』은 "讎也. 恚也. 本作怨, 或作寃('讎(원망하다)'나 '恚(화내다)'의 의미이다. 원래는 '怨'으로 쓰며, 혹은 '寃'으로 쓰기도 한다)"라고 설명하고 있다.

'退'자는 본래 의미로 쓰이지 않고, '懟(원망할 대, dui)'의 의미로 쓰이고 있다. '懟'와 '退'는 韻部가 서로 같고, 음은 성전(聲轉)관계이다. 『說文解字』는 "懟, 怨也. 從心, 對聲('懟'는 원망하다의 의미이다. '心'과 '對'聲으로 이루어진 형성자)"라 설명하고, 『孟子』의 '以懟父母(부모를 원망하다)'라는 구절에 대하여 趙岐는 "以怨懟父母(부모를 원망하다)"라고 설명하고 있다.

'難'자의 의미는 『小雅』의 『四杜』·『常棣』·『采薇』·『大杜』·『沔水』·『節南山』·『正月』과 『十月之交』 등의 詩篇이 '어려움에 대한 한탄'을 노래하고 있는 것을 가리킨다.

③ '衰矣少矣' : 『少夏』는 타락된 사회나 혹은 少德한 정치에 관한 내용이 많다. 아마도 '衰矣少矣(당시 사회가 쇠락했고, 편폭이 짧다)'는 이와

같은 내용을 지적하고 있는 것으로 보인다. 이 뒷부분에서 『少夏』의 『十月』·『雨亡政』과 『節南山』을 "皆言上之衰也, 王公恥之(모두 왕실의 쇠락을 읊은 것이고, 王公은 이를 부끄럽게 여긴다)"라고 평하고 있는 내용이 있는데, 이것을 가리키는 것이다.

『上博楚簡』 중에 "者, 『少夏』亦悳之少者也 …… (『少夏』는 또한 덕이 부족한 정치에 관한 내용)"을 담고 있는 죽간이 있다. 그 내용 중 '悳之少者'는 '衰矣少矣'의 내용을 더욱 보충설명하고 있다. 하지만 필체가 『詩論』과는 달라 다른 사람에 의해 쓰인 것으로 보여서 다만 참고자료로만 제시한다.

④ '邦國' : 『毛詩』의 『國風』은 원래 『邦風』인데, 중국 漢나라 劉邦의 이름을 避諱하기 위하여 『國風』으로 바꾸었다.

⑤ '內勿' : '內勿'은 '納物'의 의미로, '각종 내용을 포함하다'의 뜻이다.

⑥ '尃僊人谷' : '尃'는 '溥'의 의미이다. '溥'자는 '普'자와 같은 의미로 쓰인다. 『小雅·北山』에 "溥天下之下, 莫非王土(하늘 아래 왕의 땅이 아닌 것이 없다네)"라는 구절이 있다. '溥'는 고문에서 '普'로 쓰기도 한다.

'僊'자는 '觀'의 이체자이다. '谷'은 '俗'의 의미이다. 따라서 '尃僊人谷'은 '溥觀人俗(민간의 풍속을 살펴보다)'라는 의미이다. 『禮記·王制』의 "天子五年一巡守 ……, 至于岱宗, 柴而望祀山川, 覲諸侯. 問百年者, 就見之, 命大師陳詩, 以觀民風(天子는 五年에 한번씩 제후를 순시하였다 ……. 태산에 이르러 나무를 태워 하늘에 제사지내고 산천 신에게 망제를 지낸다. 그리고 나서 동방의 제후들을 접견하여 백세가 되는 자가 있는지 물어보고 친히 방문한다. 또한 太師에게 백성들의 시를 채록하여 올리도록 명령하여 백성의 풍속을 살폈다)" 구절은 詩를 통하여 백성의 풍속을 살펴보는 내용이다. 또한 『孔叢子·巡守』에 옛날에 천자는 "命師采民詩謠, 以觀其風(太師로 하여금 백성의 시가를 채록하도록 하여 백성의 풍속을 살폈다)"라는 기록이 있고, 『漢書·藝文志』에도 "古有采詩之官, 王者所以觀風俗, 知得失, 自考正也(옛날에 왕은 시를 채록하는 관리를 두고, 이를 통하여 백성의 풍속을 관찰하고, 득실을 따져 스스로 고찰하고 바르게 하고자 하였다)"라 하여 시를 채록하고 백성의 풍속을 관찰하는 내용을 언급하고 있다. '普觀人俗'은 널리 백성의 풍속과 백성의 습성을 살펴봄을 말한다. 본 簡은 공자가 『邦風』의 教化 작용에 대하여 논술한 내용이다. 이 簡은 다른 판본에 비하여 시기적으로 앞선 자료이다.

⑦ '大㑹材' : '㑹'자는 『說文解字』에는 없지만, '日'과 '僉'으로 이루어진 자로, '斂'의 의미가 아닌가 한다. 『周禮 · 地官司徒 · 大司徒』의 "頒職事十有二於邦國都鄙. 使以登萬民, 一曰稼穡……, 八曰斂材……(열두 개의 직책을 나라의 행정구역에 반포하여 백성을 다스린다. 첫째는 곡식을 심는 것이고……여덟 번째는 야생 과실을 채집하는 것이다)"라는 구절 중에 '斂材'는 '物資를 수집하다'는 의미로 쓰이고 있다. 竹簡 중 '㑹(斂)材'는 '邦風'의 훌륭한 시가 작품이 실질적으로 백성의 풍속을 채록한 것임을 가리킨다.

⑧ '丌言旻' : '旻'은 '文'자와 통하여, 『邦風』이 아름답고 화려함을 말한다.

⑨ '丌聖善' : '聖'은 '聲'의 가차자로 쓰이고 있다. 古詩는 모두 곡조가 있고 노래로 불렸다. 『邦風』의 곡조가 매우 '평화롭고 아름다움'을 말한다.

⑩ '佳能夫' : '能夫' 뒤에 문자가 파손되어 보이지 않는다. 이 제3간은 留白簡(공백간)인 제4간과 내용이 서로 연결되지 않는다.

이상의 내용으로 보아, '孔子曰' 다음에서는 『訟』 · 『大夏』 · 『少夏』와 『邦風』의 내용을 구체적으로 논술하는 것으로 보인다.

제3간과 제4간 사이에 적어도 두 개의 죽간이 없어진 것으로 보인다.

譯註說明

『整理本』에서는 이 簡의 내용이 『頌』·『大雅』 다음으로 『小雅』를 설명하는 부분으로 보고 있다.[1]

ⓐ '㥶(悁)' : '㥶'은 '㥶'과 같은 자이며, '肙'이 聲符이다. '悁'·'怨'자와 통한다. '悁'자를 『郭店楚簡』에서는 ''·''(『緇衣』)으로 쓴다.[2]

ⓑ 退(懟) : '退'자는 '懟(원망할 대, duì)'자의 의미로 『說文解字』는 '(懟)'자에 대하여 "懟. 怨也. 從心對聲('懟'자는 '원망하다'의 의미. '心'과 '對'聲의 이루어진 형성자)"라고 설명하고 음은 '丈淚切'이다. 『郭店楚簡·老子甲』에서는 오른쪽 중간 부분에 '口'를 추가하여 ''로 쓴다.[3]

ⓒ "衰矣少矣" : "衰矣少矣"는 『小雅』의 少德에 관한 내용이다. 『小雅』의 少德에 관한 내용은 이외에도 8簡 중 『十月』·『雨亡政』·『節南山』 등이 있으며, 이를 평하면서 "皆言上之衰也, 王公恥之(왕실의 쇠락을 읊은 것이고, 王公들은 이를 부끄럽게 여긴다)"라 하고 있다.

ⓓ '尃' : 『說文解字』에서는 '(尃)'자에 대하여 "布也. 從寸甫聲('넓게 퍼지다'의 의미. '寸'과 '甫'聲으로 이루어진 형성자)"라고 설명하고 있다. '尃'·'溥'와 '博'자의 기본 聲符는 '甫'이기 때문에 서로 통하며, '매우 넓다'의 의미이다.

『整理本』에서는 '尃(溥)'자를 '雚(觀)'자의 수식어로 보고 있으나, 이렇게 해석하면 '勿(物)'에 대한 설명부분이 없기 때문에 문맥이 서로 통하지 않는다. 따라서 본문은 '尃(溥)'자를 '勿(物)'의 謂語로 보기로 한다.

ⓔ '雚' : '雚'자는 意符가 '人'·'目'이고 聲符가 '雚'이며, '觀'자의 이체

---

1 馬承源, 『整理本』, 129쪽 참고.

2 滕壬生, 『楚系簡帛文字編(增訂本)』, 918쪽.

3 滕壬生, 『楚系簡帛文字編(增訂本)』, 180쪽.

자이다. 『包山楚簡』은 '觀'자를 '[glyph]'으로, 『上博楚簡・子羔』에서는 '[glyph]'으로, 『上博楚簡・性自命出』은 '[glyph]'으로 쓴다.[4]

ⓕ '谷': '谷'자를 李零은 '欲'의 뜻으로 해석하고 있으나[5], 『漢書藝文志』의 "古有采詩之官, 王者所以觀風俗, 直得失, 自考正也(옛날에 시를 采集하는 관리가 있었는데, 왕은 이를 통하여 풍속을 관찰하고 얻을 것과 버릴 것을 판단하여 스스로 바르게 하려 노력하였다)"와 같이 采詩를 하는 이유는 백성의 풍속을 살피기 위한 것이었다. 여기에서는 '俗'자의 의미로 쓰이고 있다.

ⓖ '睿(斂)材': '睿'자는 聲符가 '僉'이며, '斂(거둘 렴, liǎn)'자와 통한다. '斂材'에 대하여 '人才를 모집하다'라고 풀이하기도 하나, 采詩에 관한 내용을 언급하고 있기 때문에 '『國風』에서는 많은 양의 유용한 재료를 채집하다'의 의미이다.

'睿'자를 『望山楚簡』에서는 '[glyph]'으로, 『上博楚簡・紂衣』에서는 '[glyph]'으로, 『包山楚簡』에서는 '[glyph]'으로 쓴다.[6]

ⓗ '旻(文)': 『整理本』이 '旻'이라고 예정(隸定)한 이 자는 제1간에도 보인다. '[glyph]'자는 "文'자로 '忞'의 이체자이다. 여기에서는 '文彩'의 의미로 쓰이고 있다.

ⓘ '聖(聲)': '聖'자는 '聲'과 음이 비슷하기 때문에 가차자로 쓰인다. 『馬王堆漢墓帛書・老子甲・道經』의 "是以聲人居無爲之事, 行不言之教(그래서 성인은 무위하는 일에 거처하며, 無言의 가르침을 행하는 것이다)" 구절 중 '聲人'을 현행본은 '聖人'으로 쓴다.

ⓙ "孔=(孔子)曰: 佳(唯)能夫"의 내용이 어떤 竹簡과 연결되는지 아직 확실히 알 수 없다. 대부분의 학자들은 이 구절을 독립적으로 보고 있다.

---

4 滕壬生, 『楚系簡帛文字編(增訂本)』, 792쪽.

5 李零, 『上博楚簡校讀記』(2002), 23-24쪽.

6 滕壬生, 『楚系簡帛文字編(增訂本)』, 509쪽.

第4簡

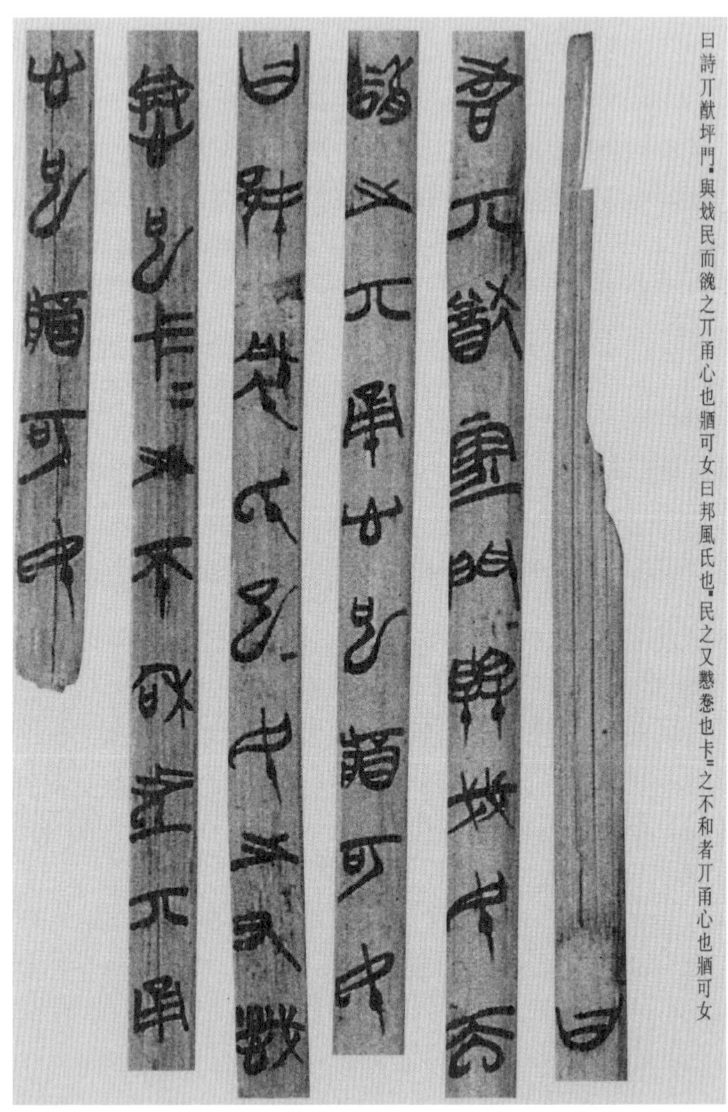

曰[ⓐ]:詩丌(其)猷坪(平)門[①] ■[ⓑ]. 與戔(賤)民[ⓒ]而豫之[②][ⓓ], 丌(其)甬(用)心也牆(將)可(何)女(如)[ⓔ]? 曰:邦風氏(是)[③]也■. 民之又(有)慼(罷)惓(惓)[④]也[ⓕ], 上=(上下)[⑤]之不和者, 丌(其)甬(用)心牆(將)可(何)女(如)[ⓖ]?

『校讀記』

曰:"詩其猷平門歟與? 賤民而逸之, 其用心也將何如? 曰:『邦風』是也. 民之有慼患也, 上下之不和者, 其用心將何如?

해석

(공자가 말하기를):『詩經』은 커다란 문과 같이 義理를 크게 밝히는 것이다. 일반백성과 함께 즐거움을 꾀하고자 한다면 어떤 시를 고려해야 하는가?『邦風』(『國風』)이 바로 그것이다. 백성에게 슬픔과 우환이 있고 위아래가 융합하지 못하니 그 마음 씀이 장차 어떠한가?

上博楚簡原註

본 죽간의 길이는 46.1㎝로 상하단 모두가 파손되어 있다. 상단은 공백부분이 7.3㎝이고, 하단은 공백부분이 파손되었다. 문자는 모두 43자이며, 合文 한 자가 있다.

본 간은 두 가지의 문제를 제기하고 있다. 첫 번째 문제에 대해서는

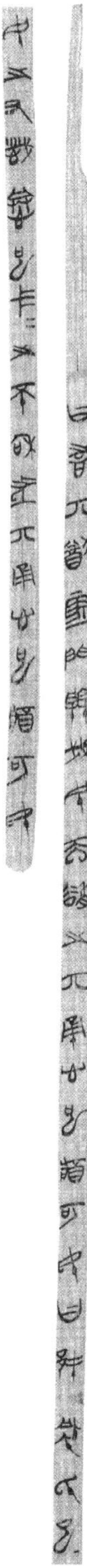

명확하게 그 대답이 제시되고 있는 반면, 두 번째는 죽간이 파손되어 알 수가 없다.

① '坪門' : '平門'의 의미이다. 春秋 吳나라 城門 이름이다. 이 성문은 吳王 闔閭 때부터 건설하기 시작하였고, 四方에 여덟 개의 큰 문이 있었다. 그 중 北門을 平門 혹은 齊門이라 하였다. 『三輔皇圖 · 都城十二門』은 "長安城南出第三門曰西安門, 北對未央宮, 一曰便門, 卽平門也(長安城 南側으로 세 번째 문을 西安門이라 한다. 북쪽으로 未央宮을 마주 보고 있다. 이 문은 便門이라고도 하며, 즉 平門(넓고 커다란 문)을 말한다)"라 하고 있다. '平門'은 簡文에서 일반적인 城門을 의미하는 것으로 보인다. '詩其猷平門'은 시가 표현하고자 하는 뜻이나 義理가 마치 성문처럼 넓고 사방통달(四方通達)함을 말한다.

② '戔民而裕之' : '戔民'은 '賤民'의 의미이다. 지위가 낮은 사람을 가리킨다.

'裕'자는 字件 '谷'과 '兎'로 이루어져 있으나, 『說文解字』나 기타 다른 典籍에 보이지 않는 문자이다.

③ '氏' : '氏'자는 간문(簡文)에서 '是'의 의미로 쓰이는 경우가 많다.

④ '民之又慼惓' : '民之又慼惓'은 '民之有罷惓(백성에게 슬픔과 우환이 있다)'로 읽을 수 있다.

'慼'자는 聲符가 '戚'이다. 『㝬鐘』은 "慼伐厥都(그 성도를 침벌하다)"라 하고 있는데, '戚'자는 '撲'의 의미이다(譯者註 : 『㝬鐘』은 '慼'자로 쓰지 않고, '戚'자로 쓴다). 『漢書 · 嚴都傳』에 "留而守之, 歷歲經年, 則士卒罷勌, 食量乏絶(오랜 세월 동안 진지에 주둔하고 수비하자 사병들이 날이 갈수록 힘들고 지쳐갔으며, 식량이 떨어져 갔다)"라는 구절이 있다. '撲'과 '罷'는 음이 쌍성(雙聲)관계로 가차자이다. 簡文의 내용은 '슬픈 우환으로 궁핍하고 피곤하며, 서로 융합하지 못하는 생활을 하는 백성들에게 마음을 쓰게 하는 시는 어떤 것이 있는가'이다.

⑤ '⺊=' : '⺊'자 아래 중문부호 '='가 있다. '上下'의 의미이다.

이 죽간에서는 『邦風』에 대해 두 가지 문제를 제기하고 있다. 첫 번째는 '邦風是也'라고 결론을 내리고 있지만, 두 번째 물음에 대해서는 죽간이 파손되어 보이지 않는다. 이와 같은 문답은 공자가 주로 사용하는 교육방법 중 하나이다.

譯註說明

ⓐ '曰' : '曰'자 앞 編線 위로 공백이 있다. 『孔子詩論』의 체제 형식으로 보아 '曰'자 앞에 합문 '孔子'가 생략된 것으로 보인다.

ⓑ '平(坪)門' : '([illegible])'자는 第二簡의 '([illegible])'자에 비하여 윗부분에 횡획이 하나 더 있으나 같은 자이다. '旁門'이란 '塝門'과 같은 의미로 '廣門'의 뜻이다. 즉 『詩經』에서는 커다란 문과 같은 것으로 義理를 크게 밝히는 것에 비유하고 있다. 『楚系簡帛文字編(增訂本)』은 '([illegible])'자와 '([illegible])'자를 모두 '坪'자로 해석하고, 그 이체자로 ''(『曾侯乙墓楚簡』) · ''(『楚帛書』) · ''(『包山楚簡』) · ''(『郭店楚簡 · 尊德義』) · ''(『九店楚簡』) · ''(『上博楚簡 · 容成氏』) · ''(『新蔡葛陵楚墓』) 등을 나열하고, '平'자는 "楚之平字皆作坪(초간에서는 '平'자를 '坪'으로 쓴다)"라고 설명하고 있다.[1]

ⓒ '戈(賤)民' : '戈'자는 '戔'의 이체자이며, 본 죽간에서는 '賤' 의미로

1 滕壬生, 『楚系簡帛文字編(增訂本)』, 1129쪽, 480쪽 참고.

쓰이고 있다. '賤民'은 지위가 없는 일반 백성을 가리킨다. 楚簡에서 '戔(戔)'은 '賤'이나 '殘'의 의미로 쓰인다.[2]

ⓓ '𧮫' : '(𧮫)'자는 '裕'·'豫'·'怨'·'逸'이나 '捐' 등으로 풀이하기도 한다. '豫(즐길 예, yù)'로 해석하는 것이 전체적인 문장 내용과 가장 잘 어울린다. 李守奎 『上海博物館藏戰國楚竹書文字編』은 ''자를 '豫'로 해석하고, "谷, 兎雙音符('谷'과 '兎'가 모두 聲符이다)"로 설명하고 있다.[3] '豫'자는 '悅'이나 '樂'의 의미이다.

ⓔ 代詞 '丌(其)'는 바로 앞 구절의 내용을 가리키고, '甬(用)心'은 '고려되어지는 것'을 말한다. '일반백성과 함께 즐거움을 함께 하고자 한다면 어떤 시를 고려해야 하는가?'라고 묻자 대답하기를 '邦風 즉 『國風』이다'라고 공자는 대답하고 있다.

ⓕ '𢡺(罷)惓(惓)' : '𢡺(罷)惓(惓)'을 『整理本』에서는 '罷倦'의 의미로 풀이하고 있으나, '戚患' 등으로 풀이하기도 한다. 문맥상 백성이 불화하거나 우환이 있을 때를 설명하고 있기 때문에 '戚患'의 의미이다. 즉 "백성에게 슬픔과 우환이 있고 위아래가 융합하지 못하니 어떤 시를 고려 할 수 있을까?"이다.

'(𢡺)'자는 意符가 '戈'·'心'이고 聲符는 '菐(번거로울 복, pú)'이며, '戚'과 음이 서로 통한다. 『郭店楚簡·性自命出』은 『上博楚簡』과 같이 ''으로 쓰고, '戚'의 의미로 쓰인다.[4] 『楚系簡帛文字編(增訂本)』은 '𢡺'자를 '慽'으로 예정하고 ''·''(『郭店楚簡·性自命出』)·''(『新蔡葛陵楚墓』) 등을 나열하고 있다.[5]

ⓖ 第5簡의 시작 부분에서 『訟(頌)』을 언급하는 것으로 보아 『小雅』와 『大雅』에 관한 내용이 누락된 것으로 보인다. 李零은 "『小雅』是

---

2 滕壬生, 『楚系簡帛文字編(增訂本)』, 1057쪽 참고.

3 李守奎, 『上海博物館藏戰國楚竹書(一-五)文字編』, 457쪽 참고.

4 崔南圭 考釋, 『郭店楚墓竹簡』(新星出版社, 2005年), 580쪽 참고.

5 滕壬生, 『楚系簡帛文字編(增訂本)』, 922쪽.

也. …… 其用心將何如? 『大雅』(『小雅』가 바로 그것이다. …… 어떤 시를 고려 할 수 있을까? 『大雅』이다)"의 구절이 누락된 것으로 추증하고 있다.[6]

6 李零, 『上海楚簡校讀記』(2002), 22쪽.

訟 第5簡

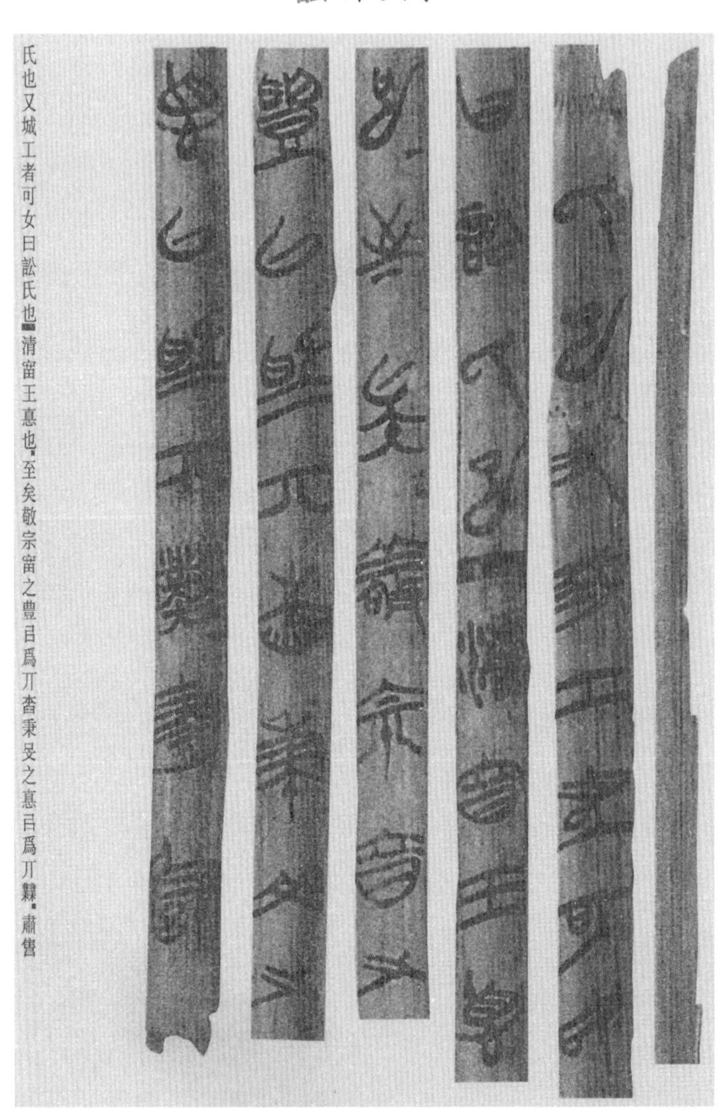

氏(是)也■. 又城(成)工(功)[①]者可(何)女(如)[②]? 曰：訟(頌)[③]氏(是)也█. 清宙(廟)[④ⓐ], 王悳(德)也[ⓑ]■. 至矣! 敬宗宙(廟)之豊(禮)[⑤], 㠯(以)爲丌(其)杳(本)[⑥ⓒ], 秉旻(文)之悳(德)[ⓓ], 㠯(以)爲其䕬[⑦ⓔ]■. 肅雋(雍)[⑧ⓕ] ……

『校讀記』

是也. 又成功者何如? 曰：『頌』是也."█ . 『清廟』, 王德也至矣. 敬宗廟之禮, 以爲其本; "秉文之德", 以爲其質; 肅雍

해석

(『大雅』)이다. 성공에 관한 것이 있는가? 성공적인 왕정은 『頌』에서 찾을 수 있다. 『清廟』는 왕이 천하를 통일한 德에 관한 내용으로, 극치를 이루고 있다. 즉 『清廟』는 宗廟의 예(禮)를 존경하는 것을 가장 근본으로 삼고, "濟濟多士, 秉文之德(수많은 선비들이 문왕의 덕을 받들어)"를 本業으로 삼는다. "肅雝顯相. 濟濟多士, 秉文之德(아름다운 청묘에 공경하고, 엄숙하고 덕 많은 제사 돕는 대신들 모였네. 수많은 선비들이 문왕의 덕을 받들어)"

上博楚簡原註

① '城工'：고문에서 '城'자와 '成'자는 서로 통용된다. 『左傳·文公十

一年』의 '王子成父(왕자 成父)' 중의 '成父'를 『管子·小匡』은 '城父'로 쓰고 있다. 『戰國策·楚策』은 '城陽'을 '成陽'으로 쓴다.

'工'은 '功'과 통한다. 『尙書大傳』은 '工'자를 인용하는 문장에서 '功'자로 쓰고 있다.

② '可女' : 簡文에서 '可女'는 모두 '何如'의 의미로 쓰인다.

③ '訟' : '訟'자는 일반적으로 '頌'으로 쓴다. 『說文·言部』에서 徐鍇 『繫傳』은 "古本『毛詩』雅頌字多作'訟'(古本 『毛詩』는 '雅頌'의 '頌'자를 '訟'으로 쓴다)"라고 설명하고, '頁部'에서는 "今世間『詩』本周頌亦或作訟(현행본 『詩經』 중의 '周頌' 중의 '頌'자를 혹은 '訟'으로도 쓴다)"라고 설명하고 있다.

'成功'이란 西周初期에 나라를 세우고 나라를 발전시킨 功勞를 가리킨다. 『大盂鼎』은 "丕顯文王, 受天有大命, 在武王嗣文作邦, 辟厥匿, 匍有四方, 畯正厥民(위대하고 영명한 문왕은 하늘이 주시는 중요한 사명을 받았다. 무왕은 문왕의 왕업을 계승하여 주나라를 세웠고, 그 간악한 무리들을 없애고, 천하의 백성들을 保佑하사 오랫동안 다스렸다)"라 하였고, 『尙書·周書』에도 이와 같은 내용이 자주 언급되고 있다. 현행본 『周頌』에도 이러한 내용을 기본으로 하고 있는 篇章이 상당히 많다.

'氏也' 앞에 한 개의 簡에 해당하는 내용 혹은 짧은 문장이나 단어로서 평론하는 어떤 내용이 있었을 것으로 보인다.

위의 체제로 보아, 孔子는 구체적인 『訟』의 내용을 설명하기 전에 먼저 小序와 같은 총괄하는 말을 인용한 것으로 보인다. 만약에 이러한 체재라면, 『大夏』·『少夏』와 『邦風』 앞에도 이러한 내용이 있었을 것이나, 지금은 보이지 않는다. 『孔子詩論』의 문장 형식이 상당히 논리적이고 분명한 형식을 취하고 있기 때문에 이와 같은 추론이 가능하다.

④ '淸宙' : '淸宙'는 현행본의 『淸廟』이다. '宙'자는 '廟'와 같다. 西周 금문에서도 대부분 '廟'나 '庿'로 쓰거나, 또는 '朝'로 쓴다. 『中山王䂂方壺』에서는 '庿'로 쓰고 있다. 鄭玄의 『詩箋』은 "廟, 本又作庿, 古今字也('廟'자는 '庿'로도 쓴다. 이 두 자는 古今字이다)"라고 설명하고 있다. 『說文解

字』의 고문과 형태가 같다. 금문에서 字件 '广'과 '宀'은 통한다. 따라서 '宙'자는 '廟'의 고문이다.

'淸宙'를 『訟』의 제일 앞부분에 놓고, "王德也, 至矣(왕이 천하를 통일한 德에 관한 내용으로 극치를 이룬다)"란 평으로 이 시의 내용과 정치적 가치를 논하고 있다. 『毛詩·周頌·淸廟之什』은 『小序』에서 "『淸廟』, 祀文王也. 周公旣成洛邑, 朝諸侯, 率以祀文王焉.(『淸廟』는 문왕에게 제사 드리는 시이다. 周公은 洛邑을 완성하고, 諸侯에게 조회를 받은 다음, 이들과 함께 文王에게 제사 드렸다)"라고 설명하고 있는데, 이는 시의 요점을 제대로 파악하지 못한 설명이다.

⑤ '豊' : '豊'자에 대하여 『說文解字』는 "豊, 行禮之器也. 從豆, 象形. 讀如禮同('豊'자는 예를 행하는 기물이다. 字件이 豆인 象形문자이다. 음은 '禮'와 같다)"라고 설명하고 있는데, 여기에서도 '禮'의 의미로 쓰이고 있다.

⑥ '畓' : '畓'자는 『說文解字』에 보이지 않는다. 이 자는 『行氣銘』에서 '本'의 의미로 쓰이는 '[illegible]'자와 같다. 간문에서도 '本'의 의미로 쓰이고 있는 것으로 보아 '本'의 이체자가 아닌가 한다. 현행본 『大雅·文王』의 "文王孫子, 本支百世(문왕 자손들은 백세까지 번성하시네)"는 종묘의 예를 존경하고, 이러한 예의는 문왕의 백세 자손들이 지켜야할 당연한 의무라는 뜻이다.

⑦ '秉旻之悳, 㠯(以)爲其䕶' : '秉文之德'은 『毛詩·淸廟』 중 한 구절이다. 원 구절은 "濟濟多士, 秉文之德, 對越在天(수많은 선비들이 문왕의 덕을 받들어. 하늘에 계신 분 높이 모시네)"이다.

'䕶'자는 두 개의 '業'으로 되어 있다. 『中山王䌛方壺』는 "內𢇍邵公之業(안으로는 召公의 업적이 끊기고 선왕에게 드리는 祭祀가 폐지되고 말았다)"의 구절 중 '業'자를 '[illegible](𦿚)'으로 쓰며, 자형은 죽간과 매우 비슷하다. 단지 '[illegible]'자는 字件 '口'가 있고, 죽간에는 없을 뿐이다. 이 자는 『說文解字』에 보이지 않는다.

⑧ ‘肅雝(雍)’ : 죽간이 파손되어 있긴 하지만, ‘肅雝’은 『淸廟』의 “肅雍顯相(엄숙하고 위엄 있는 제사 돕는 많은 대신들 모였네)”의 내용이다. 『臣工之什 · 有瞽』에 “肅雍和鳴(엄숙하게 조화를 이루며 울리네)”라는 구절이 있지만, 『淸廟』를 논하는 구절이 아니다. “秉文之德(문왕의 덕을 받아)”은 『淸廟』의 네 번째 구절이고, “肅雍顯相(엄숙하고 위엄 있는 제사 돕는 많은 대신들 모였네)”는 두 번째 구절이다. 공자는 『詩經』을 논할 때 꼭 순서를 맞춘 것이 아니라 필요에 따라서 적절한 곳에서 인용하였다.

본 죽간 『淸廟』에 관한 내용은 『淸廟』에 대한 첫 번째 언급이다.

譯註說明

문맥상, ‘是也’ 앞부분은 『大雅』에 관한 내용이 있었던 것으로 추증된다. ‘淸廟’ 앞부분에 큰 흑점의 부호 ‘■’이 있는 것으로 보아 第1簡 아래부터 여기까지가 먼저 『詩』에 대한 총괄적인 논술이고, 이어서 『頌』 · 『大雅』 · 『小雅』 · 『邦風』 등에 관한 내용을 순서에 따라 問答형식으로 논술하고 있다. 李學勤은 이 第5簡을 第1簡 앞에 배열하고 있다.

ⓐ ‘宙’ : ‘宙’자는 ‘庿’ · ‘廟’나 혹은 ‘[宀+朝]’로 쓰기도 한다. 『說文解字』는 ‘廟’자에 대하여 “尊先祖皃也, 從广朝聲. 庿古文(‘조상을 존경하는 모습’의 의미. ‘广’과 ‘朝’聲으로 이루어진 형성자. ‘庿(庿)’자는 ‘廟’자의 古文이다)”라고 설명하고 있다. 즉 ‘庿’자는 ‘廟’자의 古文이다. 초간에서 ‘廟’자는 ‘’(『郭店楚簡 · 性自命出』) · ‘’(『郭店楚簡 · 唐虞之道』) · ‘’(『郭店楚簡 · 語叢一』) · ‘’(『郭店楚簡 · 語叢二』) 등으로 쓴다.[1]

ⓑ ‘王德’ : ‘王德’은 王天下의 덕을 가리키며, ‘至矣’는 지극하다는 내

용이다.

ⓒ '畬' : '(畬)'자를 『郭店楚簡』의 『成之聞之』에서는 '·'으로 쓰고, 『六德』에서는 ''으로 쓰며, 의미는 모두 '本'이다. 『孔子詩論』의 제41簡에도 보이는데, 모두 '本'의 의미로 사용되고 있다. 『孔子詩論』 제16간은 字件 '臼'없이 ''으로 쓴다.[2]

ⓓ '秉文之德' : "秉文之德"은 『淸廟』의 "濟濟多士, 秉文之德, 對越在天, 駿奔走在廟(수많은 인재들이 문왕의 덕을 받들어, 하늘에 계신 분 높이 받들어, 묘당을 분주히 드나드네)" 중의 한 구절이다.

ⓔ '𦍁' : '𦍁'자를 『整理本』에서는 '業'자로, 李零은 '質'로,[3] 周鳳五는 萌芽의 의미인 '蘖(그루터기 얼, niè)'로[4] 해석하고 있으나, 문맥을 고려하여 '業'의 의미로 해석하기로 한다. 『說文解字』는 '(業)'자의 古文을 '' 으로 쓴다. 초간의 ''자와 비슷하다.

ⓕ '肅雔(雍)' : '肅雔(雍)'은 『淸廟』의 첫 구절인 '於穆淸廟, 肅雍顯相(아름다운 청묘에 공경하고, 엄숙하고 위엄 있는 제사 돕는 많은 대신들 모였네.)' 중의 '肅雍'을 말하며, 제6간의 '多士, 秉文之德' 구절과 함께 『淸廟』를 대표하는 내용이다.[5]

---

1 滕壬生, 『楚系簡帛文字編(增訂本)』, 821쪽.

2 滕壬生, 『楚系簡帛文字編(增訂本)』, 543쪽.

3 李零, 『上博楚簡交讀記』(2002), 22쪽 참고. 李零의 『上博楚簡三篇交讀記』는 "此字與郭店楚簡用爲'察''竊'等字所從相同('察'是初母月部字, '竊'是淸母質部字), 我們從上博楚簡的用字情況看, 實應讀爲'質'(端母質部字), 來源是'對'字(端母物部字)"라고 설명하고 있다.(32쪽)

4 周鳳五는 「孔子詩論新釋文及註解」에서 "然則'萌芽'之意, 與上文'以爲其本'之'本'正相呼應"라고 설명하고 있다.(『上博藏戰國楚竹書硏究』 158쪽 참고)

5 馬承源, 『整理本』, 132-133쪽 참고.

第6簡

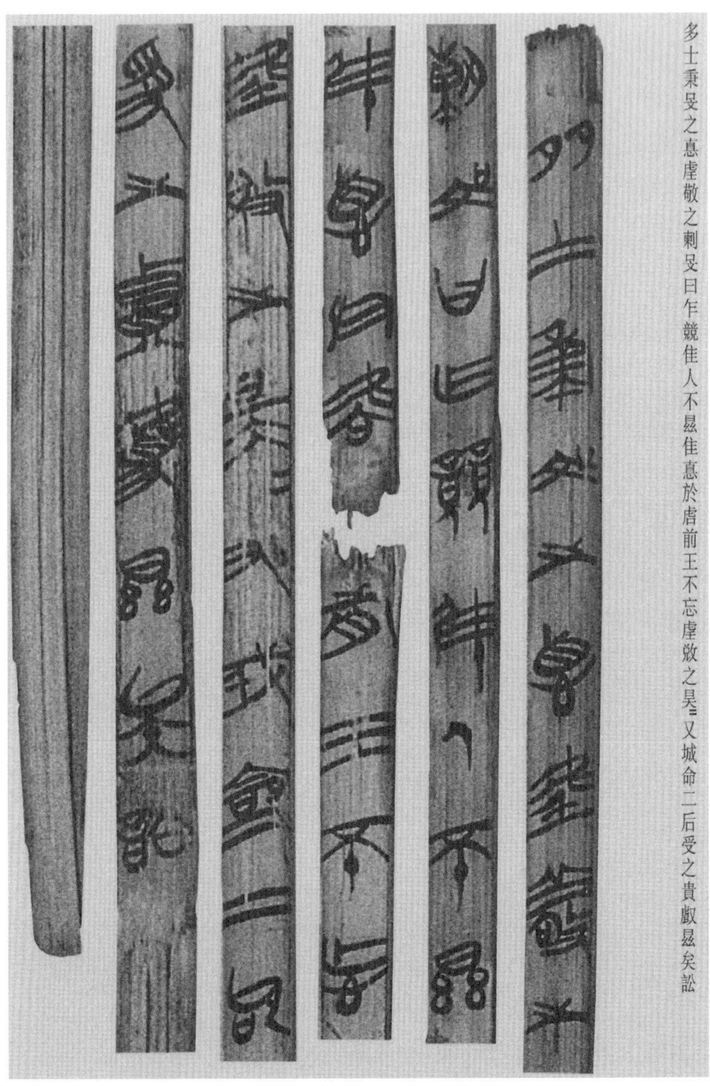

多士, 秉旻(文)之悳(德)[①ⓐ]. 虗(吾)敬之[②]. 剌(烈)[ⓑ]旻(文)』[③]曰 : 乍[ⓒ]競隹(唯)人, 不(丕)㬎(顯)隹(唯)悳(德). 於虐(乎), 前王不忘[④ⓓ]! 虗(吾)敚(悅)之[⑤]. 昊=(昊天)有城(成)命, 二后受之[⑥ⓔ]. 貴叡(且)㬎(顯)[⑦]矣. 訟[ⓕ]

『校讀記』

[『淸廟』曰"肅雍顯相, 濟濟多士, 秉文之德." 吾敬之. 『烈文』曰 : "亡競唯人", "不顯唯德", "於乎前王不忘", 吾悅之; "昊天有成命, 二后受之." 貴且顯矣. 『頌』

해석

(『淸廟』는) " …… 수많은 선비들이 문왕의 덕을 받들어"라 했기 때문에 나는 이를 존경하고, 『烈文』은 "이를 데 없이 훌륭한 사람", "큰 덕 있는", "아아! 이전의 임금을 잊지 말기를"이라 했기에 나는 매우 좋아하고, 『昊天有成命』의 "넓은 하늘의 밝은 명을 문왕과 무왕께서 받으시고"와 같이 존귀하고 혁혁한 내용을 『頌』이 찬양하고 있기 때문에(나는 『頌』 …… 다)

上博楚簡原註

이 죽간은 부러진 두 개의 죽간을 짝 맞추기 한 것이다. 길이는 49.5

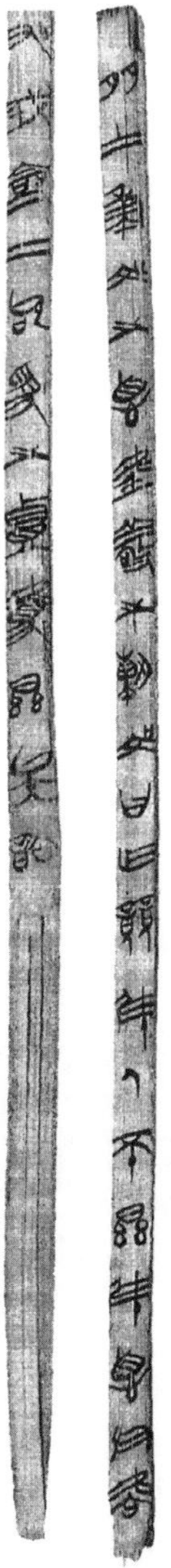

㎝이며, 상단은 파손되어 있으나, 하단은 타원 모양의 완전한 형태다. 상단 공백 부분이 부러져 있으나, 하단에는 약 8㎝의 공백이 있다. 문자는 모두 43자가 있고, 그 중 합문은 1자이다.

① ‘多士, 秉文之悳’ : 이 구절은 앞 죽간과 이어지는 『淸廟』의 “濟濟多士, 秉文之德(수많은 선비들이 문왕의 덕을 받든다)”이고, “虗敬之(나는 존경한다)”는 평어이다. 이 다음 “虗悅之(나는 매우 좋아하다)”는 『剌文』의 평어이고, 계속해서 『昊天有成命』을 평론하고 있다. 이것은 제5간 앞에서 『訟』을 평론한 것과는 또 다른 형식이다.

세 편 『淸廟』・『剌文』과 『昊天有成命』 등을 평론한 형식은 먼저 원문을 인용한 후, 한 마디로 평어하고 있으나, 제5간 앞에서는 『淸廟』를 “敬宗廟之禮, 以爲其本(종묘의 예를 존경하는 것을 가장 기본으로 삼다)”나 “以爲其鞢(본업으로 삼다)” 등으로 평론하는 반면, 본 죽간에서는 『詩經』 문구를 먼저 인용한 다음 이를 평론하고 있다.

이상의 형식으로 볼 때, 『訟』에 대한 평(評)이 적어도 두 차례 이상 출현하고 있는 것을 알 수 있다.

② ‘虗敬之’ : ‘虗敬之’는 ‘吾敬之’의 의미이다. 뒤에서도 자주 출현하는 문장이므로, 앞으로는 주석을 생략하기로 한다.

③ ‘剌文’ : ‘剌文’은 즉 『毛詩・周頌・淸廟之什』 중의 『烈文』이다. ‘剌’은 다른 형태와는 달리 특이하게 ‘()’로 쓴다.[1] 금문은 ‘剌’・‘剌’나 혹은 ‘剌’로 쓴다.[2] 음이 같기 때문에 경전에서는 대부분 ‘烈’로 쓴다.

④ ‘乍競隹人, 不㬎隹悳, 於虗, 前王不忘’ : 이 구절은 『烈文』의 구절이다. 현행본은 ‘無競維人(이를 데 없는 훌륭한 사람)’, ‘不顯維德(큰 덕 있는 분)’, ‘於乎! 前王不忘(이전의 임금을 잊지 말기를)’로 쓰고 있다.

1 ‘剌’을 『江陵天星觀楚墓』에서 ‘’・‘’로, 『郭店楚簡・性自命出』에서는 ‘’로 쓴다. (滕壬生, 『楚系簡帛文字編(增訂本)』, 593쪽).

2 金文은 ‘’・‘’・‘’ 등으로 쓴다. 『金文編』, ‘0986 剌’(423쪽) 참고.

'乍競' 중 '乍'자를 현행본에서는 '無'로 쓰고 있다. 이는 '乍'와 '亡'의 형태가 매우 비슷하고, '亡'과 '無'는 고음이 서로 통하기 때문인데, 이는 잘못된 것이다. 鄭玄 『箋』과 孔穎達은 '無競'을 '無疆(한이 없다)'로 풀이하고 있는데, 이와 같은 풀이는 簡文의 의미와 맞지 않다.

'虖'자는 '虍'와 '口'로 이루어져 있다. 『說文解字』에는 없다. 簡文에서는 '呼'로 읽는다.

⑤ '虗敓之' : 『說文解字』는 '敓'에 대하여 "敓, 彊取也. 『周書』曰 : '敓攘矯虔'. 從攴, 兌聲('敓'자는 '강압적으로 취하다'의 의미이다. 『周書』는 "강제적으로 탈취하고, 속이고 물건을 약탈하다"라고 설명하고 있다. '攴'과 '兌'聲으로 이루어진 형성자)"로 설명하고 있다. 段玉裁는 "此是爭敓正字. 後人假奪爲敓, 奪行而敓廢矣(이 자는 爭敓(爭奪)의 正字이다. 후에 '奪'자를 '敓'의 가차자로 쓰자, '奪'자만 남게 되었고, '敓'은 쓰지 않게 되었다)"라고 설명하고 있다.

經籍에서 字件이 '兌'인 자는 두 개의 음으로 읽는다.

『詩·大雅·瞻卬』에서 "彼宜有罪, 女覆說之(정말 죄가 있거늘, 그대는 오히려 좋아하네)"라는 구절에 대하여, 陸德明은 『毛詩音義』에서 "說音稅, 注同. 一音他活反('說'의 音은 '稅'이다. 의미 또한 그 음과 같다. '他活反'의 음으로 읽는 경우도 있다"라고 설명하고 있다. 『後漢書·王府傳』은 "女反脫之(그대는 오히려 탈취하네)"의 구절도 이와 같은 의미이다.

이 죽간의 '敓'의 음은 '說' 혹은 '悅'이다. 『廣雅·釋詁』에서 '悅, 喜也'라 설명하고, 『孟子·梁惠王下』에서 "取之而燕民悅(그것을 취하자 燕나라 백성들은 기뻐하였다)"라는 구절이 있다. 經典에서는 일반적으로 '說'로 쓴다. 『說文解字』는 '說, 釋也('說'은 '釋(기쁘다)'의 의미이다)'로 설명하고, 段玉裁는 이에 대하여 "說釋卽悅懌. 說悅·釋懌皆古今字('說釋'은 '悅懌'이다. '說'과 '悅', '釋'자는 '懌'은 古今字 관계이다)"라고 설명하고 있다.

『孔子詩論』 중 공자가 평론한 詩篇의 '敓'자는 모두 '悅'의 의미로 쓰고 있다.

⑥ '昊=有城命, 二后受之' : '昊'자 아래 합문 부호 '='이 있으며, '昊天'

의 의미이다. 이 인용 구절은 『頌 · 昊天有城命』이다. 『毛詩』는 "昊天有成命, 二后受之(넓은 하늘의 밝은 명을 문왕과 무왕은 받으셨네)"로 쓰고 있다. '二后'는 '文王'과 '武王'을 가리킨다.

⑦ '貴叡㬎' : '叡'자는 '且'의 의미이다. 商承祚는 『殷墟文字』에서 "羅師說沇兒鐘及王孫鐘並有'中謮叡㱃'語, 猶詩言既多且有, 終和且平. 殆語辭之且古如此(羅振玉은 『沇兒鐘』과 『王孫鐘』 중에 '中謮叡㱃'라는 구절이 있는데, 이 구절 중 '叡'자는 『詩經』 '旣多且有'나 '終和且平(모두 화평하게 지내네)'[3] 구절 중 어조사 역할을 하는 古語 '且'의 의미와 같다라고 하였다)"고 설명하고 있다. 簡文에서 '叡'는 대부분 '且'의 의미로 쓰인다.

'㬎'자에 대하여 『說文解字』는 "㬎, 衆微杪也, 從日中視絲. 古文以爲顯字('㬎'자는 많고 작은 실 가닥을 의미한다. 햇빛(日) 아래서 실(絲)을 살펴보는 모습을 나타내고 있다. 고문에서는 '顯'으로 쓴다)"고 설명하고 있다.

이 죽간 끝에 『訟』자가 있는 것으로 보아, 『訟』에 대한 설명이 아직 끝나지 않았음을 알 수 있다. 하지만, 이 내용과 이어지는 竹簡을 현재는 찾을 수 없다.

譯註說明

李學勤과 李零은 제22간 다음에 제6간을 배열하고, '多士'는 『淸廟』의 "肅雍顯相, 濟濟"에 이어지는 구절로 이해하고 있다.[4] 공자는 『淸廟』를 존경하고, 『烈文』을 좋아하며, 『昊天有成命』은 존귀하고 혁혁하

3 『鹿鳴之什 · 伐木』 참고.

4 李學勤, 『詩論的體裁和作者』(2002), 60쪽. 李零, 『上博楚簡交讀記』(2002), 20쪽 참고.

다고 표현하였다.

ⓐ『周頌·淸廟』의 첫 구절은 “於穆淸廟, 肅雝顯相, 濟濟多士, 秉文之德(아아, 엄숙하고 淸靜한 청묘에 공경스럽게 제사 돕는 대신이여. 수많은 선비들이 문왕의 덕을 받들어)”으로 되어 있다. ‘於’는 탄사 ‘嗚’의 용법으로 사용되고 있고, ‘穆’은 ‘穆穆(엄숙한 모양)’, ‘肅’는 ‘嚴肅(엄숙하다)’, ‘雝’은 ‘雝容(온화한 행동)’을 의미한다. ‘顯’은 ‘顯赫(혁혁한·빛나는)’의 의미이고, ‘相’은 제사를 돕는 사람을 가리킨다. ‘秉’은 ‘계승하다’의 의미이다.

ⓑ ‘剌(烈)’ : ‘剌(어그러질 랄{날}, là)’을 금문은 ‘’(『剌鼎』)·‘’·‘’(『大簋』)·‘’(『師虎簋』)·‘’(『班簋』)·‘’(『秦公簋』) 등으로 쓰고, ‘烈’이나 ‘列’의 의미로 쓴다.[5]

ⓒ ‘乍’ : 초간 ‘’(亡)’자의 형태는 ‘’(乍)’자와 매우 비슷하다. 『整理本』에서는 ‘無’의 의미로 쓰는 ‘亡’자가 잘못된 것이라고 설명하고 있지만, 오히려 죽간에 ‘亡’과 ‘乍’가 형태가 비슷하기 때문에 ‘亡’으로 써야 하는 것을 ‘乍’자로 잘못 쓴 것으로 보여 ‘亡’으로 해석하기로 한다.

ⓓ『烈文』은『周頌』의 네 번째 작품을 말한다. ‘烈’은 ‘顯赫’ 즉 ‘빛나는’·‘혁혁한’의 의미이고, ‘文’은 ‘文德’의 의미이다.『烈文』의 내용은 “無競唯人, 四方其訓之, 不顯唯德, 百辟其刑之, 於乎! 前王不忘(이를 데 없는 훌륭한 사람을 세상은 본받으며, 큰 덕 있는 분을 모든 제후들이 법도로 삼나니, 아아 이전 임금을 잊지 말기를)”이다.

ⓔ ‘’자 아래 합문부호 ‘=’가 있는 것으로 보아 ‘昊天’의 합문이다. “昊天有成命, 二后受之”를『整理本』에서는『昊天有成命』의 인용구로 보고 있다.[6] ‘昊天有成命’은『周頌』의 여섯 번째 편명이다. ‘昊天’은 ‘皇天(넓고 큰 하늘)’·‘大天’을 말하고, ‘成命’은 이미 정해진 명이라는 뜻이

---

5 陳初生 編纂,『金文常用字典』, 648-650쪽.

6 馬承源,『整理本』, 134쪽.

다. '后'는 '君'이라는 의미로, '二后'는 文王과 武王을 가리킨다.

ⓕ 마지막 '訟(頌)'자를 李零은 제4간과 연결시켜 해석하고 있는 반면, 李學勤은 유실된 내용으로 보고 있다.[7] '頌'을 총결하는 내용이 있었던 것으로 추증된다.

7 李學勤, 『詩論的體裁和作者』(2002), 60쪽. 李零, 『上博楚簡交讀記』(2002), 21쪽 참고.

大夏 第7簡

褱(懷)介盟(明)悳(德)[①ⓐ], 害(曷)[②ⓑ]? 城(誠)胃(謂)之也[③]. 又(有)命[ⓒ]自天, 命此文王[④], 城(誠)命之也▬, 信矣!▬ 孔=(孔子)曰 : 此命也夫▬. 文王隹(唯)谷(裕)[ⓓ]也[ⓔ], 导(得)虐(乎)[⑤]? 此命也[ⓕ]!

『校讀記』

[王, 予]懷爾明德"曷, 成謂之也; "有命自天, 命此文王", 成命之也, 信矣. 孔子曰 : "此命也夫. 文王雖欲裕已, 得乎? 此命也.

해석

(『大雅 · 皇矣』편은) "하늘이 문왕에게 말하기를 나는 네가 밝은 덕을 지니도록 하겠다"라 했는데, 이는 무슨 의미인가? 이는 하늘이 진심으로 문왕에게 충고하고 있다는 의미이다. "하늘로부터 명이 있어 문왕에게 명하시니"라는 것은 하느님이 진실로 문왕에게 명령을 내린다는 것을 가리킨다. 이는 진실 된 것이다. 즉 공자가 말하기를 "이런 것이 곧 명령이다. 문왕이 하늘로부터 명령을 받을 수 있었던 것은 문왕이 너그러운 덕을 갖추고 있었기 때문이지 않겠는가? 이것이 곧 하느님의 명령인 것이다. 그래서 문왕은 하느님의 명(命)을 받은 것이다.

上博楚簡原註

이 죽간의 길이는 42㎝이다. 상하단 양끝이 모두 파손되어 있다. 하단에는 5.5㎝의 空白(留白)이 있다, 문자는 모두 40자이고, 그 중 합문이 1자 있다.

① '褱尒盟悳' : 이 구절은 『毛詩 · 大雅 · 皇矣』를 인용한 구절이다. 현행본은 "帝謂文王, 予懷明德(하느님이 문왕에게 이르셨다네. 나는 너에게 밝은 덕을 품도록 하겠노라)"로 쓰고 있는데, 毛亨은 "懷, 歸也('懷'는 '歸(되돌려주다)'의 의미이다)"라고 설명하였고, 鄭玄은 "我歸人君有光明之德(나는 왕에게 광명의 덕이 있도록 한다)"라고 설명하고 있다. 죽간의 '爾(尒)'자를 『毛詩』는 '予'자로 쓰며, 문장의 의미 역시 약간 차이가 있다.

『毛詩 · 大雅 · 皇矣』의 제11장 후반부 '帝謂文王(하느님이 문왕께 말하다)'의 단락은 "詢爾仇方. 同爾兄弟, 以爾鉤援, 與爾臨衝, 以伐崇墉(그대 이웃 나라와 꾀하고, 그대 형제와 함께 성을 공격할 사다리 준비하고, 그대 임거와 충거도 숭나라 성을 쳐라)"와 같이 모두 모두 '爾'를 쓴다. 이는 죽간의 '懷爾明德'의 문장형식과 같다.

'盟悳' 중 '盟'은 '明'과 '示'로 이루어진 자로, 『說文解字』에 보이지 않는다. '明德(밝은 덕)'의 의미이다.

② '害' : '害'는 '曷'의 가차자이다. 『說文解字』에서는 '曷'을 '何'로 해석한다. 段玉裁는 '曷'에 대하여 "害字, 曷之假借字. 『詩』『書』多以害爲曷('害'자는 '曷'의 假借字이다. 『詩經』과 『書經』에서는 '害'를 주로 가차자 '曷'로 쓴다)"라고 설명하고 있다.

③ '城胃之也' : '誠謂之也(진심으로 충고하다)'의 뜻이다. '胃'자는 簡文에서 일반적으로 '謂'의 의미로 쓰인다.

④ '有命自天, 命此文王' : 이 구절은 『詩 · 大雅 · 大明』편이다.

⑤ '文王隹谷也, 导唐' : '谷'자는 '裕'의 의미로 풀이하여 '寬(너그럽다)'로 해석할 수 있다. 금문 『何尊』에 '龔德谷天' 구절이 있는데, "恭德裕天(공덕을 갖추고 上帝를 잘 받들어 모시다)"의 의미이다. 윗부분에서 '誠命之也'라 하고, 문미에서 다시 '此命也'라 하여 文王이 '天命'을 받았음을 강조하고 있다.

'导唐'는 '得乎'로, 천명을 얻었음을 의미한다.

『大夏』에 관한 내용은 이 제7간(簡) 뿐이다. 이 다음은 『少夏』를 언급하고 있는데, 『邦風』과 함께 평하고 있으며, 제7간과는 문장의 형식이 다르기 때문에, 연결되는 죽간으로 볼 수 없다.

한편 上海博物館에서 소장하고 있는 죽간 중에는 『孔子詩論』에 포함시킬 수는 없지만, 『大雅 · 生民』편의 내용인 "不曰生民未之也"가 있다. 그러나 다른 竹簡과 내용이 연결되지 않아 지금 잠시 이곳에 두기로 한다.

"不曰生民未之也"

譯註說明

ⓐ '褱(懷)尒䀂(明)悳(德)' : 李零은 제7간을 제5간과 연결시켜 앞부분에 "[王, 予]"를 보충하고, 李學勤은 이 簡을 독립적으로 『大夏 · 皇矣』의 "[帝謂文王, 予]懷尒明德"으로 풀이하고 있다.[1] 뒷문장이 『大雅 · 大明』의 내용 "又(有)命自天, 命此文王(하늘로부터 명이 있어 문왕에게 명하시

1 李學勤, 『詩論的體裁和作者』(2002), 60쪽. 李零, 『上博楚簡交讀記』(2002), 23쪽 참고.

니)"인 것으로 보아 『大雅』의 한편인 것으로 보인다.

현행본 『大夏·皇矣』에는 '尒'자가 없다.

ⓑ '害(曷)' : 『說文解字』는 '(曷)'자를 "曷, 何也. 從曰匃聲('曷'자는 '何(어찌 하, hé)'의 의미이다. '曰'과 '匃'로 이루어진 형성자)"로 설명하고, '(害)'자는 "傷也. 從宀從口. 宀·口, 言從家起也. 丯聲('傷害'의 의미. 字件 '宀'과 '口'로 이루어져 있는데, '宀'과 '口'는 해(害)가 되는 말은 집에서 시작된다는 의미. 聲符는 '丯'이다)"이라고 설명하고 있다. 段玉裁는 『說文解字注』에서 "害字, 曷之假借字. 『詩』『書』多以害爲曷"이라고, '害'와 '曷'의 가차관계를 설명하고 있다. 이 '(害)'자를 제8간에서는 ''로, 『上博楚簡·性情論』은 ''로, 『郭店楚簡·性自命出』은 ''로, 『郭店楚簡·老子甲』은 ''로 쓰며,[2] '害'나 '曷'의 의미로 쓰인다.

ⓒ '命' : 7簡에 '命'자는 모두 다섯 번 보인다. 그 중 두 번은 ''으로 쓰고, 세 번은 아랫부분에 두개의 횡획을 추가하여 ''으로 쓰고 있다. ''자는 동사적 용법으로 쓰였고, ''자는 명사적 용법으로 쓰이고 있다. 『郭店楚簡·語叢一』은 字件 '言'을 추가하여 ''으로 쓰기도 한다.[3]

ⓓ '隹(唯)谷(裕)' : 整理本이 해석한 '隹(唯)谷(裕)'의 구절을 李學勤 등은 모두 '雖欲'으로 풀이하여,[4] "문왕이 하늘로부터 단지 명령을 바라며, 얻고자 한다고 되었겠는가?(만약에 하늘이 진심으로 충고하고 명령을 하지 않았다면 되었겠는가?)"라고 해석하였다.

ⓔ '也' : '也'자를 일반적으로 ''로 쓰는 반면에, 여기에서는 ''로 쓰고 있다. 李零은 이 자를 '巳'로 예정(隸定)하고 있다.[5] '巳'는 '已'와 통한다. 語氣詞의 용법으로 쓰이고 있다. 이외에도 楚簡에서 '也'자는 매

2 滕壬生, 『楚系簡帛文字編(增訂本)』, 693쪽.
3 滕壬生, 『楚系簡帛文字編(增訂本)』, 110쪽.
4 李學勤, 『詩論的體裁和作者』(2002), 60쪽. 李零, 『上博楚簡交讀記』(2002), 23쪽 참고.
5 李零, 『上博楚簡交讀記』(2002), 23쪽 참고.

우 다양한 형태로 쓴다. 『郭店楚簡 · 唐虞之道』는 ‘ ’로, 『上博楚簡 · 從政甲』은 ‘ ’로, 『郭店楚簡 · 老子乙』은 ‘ ’로, 『郭店楚簡 · 五行』은 ‘ ’ · ‘ ’로, 『郭店楚簡 · 成之聞之』는 ‘ ’ · ‘ ’로, 『郭店楚簡 · 語叢三』은 ‘ ’로, 『上博楚簡 · 紂衣』는 ‘ ’로 쓴다.[6]

ⓕ 李學勤, 李零 등은 제7간의 마지막 내용을 제2간의 “時也, 文王受命矣”와 연결되는 내용으로 보고 있다.

6 滕壬生, 『楚系簡帛文字編(增訂本)』, 1032쪽 참고.

少雅 第8簡

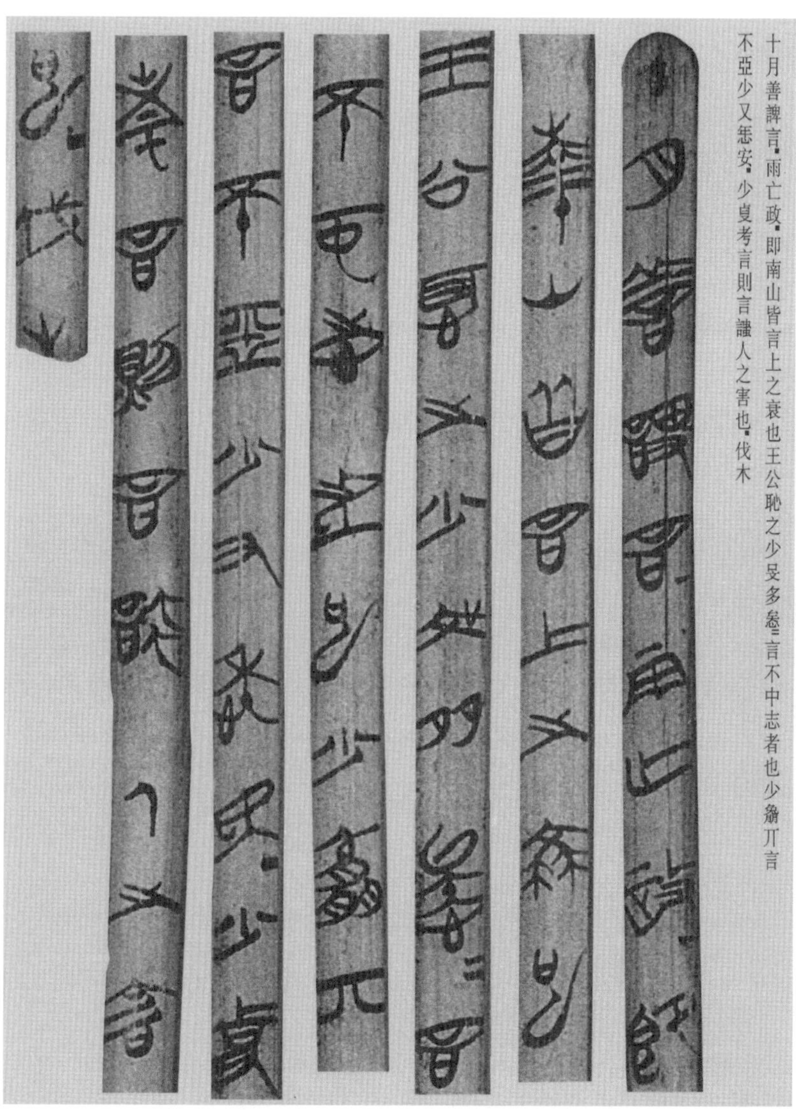

十月善諀言▪雨亡政▪即南山皆言上之衰也王公恥之少旻多惫=言不中志者也少夗丌言

不亞少又恖安▪少貞考言則言讒人之害也▪伐木

十月[1]善諀(諞)[a]言[2]▬. 雨亡政[3]▬·節南山, 皆言上之衰也, 王公恥之[4][b]. 少旻(文)[c]多𢝊=(疑矣)[d], 言不中志者也[5]. 少䏍[e]丌(其)言不亞(惡)[6], 少又㤅[f]安[7]▬. 少㝉[8]·考言[9][g]則言讒[h]人之害[10]也▬.『伐木』[11][i]

『校讀記』

『十月』善諀言.『雨無政』·『節南山』皆言上之衰也, 王公恥之.『小旻』多疑, 疑言不中志者也.『小宛』其言不惡, 少有佞焉▬.『小弁』·『巧言』則言讒人之害也.『伐木』[□□]

해석

『小雅·十月之交』는 풍자와 비평을 잘 묘사한 작품이고,『小雅·雨無正』과『小雅·節南山』은 왕실의 쇠락을 읊은 것으로, 王公들은 이를 부끄럽게 여긴다.『小旻』은 많은 의문을 제기하고 있는데, 이 의문은 자신과 생각이 다르기 때문이다.『小宛』에는 심하게 원망하는 말은 없고, 단지 仁義스럽지 않은 자들에 대한 것이다.『小弁』과『巧言』의 내용은 다른 사람을 참언하여 해를 입히는 것에 관한 내용이다.『伐木』은

上博楚簡原註

이 죽간은 길이가 52.4㎝이다. 상단은 타원형으로 완전한 상태이지만,

하단은 파손되었다. 55자가 있고, 그 중에 合文이 1자이다.

① '十月' : '十月'은 『詩・小雅・節南山之什』의 세 번째 시편 『十月之交』이다. 본 竹簡에서는 『十月』이라 칭하고 있다.

② '善諀言' : '諀'자는 『說文解字』에 보이지 않지만, 意符가 '言'이고 聲符은 '卑'이며, '諞'의 의미로 쓰이고 있다. 『尙書・秦誓』의 구절 "惟截截善諞言, 俾君子易辭(술술 교묘한 말을 잘하여 윗사람으로 하여금 가볍고 게으르게 하다)" 중 '善諞言'과 같다.

毛亨의 『毛詩古訓傳』은 "惟察察便巧善爲辨佞之言, 使君子迴心易辭(슬슬슬 교묘한 언행으로 군자의 마음이 가볍고 나태해지도록 하다)"라고 설명하고 있다. 西周시기 때, 王公들은 관리들이 사람을 속이는 관행에 대하여 부끄럽게 여겼는데, 공자는 『十月』 시가 이를 표현한 것이라고 생각했다.

③ '雨亡政' : '雨亡政'은 『詩・小雅・節南山之什』의 네 번째 시편 『雨無正』을 가리킨다. 『卽南山』의 '卽'자는 字件 '竹'을 쓰지 않고 있다.

④ '皆言上之衰也, 王公恥之' : 『雨無正』(譯註 : 『整理本』에서는 『小序』의 내용이라 하였으나, 시편 본 내용이다)에는 "周宗旣滅, 靡所止戾, 正大夫離居, 莫知我勩. 三事大夫, 莫肯夙夜. 邦君諸侯, 莫肯朝夕.(주나라 종족들은 이미 멸망하여 머물러 살 곳도 없으니, 높은 관리들은 모두 흩어져 우리의 괴로움은 아랑곳 하지 않고, 삼공과 대부들은 새벽과 밤에 왕 뵈러 오지 않으며, 나라의 제후들은 아침 저녁으로 왕께 문안드리지 못하네)"라 하였고, 또한 "如何昊天, 闢言不信? 如彼行邁, 則靡所臻. 凡百君子, 各敬爾身. 胡不相畏? 不畏於天?(어찌 하늘은 법도에 맞는 말을 믿지 않는가? 나라가 이대로 가다가 어떻게 될지 모르겠네. 모든 관리들은 각기 그대들 자신이 조심해야지. 어찌 두려워 않겠는가? 그대들은 하늘도 두렵지 않은가?)"라고, 宗周가 멸망한 후에 극도로 무너진 기강과 쇠락한 사회를 묘사하고 있다. 『節南山』은 또한 "天方薦瘥, 喪亂弘多(하늘이 지금 무거운 고통을 내리시어 禍亂이 너무나 심

하다)” · “不弔昊天, 亂靡有定. 式月斯生, 俾民不寧. 憂心如酲, 誰秉國成?(불행하도다 하늘이여. 혼란이 안정되지 못하여 나날이 더 어지러워져 백성들을 편히 살지 못하게 하시네. 근심스러운 마음 술병 난 듯 누가 나라를 제대로 다스릴 건가?)”라고 하였듯이, 공자는 이러한 현상을 “皆言上之衰也, 王公恥之(왕실의 쇠락을 읊은 것으로, 王公들은 이를 부끄럽게 여긴다)”로 평론하고 있다.

⑤ ‘少旻多⿱矣=, 言不中志者也’ : ‘⿱矣’자는 ‘疑’의 의미이며, 아래 중문부호 ‘=’는 어조사 ‘矣’가 추가된다는 뜻이다. 『詩·小雅·節南山之什』의 다섯 번째 詩 『小旻』 역시 국가가 혼란스러운 것을 분개한 내용으로 “謀夫孔多, 是用不集. 發言盈庭, 誰敢執其咎?(꾀하는 이 너무 많아 일이 되지 않네. 발언하는 자 뜰에 가득하니 누가 감히 그 허물 책임지나)”라고 묘사하고 있다. 공자는 이러한 내용을 “言不中志(이 의문은 곧 자신의 생각과 같지 않다는 것이다)”라고 논평하고 있다.

⑥ ‘少⿱宛月丌言不亞’ : ‘⿱宛月’자는 『說文解字』에 보이지 않는다. 이 자는 字件 ‘宛’ 아래 ‘肉’ 세 개가 있다.

위에서 언급된 시편들의 정황으로 보아, ‘少⿱宛月’은 ‘詩·小雅·節南山之什·小宛’이 확실한 것으로 보인다.

제22간에서 『⿱宀丘』를 언급하고 있는데, 인용된 시구는 『陳風·宛丘』의 일부 구절이다. 그렇다면 ‘⿱宀丘’자가 곧 ‘宛’자인데, ‘宛’을 ‘⿱宛月’자로 썼다가 다시 ‘⿱宀丘’으로 쓸 리가 없기 때문에, 簡本이나 현행본(今本)의 문자들을 좀 더 연구해 보아야 하겠다.

‘不亞’는 ‘不惡’의 의미이다. 『說文解字』는 “亞, 醜也(‘亞’자는 ‘나쁘다’는 의미이다)”라고 설명하고, ‘亞’자는 ‘惡’의 古文이라고 하였다. 『上博楚簡·紂衣』의 ‘亞亞如亞衠白’ 구절을 현행본 『緇衣』는 “惡惡如惡衖伯(나쁜 것을 싫어함을 항백을 싫어하는 것과 같이 하라)”고 쓰고 있다. 段玉裁는 『說文解字注』에서 “亞與惡音義皆同, 故詛楚文‘亞駝’, 『禮記』作‘惡池’(‘亞’와 ‘惡’은 音과 의미가 같다. 그래서 『詛楚文』의 ‘亞駝’를 『禮記』는 ‘惡池’로

쓰고 있다)"고 설명하고 있다.

⑦ '少又⿱年心安' : '⿱年心'자는 '心'과 '年'으로 이루어진 자이나, 아직 잘 모르는 자이다.

⑧ '少叀' : '少叀'은 『小雅 · 節南山之什 · 小弁』이다. 『毛詩』의 '小雅' · '小旻'과 '小弁' 등을 簡文은 '少夏' · '少旻'이나 '少叀'으로 쓰고 있다. '小'자와 '少'자는 서로 통한다.

'弁'자는 '叀'자와 통한다. 『曾侯乙編鐘』은 '變'자를 '[glyph]'으로 쓰고 있다. 이 자는 意符가 '音'이고 聲符는 '叀'이며, '變'으로 쓰기도 한다. '弁'자와 '變'자는 음이 같다.

⑨ '考言' : '考言'은 『小雅 · 節南山之什』의 『巧言』이다. '考'와 '巧'는 음이 서로 통한다. 『易 · 履』의 "視履考祥, 其旋元吉(이행한 것을 보아 길상과 흉상을 고찰해 본다)"와 『易 · 蠱』의 "有子考無咎(아들이 있으니, 돌아가신 아버지의 허물이 없어진다)" 구절 중 '考'를 漢나라 『馬王堆帛書』에서는 모두 '巧'로 쓰고 있다. 『史記 · 魯周公世家』는 『尙書 · 金縢』의 "予仁若考能(나는 어질어 아버지가 남겨주신 재능을 잘 따른다)" 구절을 인용하면서, '考'자를 '攷'자로 쓰고 있다.

⑩ '言⿰言蚰人之害' : '⿰言蚰'자는 『說文解字』에 없다. 이 자는 意符가 '言'이고 聲符는 '蚰'이다. '小弁' 앞부분 4장에는 "我心憂矣(내 마음의 근심이여)"와 "我心憂傷(마음의 시름이여)"의 내용이 있고, 뒤 4장에는 "君子信讒, 如或酬之. 君子不惠, 不舒究之(군자가 참언을 믿으심이 마치 술잔 받으시는 듯하니, 군자는 사랑하지 않으시네. 천천히 살펴보지 않으셨네)"와 "君子無易由言, 耳屬於垣(군자는 말을 가벼이 하지 않나니, 귀는 담에도 붙어있는 것이네)" 등의 내용이 있다. 『巧言』의 후반부는 "巧言如簧, 顔之厚矣(생황소리 같은 교묘한 말, 낯가죽 두꺼운 자들이 하네)"라 하였다. 이러한 내용은 '讒(참소할 참, chán)'이나 '생황과 같은 교묘한 말'에 대한 표현이다.

意符가 '言'이고 聲符가 '蚰(벌레 곤, kūn)'인 자와 관련이 있는 자는 '讒'이나 '교묘한 말'의 의미를 지닌 자는 '誆'이 있다. '誆(속일 광, kuāng)'은 황당한 말로 사람을 속인다는 뜻으로 '誑'자와 의미가 비슷하다. 『史記·鄭世家』에는 "乃求壯士得霍人解陽, 字子虎, 誆楚, 令宋毋降(이에 壯士인 霍지방 사람 字가 子虎인 解陽을 구하여, 楚나라를 속이고, 宋으로 하여금 항복 하지 못하도록 하였다)"라는 구절이 있다.

⑪ '伐木' : '伐木'은 『小雅·鹿鳴之什·伐木』이다.

이 죽간은 여덟 편의 시를 한꺼번에 평하고 있다. 물론 이와 같은 경우가 많지는 않지만, 이 죽간 이외에도 한 죽간에서 일곱 편의 시를 한 단락으로 하여 평하는 경우가 있다. 예를 들어, 일곱 편의 시를 논술하는 경우, 같은 시를 중복해서 평하는 형식을 취한다. 즉 먼저 간단한 술어를 사용하여 평하고, 계속해서 좀 더 상세하게 평하는 형식을 취한다. 이와 같은 방식은 본 『孔子詩論』이 가지고 있는 격식이다.

시를 평할 때, 본 죽간처럼 한 구절 혹은 두 구절로 평하는 형식은 두 번째 평론 에 해당되기 때문에, 본 죽간 여덟 편의 평론은 두 번째 부분에 해당된다.

다른 죽간의 내용들과 비교하여 볼 때, 평하는 내용이 그다지 상세하지는 않다. 이외에 좀 더 자세하게 평한 부분이 분명이 있다고 생각되지만, 현재는 알 수가 없다.

譯註說明

ⓐ '諀(諞)言' : 『整理本』에서는 '諀(비방할 비, pǐ)'자를 '말을 교묘하게 한다'는 의미인 '諞'으로 해석하고 있으나, 이 '[illegible]'자는 意符 '言'과 聲符 '卑'로 이루어진 자이다. '卑'에는 '批評(비평)하다'·'풍자하다'는 의미가

있다. 그래서 李零은 ‘諀言, 呰議之言(諀言은 헐뜯는 말)’이라고 설명하고 있다.[1] 『十月之交』의 내용은 『詩序』에서 ‘大夫가 幽王을 풍자한 시’라고 설명하고 있듯이 비평한 내용이기 때문에 『整理本』처럼 ‘諞’의 뜻으로 풀이하지 않고 ‘諀’의 의미로 보는 것이 옳겠다.

ⓑ 『雨亡政』은 『小雅 · 雨無正』을 말한다. 『雨無正』은 『小雅 · 節南山』과 함께 ‘왕실의 쇠락을 노래한 것이며, 왕공들은 이를 부끄럽게 여겼다’는 내용이다.

ⓒ ‘少旻(文)’ : ‘少旻(文)’은 『小旻』을 가리킨다. ‘’(旻)’자는 제1간에도 있으며, 『整理本』에서는 이 자를 ‘文’자로 풀이하고 있다. ‘文王’의 ‘文’자는 ‘口’를 사용하지 않고, ‘文章’의 ‘文’은 ‘口’를 추가하여 사용하다가 小篆에서 모두 ‘文’자로 통일하여 사용하게 되었다고 설명하고 있다.[2] 字件 ‘口’를 ‘文’의 필획과 겹치는 것과 같은 서사방법을 ‘借用筆畫’라 한다. 초죽서에서 종종 볼 수 있는 필법이다. 예를 들어, ‘’(此)’ · ‘’(歲)’ · ‘’(名)’ · ‘’(嗌)’ 등이다. 그러나 『整理本』에서는 ‘旻’자로 예정(隸定)하고 있다. ‘名’자의 字件을 ‘夕’ 혹은 ‘月’로 쓰듯이, 고문자에서 한 획이 있고 없는 것은 자주 볼 수 있는 현상이기 때문에, 여기에서는 이 자를 ‘旻’자로 예정(隸定)하지 않고 ‘旻’자로 예정(隸定)함이 옳겠다.

ⓓ ‘[矣/心]=’ : ‘’자는 아래에 문장부호 ‘=’가 있다. 李零은 ‘=’를 중문부호로 보고, 이 구절을 “小旻多疑, 疑言不中志者也(小旻은 의심이 많음을 표시하고 있는데, 의심이 있다는 것은 곧 자신의 생각과 같지 않다는 것이다)”라고 해석하는데 반하여,[3] 『整理本』에서는 합문부호로 보고, ‘疑矣’로 해석하고 있다. 『詩經』의 내용과 문맥 전후관계로 보아 ‘疑, 疑’로 해석하여도 문제가 없기 때문에 李零의 주장을 따르기로 한다. 내용은 “小旻에서

1 李零, 『上博楚簡校讀記』(2002), 18쪽 참고.
2 馬承源, 『整理本』, 126쪽 참고.
3 李零, 『上博楚簡校讀記』(2002), 18쪽 참고.

의문 나는 점을 언급한 것으로, 의심스러운 것은 곧 자기 생각과 다른 것들이다."이다.

ⓔ '𦪥' : 『整理本』에서 ''자는 '宛'인데, 제21간 『宛丘』 중에서는 '(訚)'으로 쓰고 있기 때문에, 서로 형태가 달라 잘 알 수 없는 자라 했다. 그러나 李零은 『容成氏』의 '琬'자 또한 같은 형태이기 때문에 '宛' 자가 틀림없다고 주장하고 있다.[4] ''자의 윗부분은 字件 '冤(寃)'이다. 『說文解字』에 聲符가 '寃'인 자는 '薳(풀이름 원, yuán)' · '鞔' · '黦' · '婉' 등이 있으며, 음이 각각 '於元切' · '於袁切' · '於月切' · '於願節'이다. '(鞔)'자의 或體를 『說文解字』는 '車'와 '宛'聲인 '輐''으로 쓰고 있다. '' 자의 윗부분이 '冤(寃)'임이 확실해 보인다.

ⓕ '恁()' : '恁()'자에 대해서 『整理本』에서는 '잘 모르는 자(待考)'라 하였다. 그러나 李零은 "從心從年, 疑以音近讀爲佞(字件이 心과 年으로 된 회의자로 '佞'자의 음과 비슷한 자가 아닌가 한다)"로 풀이하고 있으나,[5] 확신하지 못하고 있다. 이외에도 '危' · '過' 등으로 해석하기도 한다. '恁' 자는 意符가 '心'이고 聲符는 '年'으로 '仁'과 음이 통한다. 『詩經』 내용으로 보아, '仁'의 의미로 풀이할 수 있다. 전체적인 의미는 "『小宛』에는 심하게 원망하는 말은 없고, 단지 仁義스럽지 않은 자들에 대한 것이다"이다.

ⓖ '小叀考言' : 『整理本』에서는 '(叀)'자에 대하여 『曾侯乙編鐘』이 音變의 '變'자를 '從音叀聲('音'과 '叀'으로 이루어진 형성자)'으로 쓰는 경우로 보아, '叀'의 음은 '變'과 통하고, 이는 또한 '弁'과 통한다고 설명하였다. '弁'자를 『郭店楚簡 · 性自命出』은 ''으로, 『包山楚簡』은 ''으로

4 李零, 『上博楚簡校讀記』(2002), 18-19쪽 참고.

5 李零, 『上博楚簡校讀記』(2002), 18-19쪽 참고.

『上博楚簡・性情論』은 ' '으로 쓴다.[6] 『曾侯乙編鐘』은 '變'자를 ' '・' '・' '으로 쓴다.[7]

' (考)'자는 '巧'와 통한다. '考'자를 『郭店楚簡唐虞之道』는 ' '로 쓴다.

ⓗ '[言+蚰]' : ' ([言+蚰])'자에 대한 해석은 매우 분분하다. 『整理本』이 '訮'의 의미로 풀이하는 것 이외에, '讒'・'謊'・'庸'・'誣'・'訣' 등 다양하게 해석하고 있다. ' '자의 오른쪽 字件 ' '은 '㐬'가 아니라 '蚰'이다. ' '은 '讒(참소할 참, chán)'자의 오른쪽 字件 '毚'을 간략하게 쓴 형태가 아닌가 한다. 『說文解字』는 ' (讒)'자에 대하여 "譖也. 從言毚聲('참소하다'의 의미. '言'과 '毚'聲으로 이루어진 형성자)"라고 설명하고 있다.

『小弁』과 『巧言』의 내용 또한 '讒言'과 관계가 있기 때문에 '讒'자로 해석하여, "사람이 참언하여 해를 입히는 것에 관한 내용이다"로 해석하기로 한다.

ⓘ '伐木' : 『伐木』은 『小雅・鹿鳴之什』 중 하나이다. 죽간의 전체적인 길이로 보아 두 자 정도가 파손된 것으로 보인다. 『伐木』은 아래 제9간과 내용이 연결되고 있다. '木'자는 『孔子詩論』에서 ' '・' '・' '・' '으로 쓴다.[8]

---

6 滕壬生, 『楚系簡帛文字編(增訂本)』, 787쪽 참고.

7 『金文編』, '0517 '(214쪽) 참고.

8 滕壬生, 『楚系簡帛文字編(增訂本)』, 537쪽 참고.

第9簡

實咎於其也■天保丌㝵彔蔑畺矣巽寡悳古也■誶父之賕亦又㠯也■黃鳥則困而谷反丌古
也多恥者丌忞之唐䴖=者莪則㠯人益也棠=者芋則

實[a]咎[b]於其[c]也[1] ■. 天保[2]丌(其)㝵(得)彔(祿)蔑畺(疆)[3]矣[d], 巽(饌)㝡(寡)[e], 悳(德)古(故)也[4] ■. 『誶父』[5]之賕(責)[6][f], 亦又(有)㠯(以)也 ■. 黃鳥[7][g]則困而[h]谷(欲)反丌(其)古也, 多恥者丌(其)忢[i]之虐(乎)?𦺇=(𦺇𦺇)者莪[8][j]則㠯(以)人𦽸(益)[9][k]也. 棠=(棠棠)者芋[10][l]則

『校讀記』

實咎於其也. 『天保』其得祿蔑疆矣, 選寡德故也. 『祁父』之刺, 亦有以也. 『黃鳴』則困而欲, 恥其故也, 多恥者其病之乎? 『菁菁者莪』則以人益也. 『裳裳者華』則[□□]

해석

(『伐木』은) 실제 자기 자신의 잘못을 말하고 있다. 『小雅 · 鹿鳴之什 · 天保』의 내용 중 爵祿과 만수무강을 얻은 것은 至高한 君德을 받들었기 때문인 것이다. 『小雅 · 鴻雁之什 · 祈父』의 풍자 또한 그 원인이 있는 것이다. 『小雅 · 鴻雁之什 · 黃鳥』는 곤궁하여 고향으로 돌아가고자 하는 이유를 노래한 것으로, 수치를 많이 당한 사람은 곧 마음에 상처를 받았기 때문이 아니겠는가? 『小雅 · 南有嘉魚之什 · 菁菁者莪』는 사람으로 인하여 복을 맞이한다라는 의미이고, 『小雅 · 甫田之什 · 裳裳者華』는 곧…… 이다.

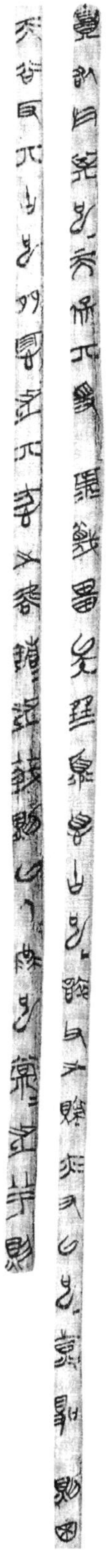

上博楚簡原註

이 죽간의 길이는 53.8㎝이다. 상단은 타원형으로 완전하고, 하단은 약간 파손되어 있다. 글자는 모두 57자이고, 그 중 重文이 2자이다.

① '實咎於其也' : '實'자는 '貴'의 의미이다. 이 구절은 앞 죽간의 뒷부분과 함께 『伐木』에 관한 평으로 보인다. 『詩·小雅·鹿鳴之什·伐木』 중에 "旣有肥牡, 以速諸舅. 寧適不來? 微我有咎(살찐 숫짐승 잡아 여러 성 다른 친구들을 부르니. 마침 일이 있어 오지 못할지언정 내게 잘못이 있는 것은 아니네)"의 내용이 있다. 『伐木』은 친구들과의 향연을 베푸는 내용인데, 공자는 이 시 내용 중 자신의 잘못을 책망하는 내용에 중점을 두고 있다. 이 죽간은 제8간과 연속되는 내용으로 볼 수 있다. 그렇다면 모두 13편의 시편이 언급되고 있다.

② '天保' : '天保'는 『詩·小雅·鹿鳴之什·天保』이다.

③ '㝵彔蔑畺' : '㝵彔蔑畺'은 '得祿蔑疆'의 의미로, '무궁한 복록을 얻다'의 뜻이다. 『說文解字』는 "祿, 福也('祿'은 복록의 의미이다)"라고 설명하고 있다. "神之弔矣, 詒爾多福(신이 가상히 여기시어 당신께 많은 복 주셨으며)"와 "君曰卜爾, 萬壽無疆!(선군께선 말씀하시기를, 그대에게 보답을 만수무강으로 하노라 하셨다네)"의 구절로 "得祿蔑疆(무궁한 복록을 얻다)"의 의미이다.

④ '巽寡, 悳古也' : '巽寡, 悳古也'는 "饌寡, 德故也(至高한 君德을 받들다)"의 의미이다. 시의 내용 중 "吉蠲爲饎, 是用孝享(맛있고 정결한 음식 마련하여 조상께 바치다)"라는 구절이 있는데, 毛亨 『毛詩古訓傳』은 "吉, 善. 蠲, 絜也. 饎, 酒食也('吉'은 '좋다(善)'의 의미이고, '蠲'은 '청결하다(絜)'의 의미이고, '饎'는 '酒食'의 의미이다)"로 설명하고 있다. 이 구절에 대하여 孔穎達은 "王旣爲天安定, 民事已成, 乃善絜爲酒食之饌(왕은 하늘에서 안

정되고, 백성의 일이 이루어지게 하니, 맛있고 정결한 음식을 마련하여 바치다)" 라고 설명하고 있어 더욱 구체적이다. 『爾雅·釋訓』은 "饎, 酒食也('饎'는 '酒食'의 의미이다)"라고 설명하고 있다. '酒'와 '食'은 일반적으로 음식을 대표한다. '饌(반찬 찬, zhuàn)'자에 대하여 『說文解字』는 "具食也(준비하거나 혹은 진열된 음식)"으로 설명하고, 『玉篇』은 "飮食也(음식이다)"라고 설명하고 있다. '饌寡'는 "조상께 바치는 음식은 적지만, 덕은 변함이 없다"라는 뜻이다.

⑤ '誶父' : '誶父'는 『小雅·鴻雁之什·祈父』의 편명이다. '誶'과 '祈'는 韻部가 같다. 혹은 잘못 쓴 글자일지도 모른다.

『祈父』의 "王之爪牙(왕의 손톱과 이이다)" 구절과 같이 책망하는 제3장의 내용은 '責(책망)'의 의미와 관계가 있다.

⑥ '賕(責)' : '賕'자는 '貝'와 '朿'으로 이루어진 자이다. 금문은 '賫'으로 쓴다.[1] 『玉篇』은 "古文責字('責'자의 고문이다)"라고 설명하고 있다. 『兮甲盤』의 '責'자와 형태가 같다. 簡文은 금문에서 字件 '朿'과 '貝'가 상하로 쓰인 것을 간문은 좌우로 배치하고 있다.

⑦ '黃鳥口' : '黃鳥口'은 '黃鳴'으로 『詩經』의 편명 중의 하나이다. 字件 '鳥'는 竹簡에서 모두 좌측에 위치한다. '黃鳥口'은 현행본 『毛詩』 『黃鳥』가 아닌가 한다. 『小雅·黃鳥』의 "此邦之人, 不可與明(이 나라 사람들은 함께 믿고 지낼 수 없으니)"·"不可與處(함께 지낼 수 없으니)"·"言旋言歸, 復我諸兄(되돌아 우리 형님들 계신 고장으로 갈까)"·"諸父(아저씨들 계신 고향)" 구절이 본 죽간이 평한 내용과 관련이 있다.

⑧ '䌌=者莪' : '䌌=者莪'는 『詩經』의 편명이다. '䌌='은 '䌌䌌'의 의미이다. '缶'와 '靑'으로 이루어진 '䌌'자는 『說文解字』에 보이지 않는다. 『䌌䌌者莪』는 현행본 『小雅·南有嘉魚之什』 중의 하나인 『菁菁者莪』의 원 편명이다.

⑨ '䕭' : '䕭'자는 '嗌'자의 고문이다.

---

1 『兮甲盤』은 '賫'으로, 『秦公簋』는 '賫'으로 쓴다. 『金文編』, '1015 賫'(435쪽) 참고.

⑩ '裳=者芋' : '裳='은 '裳裳'의 의미이다. '裳裳者芋'는 현행본 『小雅·甫田之什』 중 하나인 『裳裳者華』의 원 편명이다. '裳'과 '裳'자는 통가자 관계이다.

『說文解字』는 '華'자에 대하여 "從艸, 從雩('艸'와 '雩'로 이루어진 회의자)"라고 설명하고 있다. '華'와 '芋'의 음은 서로 통한다. 毛亨은 "裳裳, 猶堂堂也('裳裳'은 즉 '堂堂'과 같다)"라고 설명하고 있다. '堂堂'은 '무성한 모양'을 나타낸다.

『說文解字』는 '芋'에 관하여 "芋, 大葉實根駭人, 故謂之芋也. 從艸, 于聲('芋'자는 잎이 크고 뿌리가 커서 사람이 놀랄 정도이기 때문에 '芋'라 했다. '艸'와 '于'聲으로 이루어진 형성자)"라고 설명하고, 段玉裁는 "凡于聲字, 多訓大, 芋之爲物, 葉大根實, 二者皆堪駭人(이른바 '于'의 음을 가진 자는 일반적으로 '大'의 의미를 가지고 있다. '芋'라는 식물은 잎이 크고 뿌리가 건실하다. 잎과 뿌리가 모두 사람이 놀랄 정도로 크다)"라고 설명하고 있다.

'華'는 '사람을 놀라게 한다'는 의미가 내포되어 있지 않기 때문에 '芋'가 시의 본래 의미인 것으로 보인다.

譯註說明

ⓐ '實' : 『整理本』에서는 '[古文字]'자를 '實'로 예정(隸定)하고 '貴'자로 해석하고 있다. 그러나 『郭店楚簡』에서는 '實'자를 '[古文字]·[古文字]·[古文字]'로, 『新陽楚簡』은 '[古文字]'로, 『上博楚簡·容成氏』는 '[古文字]'로 그 형태가 '[古文字]'자와 같다.[2] 따라서 모두 '實'자임을 알 수 있다. 본 죽간에서는 '실질적으로'라는 부

2 滕壬生, 『楚系簡帛文字編(增訂本)』, 687쪽 참고.

사 의미로 사용되고 있다.

ⓑ '咎':『伐木』 중 '咎'자와 관련된 구절은 "旣有肥牡, 以速諸舅, 寧適不來, 微我有咎(살찐 숫 짐승 잡아 여러 성 다른 친구들을 부르니, 마침 일이 있어 오지 못하는 것이지 나에게 잘못이 있는 것은 아니라네)"가 있다.

ⓒ '其': 현행본『詩經·伐木』의 '微我有咎(나에게 잘못이 있는 것은 아니라네)'의 구절로 보아 '其'자는 '己' 즉 '我(자기 자신)'의 의미로 쓰이고 있다.

ⓓ '彔(祿)蔑畺(疆)矣':『天保』 중 '祿'과 '疆'의 내용과 관련 있는 구절로는 "君曰福爾, 萬壽無疆, 神之弔矣, 詒爾多福(선군께서 말씀하시기를 그대에게 보답을 만수무강으로 하노라 하셨노라. 성신이 선을 베풀어 당신께 많은 복을 주셨네)"이다. 이 문장 중 '弔'자는 '叔(淑)'과 같은 자로 '善'의 의미로 쓰인다.『金文編』은『弔父丁簋』의 '𠂎(弔)'자에 대하여 "善也. 引伸而爲有凶喪而問其善否曰弔('선하다'의 의미. 의미가 확대되어 좋지 않은 일이 일어났을 때 그 상태가 어떠한지를 묻는 것을 '弔問'이라 한다)"고 설명하고 있다.[3]

『上博楚簡』 중의 '蔑'자는 현행본『詩經』 중의 '無'의 의미와 같다.『詩經·大雅·板』의 구절 "喪亂蔑資, 曾莫惠我師(상란에 물자가 없게 되어 나의 군사들에게 은혜를 베풀어 주지 주지 않네)"에 대하여 毛亨은『毛詩古訓傳』은 "蔑, 無('蔑'자는 '無'의 의미이다)"라고 설명하고 있다.

ⓔ '巽':'巽(손괘 손, xùn)'자를『整理本』에서는 '饌(반찬 찬, zhuàn)'자로 해석하여 '饌寡'란 '孝享하는 酒食이 많지 않지만, 그 덕만은 옛날같이 변함없다'라고 풀이하고 있다.[4] 이외에 '贊'·'選'·'遜'과 '順' 등으로 해석하기도 한다.[5] 현행본『詩經』의 "神之弔矣, 詒爾多福(신이 선을 베풀어 당신께 많은 복을 주셨네)" 구절 뒤에 "民之質矣, 日用飮食, 羣黎百姓, 徧

3 『金文編』, '1354 𠂎'(569쪽) 참고.

4 馬承源,『整理本』 138쪽: "說孝享的酒食不多, 但修德如舊."

5 『「詩論」解義』(2004) 184쪽: "然則'巽'字當如字讀而訓爲'順'. …… 所以'巽寡德故也', 就是順應天子之德, 卽天子定'天保'之擧的緣故."

爲以德(백성들은 일용할 음식이 많게 되니, 여러 백성들과 관원들이 모두 그대의 덕분이라 하네)"와 같이 음식에 관한 언급도 있으나, '巽(饌)募(寡), 悳(德)古(故)也'는 앞 구절 '彔(祿)蔑畺(疆)矣'의 원인이기 때문에 문맥이 잘 통하지 않는다. 董蓮池는 중간에 쉼표가 없는 것으로 이해하고, '巽'은 음이 '遜'자와 통하고 '恭'의 의미이며, '寡德'을 '至高의 德'으로 풀이하고 있다.[6] 문장의 전후 관계를 고려하여 董蓮池의 주장에 따라 해석하기로 한다. 『論語 · 子罕』의 "巽與之言, 能無說乎?(공손한 말은 어찌 기쁘게 하지 않겠는가?)"에 대하여 馬融은 "巽, 恭也. 謂恭孫[遜]謹敬之言('巽'은 '공손하다'의 의미. 남을 존경하여 겸손하게 말을 한다)"라고 설명하고 있다.

『詩 · 大雅 · 思齊』의 "刑于寡妻, 至于兄弟, 以御于家邦(훌륭한 아내를 본받아 형제들과 잘 지내고 나라를 잘 다스렸네)" 구절에 대하여 毛亨은 "寡妻, 適妻也('寡妻'는 '현명한 처'의 의미이다)"라고 설명하고, 鄭玄은 "寡妻, 寡有之妻, 言賢也('寡妻'는 즉 많이 볼 수 없는 처라는 의미에서 훌륭함을 말한다)"라고 설명하였다. 淸代 兪正燮은 『癸巳類稿』에서 "寡命 · 寡妻 · 寡兄皆頌美, 非如寡人謙稱也(寡命 · 寡妻 · 寡兄은 모두 칭송하는 말이지 '寡人'이라는 겸어가 아니다)"로 설명하고 있다.[7]

ⓕ '�(責)' : 『整理本』에서는 '賥(責)'자를 '評'으로 해석하고 있는 반면, 廖名春은 '刺'의 의미로 해석하고 있다. '責'이나 '刺'는 같은 의미이다.

『祈父』는 『小雅 · 鴻雁之什』 중의 한 편이다. 『詩序』는 이 『祈父』에 대하여 "『祈父』, 刺宣王也(선왕을 풍자한 것이다)"라 하였다. 선왕을 풍자한 것인가에 대해서는 확실치 않으나, 이 시의 전체적인 내용은 '오랫동안 집에 돌아가지 못하는 軍士의 원망'을 노래한 것이기 때문에 '풍자'와 밀접한 관계가 있다.

ⓖ '黃鳥' : 『黃鳥』은 『小雅 · 鴻雁之什』 중의 『黃鳥』다. '鳥'자는 '鳥'자의 오자이다.[8] 시는 타향에 사는 사람이 고향으로 돌아가고 싶어 하는

6 劉信芳, 『上海博物館藏戰國楚竹書(一) · 孔子詩論三詁』(『孔子詩論術學』, 164쪽 재참고).

7 『漢語大字典』, 948쪽 참고.

마음을 읊은 내용이다. ‘古’자는 ‘故鄕’의 ‘故’이다. “則困而谷(欲)反丌(其)古也”는 “『黃鳥』에서 고향에 돌아가고자 하는 마음을 곤궁으로 표현하여 노래한 것”이다.

『郭店楚簡 · 老子甲』에는 ‘鳥’자를 ‘’로 쓴다.

ⓗ ‘而’ : ‘’자를 『整理本』에서는 ‘而’자의 誤字로 보고 있으나, 李零(2002)는 ‘天’자로 예정(隷定)하고, 본 죽간의 『黃鳥』를 『秦風』의 『黃鳥』로 보고 있다.[9]

앞 ‘天保’ 중 ‘天’자를 ‘’으로 쓰고 있다. 『孔子詩論』는 ‘天保’의 ‘天’자를 ‘’으로 쓰는 이외에 제7 · 19 · 22간에서는 모두 ‘’으로 쓰고 있다. 반면에 ‘而’자는 ‘’ ‘’(제2간)로 쓴다.

‘天’자는 일반적으로 아래 두 획이 바깥쪽으로 향하고 있는 반면, ‘而’자는 안쪽으로 향하고 있다. 그러나 ‘天保’ 중의 ‘’은 바깥쪽을 향하지 않고 있다. 따라서 형태상으로 ‘天’자와 ‘而’자의 구별은 쉽지 않다.

본 죽간은 『小雅』를 평하고 있기 때문에, ‘’자는 ‘而’자를 ‘天’자로 잘못 쓴 것이고, 『黃鳥』은 『小雅 · 鴻雁之什』의 『黃鳥』로 해석하기로 한다.

ⓘ ‘忞’ : ‘忞’자는 聲符가 ‘方’이며 ‘毁謗’의 ‘謗’이나 ‘妨’과 통한다. “多恥者丌(其)忞之虐(乎)”는 “수치심을 많이 느꼈다는 것은 곧 마음의 상처를 받았기 때문이 아니겠는가”이다.

ⓙ ‘䓨=(䓨䓨)者莪’ : ‘’(䓨)’자는 字件 ‘缶’와 ‘靑’으로 이루어진 형성자로 ‘菁(우거질 청{부추꽃 정}, jīng)’과 통한다. 『䓨=(䓨䓨)者莪』는 『小雅 · 南有嘉魚之什』 중의 『菁菁者莪』이다. 손님을 맞이하여 잔치를 여는 즐거움을 노래한 시이다.

---

8 李零, 『上博楚簡校讀記』(2002), 19쪽.

9 李零, 『上博楚簡校讀記』(2002), 19쪽.

ⓚ ‘㠯(以)人𦉥(益)’ : 『說文解字』는 ‘嗌(嗌)’자의 籒文을 ‘𦉥’으로 쓰고, “𦉥, 籒文嗌上象口, 下象頸脈理也(‘嗌’자의 籒文 ‘𦉥’자는 윗부분은 ‘口’이고 아랫부분은 목덜미 부분의 혈맥 모양이다)”라고 설명하고 있다. ‘𦉥’은 ‘嗌’자의 초기 형태이다. 『郭店楚簡 · 性自命出』은 ‘𦉥’으로 쓴다. “㠯(以)人𦉥(益)”은 “사람으로 인하여 복을 맞이하다”는 의미이다.

ⓛ ‘棠=(棠棠)者芋’ : 『整理本』에서는 본 죽간을 단독적인 내용으로 보고 제10간에 『邦風』을 배열하고 있다. 『棠=(棠棠)者芋』는 『小雅 · 甫田之什 · 堂堂者華』이다. ‘棠’자는 ‘裳’의 통가자이고, ‘芋’자는 ‘華’의 통가자로 쓰고 있다. 『說文解字』는 ‘堂(堂)’자에 대하여 “殿也. 從土尙聲. 坣古文堂, 𩫖籒文堂從高省(‘집’의 의미. ‘土’와 ‘尙’聲으로 이루어진 형성자. ‘堂’자의 고문은 ‘坣’으로 쓰고, 籒文은 ‘高’의 일부가 생략된 字件을 써서 ‘𩫖’으로 쓴다)”라고 설명하고 있다. ‘棠’자는 意符가 ‘示’이고 聲符는 ‘尙’이며, ‘堂’과 통한다.

胡平生은 『讀上博藏戰國楚竹書詩論劄記』에서 “芋, 當爲‘華’之假借字, 幷非詩句之本義字. 芋, 從于得聲, 上古音爲匣母魚部字. 華, 朱駿聲『說文通訓定聲』, 段玉裁注皆說‘雩亦聲’. ‘華’從雩得聲. 雩, 『說文』: ‘艸木華也, 從𠂹, 亏聲.’ ‘華’, 上古音亦爲匣母魚部字. 是簡文作‘芋’者, 乃‘華’(今通作花)字之同音通假(‘芋’자는 ‘華’의 가차자로 쓰이고, ‘芋’의 본래 의미로 쓰이지 않았다. ‘芋’자의 소리부분은 ‘于(亏)’로서, 上古音은 聲母가 ‘匣’이고 韻部는 ‘魚’에 속하는 자이다. 朱駿聲의 『說文通訓定聲』과 段玉裁『注』는 ‘華’자의 字件 ‘雩’는 뜻과 음을 동시에 표시한다(亦聲)라고 설명하고 있다. ‘華’자의 聲符는 ‘雩’이다. 『說文解字』는 ‘雩’자에 대하여 ‘초목이 화사하다’의 의미로, ‘雩’자는 ‘𠂹’와 ‘亏(于)’聲으로 이루어진 형성자’라고 설명하였다. ‘華’자의 上古音은 성모가 ‘匣’이고 韻部가 ‘魚’이다. 따라서 죽간의 ‘芋’자는 ‘華’(지금은 ‘花’자)자와 동음이기 때문에 통가자로 쓰인다)”라고 설명하고 있다.[10]

10 簡帛硏究 인터넷 사이트, 2002년 6월 4일.

邦風 第10簡

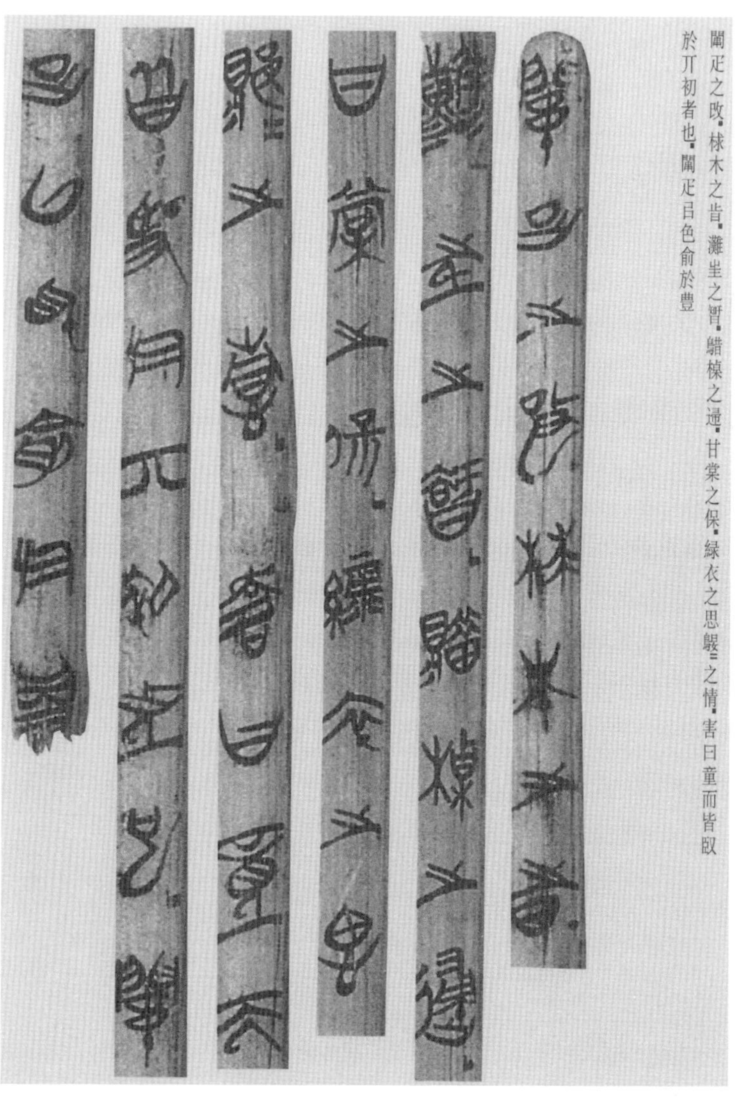

闗疋之改▪ 梂木之怾▪ 灘圭之智▪ 鵲樔之逯▪ 甘棠之保▪ 綠衣之思▪ 鰇=之情▪ 害曰童而皆臤
於丌初者也▪ 闗疋㠯色俞於豊

閳(關)疋[1][a]之攺(怡)[2][b] ■, 梂木[3]之旹(時)[4][c] ■, 灘峑[5][d]之智(智)[6] ■, 鵲棣[7]之逯(歸)[8][e] ■, 甘棠[f]之保(褒)[9] ■, 綠衣[10][g]之思[11], 鶠=(鶠鶠)[12][h]之情■. 害曰童[i]而皆臤於丌(其)初者也■. 『閳(關)疋』㠯(以)色俞(喩)[j]於豊(禮)[13]

『校讀記』

『關雎』之改, 『樛木』之時, 『漢廣』之智, 『鵲巢』之歸, 『甘棠』之褒; 『綠衣』之思, 『燕燕』之情, 曷曰動而皆賢于其初者也? 『關雎』以色喩於禮, [□□□□□□□□□□]

해석

『關雎』는 남녀 애정이 禮義로 전환됨을 말하고, 『樛木』은 時運에 대하여, 『漢廣』은 지혜에 관하여, 『鵲巢』는 여인의 시집감을, 『甘棠』은 稱頌에 관한 내용이고, 『綠衣』는 생각에 관하여, 『燕燕』은 정에 관한 내용이다. 이들 모두는 결국 처음보다 결과가 좋다고 말할 수 있다. 『關雎』는 남녀애정을 통하여 예의범절을 깨닫게 하고 있다.

上博楚簡原註

죽간의 길이는 46㎝이다. 상단은 타원형의 완전한 형태이고, 하단은 파손되었다. 문자는 모두 46자로, 이 중에 重文이 한 자있다.

① '關(關)疋' : '關(關)疋'는 현행본 『詩·國風·周南』의 『關雎』이다. '關'자는 字件 '門'과 '串'으로 이루어진 자이며, 聲符는 '串'이다. 『秦猷䤸』는 '關'자를 '開'으로 쓰고, 『鄂君啓舟節』은 簡文과 동일한 형태인 '關'으로 쓰고 있다.[1] 이러한 형태는 아마도 초나라에서 유행했던 것으로 보인다.

'雎'자와 '疋'자는 韻部가 같고, 聲母는 쌍성관계이다. 金文 『免簋』·『司晨鼎 』·『師兌簋』의 명문에는 기물 주인에게 다른 관직자를 '疋'하도록 책명을 내리는 내용이 있는데, '疋'자는 '胥'자로 읽어야 하고 '돕다'라는 뜻으로 해석하여야 한다.

'疋(발 소, shū)'는 '足'자와 같은 자로 모두 『說文解字』에 수록되어 있다. 현행본에서는 이 자를 '雎(물수리 저, jū)'로 쓴다. '疋'자를 '足'으로 읽어도 된다.

② '攺' : '攺'자는 '改'자와 같은 자가 아니다. '攺'자는 字件 '攴'과 '巳'로 이루어진 자이고, 字件 '又'와 '巳'로 쓰기도 한다. 『說文解字』는 "攺, 毅攺, 大剛卯目逐鬼鬽也. 從攴, 巳聲. 讀若巳('攺(역귀 쫓을 이)'는 '毅攺(大剛卯, 正月 卯日에 만들어 몸에 지니고 다니는 避邪物)'의 의미이다. 大剛卯는 나쁜 귀신을 물리치기 위해 몸에 부착하는 물건이다. '攴'과 '巳'聲으로 이루어진 형성자. 음은 '巳'와 비슷하다)"라고 설명하고 있고, 段玉裁는 "余止切. 一本作古亥, 非(반절음은 '余止'이다. 이 자의 반절음을 '古亥'라고 주장하기도 하나 이는 잘못된 것이다)"라고 설명하고 있다. 만약에 '古亥'의 음으로 읽는다면 '改'자와 음이 같다. 만약에 簡文에서 '改'로 해석하면 의미가 통하지 않는다. 따라서 이 자는 음이 '巳'인 '攺'의 가차자이다. 『關雎』는 新婚을 축하하는 시이다. 그래서 이 자는 '怡(기쁠 이. yí)'의 의미로 쓰이고 있다. '怡'자와 '攺'자의 음은 쌍성첩운(雙聲疊韻) 관계이다. 『說文解字』는 '怡'자를 '和也(화합하다)'로 풀이하고 있고, 『爾雅·釋詁』는 '樂(기쁨)'으로 설명하고 있다. 『玉篇』 또한 '悅也'로 풀이하고 있다. '怡'는 신혼자의 기쁜

1 『秦猷䤸』는 '開'으로 쓰고, 『鄂君啓舟節』 '關'으로 쓴다. 『金文編』, '1914 關'(770쪽) 참고.

마음 상태를 표현하고 있다.

③ '梂木' : '梂木'은 현행본 『詩 · 國風 · 周南』 중의 한 편 『樛木』이다. 『說文解字』는 "梂, 櫟實, 一曰鑿首. 從木, 求聲('梂'자는 상수리 나무의 열매이다. 일명 鑿首(끌의 손잡이)라고도 한다. '木'과 '求'聲으로 이루어진 형성자)"라고 설명하였다. '梂(도토리받침 구, qiú,jū,jú)'자와 '樛(휠 규, jiū)'자는 같은 韻部로 음이 비슷하다.

④ '旹' : '旹'자는 '時'자의 고문이다. '旹'자에 대하여 『說文解字』는 "旹, 古文時, 從日之作('旹'자는 '時'의 古文이다. '日'과 '之'로 이루어진 자이다)"라고 설명하고 있다. 『樛木』이 "樂只君子(즐겁다. 우리 님이여)"의 구절을 세 차례 반복하고 있는 것으로 보아, '時'자는 '持(지속되다, 유지하다)'의 의미로 쓰이고 있다.

⑤ '灘㞷' : '灘㞷'은 현행본 『詩 · 國風 · 周南』의 『漢廣』이다. '灘'은 '隹'와 '漢'으로 이루어져 있다. '㞷'자는 '往'자의 聲符이다.[2] 따라서 '廣'과 '㞷'자의 음은 음전(音轉)관계이다.

⑥ '𥏼' : '𥏼'는 간문에서 일반적으로 '智'나 '知'의 의미로 쓰인다.

⑦ '鵲棹' : '鵲棹'는 현행본 『詩 · 國風 · 周南』의 『鵲巢』이다. '棹'자는 『說文解字』에 보이지 않는다. '棹'자 중 '桌'은 '卓'자를 복잡하게 쓴 형태이며, 聲符에 해당된다. 『善夫山鼎』의 '䵼'자와 『蔡姞簋』의 '䵼'자는 字件 '卓'을 '' · ''으로 쓰는데, 윗부분이 비슷하다.

⑧ '𨗈' : '𨗈'자는 '歸'의 古文이다. 초간에서는 '歸'를 일반적으로 字件 '辵'으로 쓴다. 예를 들어, 『包山楚簡』의 '2.43' · '2.22' · '2.67'과 '2.218' 여덟 곳에 이렇게 쓰고 있다.[3] '歸'는 '嫁(시집가다)'의 의미로 쓰이고 있다. 『易 · 泰』의 "帝乙歸妹(제을 왕이 누이를 시집보내다)"와 『詩 · 葛覃』의 "言告言歸(시집감을 알려주다)" 구절 중의 '歸'자는 모두 여자가 남자에게 시

---

2 『說文解字』는 '𢓊(往)'자에 대하여 "之也. 從彳㞷聲('가다'의 의미. '彳'과 '㞷'聲로 이루어진 형성자)"라고 설명하고 있다.

3 『包山楚簡』은 '歸'자를 '𨗈'로 쓴다. 『楚系簡帛文字編(增訂本)』, 129쪽.

집가다의 의미이다.

⑨ '保' : '保'자는 『甘棠』의 내용을 가리킨다. 鄭玄은 현행본 『詩 · 國風 · 召南 · 甘棠』에 대하여 "召伯聽男女之訟, 不重煩勞百姓, 止舍小棠之下而聽斷焉. 國人被其德, 說其化, 思其人. 敬其樹(召伯은 男女가 노래하는 것을 듣고, 다시는 백성이 괴롭고 힘들지 않게 하기 위해 팥배나무 아래 머무르면서 그들의 하소연을 들었다. 나라 백성들이 그 덕에 교화되었기에, 그 사람을 그리워하고, 그 나무를 존경하였다)"라고 설명하고 있다. 詩句 중에 "勿翦勿伐(자르지도 베지도 마라)" · "勿翦勿敗(자르지도 꺾지도 말라)" · "勿翦勿拜(拔)(자르지도 휘지도 말라)" 등의 구절은 召伯의 덕을 찬미한 것이다. '保'는 召伯을 칭송한다는 의미이기 때문에 '褒(기릴 포, bāo)'의 뜻이다.

⑩ '綠衣' : '綠衣'는 현행본 『詩 · 國風 · 召南 · 邶風』 중의 『綠衣』이다.

⑪ '思' : '思'자는 『綠衣』 내용 속에 있다. 詩 중에 "心之憂矣, 曷維其亡(마음의 시름이여, 언제나 없어지려나)" · "我思古人, 實獲我心(내가 옛사람을 생각하노니 정말로 내 마음 잡아주네)" 등의 구절은 '思'의 주요 요지이다.

⑫ '鴳=' : 『鴳=(鴳鴳)』은 현행본 『國風 · 召南 · 邶風』의 『燕燕』이다. '鴳'자는 意符 '鳥'와 聲符 '晏'으로 이루어진 형성자이다. 이 자는 『說文解字』에 보이지 않는다.

⑬ '閶疋㠯色兪於豊' : '閶疋㠯色兪於豊'는 "關疋以色喩於禮(『關雎』는 남녀의 애정을 통하여 예의범절을 깨닫다)"의 의미이다. '色'은 '요조숙녀(窈窕淑女)'의 뜻이고, 폄하하는 뜻으로 쓰인 것이 아니다. 『史記 · 屈原列傳』이 "國風好色而不淫(國風은 여자를 좋아하지만, 음탕하지는 않다)"라고 했듯이, '好色'하지만 예의에 어긋나지는 않는다. "以色喩於禮(남녀의 애정을 통하여 예의범절을 깨닫다)"라는 평어는 좀 더 구체적인 표현이면서 또한 적절한 표현이다.

'兪'자는 '喩(깨우칠 유, yù)'의 의미로, 『論語 · 里仁』의 "君子喩於義, 小人喩於利(군자는 義를 알고, 소인은 利만을 안다)" 중의 '喩'자와 같은 의미다.

공자는 직접적으로 "䦘疋以色(『關雎』는 남녀의 애정으로써)"이나 "喩於禮(예의범절을 깨닫다)"라고 했다. 만약에 '兪'를 '逾(벗어나다)'로 해석한다면, 시의 主旨와 맞지 않다.

그러나 『小序』의 논점은 공자의 논점과는 다르다.

『關疋』는 이 죽간에 처음으로 나타났다. 『關疋』에서 『鶻鶻』까지는 『周南』에서 『北風』까지의 시편이다. 그러나 『毛詩』의 작품 순서와는 다르다. 이와 같은 체제형식으로 평론하는 죽간은 모두 일곱 개로 같은 시편을 반복적으로 평하는 형식을 취하고 있다.

예를 들어, 처음에 매우 간단하게 '攺'·'時'·'智'·'逩'·'保'·'思'·'情'과 같이 한 자로 평하고, 다음에는 다시 점점 보충 추가하는 식으로 설명의 농도를 높이고 있다. 이러한 방법은 유도적이고 啓發적인 효과를 가져다 줄 수 있다. 『詩經』의 이러한 講述방식은 이전에 없었다.

譯註說明

제10간에서는 『詩經·國風』의 『關雎』·『樛木』·『漢廣』·『鵲巢』·『甘棠』·『綠衣』·『燕燕』 등 일곱 편으로 각 편의 특징과 要旨에 대하여 서술하고 있다. 邦風(國風)에 관한 내용이기 때문에, 李學勤은 이 간을 『孔子詩論』의 제일 첫 부분인 제1장으로 보고 있고, 李零은 제16간과 연결하여 보고 있다.[4]

ⓐ '䦘(關)疋':'䦘'자의 聲符는 '串'이다. 聲符가 '𢆶(guān)'인 '關'자와 같

4 李學勤, 『詩論的體裁和作者』(2002), 58쪽. 李零, 『上博楚簡交讀記』(2002), 10쪽 참고.

은 자이다. 『鄂君啓節』과 『馬王堆帛書·老子』도 ''으로 쓰고 있다. 『包山楚簡』은 ''으로 『上博楚簡·容成氏』는 ''으로 쓴다.[5]

『整理本』에서는 '雎'와 '疋'는 "音近通用, 同部雙聲(음이 비슷하기 때문에 통용된다. 음 관계는 쌍성이다)"라고 설명하고 있다.[6] '疋(shū)'는 '足'자의 이체자이며, '疏'자와 古今字의 관계이다. 이 자는 또한 '雅'자와 韻이 서로 통하기 때문에 '雅'의 가차자로 쓰이기도 한다.[7] 『說文解字』는 '(疋)'자에 대하여 "足也. 上象腓腸, 下從止. 『弟子職』曰:問疋何止. 古文以爲『詩·大疋』字. 亦以爲足字. 或曰胥字. 一曰疋, 記也('발(足)'의 의미. 윗부분은 장딴지이고, 아랫부분은 발가락을 형상화하고 있다. 『管子·弟子職』은 '발을 어디에 놓을까요?'라 했다. 古文에서는 『詩·大疋』의 '疋(雅)'자의 가차자로 쓰이며, '足'자나 혹은 '胥'자로 쓰기도 한다. '疋'에는 '기록하다'는 의미도 있다)"라고 설명하고, 음은 '所菹切'이다.

ⓑ '攺(怡)':『整理本』에서는 ''자를 '攺'로 예정(隸定)하고 '怡'의 의미로 해석하고 있다. 이외에도 이 자를 '改'·'妃'·'逑'·'施' 등으로 해석하기도 한다. 『孔子詩論』 제12간에서는 ''로 쓴다. 고문자의 字件 중 '巳'·'已'와 '己'는 서로 구별 없이 쓰기 때문에 '攺'자는 곧 '改'이다. 『郭店楚簡』의 『緇衣』와 『尊德義』는 '改'를 '巳'와 '攴'으로 써서 ''·''로 쓰고, 『上博楚簡·從政乙』은 ''로 쓰고 '改'의 의미로 쓰이고 있다.[8] 李守奎의 『上海博物館藏戰國楚竹書(一-五)文字編』는 '改'자 항목에서 『孔子詩論』 제10간의 ''자와 『紂衣』 제1간의 '' 등을 수록하고 "以上攺字皆讀爲改(이상의 '攺'자는 모두 '改'의 의미이다)"라고 설명하고, '攺'자 항목에서 『上博楚簡·周易』의 ''·''자를 수록하고 "簡文改日, 今

5 滕壬生, 『楚系簡帛文字編(增訂本)』, 994쪽.

6 馬承源, 『整理本』, 139쪽 참고.

7 湯可敬, 『說文解字今釋』, 300쪽 참고.

8 滕壬生, 『楚系簡帛文字編(增訂本)』, 313쪽 참고.

本作巳日. 在此兩例, 楚文字中之攺字皆讀爲改, 疑爲同形字(『上博楚簡・周易』의 '改日'을 현행본은 '巳日'로 쓴다. 두 곳에서 '改日'을 '巳日'로 쓰는 이외에 楚竹書에서 '攺'는 모두 '改'자의 의미로 쓴다. 이 두 자가 같은 자가 아닌가 한다)"라고 설명하고 있다.[9]

본 문장도 '改'의 의미로 해석하기로 한다. 『詩經・關雎』는 "以好色之願"에서 "反納於禮"로 바뀜을 말하는 것으로, 남녀 관계가 禮義로 전환된다는 내용이다.

ⓒ '旹(時)' : 『說文解字』는 '時(時)'자에 대하여 "四時也. 從日, 寺聲. 旹(旹), 古文時, 從之(時는 四時의 의미이다. '日'과 '寺'聲으로 이루어진 형성자. 고문은 字件이 '之'인 '旹(旹)'로 쓴다)"라고 하고 있다. 『整理本』은 『樛木』의 구절 "樂只君子" 등을 고려하여 '持'의 의미로 해석하여야하지 않을까라고 추측하고 있다. 李零은 "時, 應指遇其時, 運氣好"라고 풀이하고 있다.[10] 『樛木』의 내용이 군자의 복록을 읊은 시이기 때문에 時運과 관계가 깊어 原簡 그대로 '時'의 의미로 해석하기로 한다. '旹(時)'자 다음에 『整理本』에서는 문장부호가 없는 것으로 보고 있으나, 원 죽간에는 문장부호가 있기 때문에, 문장부호 '▄'을 표시하기로 한다.

ⓓ '灘㞷' : '灘㞷'은 『國風・周南・漢廣』을 가리킨다. '灘'자는 '漢'과 '隹'로 이루어진 자이기 때문에 '漢'과 통한다. 『說文解字』는 '㞷(㞷)'자에 대하여 "艸木妄生也. 從之在土上. 讀若皇('초목이 무성하게 자라다'의 의미. '之'가 '土' 위에 있는 형상이다. 음은 '皇'과 같다"라고 설명하고, '徃(往)'자에 대해서는 "徃, 之也. 從彳, 㞷聲. 徃, 古文從辵(往은 가다의 의미이다. '彳'과 '㞷'聲으로 이루어진 형성자. '徃'은 '往'의 고문자로 意符가 '辵'이다)"라고 설명하고 있다. 초간 '㞷(㞷)'은 '往'자의 聲符와 같다. 『郭店楚簡』에서는 '徃'자와 같이 字件 '彳'이나 '辵'을 추가하여 '㞷'(『老子甲』)・'㞷'(『尊德義』)으로도 쓴다.[11]

---

9 李守奎, 『上海博物館藏戰國楚竹書(一-五)文字編』, 168과 174쪽 참고.

10 李零, 『上博楚簡交讀記』(2002), 12쪽.

『漢廣』은 여인을 사랑할 수 없음을 漢水가 넓어 건너갈 수 없음으로 표현하고 있다. 여인과 사랑할 수 없음을 알고 구차하게 구하지 않으며, 불가능한 일은 하지 않는다는 것을 앎(智)으로 나타내고 있다.

ⓔ '鵲棟之逯(歸)':『鵲棟』은 『國風·周南·鵲巢』이다. '棟'과 '巢'는 음이 서로 통한다. 초간에서는 '歸'자를 '逯'로 자주 쓴다. '逯'는 여인이 시집감을 나타낸다.

초간에서 '歸'자는 ''(『江陵天星觀』)·''(『包山楚簡』)·''(『新蔡葛陵楚墓』)·''(『郭店楚簡·尊德義』)·''(『郭店楚簡·語叢一』)·''(『望山楚簡』) 등으로도 쓴다.

ⓕ '甘棠':『甘棠』은 『召南·甘棠』을 가리킨다. '保'자는 '褒' 혹은 '服' 혹은 '報' 등 다양하게 해석한다. 『整理本』에서는 『甘棠』의 내용이 "美召伯(召伯을 찬양하다)"이기 때문에 '褒'의 의미로 해석하여야한다고 주장하고 있다. 召伯 즉 召穆公을 기리는 내용이기 때문에 『整理本』의 견해를 따르기로 한다.

ⓖ '綠衣':『綠衣』는 『國風·召南·邶風』의 『綠衣』를 가리킨다. 내용 중에 "我思古人, 實獲我心(내가 옛사람을 생각하노니 정말로 확실히 내 마음 붙잡아 놓네)"라는 구절이 '思'와 밀접한 관계가 있다. 이 시는 옛 사람을 생각하며 지은 시이다. 『毛詩序』는 "衛庄姜傷己也. 妾上僭, 夫人失位而作是詩也(衛나라 '莊姜(衛莊公의 부인으로 齊나라 제후의 딸)'이 자기 자신을 슬퍼한 시이다. '妾(莊公의 첩으로 곧 州吁의 어머니)'이 남편의 총애를 받아 부인이 자기의 자리를 잃고 이 시를 지은 것이다)"라고 하였다. 妾이 누구인지 확실히 알 수 없으나, 이 시는 옛 사람을 그리워하는 내용이다.

ⓗ '䁐':'䁐'자는 聲符가 '妟'이며, '燕'과 통한다. 『燕燕』은 형제간의 우애를 노래한 시다. 따라서 '情'자로써 이 시편을 총평하고 있다.

ⓘ '害曰童':'害曰童' 중의 '害'자를 『整理本』에서는 뒷 구절과 연결하여 해석하고 있으나, 李學勤은 앞 구절과 연결하여, '害(何)?'의 의미로

11　滕壬生, 『楚系簡帛文字編(增訂本)』, 180쪽.

해석하고 하고 있다.[12] 그러나 '該'자 바로 앞에 부호 'ㅢ'가 있는 것으로 보아 '何'라고 해석할 가능성은 적다. 여기에서의 '害'는 發語詞인 '蓋'의 의미로 쓰여, '蓋曰終而皆賢於其初者也(결국 이들은 모두 처음보다 결과가 좋다고 말할 수 있다)'로 해석할 수 있다. '童'자를 '動'이나 '重' 등으로 해석하기도 하나, 앞에서 언급한 '改'·'時'·'智'·'歸'·'保'·'思'·'情' 등에 대한 총괄적 개념으로, '初'자와 대립적인 개념으로 이해하여 '終'으로 해석하기로 한다.

ⓙ '俞(喩)':'俞'자를 '譬喩', '比喩'의 의미로 해석하기도 하나, 『史記』가 "國風好色而不淫(국풍은 남녀 간의 사랑을 읊은 시이나 음탕하지 않다)"라 평하였듯이, 『國風』에는 남녀 간의 애정과 남녀가 사랑을 하면서 상호 지켜야 할 禮節에 대한 깨달음이 담겨 있기 때문에 '인식하다'·'깨닫다'의 의미로 해석하기도 한다.

12 李學勤, 『詩論的體裁和作者』(2002), 58쪽.

第11簡

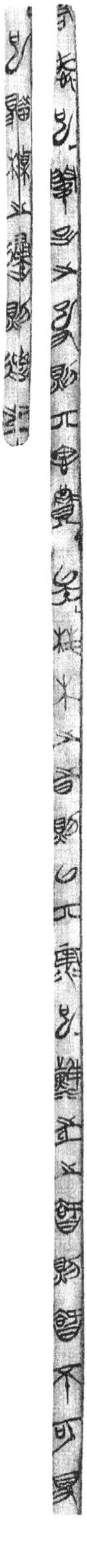

青(情)㤅(愛)①也[a] ▬. 闗(關)疋[b]之攺(怡), 則丌(其)思賹[c]矣② ▬. 梂木之旹(時), 則㠯(以)丌(其)彔(祿)[d]也③ ▬. 灘生[e]之智(智), 則智(智)不可㝵(得)也④, 鵲楳之逯(歸), 則𢕌[f]者 ……

『校讀記』

[□□□□□□□□□□□□□□□□]情愛也. 『關雎』之改, 則其思益矣. 『樛木』之時, 則以其祿也; 『漢廣』之智, 則知不可得也; 『鵲巢』之歸, 則離者

해석

(『燕燕』) 情은 애정에서 비롯된 것이다. 『關雎』의 전환은 작가의 생각이 풍부함을 말하는 것이고, 『樛木』의 時運은 군자가 福祿을 얻을 수 있는 운수에 관한 것이고, 『漢廣』의 지혜는 얻을 수 없는 것을 아는 것이고, 『鵲巢』의 혼인은 곧 이별하는 자가 (멀리 멀어져 있음을 말하는 것이다).

上博楚簡原註

본 죽간의 길이는 38.1㎝이다. 상단은 파손되었고, 하단은 타원의 완전한 형태다. 문자는 모두 38자이다.

① '靑蟋' : '靑蟋'는 '情愛'의 의미이다. '靑'자는 '情'자와 통한다. '蟋'자는 '虫'과 '炁'로 이루어진 자이다. 이 자는 『說文解字』에 보이지 않는다. 이 자는 '愛'자와 같은 자인 '㤅'의 가차자로 쓰이고 있다. 字件 '炁'는 '㤅'자의 聲符이다.

『說文解字』는 '㤅'자에 대하여 '惠也('은혜'의 의미)'라고 설명하고 있다. "情愛也(情은 애정에서 비롯된 것이다)"의 구절은 이 앞 시에 대한 평어이다. 즉 『鶪鶪』에 대한 내용의 일부분이다. "燕燕於飛, 差池其羽, 之子於歸, 遠送於野, 瞻望弗及, 泣涕如雨(제비들은 펄펄 앞서거니 뒤서거니 하며 누이 시집가는데 멀리 들에서 전송하는데, 바라봐도 보이지 않으니 눈물이 비 오는 듯하네)"의 내용이 『燕燕』의 요지이며, 멀리 시집보내는 자의 정감을 읊고 있다.

② '丌思賹矣' : '賹'자는 '貝'와 '莽'으로 이루어져 있다. '莽'은 '益'의 고문자이며, 字件 '貝'를 추가하여 '賹'으로 쓴다. "求之不得, 寤寐思服. 悠哉悠哉, 輾轉反側(그리워도 얻지 못해 자나 깨나 생각노니, 그리움은 가이없어 이리 뒤척 저리 뒤척)"의 구절이 『關疋』에서의 그리움을 표현하는 내용이다.

③ '曰丌彔也' : '彔'은 '祿'의 의미이다. 『樛木』은 "樂只君子, 福履綏之(즐겁다 우리 님이여, 복록에 편안하네)", "福履將之(즐겁다 우리 님이여, 복록이 도와주네)", "福履成之(즐겁다 우리 님이여, 복록을 이루었네)"라고 읊고 있다. 『說文解字』는 "祿, 福也('祿'은 '복록'의 의미)"라고 설명하고 있는데, 『爾雅·釋詁』도 이와 같이 설명하고 있다. 『詩·大雅·旣醉』의 "其胤維何? 天被爾祿(그의 자손은 어떠한가? 하늘로부터 천복을 누리네)" 구절에 대하여 毛亨은 "祿, 福也('祿'은 '복록의 의미'이다)"라고 설명하였다.

④ '智不可㝵也' : '智不可得也(얻을 수 없음을 아는 것이다)'의 의미이다. 『樛木』(譯註 : 『樛木』이 아니라, 『漢廣』이다)은 한강에서 노닐고 있는 여인이 사랑하는 사람을 기다리고 있으나, 한강과 江水가 너무 넓어, 사내는 강 건너에서 말과 망아지에게 풀만 먹이고, 물을 건너 올 수 없으니 시집을

갈 수 없다는 해학적인 민요이다. 이 시는 '智不可得(얻을 수 없음을 아는 것)'을 설명하고 있다.

⑤ '𨘢' : '[illegible](𨘢)'자는 '辵'과 '㐭'로 이루어진 자이다. 字件 '㐭'는 '叀'와 비슷한 형태이지만, 사실상 아니다. 簡文에서 '叀'자는 다른 형태로 쓴다. '㐭'자의 윗부분에 서로 교차된 획이 있어 '叀'자와는 다른 형태이고, 금문의 '𢡺'자와 형태가 비슷하다. 『井人妄鐘』과 『楚簋』 등에 이 자가 있다.[1] 따라서 이 자는 '𢡺'자로 추증된다. 『楚簋』 "𢡺揚天子丕顯休(천자의 현명함과 위대함을 찬양하고)" 구절 중 '𢡺揚'은 '對揚(찬양하다)'와 비슷한 뜻으로 쓰이고 있으며, 『𣪕簋』 "畯在位作𢡺在下(오래오래 왕위에 머무르며 천하의 짝이 되기를 기원하다)" 구절 중의 '作𢡺'는 '作配(…… 되다)'와 의미가 비슷하다. 또한 『詩 · 大雅 · 皇矣』에는 "帝作邦作對(상제는 나라를 세우시고, 나라를 잘 다스릴 수 있는 이를 찾았네)"라는 구절이 있는데, '作對(이에 어울리는 자)'는 '作配'의 의미와 같다. '𨘢'자는 簡文에서 '배필'의 의미이며, 배필은 곧 새색시를 가리키는 것으로 보인다.

譯註說明

ⓐ '靑(情)𢘓(愛)也' : 『整理本』 은 이 구절을 『鴡鴡(燕燕)』에 대한 評語의 殘簡으로 보고 있다. 李零은 단독적인 단락으로 보고 있는 반면,[2] 黃懷信은 학자들의 의견을 종합하여 제15간과 함께 『燕燕』에 대한 설명으로 보고 있다. "『鴡=(鴡鴡)』之情(『燕燕』의 情)"은 "愛也(애정)"라고 해석

1 『井人妄鐘』은 '𢡺'자를 '[illegible]'로 쓰고, 『楚簋』는 '[illegible]' · '[illegible]'로 쓴다. 『金文編』, '0649 [illegible]'(272쪽) 참고.

2 李零, 『上博楚簡交讀記』(2002), 10쪽.

할 수 있다. 『說文解字』에서는 '𢻳(愛)'를 "行皃. 從夊㤅聲('걸어가는 모습'. '夊'와 '㤅'聲으로 이루어진 형성자)"라고 설명하고 있다. 字件 '㤅'는 '[illegible]'자의 聲符와 같다.

ⓑ '閞(關)疋' : '閞(關)疋'는 『關雎』이다. '關雎之改, 則其思益矣'는 '『關雎』의 남녀의 사랑이 예의로 전환됨은 작가의 생각이 풍부함을 나타내는 것이다'라는 뜻이다.

ⓒ '[illegible]' : ''([illegible])'자는 '貝'와 '益'聲으로 이루어진 형성자로 '賹'자로 예정(隷定)할 수 있고, '溢'의 의미로 쓰이고 있다. '嗌'자를 『郭店楚簡』에서는 ''으로 쓴다. '[illegible]'자 중의 聲符와 같다. 이 자는 『孔子詩論』 제9간 참고.

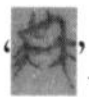

ⓓ '彔' : ''(彔)'자는 '祿'의 의미로 '福祿'의 뜻이다. 『樛木』의 "福履綏之(복록에 편안하네)" · "福履將之(복록이 도와주네)" · "福履成之(복록을 이루었네)" 등의 내용으로 보아, '時運'은 군자가 福祿을 얻는 내용을 설명한 것이다.

ⓔ '灘㞷' : '灘㞷'은 『漢廣』이다. 『漢廣』의 '智'는 詩의 내용으로 보아 "구한다고 반드시 얻을 수 있는 것이 아님"을 인식하는 내용을 설명한 것이다.

ⓕ '[illegible]' : ''자를 『整理本』에서는 '[illegible]'로 예정(隷定)하고, 금문을 참고하여 '疐'로 해석하여 '匹配' 즉 새색시를 의미한다고 풀이하고 있다. 그러나 이외에도 '麗' · '儷' · '蕩' · '遠' · '御'와 '離' 등으로 다양하게 해석하였다. 字形으로 보아, 意符 '辵'과 聲符 '離'로 이루어진 형성자가 아닌가 한다. 李守奎는 『上海博物館藏戰國楚竹書(一-五)文字編』의 '離'자 항목에 『孔子詩論』의 ''(제11간) · ''(제13간) · ''(제27간) 등을 수록하고 "離別之離('離別'의 '離'자이다)"라고 설명하였다.[3]

3 李守奎, 『上海博物館藏戰國楚竹書(一-五)文字編』, 93쪽.

『鵲巢』의 평어인 '歸'자는 시집가기 위해 멀어져 간다는 '離'의 뜻이다. 따라서 본문은 자형의 의미를 고려하여 '離'로 해석하기로 한다.

『「詩論」解義』는 제11간과 제16간이 연결되는 것으로 보고, '遠矣'를 '離者' 뒤에 보충하고 있다.[4] "鵲巢의 시집감은 떠나는 자가 멀리 멀어져 감을 말하는 것이다"라는 내용이다.

4 黃懷信, 『「詩論」解義』(2004), 37쪽.

第12簡

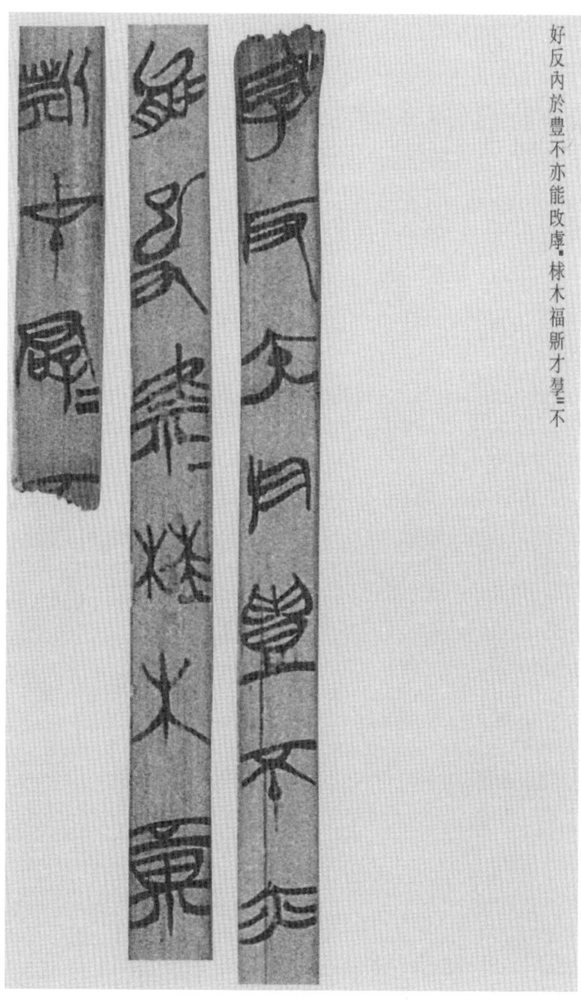

好[a], 反內(納)於豊(禮), 不亦能攺(怡)虖(乎)■? 『梂木』福斯(斯)[b]才孯=(君子)[1][c], 不

『校讀記』

[□□□□□□□□□□]好, 反納於禮, 不亦能改乎? 『樛木』福斯在君子, 不[□□□□□□□□□□□□□□□□□], 不亦□□乎? 『漢廣』□□□□□, 不]

해석

(『關雎』는) 혼인에 대한 즐거움이고, 이 즐거움을 통하여 '禮'를 표현하는 것인데, 이가 어찌 또한 전환이 아니겠는가? 『樛木』의 복록은 군자가 (때를 잘 만난 것이 아니던가?)

上博楚簡原註

죽간의 길이는 18.5㎝이다. 상하단이 모두 파손되었다. 문자는 모두 18자가 있으며, 그 중 합문은 1자이다.

앞부분 '不亦能攺乎'까지 십여 자는 『閽疋』에 관한 논평이다. 『梂木』을 평하는 구절에도 『閽疋』를 평한 형식과 같이 '不'를 사용하고 있다.

① '福斯在䘏=' : '斯'자는 '斤'과 '貝'로 이루어져 있으며, '斯'의 의미이다. 이 자는 '斯'의 변형이 아닌가 한다. '斯'의 字件 '其'는 '箕(키)'의 형태를 형상화한 것이다. 초간 중에는 '斯'를 '斯'의 형태로 쓴 예가 있다.

'䘏='는 '君子'의 합문이다. 『小序』가 『樛木』에 대하여 "后妃逮下也, 言能逮下而無嫉妒之心焉(『樛木』은 后妃의 恩德이 아래 사람에게 미침을 읊은 것이니, 恩德이 아랫사람들에게 미치고 질투하는 마음이 없음을 말한 것이다)"라고 평한 것은 곡해다. 『樛木』의 "樂只君子, 福履綏之(즐거워라 우리 님이여, 복록에 편안하네)", "福履將之(복록이 도와주네)", "福履成之(즐거워라 우리 님이여, 복록을 이루었네)" 구절로 보아, 공자가 평론한 "福斯在君子(복록은 군자가……)"는 이 시의 요지를 잘 표현하고 있다.

譯註說明

이 죽간을 李零은 제10간과 연결하여 '[□□□□□□□□□□]好, 反納於禮, 不亦能改乎? 『梂木』福斯在君子, 不[□□□□□□□□□□□□□□□□□□]不亦, □□乎? 『漢廣』□□□□□, 不]'로 이해하고 있는 반면,[1] 廖名春 등은 제14간과 연결하여 『關雎』의 해석으로 보고 있다.[2] 제12간이 『樛木』에 관한 설명이고, 제13간이 『鵲巢』에 관한 것으로 보아, 제12간의 앞부분이 『關雎』의 내용일 가능성이 높기 때문에 14간의 내용과 연결하여 이해하기로 한다.

ⓐ '好' : '好'는 혼인에 대한 즐거움이고, 이 즐거움을 통하여 '禮'를 표

1 李零, 『上博楚簡交讀記』(2002), 11쪽.

2 廖名春, 『上博「詩論」簡的形制和編連』, 『簡帛研究』 인터넷사이트.

현하는 것이다.

ⓑ '𣪘斤(斯)' : '𣪘斤(斯)'자는 '斯'자의 변형된 형태이다. 『樛木』편 중의 군자의 福祿은 '時運과 밀접한 관련이 있는 것이 아닌가'라는 내용이다. 『郭店楚簡』에서 『性自命出』과 『語叢三』 '斯'를 '[illegible]' · '[illegible]'로 쓰고, 『性情論』에서는 '[illegible]'로 쓴다.[3]

ⓒ '𡈼=(君子)' : '(𡈼=)'는 '君子'의 합문이다. 字件 '口'를 생략하고 '𡈼='로 쓰기도 한다. 『郭店楚簡』 『忠信之道』에서는 '[illegible]'로, 『性自命出』에서는 '[illegible]'로 쓴다.[4]

3 張守中, 『郭店楚簡文字編』, 190쪽 참고.
4 張守中, 『郭店楚簡文字編』, 202쪽 참고.

第13簡

可㝵(得), 不㚘[①ⓐ]不可能, 不亦䛏(智)亘(恒)[ⓑ]虐(乎)[ⓒ] ▄? 鵲棣出㠯(以)百兩[②ⓓ], 不亦又徸[ⓔ]虗(乎)▄? 甘[ⓕ]

『校讀記』

[求不]可得, 不窮不可能, 不亦知恒乎? 『鵲棣』出以百兩, 不亦有離乎? 曰 : [□□□□□□□□□□□□□□□□□□□□□□□□□□□□□□]

해석

(『漢廣』은) 사내가 맺어질 수 없는 여인을 탐하지 않으며, 가능치 않은 일을 무리하게 하지 않는 내용인데, 이는 바로 일반적인 경우를 아는 것이 아니겠는가? 『鵲巢』의 많은 수레가 시집가는 사람을 맞이한다는 것 또한 부모의 집을 멀리 떠나간다는 것이 아니겠는가? 『甘棠』은

上博楚簡原註

죽간의 길이는 23.7㎝이며, 상하단이 모두 파손되었다. 문자는 24자가 있다.

이 죽간의 형식과 앞 제12간의 문장 배열 형식이 같다. 앞부분 12자 중 '不亦智亘虐'는 『灘呈』의 '智'에 대한 평어이다. 다음은 『鵲棣』에 대

한 내용이며, 마지막 '甘'자는 『甘棠』을 가리킨다. 제12간과 제13간을 합하면 글자 수가 모두 41자이다. 제12간 『梂木』에 관한 '不……'의 설명 부분 중 네 자 정도가 파손되었고, 제13간의 앞부분은 두 자가 파손된 것으로 보인다. 제12간과 제13간은 서로 이어지는 연속간이며, 시 일곱 편을 두 번째 논평하고 있다.

① '𢀜' : '𢀜'자는 '又'와 '工'으로 이루어진 자인데, 아직 알 수 없다. 문장은 『灘𡸁』에 관한 내용이다.

② '出㠯百兩' : 『詩 · 國風 · 召南 · 鵲巢』의 "之子於歸, 百兩御之(아가씨 시집가는데 많은 수레로 마중가네)" 구절에 대하여 毛亨은 "百兩, 百乘也. 諸侯之子嫁於諸侯, 送御皆百乘('百兩'은 '百乘'의 의미이다. 諸侯의 자제가 제후에게 시집을 갈 때, 보내거나 혹은 마중을 할 때 모두 백 대의 수레로 하였다)"라고 설명하고 있다. '出以百兩(많은 수레로 시집가는 사람을 맞이한다)'는 양가 집안형편이 서로 맞음을 말한다.

이 두 간에서 詩學을 전수하는 방식은 같다. 예를 들어, 『闗疋』 이하 일곱 편을 '不亦能攺虖' · '不……' · '不亦智亘唐' · '不亦又徫虖'와 같은 형식을 사용하여 점차적으로 설명의 농도를 높이는 전수 방법은, 유도적이고 啓發적인 효과를 가져다 줄 수 있는 중요한 방식이다.

譯註說明

ⓐ '𢀜' : 『整理本』에서는 '(𢀜)'를 '待考(아직 알 수 없어 연구 중인 자)' 하고 있으나, 李零은 '窮'으로 해석하고 있고, 李學勤 등은 '功'으로 해석하고 있다.[1] 이 자는 字件 '又(手)'와 '工'聲으로 이루어진 형성자인 것 같

다. 따라서 '功'자와 통한다.[2] '功'은 현대 중국어로 '做(하다)'의 의미이다. 『漢廣』의 내용을 고려하여 '做'의 의미인 '功'으로 해석하기로 한다.

ⓑ '亘' : '(亘)'은 '恒'자와 같은 자이며, '常理'의 의미이다. 즉 일반적인 상식을 말한다. 『說文解字』는 '㮓(恒)'에 대하여 "常也. 從心從舟, 在二之閒上下. 心以舟施, 恆也. 死古文恆從月. 『詩』曰 : 如月之恆('항상'의 의미. '心'과 '舟'가 '二' 사이에서 상하로 항상 움직이는 모양을 나타낸다. 생각하는 마음이 배와 같이 끊임없이 배회함을 말한다. '死'자는 '恆'자의 고문으로 字件 '月'을 추가하여 쓴다. 『詩經』은 '달과 같이 영원하네'라 했다)"고 설명하고 있다.

ⓒ 이 구절은 『漢廣』에 관한 내용이다.

ⓓ '百兩' : 『鵲巢』 중의 '百兩'은 '百輛'으로 많은 수레를 의미한다.

ⓔ '徸' : '(徸)'자는 '離'의 의미로 쓰이고 있다. 제11簡 참고.

ⓕ '甘' : '(甘)'자는 『甘棠』을 가리킨다.

---

1 李學勤, 『詩論的體裁和作者』(2002), 58쪽. 李零, 『上博楚簡交讀記』(2002), 12쪽 참고.

2 李守奎는 『上海博物館藏戰國楚竹書(一-五)文字編』에서 "功字異體('功'字의 이체자이다)"라고 설명하고 있다.(156쪽)

第14簡

兩矣[1][a] ■, 丌(其)四章則愈(愉)矣[2] ■. 㠯(以)琴(琴)𤔡(瑟)[3][b]之敓(悅), 㤅[c]好色之忨[4], 㠯(以)鐘鼓之樂[5],

『校讀記』

兩矣, 其四章則逾矣. 以琴瑟之悅, 凝好色之願; 以鐘鼓之樂, [□□□□□□]

해석

(『鵲巢』는) 배우자의 수레에 대한 언급이고, (『關雎』) 제4장은 기쁨에 대한 언급이다. 琴瑟을 타는 기쁨으로 숙녀를 좋아하는 마음을 표현하고, 鐘鼓의 음악으로 (혼인의 즐거움을 나타내고 있다.)

上博楚簡原註

죽간의 길이는 24.5㎝이다. 상단은 타원형의 완전한 형태이고, 하단은 파손되었다. 문자는 23자가 있다.

이 죽간은 『鵲巢』에 대한 논평이고, 그 다음은 『關疋』에 관한 내용이다. 앞에서 논한 시편의 순서와는 다르지만, 문장의 내용으로 보면, 앞 죽간과 연관이 있다. 문장의 형식이 서로 달라, 앞에서 언급한 일곱 편과 동일한 형식으로 계속 이어지는 배열방식은 아니지만, 또 다른 형식으로 이들 시편을 논평하고 있다.

① '兩矣' : '百兩矣'의 일부분이다.

② '丌四章則俞矣' : '俞'는 '愉'의 뜻이다. 『關雎』는 모두 5장으로 되어 있다. 제3장의 "求之不得, 寤寐思服(그리워도 얻지 못해 자나 깨나 생각노니)"와 제4장의 "窈窕淑女, 琴瑟友之(금슬 좋게 벗하고픈 아리따운 아가씨 생각)"은 琴瑟관계가 좋음을 묘사하고 있다. "求之不得(그리워도 가까이 할 수 없네)"에서 제4장 "琴瑟友之. 鐘鼓樂之(금슬 좋게 벗하고 싶네. 풍악 울리며 즐기고 싶네)"까지는 기쁜 마음의 감정을 표현하고 있다.

③ '𤩴(琴)𤦪(瑟)' : '𤩴'자는 '琴'자와 같은 자다. '𤩴'은 '𤦪'과 '金'으로 이루어져 있다. 『汗簡』은 '鋻'으로 쓰고, 『玉篇』은 '䥆'·'鋻'으로 쓰고, 『集韻』에서 소개하고 있는 고문과도 같다. '𤦪'자는 다른 字書에는 보이지 않는다. 앞 구절에서는 '𤩴𤦪之悅(琴瑟을 타는 기쁨)'이라 하고, 아래 구절에서는 '鐘鼓之樂(鐘鼓의 음악으로)'라 하는 것으로 보아 '𤩴𤦪'은 '琴瑟'의 의미임을 알 수 있다. 『郭店楚墓竹簡』에서는 '鋻𥦗'로 쓰고 있다.

④ '㤅好色之忨' : '㤅好色之忨'의 의미이다. '㤅'자는 聲符가 '矣'이며, '嬉'의 의미이다. '嬉'와 '矣'자는 韻部가 같다. 張衡 『歸田賦』의 "追漁父以同嬉(어부와 즐거움을 함께 하고 싶네)" 중 '嬉'자는 '즐겁게 즐기다'의 의미와 같다.

'好色'은 '淑女'를 대상으로 하며, 좋지 않는 폄의(貶義) 뜻으로 쓰이는 것이 아니다. 제10간에서는 "閟疋以色喩於禮(『關雎』는 남녀 애정을 통하여 예의범절을 깨닫다)"라고 하였다.

'忨'은 곧 '忨(탐할 완, wàn)'자이다. 『說文解字』에서는 "忨, 貪也. 從心, 元聲. 『春秋傳』: 忨歲而潭日('忨'은 '탐욕(貪欲)'의 의미이다. '心'과 '元'聲으로 이루어진 형성자. 『春秋傳(左傳·昭公元年)』에서 "즐겁게 세월 즐기며, 짧은 인생 한탄하네")"라고 했다. '忨'은 '玩'과도 통한다. 『玉篇』은 '愛也'라고 설명하고 있다. 따라서 '忨'에는 '貪'과 '愛' 두 가지 의미가 있다.

⑤ '鐘鼓之樂' : '鐘鼓之樂'는 현행본 『詩 · 周南 · 關雎』의 "參差荇菜, 左右芼之. 窈窕淑女, 鍾鼓樂之(올망졸망 마름 풀을 이리저리 헤치며 고르노니, 풍악 울리며 즐기고픈 아리따운 아가씨들)"을 가리킨다.

譯註說明

『整理本』에서는 '兩矣'의 앞부분을 제13간과 연결시켜 『鵲巢』 '百輛'의 '輛'으로 보고 있다. 그러나 李零은 제10간과 연결시켜 『關雎』의 내용으로 보고 있다. 뒷부분 '四章'이라는 단어와 '琴瑟' · '好色' · '鐘鼓'란 시어가 있기 때문에 『關雎』에 대한 설명으로 보고 있다.

ⓐ '兩矣' : 일부 학자들은 '兩'을 '두 장'이라는 의미로 풀이하고, '㠯(以)⿱巫金(琴)⿱丌必(瑟)之敓(悅)'이 『關雎』의 제4장 "窈窕淑女, 琴瑟友之(금슬 좋게 벗하고픈 아리따운 아가씨 생각)"에 관한 언급이기 때문에, '兩矣'는 제3장 "求之不得, 寤寐思服(자나 깨나 그리는 아리따운 아가씨 생각)"에 관한 내용으로 보기도 한다. 즉 '兩'을 배우자의 의미인 '匹'로 해석하기도 한다.

ⓑ '⿱巫金(琴)⿱丌必(瑟)' : 『說文解字』에서 '琴'자의 篆書를 '珡(珡)'으로 쓰고 고문은 字件 '金'을 써서 '⿱珡金'으로 쓰며, '瑟'자의 篆書는 '⿱珡必'로 쓰고, 고문은 '⿱丌必'로 쓴다. '⿱巫金(⿱巫金)'자는 '金'聲과 '⿱丌必(⿱丌必)'로 이루어진 형성자다. '琴瑟'을 『郭店楚簡』에서는 '丌'를 생략하여 '⿰金必'로 쓴다.

ⓒ '敓(悅)⿱夻心' : 『整理本』에서는 '敓'자는 '悅'의 의미이며, '⿱夻心'자에 대해서는 '嬉'자로 해석하고 있다. 그러나 전후 문맥으로 보아 '琴瑟의 기쁨'으로 '숙녀를 사모하는 마음'을 표현하는 것이고, '鐘鼓의 즐거움'으로 혼

인의 기쁨을 표현하고 있기 때문에, '惫'를 '비유'의 의미인 '擬'의 뜻으로 해석하기로 한다. '(惫)'는 聲符가 '矣'이며, 聲符가 '疑'인 '擬'와 서로 통한다.

『楚系簡帛文字編(增訂本)』과 『上海博物館藏戰國楚竹書(一-五)文字編』은 ''자를 모두 '疑'자 항목에 수록하고, 『上海博物館藏戰國楚竹書(一-五)文字編』은 "疑字或體('疑'자의 이체자이다)"라고 설명하고 있다.[1] 『郭店楚簡·語叢』은 ''·''·''로 쓴다.[2]

ⓓ '忨' : '(忨)'자는 '心'과 '元'聲으로 이루어진 형성자로 '(忨)'과 같은 자이며 '願'과 통한다. 『說文解字』는 '忨'에 대하여 "貪也. 從心元聲. 『春秋傳』曰 : 忨歲而潵日('탐하다'의 의미. '心'과 '元'聲으로 이루어진 형성자. 『春秋左傳·昭公元年』은 '趙孟은 세월을 탐하고 날을 탐내여 허송세월을 보내다'라 했다)"고 설명했고, 음은 '五換切'이다. 현행본은 '忨'자를 '翫(놀 완, wán)'자로 쓰고 있다. 제19간에서는 윗부분에 횡획을 생략하고 ''으로 쓴다.

"鐘鼓之樂"은 『關雎』의 "參差荇菜, 左右芼之. 窈窕淑女, 鐘鼓樂之(올망졸망 마름 풀을 이리저리 헤치며 따노니, 금슬 좋게 벗하고픈 아리따운 아가씨 생각. 올망졸망 마름 풀을 이리저리 헤치며 고르노라니, 풍악 울리며 즐기고픈 아리따운 아가씨 생각)"을 가리킨다.

1 李守奎, 『上海博物館藏戰國楚竹書(一-五)文字編』, 499쪽. 滕壬生, 『楚系簡帛文字編(增訂本)』, 1227쪽.

2 張守中, 『郭店楚簡文字編』, 148쪽.

第15簡

及丌(其)人[①], 敬㤅(愛)丌(其)查(樹)[②], 丌(其)保(褒)[ⓐ]厚矣▬. 甘棠之㤅(愛)[ⓑ], 㠯(以)召公

『校讀記』

及其人, 敬愛其樹, 其褒厚矣. 『甘棠』之愛, 以召公[之□也; □□□□者]

해석

(『甘棠』은) 그 사람을 생각하여 그 사람과 관계가 있는 나무를 경애하는데, 어찌 그 보답이 도탑지 않겠는가! 감상(甘棠)에 애정을 가지는 것은 소공(召公)을 사모하고 있기 때문이다.

上博楚簡原註

본 간은 길이가 18.4㎝이며 상하단이 모두 파손되어 있고, 문자는 18자가 있다.

① '及丌人' : 이 죽간은 『甘棠』에 관한 내용이다. 따라서 "及其人(그 사람을 생각하다)"는 邵公을 가리킨다.

② '敬㤅丌查' : '敬㤅丌查'는 '敬愛其樹(나무를 경애하다)'의 의미이다.

'杏'자는 '樹'자로 즉 '甘棠'을 가리킨다. 현행본 『詩 · 國風 · 召南 · 甘棠』의 "蔽芾甘棠, 勿翦勿伐, 召伯所茇(싱싱한 팥배나무, 자르지도 베지도 말라. 소백님이 멈추신 곳이다)" 구절에 대하여 鄭玄은 "召伯聽男女之訟, 不重煩勞百姓, 止舍小棠之下而聽斷焉. 國人被其德, 說其化, 思其人. 敬其樹(召伯은 男女가 노래하는 것을 듣고, 다시는 백성이 괴롭고 힘들지 않도록 하기 위해 팥배나무 아래 머무르면서 그들의 하소연을 들었다. 나라 백성들이 그 덕망에 기꺼이 교화되었기에, 그 사람을 그리워하고, 그 나무를 존경하였다)"고 설명하고 있는데, '敬愛其樹(나무를 경애하다)'의 의미와 통한다.

제13간 마지막에 '甘'자는 『甘棠』을 가리키며, 竹簡에 파손된 부분이 있지만 『甘棠』에 관한 두 번째 평론이다.

동일한 한 죽간에서 11자를 사용하여 『鵲棣』를 평하고, 『灘䒑』은 12자로 평하고 있다. 본 죽간은 앞부분 파손된 문자를 포함하여 『甘棠』을 두 번째로 평론하고 있다.

'卲公' 뒤에 '也'자를 보충할 수 있으며, 이 죽간에는 약 20여 자가 있었을 것으로 보인다.

譯註說明

『整理本』에서는 이 시구가 『甘棠』에 대한 평이고, "及其人"은 卲公을 가리킨다고 하였다.[1] 第13簡 마지막에 '甘'자가 있기 때문에 13簡과 연결시켜 해석하는 학자도 있다(李銳, 遭逢, 姜廣輝).

첫 번째 문장은 "(『詩經 · 甘棠』) 그 사람(召公)을 기리는 것이고, 그 나무

1 馬承源, 『整理本』, 144쪽.

(召公이 일하다 쉬었다가 간 나무를 건드리지도 말라했다)를 경애하는 것은 그 찬미함이 실로 두터운 것이다"이다. 두 번째 문장은 "甘棠(팥배나무)에 대한 경애는 곧 召公 때문"이다.

ⓐ '保' : '保'자를 '褒(기릴 포, bāo)'자의 의미로 해석하는 이외에, '報' 혹은 '服' 등으로 풀이하기도 한다. 『詩經 · 甘棠』이 邵公을 기리는 내용이기 때문에 '誇張하다' · '讚美하다' · '表揚하다'라는 의미가 있다. 따라서 『整理本』처럼 '褒'의 의미로 해석하기로 한다.

ⓑ '⿰虫㤅(愛)' : 『孔子詩論』에서 '愛'자는 모두 여섯 번 출현하고 있다. 제11간과 15간에서는 字件 '虫'을 추가하여 '(⿰虫㤅)'로 쓰고, 제17간과 제27간에서는 字件 '虫'없이 '(㤅)'로 쓴다. 『說文解字』에서는 "𡖊, 行皃. 從夂㤅聲(걸어가는 모습'. '夂'와 '㤅'聲으로 이루어진 형성자)"로 설명하고 있다. 초간에서 '㤅'는 ''(『郭店楚簡 · 尊德義』) · ''(『郭店楚簡 · 成之聞之』) · ''(『郭店楚簡 · 老子甲』) · ''(『郭店楚簡 · 五行』) · ''(『郭店楚簡 · 唐虞之道』) · ''(『上博楚簡 · 容成氏』) · ''(『上博楚簡 · 性情論』)로 쓰고, 그밖에 '愛'의 이체자는 '' · '' · ''(『包山楚簡』) · ''(『郭店楚簡 · 語叢三』) 등으로 쓴다.[2]

2 『楚系簡帛文字編(增訂本)』, 915쪽.

第16簡

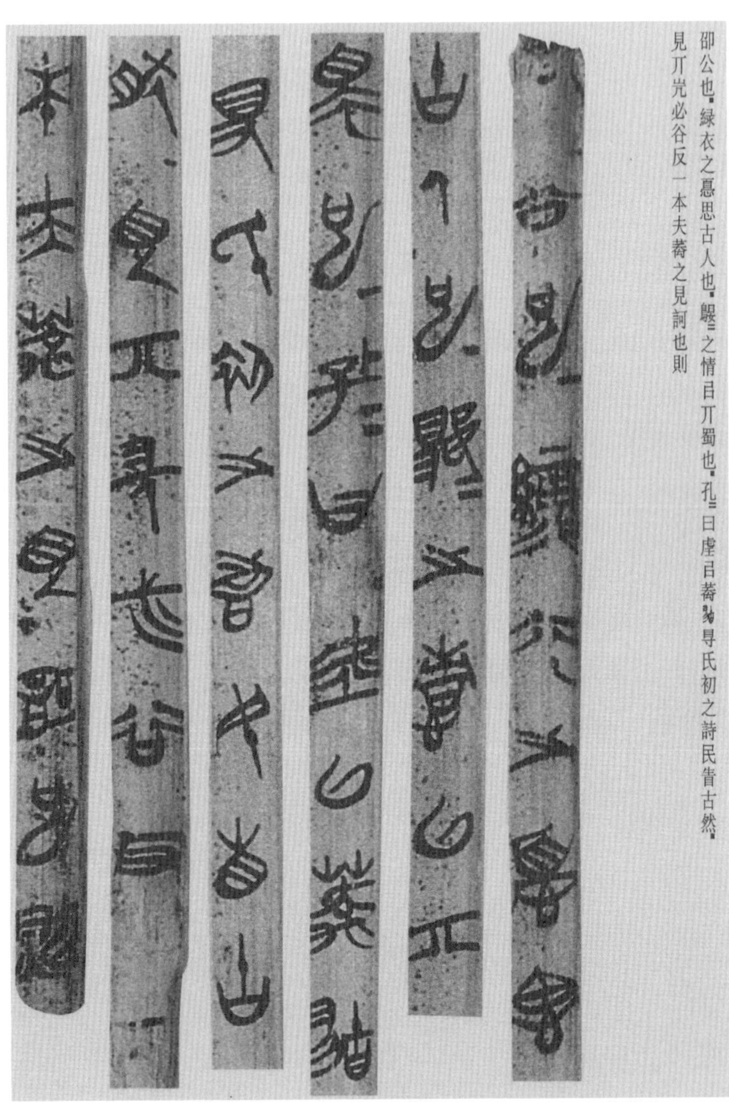

邵公也▪綠衣之悥思古人也▪[illegible]=之情㠯丌蜀也▪孔=曰虗㠯萻䝳㝵氏初之詩民眚古然▪

見丌完必谷反一本夫萻之見訶也則

卲公也[1][a] ■. 『綠衣』[b]之惪(憂)[c], 思古人也[2][d] ■. 鷃=(鷃鷃)之情, 㠯(以)丌(其)蜀(篤)[e]也[3] ■. 孔=(孔子)曰：虗(吾)㠯(以)荅覃[4][f]㝵(得)氏初之詩[g], 民眚(性)古(固)然■. 見丌(其)岂(美)[h], 必谷(欲)[i]反一本[5]. 夫荅之見訶(歌)[j]也, 則

『校讀記』

[□也. 『甘棠』之褒, 美]卲公也. 『綠衣』之憂, 思古人也. 『燕燕』之情, 以其篤也." 孔子曰："吾以『葛覃』得氏初之詩, 民性固然. 見其美, 必欲反, 一本夫葛之見歌也, 則……

해석

(『甘棠』은) 卲公을 찬미한 것이다. 『綠衣』의 시름은 故人을 그리워하는 것이다. 『燕燕』의 우애는 홀로 남게 된 외로움을 읊은 것이다. 공자는 말하였다." "나는 『周南・葛覃』편으로부터 인간의 원초적인 생각을 찾아볼 수 있다. 인간의 본성은 본래 이와 같은 것이다. 그 아름다움을 보며 근본을 되돌아보고자 한다. 칡 덩굴(葛藤)을 노래한 것은 잎이 아름답기 때문이다…….

죽간의 길이는 47.8㎝이다. 상단은 파손되었고, 하단은 타원형의 완전한 형태이다. 문자는 50자가 있으며, 그 중 重文이 1자, 合文이 1자 있다.

① '卲公也' : '卲'자의 윗부분이 파손되었지만, 남아 있는 흔적으로 보아 '卲'자임이 분명하다. 일곱 편을 『關疋』·『梂木』·『灘??』·『鵲??』·『甘棠』·『綠衣』와 『鰓鰓』의 순서로 논평하고 있다.

앞부분에서 『甘棠』을 논하면서 "㠯召公??(소공을 사모하고 있기 때문이다)"라 하였기 때문에, 이 竹簡이 『甘棠』에 관한 세 번째 논평이라는 것을 알 수 있다.

제10간의 "綠衣之思, 鰓鰓之情(『綠衣』의 생각, 『燕燕』의 정)"의 내용을 이 죽간은 더욱더 확대하여 "綠衣之惪, 思古人也. 鰓鰓之情, 以其蜀也(『綠衣』의 시름은 故人을 그리워하는 것이다. 『燕燕』의 우애는 홀로 남게 된 외로움을 읊은 것이다)"로 논하고 있다. 사용된 문자의 수는 적다. 두 차례에 걸쳐 간단하게 논평하고 있다. 두 차례의 논평은 다른 편에 있다.

제10간의 첫 번째 논평 뒷부분에서 『關疋』에 관해서 비교적 자세한 설명을 하고, 이 죽간에서는 『蕎??』에 대하여 비교적 상세하게 논평하고 있다. 문장 체제형식이 다르기 때문에, 바로 연계되는 한 단락으로 볼 수 없다.

이는 아마도 공자가 여러 차례 시학을 전수하였는데, 강좌를 한 곳에 모아 편집하였거나, 다른 판본이 있었을 경우도 있다. 때문에 동일한 내용임에도 불구하고 전후의 문장이 서로 완전하게 일치하지 않는다.

상해박물관에서 소장하고 있는 또 다른 한 편 중, 같은 내용이 중복 출현하는 경우가 있는데, 이는 판본이 서로 다르기 때문이다. 판본이 서로 다른 경우 사용한 문자가 다르다.

② '綠衣之悳(憂), 思古人也' : '悳'자는 『說文解字』의 '悳'자와 같다. '悳'자를 '愁也('시름하다'의 의미)'라고 설명하고 있다. 『綠衣』의 "心之憂矣, 曷維其亡(마음의 시름이여 언제나 없어지려는가?)"・"我思古人, 俾無訧兮(나는 옛사람들 생각하여 허물없게 하려고 힘쓰려네)"・"我思古人, 實獲我心(내가 옛사람을 생각하노니, 정말로 내 마음 잡아주네)"라는 구절은 '憂'의 내용이다.

③ '鴹=之情, 目亓蜀也' : '鴹'자 아래 중문(重文) 부호 '='가 있다. '目亓蜀也'는 '以其獨也(홀로 남게 된 외로움)'의 의미이다. '蜀'자는 원래의 뜻대로 쓰지 않고, '獨'의 의미로 쓰고 있다. 또한 이 자를 '篤'으로 해석할 수 있다. '蜀'과 '獨'은 음이 서로 통한다. '篤'은 '독실한 감정'이란 뜻이다.

④ '蕎[illegible]' : '蕎[illegible]'은 편명이다. '(蕎)'자는 아래에서 '(萮)'으로 쓰고, 제17간의 '菜萮' 중의 '(萮)'자 역시 字件 '艸'와 '侖'으로 쓰고 있다. 하지만 첫 번째 ''자는 '艸'와 '喬'으로 이루어져 있어, 형태가 완전히 같은 것은 아니지만 이체자이다. 이 편명을 현행본과 대조해 볼 수 없어, '得氏初之詩' 구절 또한 해석하기 쉽지 않다.

⑤ '見亓完, 必谷反一本' : "見其美, 必欲反一本(그 아름다움을 보며 근본을 되돌아보고자 한다)"의 의미이다.

'完'는 '媺'자나 '微'자와 聲符가 같고, '美'의 의미로 쓰이고 있다. '完'와 '美'는 음이 같다.

'谷'자는 '欲'의 가차자로 쓰고 있다.

이 구절 다음 '夫蕎之見訶也, 則……'은 일부가 파손되어 전체적인 의미 파악이 쉽지 않다.

'訶'는 '歌'의 뜻이다. 아마도 이 평어는 시의 歌曲에 대하여 언급하고 있는 듯하다.

譯註說明

ⓐ '邵公也'의 뒷부분이 『綠衣』와 『燕燕』에 관한 내용을 언급하고 있는 것으로 보아, 첫 번째 구절은 『關雎』·『樛木』·『漢廣』·『鵲巢』편 다음에 해당되는 『甘棠』에 관한 내용임을 알 수 있다. 첫 번째 ' '자는 잘 보이지 않지만, 자의 흔적과 내용으로 보아 '邵'자 임을 알 수 있다. 李零(2002)은 이 簡을 11간과 연결하여 '邵公' 앞부분에 "[□也. 『甘棠』之褒, 美]"의 구절을 보충하고 있다.[1]

ⓑ 『邶風·綠衣』의 내용은 아래와 같다.

綠兮衣兮, 綠衣黃裏. 心之憂矣, 曷維其已?

녹색 옷, 녹색 옷에 황색 안을 대었네. 마음의 시름 언제나 그칠 수 있을까?

綠兮衣兮, 綠衣黃裳. 心之憂矣, 曷維其亡?

녹색 옷, 녹색 저고리에 황색 치마라네. 마음의 시름이여 언제나 없어지려는가?

綠兮絲兮, 女所治兮. 我思古人, 俾無訧兮.

녹색 옷에 실 무늬 물들였네. 故人을 그리워하는 마음, 나는 평생 허물없도록 노력하겠네.

絺兮綌兮, 凄其以風. 我思古人, 實獲我心.

모시 옷 베옷이라니 찬바람이 불어오는데. 내가 옛 사람을 생각하노니, 단지 당신만이 내 마음 알아주리.

ⓒ '憂' : '憂'자와 관련이 있는 자는 『說文解字』에 '憂'와 '惪' 두 자가 있다. 『說文解字』에는 '𢝊(憂)'에 대하여 "和之行也, 從夊, 㥑聲(유유자적

1 李零, 『上博楚簡交讀記』(2002), 10쪽.

하게 걸어가다. '夊'와 '㥑'聲으로 이루어진 형성자)"라 설명하고 있다.[2] '㥑'는 '憂'의 이체자이다. 『說文解字』에는 '㥑(㥑)'에 대하여 "㥑, 愁也. 從心從頁('㥑'자는 '근심하다'의 의미. '心'과 '頁'로 이루어진 회의자)"라고 설명하고, 朱駿聲은 "經典皆以憂爲之, 而㥑廢矣(경전에서 '㥑'자 대신 '憂'를 쓰자, '㥑'는 사용하지 않게 되었다)"라고 설명하고 있다.[3]

ⓓ '思古人也' : '思古人'는 『綠衣』의 '亡人'을 그리워하는 내용이다.

ⓔ '蜀' : '蜀'자를 『整理本』에서는 '獨'이나 '篤'의 의미로 풀이하고 있다. 『燕燕』의 내용이 현숙한 누이를 멀리 시집보내는 마음을 노래하고, 홀로 남게 되는 외로움을 표현한 내용이기 때문에 외로움의 의미인 '獨'으로 해석하기로 한다.

ⓕ '萻[illegible]' : '萻[illegible]'자에 대하여 『整理本』에서는 알 수 없는 詩篇이라 설명하고 있지만, 李零(2002) 등은 '萻'자는 '萬'자로 '葛'과 통하고, '[illegible]'은 '尋'으로 예정(隸定)하고 '覃'과 통한다고 설명하고 있다.[4] 우선 李零의 주장을 따르기로 한다.

ⓖ '旻(得)氏初之詩' : 『整理本』에서 '得氏初之詩'는 어떤 시를 의미하는지 잘 모르겠다고 하였고, '氏'자에 대해서는 '氒(厥)'·'始'나 '祗'자 등으로 해석하기도 한다. 『葛覃』의 시구 중에 "言告師氏, 言告言歸. 薄污我私, 薄澣我衣. 害澣害否? 歸寧父母(保姆님께 아뢰고 覲親을 가려 하네. 평복도 빨고 예복도 빨아 모두 함께 깨끗이 입나니, 돌아가 부모님께 문안드리기 위함일세)"의 구절은 '恭敬'과 관련이 있기 때문에, '氏'자를 '敬'의 의미를 지닌 '祗'로 해석하기도 한다.

본 내용에서 '氏'자는 '本(근본)'의 의미인 '底(혹은 低)'로 해석하기로 한

---

2 湯可敬, 『說文解字今釋』, 728쪽.

3 湯可敬, 『說文解字今釋』, 1478쪽.

4 "『葛覃』, 上字原作萬, 下字原從古從尋, 原書沒有對出("萬"是匣母魚部字, "葛"是見母月部字, 讀音相近 : "覃"是定母侵部字, "尋"是邪母侵部字, 讀音亦相近, 郭店楚簡『成之聞之』簡34"簟席"的"簟"字就是從尋得聲."(李零, 12쪽). 이외에도 劉釗, 周鳳五, 劉信芳 등도 모두 『葛覃』으로 보고 있다(劉信芳, 『孔子詩論術學』, 194쪽 참고).

다. 공자는 "나는『葛覃』편으로부터 인간의 근원적인 생각을 볼 수 있다. 인간의 본성은 본래 이와 같다. 그 아름다움을 보면 그 근본을 되돌아보고자 한다. 칡 덩쿨(葛藤)을 노래한 것은 잎이 아름답기 때문이다"라고 葛藤을 비유함은 그 근원과 관련이 있음을 설명하고 있기 때문이다. 즉『葛覃』을 통하여 그 근원을 이해할 수 있고, 이가 곧 인간의 본성임을 강조하고 있는 것이다. 따라서 '氏'자는 근원 혹은 기본, 근본의 의미를 지닌 '底(혹은 低)'로 해석하기로 한다. 일반적으로 인간의 본성은 좋은 결과가 있으면 근원을 생각하고 감사하는 마음을 갖는다. 그래서 공자는 "民性固然(인간의 본성은 원래 그러하다)"라 했다. 공자는『詩經』에 표현된 여인의 행복한 생활이 곧 부모의 안녕을 기원하고자 하는 마음이 생기게 하여, 아름다움을 보면 그 근본을 살펴보고자 하는 것과 같이 칡(葛) 잎이 좋으면 그 줄기(藤)를 생각게 하는 것과 같다고 하였다. 이는 비유법을 사용하여 표현한 것이다.

ⓗ '𡵂(美)' : '𡵂(美)'를 字件으로 쓰는 자는『郭店楚簡·緇衣』와『上博楚簡·紂衣』에 '㜵(美)'와 '𩑹(美)'가 있다.『郭店楚簡』에는 字件 '女'인 '㜵'로 쓰고,『上博楚簡』에서는 字件이 '頁'인 '𩑹'로 쓰고 있다. '頁'자를 갑골문에서는 ''·''·''로 쓰고, 금문은 ''·''로 쓰고 전서(篆書)는 ''로 쓴다. 이 두 자는 '𡵂'자 부분이 같고, '女'와 '頁' 부분은 서로 다르다. 모두『說文解字』에 보이지 않는다. 사실상 이 자들은 聲符가 '𡵂'인 형성자이다. '𡵂'를 갑골문은 '(𡵂)'로 쓰고 있다. 이는 사람이 머리위에 장식물을 부착한 모습을 형상화한 것으로, ''(美)자와 같다. '(𡵂)'는 측면에서 바라본 모습이고, ''는 정면에서 바라본 모습이다. '𡵂'는 또한 '𢼸'와 같아 의미 부분인 '(支, 攵)'만 더 추가했을 뿐이다. '𢼸'자를 갑골문은 ''로 쓰고, 금문은 ''로 쓰고, 전서(篆書)는 '(𢼸)'로 쓴다.『說文解字』에서는 이 자를 '妙'(美妙)의 의미로 풀이하고 있다.

(𢼸)'는 '(㒫)'에 '(攴, 攵)'이 추가된 형태로 사람이 머리의 장식물을 손질하고 있는 형상이다. 이 자는 머리의 장식품이 여자와 관계가 많기 때문에 후에 다시 '女'를 추가하여 '媺'자로 발전하였다.

따라서 '媺'자는 곧 '美'와 같고, '美'에 '女'를 추가하여 '媄'로 쓰기도 한다. 『廣韻』도 '媺'자는 곧 '美'자라고 설명하였다. 『集韻』도 "媺, 通作美('媺'는 '美'와 통한다)"라 하였고, 『周禮 · 地官』의 "師氏掌以媺詔王(사씨는 좋은 일을 임금에게 보고하는 일을 담당한다)" 중 '媺'에 대하여 鄭玄은 '媺'는 곧 '美다'라고 풀이하였다. 『說文解字』에서는 '媄'를 "色好也, 從女, 美聲('여인이 아름답다'는 의미. '女'와 '美'聲으로 이루어진 형성자)"라고 설명하였고, 段玉裁는 "周禮作媺, 盖其古文(媄를 주례에서 媺로 쓰며, 고문자이다)"라고 주석하고 있다. 따라서 '美' · '微' · '㒫' · '𢼸' · '[女+㒫]' · '媺' · '媄'자는 음과 의미가 같은 동원자(同源字)들이다. '[女+㒫]'자와 '[㒫+頁]'자 중의 字件 '女'와 '頁'은 의미가 서로 통하기 때문에 종종 구별없이 字件으로 통용하여 사용하기도 한다. 고문자 형성자 중에서 字件의 의미가 비슷하면 字件을 서로 호환하여 사용하곤 한다. 예를 들어 '儿(亻)'과 '女'가 서로 통하기 때문에 '任'을 '妊'으로, '僚(동료 료{요}, liáo)'를 '嫽(외조모 료{요}, liáo)'로 쓰기도 한다. 중국 문자학에서 字件이 서로 통용되는 예들을 많이 제시하고 있다. 그러나 아직까지 '女'와 '頁'이 통용된 예를 제시하지 못했다. 지하 출토자료는 이와 같이 문자학에 있어 매우 소중한 자료이다.

ⓘ '谷(欲)' : 『說文解字』는 '(欲)'에 대하여 "貪欲也. 從欠, 谷聲('탐욕하다'의 뜻. '欠'과 '谷'聲으로 이루어진 형성자)"라고 설명하고 있다. '谷'과 '欲'은 음이 통하여 통가자로 쓴다.

ⓙ '夫蕎之見訶(歌)也則' : '蕎'자는 '萬'자로 '葛'과 통하고, '訶'와 '歌'는 서로 통한다. "夫蕎之見訶(歌)也則"의 뜻은 "'葛藤'이 이른바 찬미되어지는 것은 즉……"이다. 何琳儀는 『滬簡詩論選釋』에서 '夫蕎'을 '夫萬'으로 예정(隸定)하고, '扶蘇'와 통하여 『鄭風 · 山有扶蘇』의 『扶蘇』를 가리킨다고 설명하고 있다.[5] 문맥상 '蕎'을 '葛'로 이해하여도 문제가 없기 때

문에 본문에서는 '葛'로 해석하기로 한다.

이 簡의 배열순서(編聯)에 대해서는 학자마다 의견이 다르다. 李零은 제10간과 연결하여 해석하고, 李學勤과 廖名春 등은 제24간과 연결하고 있고,[6] 濮茅左 등은 제16간의 후반부와 제20, 24간의 내용은 『葛覃』·『木瓜』·『甘棠』에 관한 내용으로 보고 있다.[7]

제16간의 후반부 제17, 18, 19, 20, 24간은 각각 또 다른 형식으로 『邦風』의 『葛覃』·『木瓜』·『甘棠』·『東方未明』·『將仲』·『揚之水』·『采葛』·『杕杜』에 대해 평을 하고 있다. 문장 체제 형식은 반드시 정해진 규칙이 있는 것이 아니기 때문에, 굳이 다른 간과 연결하여 무리하게 해석하지 않기로 한다.

---

5 劉信芳, 『孔子詩論術學』(2003), 197-198쪽 참고.

6 李學勤, 『詩論的體裁和作者』(2002), 58쪽. 李零, 『上博楚簡交讀記』(2002), 11쪽. 廖名春, 『上博詩論簡的刑制與編連』(2002), 『簡帛硏究』 인터넷사이트, 7쪽 참고.

7 濮茅左, 『孔子詩論簡序解析』(2002), 34-35쪽.

第17簡

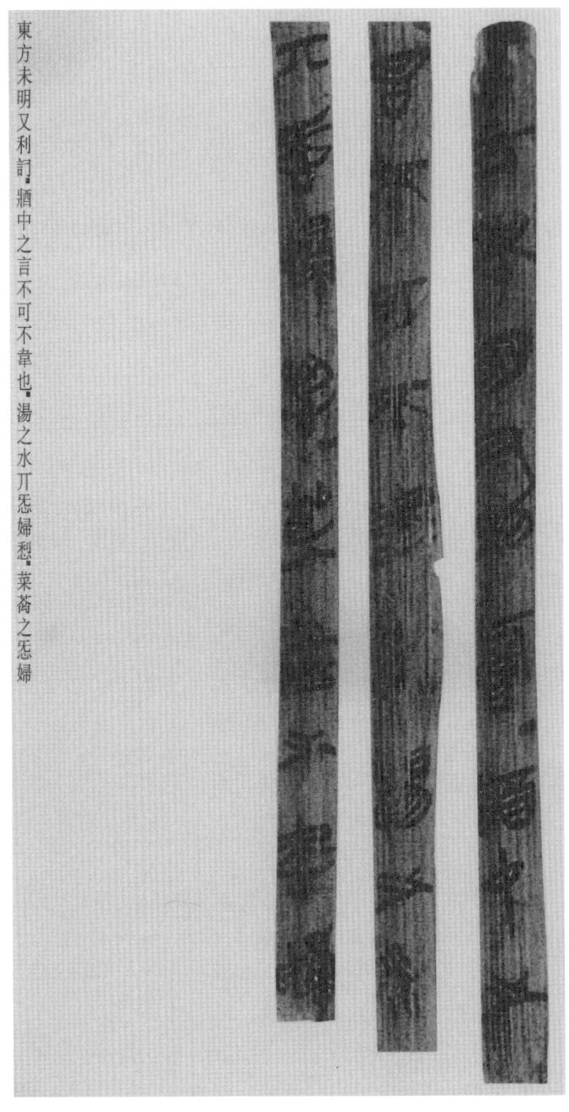

東方未明①又(有)利訁司(詞)②ⓐ ■, 爿酉(將)中③之言不可不韋(畏)④ⓑ也■. 湯之水⑤ⓒ丌(其)㤅(愛)婦悡(黎)⑥ⓓ ■, 莱蓠⑦ⓔ之㤅(愛)婦,

『校讀記』

[□□□□□□□□□□□□□□□□□□□]『東方未明』有利始, 『將仲』之言不可不畏也. 『揚之水』其愛婦悡, 『采葛』之愛婦[□, □□□□□□□□□]

해석

『東方未明』에는 풍자하는 말이 있고, 『將仲子』 중 '言'은 두려워하지 않을 수 없는 것이며, 『揚之水』는 부인이 이별의 한을 노래한 것이고, 『菜葛』은 여인과의 애정을 노래한 것이다.

上博楚簡原註

본 간의 길이는 24.1㎝로, 상하단이 모두 파손되었다. 문자는 28자가 있다.

본 죽간은 『東方未明』·『牆中』·『湯之水』와 『菜蓠』을 한 단락으로 묶어 평론하고 있다. 단 네 편만이 보이고 있다. 『孔子詩論』의 일반적인 체제로 보아 이 죽간 前後에 이와 관련된 내용을 한 조로 편성하여 평론하였을 것으로 추측된다.

① '東方未明' : '東方未明'은 『詩 · 國風 · 齊風 · 東方未明』이다. 편명이 같다.

② '又利訂' : '又利訂'는 '有利詞(풍자하는 말)'의 뜻이다. '訂'는 '詞'의 고체자(古體字)이다. '利詞'는 조정의 무질서함을 직언하는 말이다. 현행본 "東方未明, 顚倒衣裳. 顚之倒之, 自公召之(동녘이 밝지도 않았는데, 옷을 허둥지둥 거꾸로 입네. 허둥지둥 거꾸로 입는 것은 왕이 처소에서 부르기 때문이네)" · "倒之顚之, 自公令之. 折柳樊圃, 狂夫瞿瞿. 不能辰夜, 不夙則莫(허둥지둥 거꾸로 입는 것은 왕이 처소에서 명령을 내리기 때문이네. 버들가지 꺾어 채전에 울을 치면 어리석은 자도 경계를 알고 조심하거늘, 아침 저녁도 분별 못하여 너무 이르지 않으면 너무 늦게 부르지)"의 내용은 '公'이 동방이 아직 밝기도 전에 관리들을 소집하여 자고 일어나는 질서가 무너져 아침저녁의 구별이 없게 되었음을 풍자하고 있다. '利詞'는 바로 이러한 내용이다.

③ '牆中' : '牆中'은 현행본 『詩 · 國風 · 鄭風』의 『將仲子』 편명이다. 시편 중에 "將仲子兮, 無踰(逾)我里(둘째 도련님이여, 우리 마을에 넘어 들어와)"라는 구절이 있다. 孔子는 제일 앞 두 자만을 취하여 편명으로 하였다.

④ '韋' : '韋'는 '畏'의 의미로 쓰인다. 동음관계로 가차하여 사용하고, 시의 내용 중 "畏我父母. 仲可懷也, 父母之言, 亦可畏也(저의 부모님이 두려워서지요. 도련님도 그립기는 하지만 부모님의 말씀도 역시 두려워서요)"와 "畏我諸兄. 仲可懷也, 諸兄之言, 亦可畏也(어찌 나무가 아깝겠어요, 저의 손 윗분들이 두려워서지요. 도련님도 그립기는 하지만 손 윗분들의 말씀도 역시 두려워서요)"라는 구절이 있고, 마지막은 "畏人之多言. 仲可懷也, 人之多言, 亦可畏也(어찌 나무가 아깝겠어요, 남의 말이 많음이 두려워서지요. 도련님도 그립기는 하지만 남의 말 많음도 역시 두려워서요)"라고 읊고 있다. 공자는 이러한 내용을 두려워하는 내용으로 보고 있다.

시의 내용 중에는 『小序』가 소위 말하는 “刺莊公(莊公을 풍자하다)”와 “祭仲諫而公弗聽, 小不忍以致大亂焉(祭仲이 이를 諫하였으나 公이 듣지 아니하여, 작을 일을 참지 못하여 큰 난리에 이른 것이다)”와 관련된 내용은 없다. 『孔子詩論』 중에는 『小序』와 같이 극히 정치적인 평론은 없다. 공자는 단지 구절 중에 함유하고 있는 교육적인 내용에 주안점을 두고 있을 뿐이다.

⑤ ‘湯之水’ : ‘湯之水’는 편명이다. 『詩 · 國風』의 『王風』과 『鄭風』에 각각 『揚之水』가 있다. 본 죽간의 『湯之水』는 그 중 한 편일 것이다. ‘湯’의 聲符는 ‘昜’이기 때문에(譯註 : ‘昜’은 ‘昜’의 誤字), ‘湯’과 통한다.

⑥ ‘丌炁婦悡’ : ‘丌炁婦悡’는 ‘其愛婦黎(부인이 이별의 한을 노래한 것)’이다. ‘悡’자에 대하여 『集韻』에서는 ‘黎’의 생략형이라고 설명하였다. 간략화된 초나라 문자 형태를 엿볼 수 있는 자이다. 『說文解字』는 ‘黎’자에 대하여 “恨心. 從心黎聲. 一曰怠也(恨스러운 마음. ‘心’과 ‘黎’聲으로 이루어진 형성자. ‘怠(게으름 태, dài)’의 의미로 보기도 한다)”라고 설명하였다.

죽간에서 말하는 ‘愛’는 부녀자의 恨과 관계가 있다. 『鄭風 · 揚之水』 중 “終鮮兄弟, 維予二人, 無信人之言, 人實不信(형제는 많지 않고 오직 우리 둘 뿐. 남의 말은 듣지 마라. 남이란 정말 믿을 수 없는 것이니)” 구절은 부녀의 한에 관한 내용이 아니고, 『唐風 · 揚之水』 중 “素衣朱襮, 從子于沃, 旣見君子, 云何不樂(흰 옷에 붉은 수놓은 깃 달아 曲沃으로 가 님께 바치리. 우리 님을 뵈옴은 정말 즐거운 일)”과 “旣見君子, 云何其憂(우리 님을 뵙는다면 아무런 걱정도 없네)” 구절에 대하여 毛亨이 “言無憂也(근심걱정 없음을 읊은 것이다)”라고 설명하였듯이, 이 시편 역시 부녀의 감정과 관계가 없다.

『唐風 · 揚之水』는 ‘申’ · ‘甫’ · ‘許’ 등의 변방을 지키는 남자가 고향을 그리워하고, “懷者(哉)懷哉(者)!曷月予還歸哉!(그립고 그립구나. 어느 달에나 나는 돌아가게 되는 건가?)”라고 거듭하여 돌아가지 못함을 원망스럽게 읊고 있다. 따라서 ‘其愛婦黎(부인이 이별의 한을 노래한 것)’은 곧 『王風 · 揚

之水』와 관계가 있다.

본 죽간의 『湯之水』는 부녀의 그리움과 이별의 恨을 노래하고 있다.

⑦ '茦蕎' : '茦蕎'은 편명이다. 현행본 『毛詩』에 보이지 않는다.

'之忎婦' 이하는 파손되어 보이지 않는다. 문장이 파손되어 그 내용을 제대로 파악할 수 없지만, 『茦蕎』의 '愛(사랑)' 역시 부녀와 관계가 있을 것이다.

譯註說明

『東方未明』은 『國風 · 齊風』 중 한 편이며, 『牆(將)中』은 『鄭風』 중 『將仲子』를 가리킨다. 『湯之水』는 『揚之水』로 『王風』 · 『鄭風』과 『唐風』 등 세 곳 모두에 있다. 『整理本』과 李學勤 등은 『揚之水』를 『王風』으로 보았으나, 『鄭風』으로 보는 학자도 있다(李零과 劉信芳). '湯'은 '揚'자의 통가자이며, 『茦蕎』은 『菜葛』로 『王風』의 한편이다.

ⓐ '東方未明' : 『東方未明』은 너무 이른 새벽에 갑자기 명령이 내려와 신하가 허둥지둥하며 옷을 거꾸로 주워 입는 모양을 노래한 것으로, 아무 때나 명을 내리는 임금을 비난한 시이다. 따라서 '利'자는 諷刺의 의미다.

ⓑ '韋(畏)' : '韋'자는 '畏'의 의미로 쓰이고 있다. 『將仲子』 중에 "畏我父母. 仲可懷也, 父母之言, 亦可畏也(저의 부모님이 두려워요. 그대가 그립긴 하지만, 부모님의 말씀도 두려워요)"라는 구절이 있다.

ⓒ '湯之水' : 『揚之水』는 『王風』 · 『鄭風』 · 『唐風』 등에 한 편씩 모두 세 편이 있다. 이 중 『王風』은 '멀리 수자리(戍)에 가 있는 주나라 사

람이 그의 집을 생각하면서 노래한 내용'이며, 『鄭風』은 '남들이 이간하여 형제지간에 우애가 상했음을 兄이 슬퍼하며 노래한 내용'이고 『唐風』은 '님을 그리워하는 마음을 노래한 내용'이라고 볼 수 있다. 『整理本』에서는 이 세 편 중, 부인의 이별의 한과 관련이 있는 시는 『王風』이라고 주장하고 있는 반면(147쪽), 劉信芳은 세 편 모두가 그리움이나 외로움의 한을 노래하는 것이라고 주장하고 있다(202-203쪽). 『詩經』의 내용을 은유나 비유를 상징하는 관점이 아니라, 순수하게 내용 그 자체를 관점에 두고 이해한다면, 『王風』과 『唐風』은 부인의 한과 관련이 깊다.

ⓓ '悡(黎)' : 『整理本』에서 '悡'는 '黎'의 생략된 형태로 보고 있다. '(黎)'에 대하여 『說文解字』에서는 "從心黎聲(意符 '心'과 '黎'聲으로 이루어진 형성자)"라 설명하고, '(黎)'는 "從黍, 秎省聲. 秎, 古文利(意符가 '黍'이고 '秎'자의 일부가 생략된 부분이 聲符인 형성자. 字件 '秎'은 '利'자의 古文이다)"라고 설명하고 있다. 따라서 '黎'자의 기본 聲部는 '利'이다. 『郭店楚簡 · 語叢二』에서 ''로 쓴다.[1]

ⓔ '莱蕎' : 『整理本』에서 '莱蕎'은 편명이 확실하나 今本 『毛詩』 중에는 보이지 않는다고 하였다(147쪽). 그러나 何琳儀는 ''을 '萬'으로 예정(隸定)하고, '萬'자는 '葛'과 통한다고 설명하면서, '莱葛'은 『王風』 중 『采葛』이라고 설명하고 있다.[2] 今本 『采葛』은 '남녀 간의 사랑을 노래한 시'이기 때문에 『孔子詩論』이 평한 '愛婦'의 내용과 관련이 있다.

1 滕壬生, 『楚系簡帛文字編(增訂本)』, 919쪽.

2 劉信芳, 『孔子詩論術學』, 203-203쪽, 재 참고.

綜論 第18簡

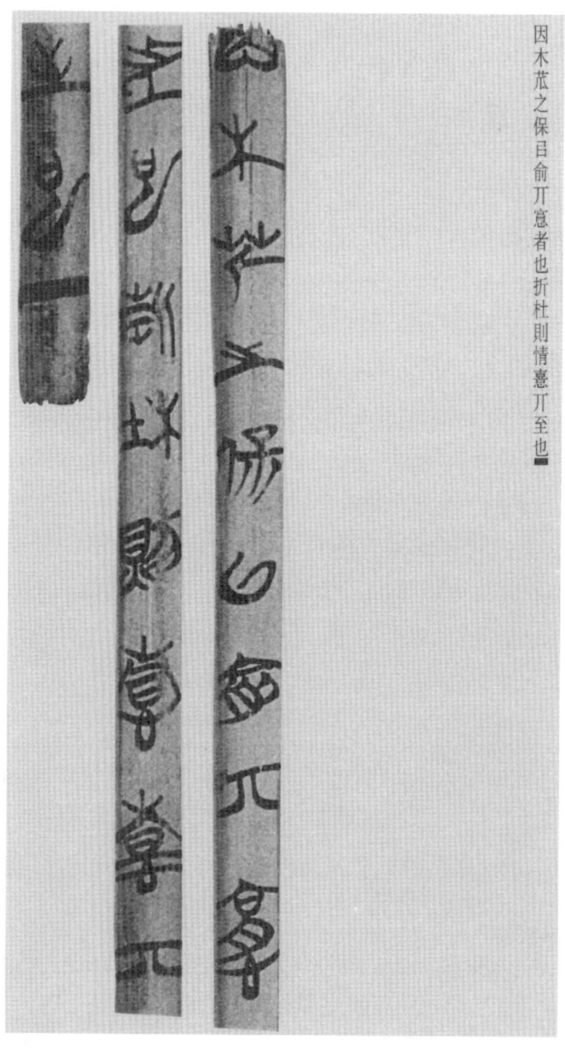

因[ⓐ]木苽[①ⓑ]之保(報)[②ⓒ], 㠯(以)兪(喩)[③ⓓ]丌(其)悁(捐)[④ⓔ]者也. 折杜[⑤]則情憙(喜)丌(其)至也[ⓕ]■.

『校讀記』

[□□□□□□□□□□□□]□. 『木苽』之報, 以輸其怨者也. 『杕杜』則情, 喜其至也."■. [孔子曰 : □□□□□□□□□□□□□□□□□□□□□□]

해석

木瓜로 보답함으로써 줌(捐)에 대한 자신의 마음을 표현하는 것이다. 『杕杜』의 情은 (집에) 돌아옴을 기뻐한 것이다.

上博楚簡原註

죽간의 길이는 18.6㎝이고, 상하단이 모두 파손되어 있다. 문자는 19자가 있다.

① '木苽' : '木苽'는 『詩 · 國風 · 衛風 · 木瓜』이다.

② '保' : '保'자를 현행본은 '報'로 쓰고 있다. 詩句 중 "投我以木瓜, 報之以瓊琚, 匪報也, 永以爲好也(나에게 모과를 보내 주었으니 아름다운 패옥

으로 보답하겠네, 보답만이 아니라 영원히 친하게 지내자는 거요)"·"報之以瓊瑤(아름다운 구슬로 보답하나니)"·"報之以瓊玖(아름다운 옥돌로 보답하나니)" 등의 내용이 준 것은 적으나 받은 것은 많음을 묘사한 것이다.

③ '愈' : '愈'자는 문맥 내용으로 보아 '愉'의 의미가 분명하다. 받은 자가 厚한 보답에 대한 기쁨을 표시하고 있다.(譯註 : 釋文에서는 '喩'로 쓰고 있다).

④ '[illegible]' : '[illegible]'자는 '捐(버릴 연, juān)'의 의미이다. 字件 '宀'과 "貟"으로 이루어진 자이고, '肙'이 기본 聲符로 일반적으로 '捐'으로 쓴다. '모과를 던져주다'의 '投'의 의미와 '捐'의 의미는 서로 통한다. 『說文解字』에서는 "投, 擿也('投'는 '투척하다'의 의미이다)"라고 설명하고 있고, 『集韻』은 "棄也('버리다'의 의미이다)"라고 설명하고 있다. '捐'자에 대해서는 『說文解字』는 '棄也'라고 설명하고 있다. 모두 '投'와 '捐'의 의미와 비슷하다.

⑤ '折杜' : '折杜'는 편명이다. '折杜' 편명은 현행본에는 보이지 않으나, 『杕杜』라는 편명이 있다. 『杕杜』라는 편명 중 하나는 『唐風』에 하나는 『小雅·鹿鳴之什』에 있다. 『唐風』에는 "人無兄弟(형제가 없네)"가 있고, 『小雅·鹿鳴之什』에는 "征夫遑止(집 떠난 우리 님 돌아올 겨를도 없네)"·"征夫歸止(집 떠난 우리 님 돌아오시지도 못하는가)"·"征夫邇止(집 떠난 우리 님 가까이 오고 계시겠지)"라는 내용이 있다. 공자가 "折杜則情憙其至也(『折杜』의 情은 (남편이) 기쁘게 돌아옴이다)"라고 평한 것으로 보아, 『小雅·鹿鳴之什』의 『杕杜』와 내용이 가깝다.

'折'자를 簡文에는 '[illegible]'로 쓰고, 小篆에는 '[illegible]'로 쓰고, 金文 『翏生盨』에는 '[illegible]'이나 '[illegible]'로 쓰고 있으며, 『多友鼎』의 '折'자는 『翏生盨』의 첫 자와 같다.[1] 금문의 다른 기물에 있는 '折'자 역시 이와 매우 비슷하다. 戰國시기 簡書 중에 보이는 '大'자는 일반적으로 '[illegible]'나 '[illegible]'로 쓴다. 따라서 후에 '[illegible]'·'[illegible]'를 '木'으로 '[illegible]'자를 '[illegible]'자로 오인하여 '折'자를 '杕'로

1 『多友鼎』은 '[illegible]'으로 쓴다. 『金文編』 '0085 [illegible]'(38쪽) 참고.

잘못 쓰게 되어 ‘折杜’를 ‘杕杜’로 쓰게 되었다. 만약에 이와 같은 가정이 옳다면, 현행본 『杕杜』는 잘못 쓴 것이다.

譯註說明

ⓐ ‘因’ : ‘ ’자는 문자의 잔적으로 보아 ‘因’임이 분명하다. 『郭店楚簡』에서는 ‘ ’이나 ‘ ’으로 쓰고, 『包山楚簡』에서는 ‘ ’으로 쓰고, 『上博楚簡容成氏』에서는 ‘ ’으로 쓴다.[2]

ⓑ ‘木苽’ : 『國風 · 衛風 · 木瓜』는 친구나 애인이 서로 물건을 주고받으며 부르는 노래이다(崔述『讀風偶識』).

ⓒ ‘保(報)’ : ‘保’는 『木瓜』 중에 “報之以瓊琚(아름다운 패옥으로 보답하니)” · “報之以瓊瑤(아름다운 구슬로 보답하니)” · “報之以瓊玖(아름다운 옥돌로 보답하니)” 등의 구절이 있는 것으로 보아 ‘報’의 의미로 사용되고 있음을 알 수 있다.

ⓓ ‘俞(喩)’ : ‘俞’는 ‘喩’나 ‘愉’ 혹은 ‘抒’와 동의어이다. 여기에서는 ‘고하다’ · ‘알리다’인 ‘喩’의 의미로 사용되고 있다.

ⓔ ‘𡨦(損)’ : 『整理本』에서는 ‘𡨦’자를 ‘損’ · ‘投’ · ‘棄’의 의미로 풀이하고 있으나,[3] ‘木瓜’는 자신의 생각 혹은 원함을 완곡하게 알리고자하는 매개물이기 때문에 ‘婉(순할 완, wǎn)’자의 가차자로 해석하기도 한다.[4]

ⓕ ‘折杜則情憙(喜)丌(其)至也’ : ‘折’자와 ‘杕(홀로 서 있을 체, dì,duò)’자는 음이 통한다. 『說文解字』에서는 ‘ (析)’자에 대하여 “破木也. 一曰折也.

---

2 滕壬生, 『楚系簡帛文字編(增訂本)』, 595쪽 참고.

3 馬承源, 『整理本』, 148쪽.

4 季旭昇, 『孔子詩論“木苽之報以喩其婉”說』, 『簡帛硏究』 인터넷사이트.

從木從斤('나무를 쪼개다'의 뜻. '절단하다'의 뜻이라는 일설이 있다. '木'과 '斤'으로 이루어진 회의자)"라 설명하고 음은 '先激切'이다. '杕(杕)'자에 대해서는 "'나무가 서 있는 모양의 뜻. '木'과 '大'聲으로 이루어진 형성자"라고 설명하고, 음은 '特計切'이다. '折'과 '杕'자는 고음이 모두 '舌'음이고 韻母는 '月'部이기 때문에 서로 통한다.

『折杜』는 『詩經』의 『杕杜』이다. 현행본 『詩經』 중에 이와 관련된 편명으로는 『唐風』의 『杕杜』·『有杕之杜』와 『小雅·鹿鳴之什』의 『杕杜』 등이 있다. 이 중 『整理本』과 李學勤은 『小雅·鹿鳴之什』의 『杕杜』로 보고 있다.[5] 반면에 李零과 周鳳五는 『唐風』의 『有杕之杜』로, 廖名春은 『唐風·杕杜』에 해당된다고 말한다.[6] "情憙(喜)丌(其)至也"의 뜻은 "『折杜』의 情은 (남편이) 돌아와 기뻐함"이고, 『小雅·杕杜』의 내용이 "남편이 전쟁터에서 돌아오기를 바라는 아내의 마음"을 노래한 것이기 때문에 『整理本』처럼 『鹿鳴之什』의 『杕杜』로 보는 것이 옳겠다. 『整理本』에서는 또한 『詩經』 중의 『杕杜』는 초죽간처럼 『折杜』로 써야 하는데 '折'자와 '杕'자의 형태가 비슷한 관계로 잘못 쓰였을 가능성을 주장하고 있다.[7]

---

5 馬承源, 『整理本』, 148쪽. 黃懷信, 『「詩論」解義』(2004), 67쪽.

6 李零, 『上博楚簡交讀記』(2002), 11-12쪽. (劉信芳), 『孔子詩論術學』, 207쪽.

7 馬承源, 『整理本』, 148쪽. "'折'簡文作[illegible], 小篆作[illegible], 金文『𢼸生盨』銘'折'作[illegible], 另一器作[illegible], 『多友鼎』之'折'與『𢼸生盨』 第一例相同. 金文其他'折'字也類此. 戰國簡書'大'字常作[illegible]·[illegible]. [illegible]·[illegible]誤作木, 而[illegible]誤作[illegible], '折'遂誤作'杕'. 由此, 『折杜』, 遞演爲『杕杜』了. 如果是這樣, 則今本有可能是傳抄之誤."

第19簡

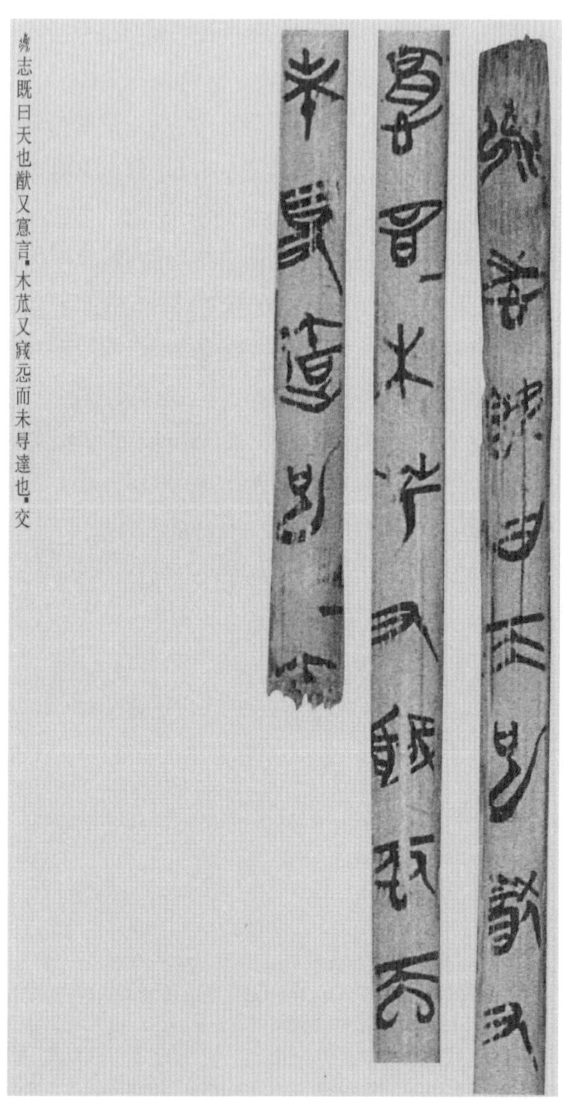

[illegible][a]志, 旣曰天也, 猶又(有)𢝊(損)[b]言■. 木瓜[c]又(有)𦾔𢗷[d]而未𢔶(得)達也■. 交[e]

『校讀記』

[□□□□□□□□□□□□□□□□□□□□□□□□□□□]溺志, 旣曰天也, 猶有怨言. 『木瓜』有藏願而未得達也. 交[□□□□□□□□]

해석

(『柏舟』는) 자신의 의지로 어떻게 할 수 없기 때문에 단지 하느님만을 외치는데, 이는 곧 원망하는 말이다. 『木瓜』는 바라는 마음을 감추고 표현해 내지 않고 있다.

上博楚簡原註

죽간은 21.6㎝로, 상하단이 모두 파손되어 있다. 문자는 21자가 있다.

앞부분이 파손되어 문장의 의미를 전체적으로 파악할 수 없다. 아마도 『木瓜』와 함께 논평한 다른 시들 중의 한편인 것으로 보인다. 『木瓜』에 대한 내용 역시 완전하지 않다. 마지막 자는 문자의 흔적으로 보아 '交'자가 아닌가 한다.

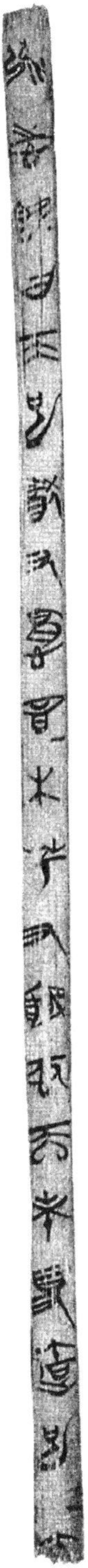

譯註說明

이 죽간은 앞부분이 파손되어 첫 자가 어떤 자이며 어떤 시에 대한 설명이고 마지막 자는 무슨 자인가에 대한 의견이 분분하다.[1]

이 죽간에서 언급하고 있는 "既曰天也, 猶又(有)悳(損)言('하늘이여'라고 원망하는 말은 곧 강한 원망을 표현한 것이다)"의 내용은 현행본 『詩經』 중 『君子偕老』·『柏舟』와 『北門』 등과 관련이 있다.

『鄘風·君子偕老』는 화려한 복식과 아름다운 용모를 지닌 宣姜이 남편인 군자와 함께 백년해로해야 한다는 내용이며, 『毛詩序』는 '衛나라 宣姜을 풍자한 시'라 하였다. "胡然而天也, 胡然而帝也(어찌 그렇다고 천신과 같겠으며, 어찌 또한 천제와 같겠는가?)" 라는 내용이 있기는 하지만, 원망에 관한 내용은 보이지 않는다.

『邶風·北門』에 대하여 『毛詩序』는 '뜻을 얻지 못해 낮은 벼슬로 가난하게 사는 衛나라의 충신이 올바르지 않은 정사와 자기의 불우한 처지를 읊은 시'라 하였다. "天實爲之, 謂之何哉(하늘이 하시는 일이니 어찌 하랴)"라는 구절이 있는데, 이는 하늘의 뜻이 이와 같은데 원망한들 어찌 하겠는가라는 일종의 체념이다. 따라서 이는 원망을 표현하는 내용과는 거리가 있다.

『鄘風·柏舟』는 '약혼자가 죽고 어머니가 다시 다른 남자에게 시집보내려하니 죽어도 다른 남자에게 시집가지 않겠다는 강한 의지를 표현한 시'이다. "母也天只, 不諒人只(어머니여, 하늘이여, 왜 저를 몰라주시나이까?)"의 구절은 여자가 자기를 몰라주는 하늘과 어머니에 대한 원망을 표현한 구절이다.

따라서 본문은 죽간 첫 구절 내용을 『柏舟』의 설명부분으로 보겠다.

---

1 劉信芳, 『孔子詩論術學』, 208-209쪽.

ⓐ '': 李零과 何琳儀 등은 파손된 첫 자 ''을 '溺'으로 해석하고 있다.[2] 이외에도 '强'자로 풀이하는 경우도 있으나,[3] 문자의 잔적과 앞뒤 내용을 참고하여 '溺'으로 해석하기로 한다. '溺'은 '沒'의 의미로, '沒志'는 '자기의 의지와는 상관없다'이다. 즉 자신의 의지와는 상관없이 어머니에게 강요당하자 하느님(天)과 어머니에게 외치고 있다. '溺'자를 『包山楚簡』에서는 ''·''으로 쓰고, 『郭店楚簡·老子甲』에서는 ''으로 쓰고, 『郭店楚簡太一生水』에서는 ''으로 쓰고, 『上博楚簡容成氏』에서는 ''으로 쓴다.[4]

ⓑ '悁(損)': '悁(損)'에 대하여 『整理本』에서는 '損'으로 해석하고 있으나, 『柏舟』의 내용을 고려하여 '怨'으로 풀이하기로 한다. '悁'은 '員'이 聲符이며, '怨'과 통한다.

ⓒ '木瓜': 『木瓜』 내용에 대하여 『毛詩序』에서는 "齊나라 桓公을 기린 시"라 하였으나, 친구 혹은 애인 사이에 물건을 주고받으며 부른 시이다. 『木瓜』의 詩句 중에 "匪報也, 永以爲好也(보답이 아니라 영원히 친하게 지내자는 것이다)" 등으로 보아, '木瓜'로 상대방에게 호감이나 사랑을 얻고자 하는 내용이다.

ⓓ '臧忨': ''(臧)'은 '宀'과 '臧'으로 이루어진 '藏'자의 고체(古體)이다. '忨'자는 聲符가 '元'이며, '願'과 통한다. '藏願'은 '바람(원함)을 드러내지 않고 숨기다'의 의미이다.

ⓔ '交': 마지막 ''자에 대하여 『整理本』에서는 '交'로 보고 있으나, 李學勤은 제18간의 첫 자를 제19간 마지막 자의 잔적(殘跡)으로 보고 이를 연결하여 '因'자로 보고 있다.[5] 문자의 흔적과 부서진 죽간의 모양이

---

2 李零, 『上博楚簡校讀記』(2002), 8쪽 참고. 何琳儀, 『上博館藏戰國楚竹書硏究』(2002), 251쪽.

3 黃懷信, 『「詩論」解義』, 20쪽.

4 滕壬生, 『楚系簡帛文字編(增訂本)』, 932쪽 참고.

5 李學勤, 『上海博物館藏戰國楚竹書硏究』(2002), 59쪽.

나 제18간이 木瓜에 관한 내용으로 미루어 보아 참고할 만하다.

第20簡

𢆶(幣)帛[①ⓐ]之不可迲(去)[②ⓑ]也■. 民眚(性)古(固)然[③], 丌(其)隈(離)志[ⓒ]必又(有)㠯(以)俞(逾)[④ⓓ]也■. 丌(其)言又(有)所載而后內(納), 或前之而后交, 人不可觟[⑤ⓔ]也. 虗(吾)㠯(以)折杜㝵(得)雀[ⓕ]□[ⓖ]

『校讀記』

[□□□]幣帛之不可去也. 民性固然, 其吝志必有以輸也. 其言有所載而後入, 或前之而後交, 人不可觟也. 吾以『杕杜』得雀□[□□□□□□□□□]

해석

(『木瓜』는) 예물이 없어서는 안 된다는 것을 말해주고 있다. 민간의 풍속이 원래 그렇다. 마음속에 품고 있는 생각을 반드시 펼쳐내려 한다면, 이른바 예물이 없어서는 안 된다. 마음속에 품고 있는 생각을 말하러 갈 때 수레에 물건을 싣고 가며, 그런 연후에야 상대방으로부터 선물을 받을 수 있는 것으로, 혹 먼저 예물을 보내고 난 후 다시 상대방과 대면하는 것은 예의에 맞게 행하기 위한 것이다. 이렇게 해야만 상대방이 거절하지 않으며, 상대방과 대화를 할 수 있다. 따라서 나는 『杕杜』로부터 爵位의 (어려움을 알 수 있다.)

上博楚簡原註

본 간은 길이가 44.3㎝이고, 상하단이 파손되어 있으며, 문자는 모두 44자가 있다.

『折杜』 이전까지는 전부 『木瓜』에 관한 평론으로, 모두 38자이다. 문맥으로 보아, '丒帛之不可迲也' 앞에 또 다른 내용이 있었을 것이다. 왜냐하면, '保'자에 대한 구체적인 언급이 보이지 않기 때문이다. 그렇다면 『國風』 중 가장 많은 문자를 할애하여 『木瓜』를 논평하고 있는 셈이다. 『孔子詩論』의 전체 문장 체제를 볼 때, 일반적으로 孔子는 먼저 간단히 한 두 자로 개괄하고, 다시 한 두 마디로 분석한 다음, 또 다시 몇 구절로 더 보충 논평을 하고, 마지막에는 더욱 더 상세하게 분석하는 방법을 사용하고 있다. 파손된 죽간이 비록 많긴 하지만, 죽간을 배열하는 과정에서 傳授하는 방법과 특징을 쉽게 발견할 수 있다.

① '丒帛' : '幣帛'의 뜻이다. '丒'는 '巾'과 '釆'로 이루어진 자로, 지금은 '幣'로 쓴다. 『說文解字』에서는 '幣'자에 대하여 "幣, 帛也('幣'자는 '비단'의 의미)"라고 설명하고 있다. 經典에서는 '錢'·'貨'나 '圭璧'으로 풀이하기도 한다. '帛'은 '繒(비단 증, zēng,zèng)'이나 '縑(합사 비단 겸, jiān)素'를 가리킨다. 『周禮·天官·大宰』의 "幣帛之式(幣帛의 예식)" 구절에 대하여 鄭玄은 "幣帛所以贈勞賓客者(幣帛은 손님의 노고에 대한 화답의 예물이다)"라고 설명하고 있다. '幣帛'은 예물의 총칭이다. 이곳의 예물은 『木瓜』 시구 중에 보이는 '瓊琚(아름다운 패옥)'과 '瓊玖(아름다운 옥돌)'과 같은 玉器로 보답하는 물건을 총칭한다.

② '迲' : '迲'자는 '辵'과 '去'로 이루어진 자이며, 『說文解字』에는 없다. 문맥으로 보아 '去'의 의미이다.

③ '民眚古然' : '民眚古然'은 "民性固然(민간의 풍속이 원래 그렇다)"의 의미이다. 이 구절은 제24간 『甘棠』을 평론하는 구절에서도 보이지만, 전체적인 문장 체제는 다르다. 모두 『邦風』으로 민간의 풍속을 관찰한다는 의미이다.

④ '丌陧(離)志必又㠯俞' : '其離志必有以逾(마음속에 품고 있는 생각을 반드시 펼쳐내려 한다면, 이른바 예물이 없어서는 안 된다)'의 의미이다. '陧志'는 제1간에도 보인다. '陧'자는 字件 '心'을 쓰지 않는데, 형체의 특징으로 보아 누락한 것으로 보인다. '俞'는 여기에서 '逾'의 뜻으로 쓰였다. 만약에 예물을 주고받는 풍속을 없애버린다면, 서로 간에 마음이 매우 멀어진다는 의미이다.

⑤ '觧' : '觧'자는 『說文解字』에 보이지 않는다. 아직 인식할 수 없는 자이다.

譯註說明

본 죽간은 『木瓜』와 『折(杕)杜』에 관한 설명이다. 『整理本』에서는 "此簡文至論『折(杕)杜』以前, 全爲述『木苽』之辭, 共三十八字(이 簡文에서 『折(杕)杜』를 논평하는 앞부분은 모두 『木苽』에 관한 내용이다. 모두 38자이다)"라고 설명하고 있다. 『整理本』에서는 본 간의 『折杜』를 『小雅·鹿鳴之什』의 『杕杜』로 보았다.

ⓐ '鬲(幣)帛' : '鬲(鬲)'는 '幣'자이다. '幣(幣)'는 '巾'과 '敝'聲으로 이루어진 형성자이다. '幣帛'이란 禮品을 말한다.

ⓑ '不可迲(去)' : '(迲)'는 '辵'과 '去'聲으로 이루어진 형성자이며, '去'의 의미로 쓰이고 있다. 즉 『木瓜』는 木瓜라는 예물이 없어서는 안 된다는 것이다.

ⓒ '隉(離)志' : '隉'자를 『整理本』에서는 '離'의 의미로 풀이하고 있으나, '隱' · '吝'이나 '愍(근심할 민, mǐn)' 등으로 해석하기도 하다. '隱志(뜻을 숨기다)'란 곧 '藏志'로 뜻을 마음속에 간직함을 말한다. 제1간 참고.

ⓓ '俞(逾)' : '俞'자를 '逾'로 해석하는 경우와 '喩' · '抒' · '愉' · '諭' 등으로 풀이하는 경우도 있으나, '자신의 마음속에 품고 있다가 표출해 낸다'는 의미로 쓰였기 때문에 '揄(끌 유, yú)'의 뜻으로 풀이하기도 한다. 즉 자신의 생각을 예물을 매개체로 하여 표출해 내는 것은 인간의 습성이라는 것이다.

ⓔ '䚗' : '(䚗)'자는 윗부분이 '角'이고, 아랫부분이 '干'이다. '干'자는 '扞(막을 한, hàn,gǎn)'과 통한다. '扞'은 '거절하다' · '저항하다'의 의미로 썼다.

ⓕ '雀' : '(雀)'자를 '爵'이나 '醻' 등으로 풀이하나, 『杕杜』의 내용을 고려하여 신분의 의미인 '爵'으로 풀이하기로 한다. 이 시는 전쟁터에 나간 남편을 기다리는 여인의 심정을 표현한 시이기 때문에, 장수(將帥)와 같은 작위(爵位) 때문에 전쟁에 참여할 수밖에 없다는 것이다.

ⓖ '□' : 마지막 ''자를 李零은 흔적으로 보아 '見'자 같다고 하고, 李學勤은 '𠬝(服)'자로 보았다.[1] '見'자를 『孔子詩論』 제24간은 ''으로 쓰고, 『性情論』은 ''으로 쓴다.

---

1 李學勤, 『詩論的體裁和作者』(2002), 58쪽. 李零, 『上博楚簡交讀記』(2002), 10-11쪽 참고.

第21簡

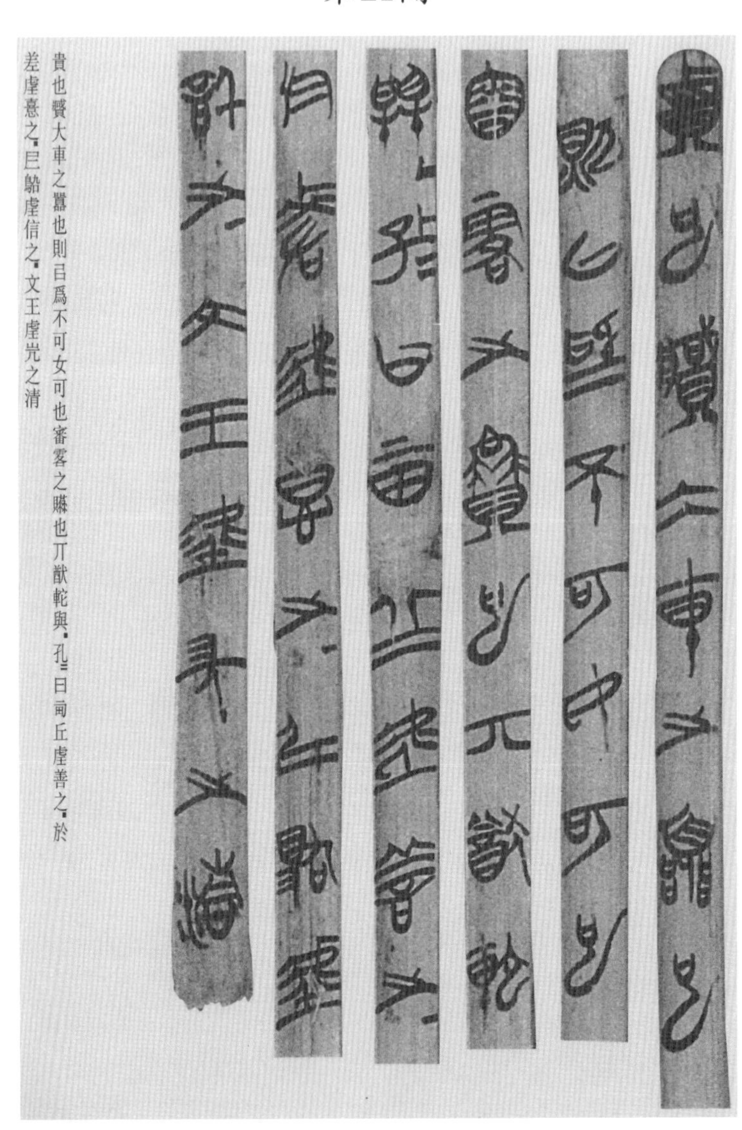

貴也[a]. 𧸘大車[1][b]之囂[c]也, 則㠯(以)爲不可女(如)可(何)[2]也. 審零[3][d]之賺[4][e]也, 亓(其)猶軋[5][f]與■? 孔=(孔子)曰 : 亩丘[6][g]虗(吾)善之■, 於差[7][h]虗(吾)憙(喜)之■, 尸鴖[8][i]虗(吾)信之■, 文王虗(吾)㒹[j]之, 淸[k]

『校讀記』

貴也; 『將大車』之囂也, 則以爲不可如何也? 『湛露』之益也, 其猶酡歟? 孔子曰 : 『宛丘』吾善之, 『猗嗟』吾喜之, 『鳲鳩』吾信之, 『文王』吾美之, 『淸[苗]吾敬之, 『烈文』吾悅

해석

(『小雅 · 甫田之什 · 裳裳者芋』는) 복을 얻었음을 노래한 시이다. 『將大車』(『小雅 · 谷風之什 · 無將大車』)의 소란함은 자기 자신이 어떻게 하면 좋을지 모르기 때문이다. 『小雅 · 南有嘉魚 · 湛露』의 풍요로움은 군신의 연회를 찬미하는 표현이다. 공자가 말하기를 "『陳風 · 宛丘』는 내가 매우 좋아하는 시이고, 『齊風 · 猗嗟』는 나를 매우 기쁘게 하고, 『曹風 · 鳲鳩』편에서 노래한 내용을 나는 믿고, 『大雅 · 文王之什 · 文王』편을 찬미하고 싶고, 『淸廟』는

上博楚簡原註

죽간의 길이는 47.6㎝로, 상단은 타원형의 완전한 형태이나, 하단은 파손되어 있다. 문자는 49자가 있고, 그 중에 한 자는 합문이다.

이 죽간은 두 개의 조로 이루어져 있다. '貴也'가 어떤 시에 관한 평론인지 현재로써는 확실히 알 수 없지만, 이 시와 『㿉大車』·『審霻』 등이 한 조를 이룬다.

'孔子曰'에서부터 『宛丘』·『於差』·『巳鳥』·『文王』·『淸宙』까지가 또 다른 한 조를 이루고 있다.

'淸'자 다음은 죽간이 파손되었다.

앞 조에 해당하는 시(詩)들은 첫 번째 분석이 아니라, 마지막 평에 해당된다.

그러나 '孔子曰'부터 분석한 다섯 편의 시는 문장이 간단한 평어로 보아 이 시에 대한 첫 번째 평론임을 알 수 있다. 『淸宙』가 이 조의 마지막 시편인지는 현재로써는 알 수 없다.

① '㿉大車' : 『㿉大車』는 『詩·小雅·谷風之什』 중의 『無將大車』를 가리킨다. 내용은 "無將大車, 祇自塵兮(큰 수레를 몰지마라. 먼지만 뒤집어 쓰고 말 것을)", "無將大車, 維塵冥冥(큰 수레를 몰지 마라. 먼지만 자욱이 일어날 것을)", "無將大車, 維塵雍兮(큰 수레를 몰지 마라. 먼지만 뿌옇게 덮어쓸 것을)" 등이 있으며, 현행본에는 '無' 한 자가 더 있다. 공자는 이 시를 '囂(들렐 효, xiāo)'로 평하고 있다.

② '不可女可' : '不可女可'는 '不可如何(어떻게 하면 좋을지 모르기 때문이다)'의 의미이다.

③ '審霻' : '審霻'는 현행본 『詩·小雅·南有嘉魚之什』 중의 『湛路』이다. '湛'과 '審'은 韻部가 같아 음이 성전(聲轉)할 수 있다. '霻'자에 관하여

『說文解字』는 "雨零也. 從雨, 各聲(이슬비이다. '雨'와 '各'聲으로 이루어진 형성자)"라 설명하고, '露'에 대해서는 "潤澤也. 從雨, 路聲(촉촉히 적시다의 의미. '雨'와 '路'聲으로 이루어진 형성자)"라고 설명하였다. 이 두 자는 의미상 약간의 차이가 있고, 음은 쌍성대전(雙聲對轉)관계이다.

④ '賺' : '賺'자는 '貝'와 '秝'으로 이루어져 있다. '秝'자는 '嗌'자의 고문이다. 『說文解字』에는 없다.

⑤ '軳' : '軳'는 『說文解字』에 보이지 않는다. 『玉篇』은 '軳'자를 '車疾也(수레가 질주하다)'로 설명하였다. 『湛路』에 "厭厭夜飮, 在宗載考(흐뭇한 술자리가 밤에 벌어졌으니, 종실에서 차린 것이라네)" 등의 내용으로 보아, '軳'는 '酡(불그레해질 타, tuó,duò)'의 의미로 쓰였다. '酡'는 술은 취하지 않았지만, 얼굴에 취기가 올라왔음을 말한다.

⑥ '亘丘' : '亘丘'는 현행본 『國風 · 陳風 · 宛丘』이다. 죽간 『亘丘』가 인용한 시구(詩句)와 『宛丘』의 시구가 서로 같다.

'亘'은 字書에 없다.

『詩 · 小雅 · 節南山之什』에 『小宛』이라는 시편이 있는데, '宛'자를 簡文은 '篇'으로 쓰고 있다. 간문에서는 현행본의 '宛'을 '亘'이나 혹은 '篇'으로 서로 다르게 썼다.

⑦ '於差' : '於差'는 현행본 『詩 · 國風 · 齊風』 중의 『猗嗟』를 가리킨다. 죽간에서 인용하고 있는 詩句는 『猗嗟』에 있다.

⑧ '尸鴶' : '尸鴶'는 현행본 『詩 · 國風 · 曹風』 중의 『鳲鳩』를 가리킨다. '鴶'자는 意符가 '鳥'이고 聲符는 '㕦'이다. 『越王勾踐劍』은 왕의 이름 '勾踐'을 '鳩淺'으로 쓰고 있다. 같은 자이나 字件이 좌우로 바뀌었다. '㕦'와 '九'는 같은 자가 아니다.

『文王』 편명은 현행본 『詩 · 大雅 · 文王』과 같다.

'淸'자 아래가 파손되어 있으나, 『淸宙』가 분명하고, 그 다음에 이어지는 평어는 '虗敬之(나는 이를 존경하다)'일 것이다.

공자는 '善'·'憙'·'信'·'完' 등 각각 한 자를 써서 각 시편에 대한 주관적인 견해를 나타내고 있다. '完'자는 '散'나 '媺'자의 聲符에 해당되며, '美'의 뜻이다.

죽간에서 평하고자 하는 시편들을 한 組로 묶고, 처음에는 각 시편을 한 자로 평하는 경우를 몇 차례 볼 수 있다. 앞에서 '闢疋' 등을 평했던 조(組)에서 '闢疋之攺(『關雎』의 예의로의 전환)'·'梂木之時(『樛木』의 時運)'와 같은 평어가 이와 같은 형식이며, 본 죽간의 『亩丘』·『於差』 등을 논평하는 체제 또한 이와 같다. 만약 한 자 표현이 충분하지 않으면 두 자를 사용해서 평하기 때문에, 한 자 혹은 두자로 되어 있는 경우가 있다. 처음에는 비교적 간단하게 평하고, 이어서 점차적이고 구체적으로 심도 있게 평한다.

譯註說明

ⓐ '貴也' : 이 죽간을 李零과 廖名春은 제23간과 연결시켜 『兎罝』의 설명 부분으로 보는 반면,[1] 李學勤은 29간과 연결시켜 『河水』의 설명 부분으로 보고 있다.[2] 그러나 『兎罝』는 '富貴'와 관련이 없고, 『河水』 또한 일시(逸詩)다. 姜廣輝는 『古詩序章次』에서 제9간과 연결하여 『裳裳者芋』에 대한 설명으로 이해하고 있고,[3] 李零은 제9간 뒷부분에 '則以我益也'가 파손된 것으로 보면서 제9간이 23간과 연결되는 것으로 보고 있다. 의견이 분분하고 파손된 부분이 많아 현재로써는 『정리본』이 말

1 李零, 『上博楚簡交讀記』(2002), 20쪽. 廖名春, 『上博詩論簡的刑制和編連』, 『簡帛研究』 인터넷사이트 참고.

2 李學勤, 『詩論的體裁和作者』(2002), 58쪽.

3 『簡帛研究』, 인터넷사이트 참고.

한 것처럼 "어떤 시인지 아직 확실히 알 수가 없다".[4] 하지만 『裳裳者芋』의 내용이 '富貴'와 관련이 있기 때문에 姜廣輝의 주장에 따라 잠시 『裳裳者芋』에 대한 설명으로 보기도 한다.

ⓑ '贓大車' : 『贓大車』 중 '(贓)'은 聲符가 '戕'이며, '戕'은 '臧'자의 생략형이다. 『說文解字』에서는 '(臧)'에 대하여 "善也. 從臣戕聲. 籀文('착하다'의 의미. '臣'과 '戕'聲으로 이루어진 형성자. 籀文은 ''으로 쓴다)"라고 설명하고 있다. '將'자와 '戕(죽일 장, qiāng)'은 음이 비슷하여 서로 통한다. 『郭店楚簡』에서는 '贓'을 ''·''·''으로 쓴다.

ⓒ '囂' : '囂'를 '譊(떠들 뇨{요}, náo)'와 '閑'자의 의미로 풀이하는 경우도 있으나, 『詩經』의 내용과 전체문맥을 고려하여 '시끄럽다'·'소란하다'라는 의미인 '囂'의 본래의 의미로 해석하기로 한다. 『說文解字』에서는 '(囂)'에 대하여 "聲也. 气出頭上. 從㗊從頁. 頁, 首也. , 囂或省('소리'의 의미. 기운이 머리 위로 올라 있음을 형상화한 것이다. '㗊'과 '頁'로 이루어진 회의자. '頁'은 '머리'를 나타낸다. 혹은 '㗊'을 생략하고 ''로 쓰기도 한다)"라고 설명하였다.

ⓓ '審雾' : 『審雾』는 『小雅·湛露』이다. '審(살필 심, shěn)'과 '湛(즐길 담, zhàn)'과 음이 통한다.

'(雾)'자는 意符가 '雨'이고 聲符는 '各'이다. 『說文解字』에서는 '露'를 "從雨路聲('雨'와 '路'聲으로 이루어진 형성자)"자로 설명하고, '路'에 대해서는 "從足從各('足'과 '各'으로 이루어진 회의자)"라 했지만, 徐鍇는 『說文繫傳』에서 '各'을 聲符로 보고 있다.[5] 『說文解字』에서는 '(簬)'과 "從竹各聲('竹'과 '各'聲으로 이루어진 형성자)"라 했다. '簬(대그릇 락, luò)'의 음은 '盧各切'이다. 따라서 '各'과 '路'는 음이 서로 통함을 알 수 있다.

ⓔ '賺' : '賺' 중 '兼'은 '嗛'자의 고문이다. 『湛露』의 내용을 참작하여

4 "未知確指何詩."

5 湯可敬, 『說文解字今釋』, 299쪽 재인용.

'풍요하다'의 뜻인 '𥁕'으로 풀이한다. 『湛露』에 대하여 『毛詩序』에서는 "천자가 제후에게 잔치를 베풀 때 부르는 노래다"라 하였듯이, 풍요로움과 君臣의 화락을 축축한 이슬에 비유하여 노래하고 있다. 따라서 '賏'자의 의미는 넘쳐나는 풍요로움을 나타낸다.

ⓕ '軺' : '(軺)'자를 『整理本』에서는 '酡'로 해석하거나, '馳'·'佗'·'馱' 등으로 해석하기도 한다. 『小雅·南有嘉魚·湛露』의 "厭厭夜飮, 不醉不歸(흐뭇한 술자리 밤에 벌어졌으니, 취하지 않고 돌아가진 못하리라)" 구절을 참고하여 『整理本』처럼 '酡(불그레해질 타, tuó)'의 의미로 해석하기로 한다.

ⓖ '畐丘' : 『九店楚簡』의 '葍'자는 '甸'부분이 이 죽간의 '(畐)'과 유사하다. 모두 '田'이 聲符이다. 『包山楚簡』에서는 '甸'을 ''으로 쓴다.[6] '佃'은 '田'이 聲符이다. '佃(밭갈 전, diàn,tián)'은 '宛'과 음이 통한다. 따라서 본 죽간 '畐'은 '甸'으로 예정(隷定)할 수 있다. '宛'과 음이 통한다.

ⓗ '於差' : '於'와 '猗(아름다울 의, yī,yǐ,yì,ě)'자는 음이 통한다.

ⓘ '巳鴼' : '(巳)'는 '尸'가 聲符인 '鳲'와 서로 통하고, '(鴼)'자는 聲符가 '咎'이기 때문에 聲符가 '九'인 '鳩'와 통한다.

ⓙ '岂' : '(岂)'는 '媺(미)'의 聲符 중 일부이기 때문에, '美'로 가차하여 사용된다.

ⓚ '淸' : 李學勤과 李零 등은 이 '淸'자 다음 문자를 "廟』吾敬之, 『烈文』吾悅"로 보충하였다.[7]

6 滕壬生, 『楚系簡帛文字編(增訂本)』, 1148쪽.

7 李學勤(2002), 59쪽. 李零(2002), 20쪽 참고.

第22簡

之訶丘曰訇又情而亡望虐善之於差曰四矢卣吕御罶虐憙之■ 巳鴶曰丌義一氏心女
結也虐信之文王 王才上於卲于天虐光之

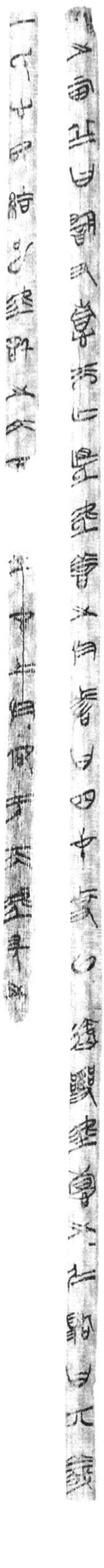

之. 亩丘曰 : 訇(洵)[a]又(有)情, 而亡望.[1] 䖒(吾)善之. 於差曰 : 四矢叓[b], 㠯(以)御𠳐(亂)[c].[2] 䖒(吾)憙(喜)之■. 尸鳩曰 : 丌(其)義一氏[d], 心如結也.[3] 䖒(吾)信之. 文王曰 : 文王才上, 於邵于天. 䖒(吾)完[e]之.

『校讀記』

[之, 『昊天有成命』吾□]之; 『宛丘』曰 : "洵有情, 而無望" 吾善之; 『猗嗟』曰 : "四矢反, 以禦亂" 吾喜之; 『鳲鳩』曰 : "其義一兮, 心如結也" 吾信之; 文王在上, 於邵于天" 吾美之;

해석

……『宛丘』편은 "진실로 하고 싶어 그러는지 모르나, 바라는 바 아닐세"라 했기 때문에 나는 이를 좋아하고, 『猗嗟』는 "네 개의 화살이 똑같은 곳에 꽂히니 세상의 난을 방지하네"라 했기 때문에 나는 기쁘게 생각하고, 『鳲鳩』는 "언행이 한결 같으니, 마음을 맺어놓은 듯 단단하네"라 해서 나는 이를 믿고 『文王』편에 "문왕께선 백성의 군주이시니, 그의 덕행 온 천하를 밝히네"라 했으니, 내가 이를 찬미한다.

上博楚簡原註

죽간은 두 개의 죽간을 합한 것이다. 윗부분은 길이가 38.4㎝로 문자는 41자이다. 아랫부분은 길이가 9.3㎝로, 끝 부분은 타원형의 완전한 형태이고, 문자는 10자이다.

이 죽간에는 어째서 '虗善之(나는 이를 좋아하다)'·'虗信之(나는 이를 믿는다)'·'虗岏之(나는 이를 찬미한다)' 하는가를 설명하는 부분이다. 그러나 공자가 서술하고 있는 詩句는 시의 전체 내용이 아니라, 가장 필요한 부분만을 인용하여 비유하고 있다. 이는 공자 시기에 자주 사용했던 방식이다.

① '訇有情, 而亡望' : '訇有情而亡望'은 현행본 『詩·國風·陳風·宛丘』 중의 "洵有情兮, 而無望兮(정말 하고 싶어 그러는지 모르나, 바라는 바가 아닐세)" 구절이다.

② '四矢叀, 㠯御[illegible]' : '四矢叀㠯御[illegible]'은 현행본 『詩·國風·齊風·猗嗟』 중의 "四矢反兮, 以禦亂兮(네 개의 화살이 똑같은 곳에 꽂히니 세상의 어지러움 막고도 남겠네)" 구절이다.

'叀'자는 『說文解字』에 없다. 『曾侯乙編鐘』의 '變商'·'變徵'에서 '變'자를 '韽'으로 쓰고 있다.[1] '韽'자는 聲符가 '叀'이고 意符는 '音'이다.

③ '丌義一氏, 心如結也' : '丌義一氏心如結也'는 현행본 『詩·國風·曹風·鳲鳩』 중의 "其儀一兮, 心如結兮(언행이 한결같으니, 마음은 맺어 놓은 듯 단단하다)" 구절이다. 앞 구절 중 歎辭 '氏'만이 다르다.

이 죽간의 첫 자 '之'는 문장의 형식으로 보아 뒷부분과 같을 것이다. 즉 먼저 해당하는 詩句를 인용하고, '虗×之'로 끝맺었을 것이다. 만약 이러한 추측이 맞다면, 이 죽간에서 평하고 있는 시들은 두 번째 출현하고 있다. 왜냐하면, '虗×之'는 제21간 『審霅』의 평론 형식과 다르고, 이 죽간에서 평론하고 있는 첫 번째 시편이 '亩丘'이기 때문이다.

---

1 『曾侯乙編鐘』은 '變'자를 '[illegible]'·'[illegible]'·'[illegible]'으로 쓴다.

이 죽간은 두 죽간을 서로 합해 놓은 것이다. 어투와 문맥이 서로 통한다. 앞 간의 마지막 자가 '王'이고, 뒤 죽간의 처음 자 역시 '王'자이다. 따라서 문맥의 내용으로 보아 '曰 : 王'[2] 두 자를 추가할 수 있다. 『文王』은 『毛詩·大雅』의 첫 번째 시편이다. 『毛詩』의 『陳風』·『齊風』·『曹風』과 『大雅』의 순서로 논술하고 있다.

譯註說明

제21간과 22간 사이에 李學勤과 李零은 "[之, 『昊天有成命』吾□]"를 보충하고 있다.[3] 초간의 『陳風·宛丘』·『齊風·猗嗟』·『曹風·鳲鳩』와 『文王』의 인용구절은 각각 현행본의 "洵有情兮, 而無望兮(정말하고 싶어 그러는지 모르나 바라는 바 아닐세)"·"四矢反兮, 以禦亂兮(네 개의 화살이 똑같은 곳에 꽂히니 세상의 어지러움 막고도 남겠네)"·"其儀一兮, 心如結兮(언행이 한결같으니 마음은 맺어놓은 듯 단단하네)"와 "文王在上, 於昭于天(문왕께선 백성의 군주이시니 그의 덕행 온 천하를 밝히네)"에 해당된다.

ⓐ '訇(洵)' : 陳奐 『詩毛詩傳疏』에서 '洵(참으로 순, xún)'자는 '詢(물을 순, xún)'·'恂(정성 순, xún)'자와 같은 의미로 사용하고 '信'의 뜻이라 했다.[4] 『說文解字』에서는 '[illegible](訇)'에 대하여 "從言, 勻省聲. [illegible]籒文不省('言'과 '勻'의 일부가 생략된 字件이 聲符인 형성자. 籒文은 생략하지 않고 '[illegible]'으로 쓴다)"라

---

2 譯註 : '王'자가 아니라 '文'자이다.

3 李零, 『上博楚簡交讀記』(2002), 20쪽. 李學勤 『上海博物館藏戰國楚竹書「詩論」分章釋文』(2002).

4 陳奐, 『詩毛氏傳疏』, 學生書局, 324쪽 참고.

고 설명하였다. 『說文解字』에서는 '旬(旬)'자의 고문을 '𠣬(𠣬)'으로 쓴다.[5] '𠣬'은 聲符가 '亘'이다. '訇'의 聲符는 '言'자일 가능성이 높으며, '訇'과 '旬'은 음이 서로 통한다.

ⓑ '叀' : '叀'에 대하여 『정리본』은 『曾侯乙編鐘』은 '變'자를 '[illegible]'으로 쓰기 때문에, '變'과 '叀'은 서로 통한다고 설명하였다.[6] '變' · '弁'과 '反'은 음이 서로 통한다. 『孔子詩論』 제8간 참고.

ⓒ '[illegible](亂)' : '[illegible]'의 중간부분은 '𤔔'이다. '𤔔'자를 金文에서는 '[illegible]' · '[illegible]' · '[illegible]' 등으로 쓴다.[7] '𤔔'자에 '手(又)'를 추가한 것은 흩어진 실을 정리한다는 의미이다.

ⓓ '氏' : '[illegible](氏)'와 '兮'는 음이 서로 통한다.

ⓔ '𡵂' : '[illegible](𡵂)'는 '媺(착하고 아름다울 미, měi)'의 聲符 중 일부이기 때문에, '美'의 의미로 가차하여 사용한다.

---

5 湯可敬, 『說文解字今釋』, 1242쪽 참고.

6 馬承源, 『整理本』, 152쪽 참고.

7 『金文編』 '0656 亂'(273쪽) 참고.

第23簡

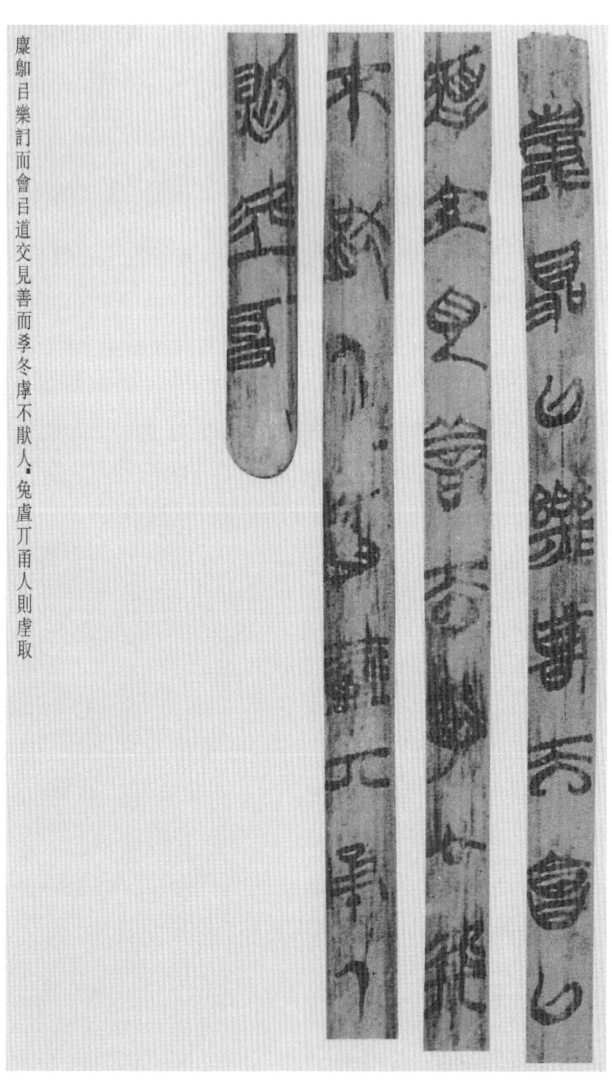

𢉖(鹿)鳴[①ⓐ]㠯(以)樂司(詞)而會[②]，㠯(以)道交見善而斈(傚)[③]，冬(終)[ⓑ]虖(乎)不猒(厭)人[④]■. 兎虘[⑤ⓒ]亓(其)甬(用)人[⑥]，則虗(吾)取

『校讀記』

[□□□□□□□□□□□□□□□□□□□□□□□□□□□□□]『鹿鳴』以樂始而會以道交, 見善而傚, 終乎不厭人. 『兎罝』其用人, 則吾取

해석

『小雅 · 鹿鳴』은 음악에 관한 내용으로, 道(禮)로써 모임이 이루어지는 것을 반영한 것이며, 모임 때 선행을 보고, 그를 따르고자 하니 결국은 싫증을 느끼지 않게 한다. 『兎罝』는 인재를 등용하는 내용이기 때문에, 나는 이 내용을 취하고자 한다.

上博楚簡原註

죽간은 길이가 27.7㎝로 상단은 파손되었고, 하단은 타원형의 완전한 형태이다. 문자는 27자이다.

① '𢉖(鹿)鳴' : '𢉖(鹿)鳴'은 현행본 『詩 · 小雅』의 첫 번째 시편 『鹿鳴』이다. '𢉖'자는 '鹿'과 '彔'으로 이루어진 자이고 聲符가 '彔'이다.

② '㠯樂詞而會' : '以樂詞而會'의 의미이다. 시구 중에 "鼓瑟鼓琴, 和樂且湛(슬 뜯고 금 타며 즐기니 화락함이 끝이 없네)" · "我有旨酒, 以燕樂嘉賓之心(내게 맛있는 술 있어 잔치하여 아름다운 손님의 마음 즐겁게 하네)"가 있다. '樂'은 '和樂'의 의미이다. '詞'자는 '詞'의 뜻이다.

③ '孝' : 『說文解字』에서는 '孝'자에 대하여 "放也(모방하다의 의미이다)"라고 설명하고 있다. 이곳에서는 '傚(본받을 효; xiào)'의 뜻으로 쓰이고 있다. '孝'와 '傚'는 첩운(疊韻)과 성모방전(聲母旁轉)관계이다.

④ '冬虐不猒人' : '冬虐不猒人'은 '終乎不厭人(끝까지 싫증을 느끼지 않게 한다)'의 의미이다.

⑤ '兔虘' : '兔虘'는 현행본 『詩 · 國風 · 周南』의 『兎罝』이다.

⑥ '甬人' : '甬人'은 '用人'의 의미이다. 공자가 말하는 '用人의 道'는 "赳赳武夫, 公侯干城(늠름한 군인은 나라의 방패)" · "赳赳武夫, 公侯好仇(늠름한 군인은 임금님의 좋은 신하)" · "赳赳武夫, 公侯腹心(늠름한 군인은 임금님과 한 마음)"의 詩句이다. 公侯들이 '武人'들의 등용을 매우 중시하였음을 노래한 시이다.

하단 부분이 파손되어 전체적인 내용 파악이 쉽지 않다.

이 죽간에서는 『小雅』와 『國風』을 함께 평하고 있다.

譯註說明

ⓐ '麋(鹿)鳴' : '[illegible](麋)'자의 聲符는 '录'이다. 현행본은 '鹿'으로 쓴다. '[illegible](鳴)'자는 '鳴'과 같은 자이다. 『麋(鹿)鳴』은 『小雅 · 鹿鳴』을 가리킨다. 『毛詩序』에서는 이 시는 여러 신하와 훌륭한 손님을 위해 잔치를

하는 내용이라 했다.

초간(楚簡)의 공자의 평과 현행본『鹿鳴』의 내용과 관련 있는 구절은 "…… 我有嘉賓, 德音孔昭. 視民不恌, 君子是則是效. …… 鼓瑟鼓琴, 和樂且湛. 我有旨酒, 以燕樂嘉賓之心(나에게 좋은 손님 오셨으니 그의 말씀 매우 밝아, 백성에게 두터운 정 보이시니 군자들도 본받고 따르네. …… 슬 뜯고 금 타며 즐기니 화락함이 끝이 없네. 내게 맛있는 술 있어 잔치하여 좋은 손님의 마음 즐겁게 하네)" 등이 있다.

ⓑ '冬(終)' : 『上博楚簡 · 紂衣』에서는 '冬'자를 ''으로 쓰고, 『郭店楚簡 · 緇衣』에서는 ''으로 썼다.

ⓒ '䨲虘' : 『䨲虘』는 『周南 · 兎罝』로 늠름한 군인을 칭송한 시이다. 시의 내용 중 "…… 赳赳武夫, 公侯干城. …… 赳赳武夫, 公侯好仇. …… 赳赳武夫, 公侯腹心(늠름한 군인은 나라의 방패 …… 늠름한 군인은 임금님의 신하. …… 늠름한 군인은 임금님과 한마음)"의 구절이 공자가 칭찬하려는 내용과 관련이 있다. 제8간에 '(䨲)'은 '宛'의 의미로 썼는데, 이 자의 윗부분이 '(兎)'의 자형과 비슷하지만 字件 '冤'의 생략형이다. 제25간에서는 '䨲'자를 ''로 쓴다.

'虘'를 『上博楚簡 · 紂衣』에서는 ''로, 『新蔡葛陵楚墓』에서는 ''로 쓴다.[1]

1 滕壬生, 『楚系簡帛文字編(增訂本)』, 487쪽 참고.

第24簡

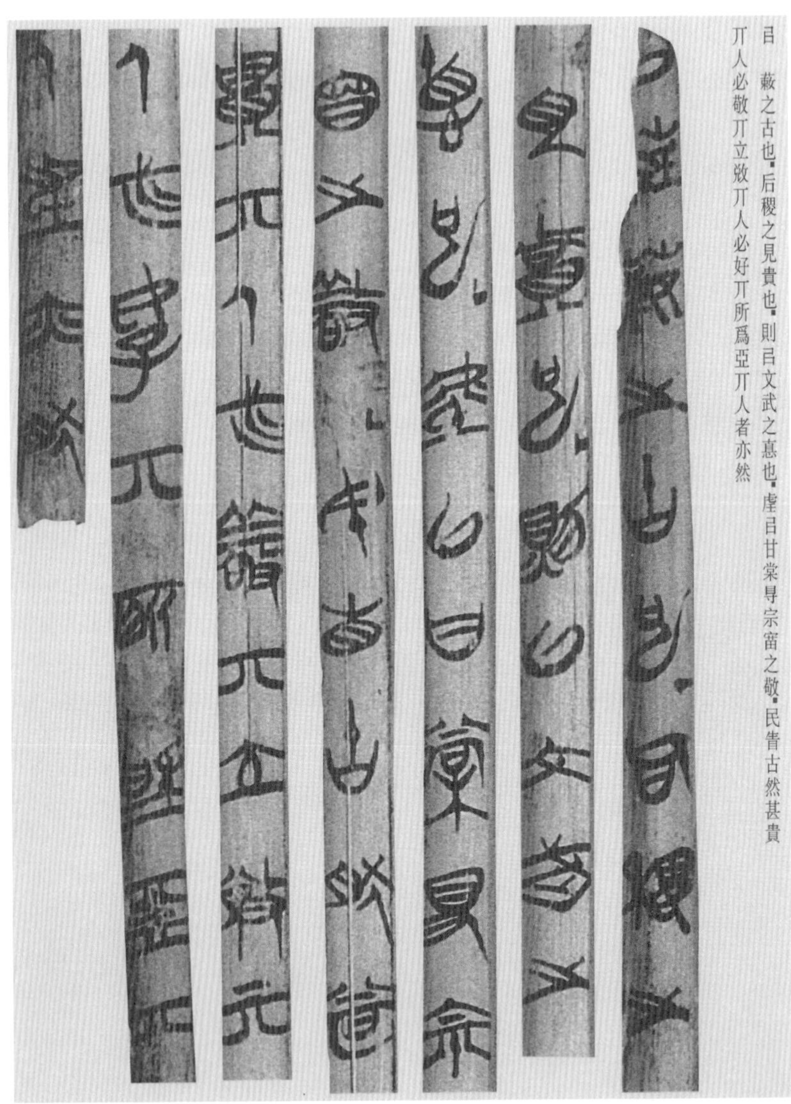

吕　藪之古也■后稷之見貴也■則吕文武之悳也■虐吕甘棠旱宗富之敬■民眚古然甚貴
亓人必敬亓立敓亓人必好亓所爲亞亓人者亦然

吕(以)□菽[ⓐ]之古(故)也■. 后稷之見貴也■, 則吕(以)文武之悳也[ⓑ]■. 虗(吾)吕(以)甘棠㝵(得)宗宙(廟)之敬■, 民眚(性)古(固)然. 甚貴丌(其)人[①], 必敬丌(其)位. 敓(悅)丌(其)人[②], 必好丌(其)所爲. 亞(惡)丌(其)人者[③]亦然.

『校讀記』

以□□之故也. 后稷之見貴也, 則以文武之德也. 吾以『甘棠』得宗廟之敬. 民性固然, 甚貴其人, 必敬其位; 悅其人, 必好其所爲. 惡其人者亦然. [□□]

해석

(『大雅・生民』) 칡 넝쿨이 칭송되어지는 것은 그 잎이 무성하게 우거져 있기 때문이며, 后稷이 존경을 받는 것은 후세 문왕과 무왕의 덕행으로 인한 것이다. 나는 『甘棠』으로부터 宗廟에 대한 존경을 배웠다. 이는 백성의 풍속이 원래 이와 같아, 만약에 어떤 사람을 존경하면 그 사람이 머물렀던 곳을 존경하며, 그 사람을 좋아하면 그가 한 일들을 좋아한다. 그 사람을 싫어하면 이와 반대되는 행위를 한다.

上博楚簡原註

죽간은 길이가 53.8㎝로, 상단은 타원의 형태가 약간 남아있고, 하단은 파손되었다. 53자가 있다.

본 죽간의 두 번째 자는 절반이 파손되어 예정(隸定)하기가 어렵다. 세 번째 자는 字件이 '艸'인 '菽'자이다. 字書에는 보이지 않기 때문에 그 의미를 확실히 알 수 없다.

다음 구절 "后稷之見貴也, 則以文武之悳也(后稷이 존경을 받는 것은 후세 문왕과 무왕의 덕행으로 인한 것이다)"는 『詩·大雅·生民』편에 보인다. 『詩經』 중에 『大雅·生民』·『大雅·雲漢』·『周頌·思文』과 『魯頌·閟宮』 등이 后稷을 찬양하고 있다. 이와 관련이 있는 詩句는 아래와 같다.

『生民』

履帝武敏歆, 상제의 발자국 엄지발가락 밟으시자 마음 기뻐져,

攸介攸止. 載震載夙, 쉬어 머무르셨네. 곧 아기 배고 신중히 하시어,

載生載育. 時維后稷. 아기 낳아 기르셨으니, 이분이 바로 후직이시네.

誕后稷之穡, 有相之道. 후직이 농사지음은 땅의 도를 보아 합당케 하신 거라네.

茀厥豐草, 種之黃茂. 많은 잡초들을 뽑아내고 거기에 곡식 심어 무성케 했네.

其香始升, 上帝居歆. 그 향기 올라가니 상제께서 즐겨 드시네.

胡臭亶時?后稷肇祀, 향기 크게 정성되고 훌륭하니 후직께서 제사지내는 걸세.

庶無罪悔, 以迄於今. 어떤 죄나 허물없이 지금까지 이르렀네.

『雲漢』

后稷不克, 上帝不臨. 그러나 후직께서도 모르는 체 하시고, 상제께서도

임하지 않으시니,

耗斁下土, 寧丁我躬. 세상을 멸망시키려 하시나, 제 몸으로 화를 받겠네.

『思文』

思文后稷, 克配彼天. 문덕 많으신 후직께서는 하늘의 짝이 되실 만한 어른일세.

立我烝民, 莫匪爾極. 우리 백성들 안정됨이 모두 그분의 은덕이네.

貽我來牟, 帝命率育. 우리에게 보리와 밀 씨 내리시어 상제께서 백성을 두루 기르시네.

無此疆爾界, 陳常于時夏. 이곳저곳을 막론하고 중원 땅에 바른 도를 펴시었네.

『閟宮』

是生后稷, 降之百福. 후직을 낳으시고, 온갖 복을 내리셨으니,

黍稷重穋, 稙穉菽麥. 메기장 차기장과 이른 곡식 늦은 곡식에 올벼 늦벼와 콩과 보리였네.

奄有下國, 俾民稼穡. 이에 모든 나라들을 다스리어 백성들로 하여금 농사짓게 하시네.

『閟宮』은 노나라 희공을 찬양한 내용이다. 詩句 중에 "公徒三萬, 貝胄朱綅, 烝徒增增. 戎狄是膺, 荊舒是懲, 則莫我敢承(희공의 무리는 삼만 명인데, 조개 장식 갑옷에 붉은 실로 꿰맸으며, 많은 무리들 시끌시끌하네. 오랑캐 무찌르고 남쪽나라들을 경계하니 아무도 감히 우리와 맞서지 않네)"가 있고, 이에 대하여 鄭玄은 "僖公與齊桓居義兵, 北當戎與狄, 南艾荊及群舒, 天下無敢禦也(僖公과 齊 桓公이 정의로운 군사를 이끌고, 북쪽으로는 오랑캐 戎狄族을 물리치고 남쪽으로는 초나라 荊과 舒나라를 물리치니, 천하에 감히 당해낼 자가 없었다)"라고 설명하고 있다. 『閟宮』에 后稷이 백성들에게 농사일을

가르치고 그 자손들을 기산 남쪽 기슭에 거하게 하였으며 상나라를 치기 시작하였고 魯나라 宗廟에서 흰 수소와 붉은 수소를 모두 갖추고 술잔들도 가지런하게 하여 상땅과 허땅을 차지하였다는 내용이 있다. 그러나 이 내용은 사실상 "復周公之宇(주공이 나라를 다시 회복함)"을 설명하기 위한 것으로 魯侯의 위대한 공적을 찬양하고 있다. 따라서 공자가 "后稷之見貴也(후직이 존경을 받다)"로 평한 시편은 『閟宮』이 아니며, 『雲漢』 또한 아니다.

『思文』 중에 后稷에 대하여 "克配彼天(하늘의 짝이 되실 만한 어른일세)"라는 詩句가 있기는 하지만, 詩句의 길이가 매우 짧다.

『生民』은 모두 8장으로 后稷을 찬양한 장편의 詩이다. 이 시 중 4章은 10句로 되어 있고, 4章은 8句로 되어 있으며, 풍부한 어휘로 묘사해내고 있다. 『鄭玄』은 "后稷肇祀上帝於郊, 而天下衆民咸得其所, 無有罪過也. 子孫蒙其福, 以至於今, 故推以配天焉(后稷이 처음으로 상제께 정성껏 교외에서 제사를 드리고, 그 복을 온 백성이 얻게 되어 어떤 죄나 허물없이 지내게 되었다. 자손들 역시 그 복을 받아 지금에 이르기까지 상제와 함께 하게 되었다)"라고 설명하였다.

『生民』은 后稷이 하늘과 더불어 있음을 찬양한 것인데, 이는 본 죽간에서 말하는 '見貴(존경을 받게 되는 것)'이 실질적으로는 문왕과 무왕의 덕행 때문이라고 말하는 것이다. 따라서 본 죽간에서 언급하고 있는 시편은 『生民』이다.

① '甚貴丌(其)人' : 竹簡에서 '[illegible](甚)'과 '尙'의 자형은 약간 차이가 있다.[1]

② '必敬丌位' : '必敬丌位'는 '必敬其位(그 사람이 머물렀던 곳을 좋아한다)'이다.

---

1 『包山楚簡』은 '尙'자를 '[illegible]'으로 쓰고, 『上博楚簡・子羔』는 '[illegible]'으로 쓴다. 滕壬生, 『楚系簡帛文字編(增訂本)』, 85쪽 참고.

③ '亞丌人者' : '亞丌人者'는 '惡其人者(그 사람을 싫어하다)'의 뜻으로, 앞에서 살펴보았듯이, 簡文에서 '亞'는 '惡'의 뜻으로 쓰인다.

일반적으로 먼저 편명을 언급하는 것이 공자의 서술 방식이기 때문에, 이 죽간의 첫 구절 앞에 분명히 편명이 있었을 것이고, 이 죽간은 시편을 좀 더 상세히 분석한 내용에 해당된다. 이 시들과 한 조를 이루는 다른 시편들은 현재로써는 알 수가 없다.

『甘棠』은 『邦風』에 속하고, 『生民』은 『大雅』에 속한다. 따라서 본 죽간은 『雅』와 『風』을 함께 논한 것으로, 또 다른 하나의 체제를 이루고 있기 때문에, 다른 종류로 분류할 수 있다.

『甘棠』을 '保(褒)'라고 평한 내용은 이미 『關疋』를 평하는 組에 보이는데, 모두 『邦風』에 관한 내용이었다. 『十月』을 논하는 組는 모두 『小雅』에 속하는 내용이다. 그런데 본 죽간에서 『大雅・生民』과 『邦風・甘棠』을 함께 논한 것으로 보아 『甘棠』은 최소한 두 차례 논평되었음을 알 수 있다.

공자가 시가들을 다양하게 조합하는 방식으로 각각의 시들을 강술(講述)하는 체제는 여러 곳에서 볼 수 있다.

본 죽간의 내용과 형식은 제16간과 같다. 제16간은 "孔子曰 : 虗昌萏覃尋氏初之詩, 民眚古然 …… (나는 『葛覃』으로부터 인간의 원초적인 생각을 찾아 볼 수 있다)"라 했는데, 본 죽간은 논평의 첫 부분이 아니기 때문에, '孔子曰'이라고는 하지 않았으나, "虗昌甘棠尋宗畗之敬. 民眚古然 …… (나는 『甘棠』으로부터 종묘를 존경하는 법을 배웠다)"라 하고 있고, 제20간 역시 "帋帛之不可迲也. 民眚古然 …… (예물이 없어서는 안 된다는 것은 민간의 풍속이 원래 그렇기 때문이다)"라 하고 있다. 모두 『邦風』을 통하여 백성의 풍속을 파악하고 있다. 한 조를 이루는 시편들이 서로 다르지만, 그 작용은 같다.

『정리본』에서 제23간의 앞 내용을 『大雅·生民』으로 보고 있는 반면, 李學勤은 이 죽간을 제16간과 李零은 제15간과 연결하여 『葛覃』에 관한 설명으로 보았고, 濮茅左는 제20간과 연결하여 『木瓜』에 관한 설명으로 보기도 한다. 『大雅·生民』에 넝쿨의 무성함을 훌륭한 덕으로 비유하는 내용이 있고, '后稷之見貴也, 則㠯(以)文武之悳也(后稷이 존경을 받는 것은 후세 문왕과 무왕의 덕행으로 인한 것이다)' 역시 『生民』편에 관한 내용이기 때문에 이 구절 역시 『生民』편의 내용이다.

ⓐ '□藪' : 『정리본』에서 '[glyph](□藪)'자에 대하여 '辭意未明(의미를 잘 모르겠다)'라고 설명하였다.[2] 李零은 첫째 자는 '從艹, 從氏'와 파손된 부분으로 되어 있고, 두 번째 자는 '從艹, 從女'와 파손된 부분으로 '蔽芾'의 의미로 쓰인 것으로 추측하고 있다.[3] 王志平은 『詩論箋疏』에서 이 두 자를 '葉萋'의 의미로 추측하고,[4] 陳劍은 '絺綌'으로 『葛覃』편에 관한 내용으로 이해하고 있다.[5] 하지만 문장 배열 형식으로 보아, 뒷 부분은 『甘棠』에 대한 내용이고, 앞 부분은 다른 편을 평한 것 같다. 즉 『葛覃』 혹은 『生民』 중의 한 편인 것으로 보인다. 『生民』편에 "誕實匍匐, 克岐克嶷, 以就口食. 蓺之荏菽, 荏菽旆旆, 禾役穟穟. 麻麥幪幪, 瓜瓞唪唪(기어 다니게 되시자 지각과 의식이 있으셨고, 음식을 찾아 잡수시게 되자 콩을

2 馬承源, 『정리본』, 153쪽 참고.

3 李零, 『上博楚簡交讀記』(2002), 13쪽. 『廣韻』은 "芾, 草木盛也('芾(우거질 불{나무 더부룩할 패}, fèi,fú)는 '초목이 우거지다'의 의미)"라고 설명하고 있다.

4 『上博館藏戰國楚竹書硏究』(2002), 224쪽. '萋(풀 성하게 우거진 모양 처, qī,cǐ)'자에 대하여 『說文解字』는 "萋, 草盛('萋'자는 '풀이 무성하게 우거진 모양')"이라고 설명하고 있다.

5 劉信芳, 『孔子詩論術學』, 234쪽 참고. '絺(칡베, 치 chī,zhǐ)綌(칡베 격, xì)'는 '갈포옷'을 말한다.

심으셨는데, 콩은 너풀너풀 자랐으며, 벼도 탐스럽게 줄지어 자라게 되고, 삼과 보리도 무성하게 만들고, 외 덩굴도 쭉쭉 자라게 하셨네)"와 같이 넝쿨의 무성함을 비유적으로 표현하는 내용이 있다. 胡平生은 이 내용을 참고하여 '(□藏)'을 '荏菽(임숙 : 대두 콩이 무성하게 자라다)'로 풀이하고 있다.[6] 본문에서는 죽간의 형식과 내용을 참고하여 '㠯(以)□藏之古(故)也'를 『生民』의 평으로 이해하고, '□藏'은 '荏菽'으로 풀이하기로 한다.

ⓑ '后稷之見貴也則㠯(以)文武之悳德也' : 『정리본』에 后稷을 찬미한 시가는 『大雅 · 生民』 · 『大雅 · 雲漢』 · 『周頌 · 思文』과 『魯頌 · 閟宮』 등이 있는데, 그 중 文武의 덕을 노래한 시는 『生民』이라고 하고 있다.[7] 이외에도 『周頌 · 思文』으로 보는 학자도 있으나,[8] 『毛詩序』도 '文武之功, 起於后稷(文王 · 武王의 功은 后稷에게서 시작되었다)'라고 『生民』편에 대하여 평하였다. 본문도 『整理本』의 견해에 따라 『生民』편의 내용으로 이해하기로 한다.

6 劉信芳, 『孔子詩論術學』, 234-235쪽 참고.

7 『上博館藏戰國楚竹書研究』(2002), 153-154쪽.

8 劉信芳, 『孔子詩論術學』, 235쪽 참고.

第25簡

腸=(腸腸)』[①ⓐ]少人■. 又(有)兎[ⓑ]不𡕘(逢)[②ⓒ]旹(時)■. 大田[③]之𧘝(卒)章[④]智(知)言而又(有)豊(禮)[ⓓ]■. 少明[⑤]不[ⓔ] ……

『校讀記』

……[『君子]腸腸』小人┘, 『有兎』不逢時, 『大田』之卒章知言而有禮, 『少明』不 ……

해석

『蕩』은 소인에 대한 내용이고, 『有兎(『王風 · 兎爰』)』는 때를 만나지 못한 것에 대한 한탄이며, 『小雅 · 大田』의 마지막 장은 분별력(知音)과 예의에 관한 내용이며, 『小雅 · 谷風之什 · 小明』은…… 할 수 없음을 노래한 것이다.

上博楚簡原註

죽간의 길이는 20㎝로, 상하단이 모두 파손되었다. 문자는 22자이며, 그 중에 重文이 한 자 있다.

① '腸=' : '腸'자 아래 중문 부호가 있다. '腸腸'은 『詩 · 大雅 · 蕩之什』 중 한 편으로 보인다. '腸'과 '蕩'의 음은 서로 통한다. 현행본 『詩 · 大

雅·蕩之什·蕩』의 첫 구절은 "蕩蕩上帝, 下民之闢(위대한 상제는 백성들을 다스리는 임금님이시거늘)"이다. 따라서 '腸腸'이 원래 『蕩』의 편명일 가능성도 있다.

공자가 '小人'이라 평한 내용은 『蕩』의 "天生烝民, 其命匪諶. 靡不有初, 鮮克有終(하늘이 백성들을 낳으셨으나, 하늘의 명은 믿을 수 없는 것. 시작은 있었지만, 끝까지 잘한 나라는 드무네)"의 구절과 관계가 있다. 『蕩』은 모두 8장으로 되어 있다. 제2장부터는 문왕이 殷商의 잘못을 질책하는 내용으로, 한 왕조(殷商)를 '小人'이라 부르지는 않았을 것이다. 『小序』는 "『蕩』, 召穆公傷周室大壞也. 厲王無道, 天下蕩蕩, 無綱紀文章, 故作是詩也(『蕩』은 召穆公이 周나라 王室이 크게 무너짐을 서글퍼한 것이다. 厲王이 無道하나, 天下는 위대하여 綱紀와 文章이 없었기 때문에 이에 시를 지어 풍자하였다)"라 하였다. '蕩蕩上帝(위대한 상제)'를 '天下蕩蕩(왕실이 엉망이 되다)'로 풀이할 수는 없다. 孔穎達은 이 시구에 대하여 "上帝以托君王也(上帝를 군왕으로 의탁하고 있다)"로 설명하고 있는데, 이는 『小序』의 내용을 맹신한 결과이다. 어찌 厲王을 상제와 비유할 수 있겠는가. 제1장과 1장 이하 7장 모두는 제1장과 내용상 서로 연결이 되지 않는다. 제1장은 상제와 蒸民(백성)에 관한 내용이고, 뒤 7장은 모두 '咨女(汝)殷商(아아 그대들 은상나라를 자문하노니)'에 대한 내용으로 완전히 다르다. 아마도 이는 두 편의 시가 잘못 배합된 것으로, 제1장을 다른 것과 합하여 다른 한 편으로 보아야 할 것 같다.

『大夏』는 일반적으로 '盛德'을 찬양한 시편인데, 제1장은 '盛德'과 무관하기 때문에, 『少夏』 중 하나가 아닌가 한다. 현행본 『大雅』 중 『小序』에 厲王을 풍자했다는 편은 『民勞』·『板』·『抑』·『桑柔』·『瞻卬』과 『蕩』이 있다. 이들 시편은 모두 심각한 정치적 부패나 사회적 쇠락에 대한 내용을 언급하고 있어 『大夏』의 '盛德'과는 현격한 차이가 있다. 따라서 이 7편은 『少夏』로 편입시켜야 옳다. 한대 유가들이 잘못 편집한 결과이다.

② '又兎不𦓤' : '又兎'는 '有兎'의 뜻이다. '有兎'는 현행본 『詩經』에 없다. 첫 번째 구절의 첫 두자가 편명인 예들을 참고한다면, '有兎'는 『詩・王風・兎爰』일 가능성이 있다. 『兎爰』의 첫 구절 '有兎爰爰' 중의 '有兎'는 簡文의 篇名과 같다. 구절 중에 "我生之初, 尙無爲. 我生之後, 逢此百罹(내가 처음 태어났을 때엔 아무 탈도 없었는데. 내가 자란 뒤에는 이런 숱한 걱정 만나니)" · "逢此百憂(내가 자란 뒤에 이런 숱한 근심 만나니)" · "逢此百凶(내가 자란 뒤에 이런 숱한 흉한 일 만나니)"의 시구는 때를 만나지 못한 한탄을 묘사하고 있다.

③ '大田' : '大田'은 현행본 『詩・小雅・甫田之什』의 『大田』이다.

④ '𧘝章' : '𧘝'은 '爪'와 '衣'로 이루어진 자이며, 『說文解字』에는 없다. '卒'의 의미이다. 『大田』의 시구 내용으로 보아 評語는 제일 마지막 장을 가리키는 것으로 보인다.

⑤ '少明' : '少明'은 현행본 『詩・小雅・谷風之什』의 『少明』이다.

譯註說明

ⓐ '腸=(腸腸)' : 『정리본』에는 '腸'은 음이 '蕩'과 같고, 『蕩』의 첫 구절 "蕩蕩上帝, 下民之辟(위대한 상제는 백성들을 다스리는 임금님이시거늘)"을 참고하여 『腸腸』은 『大雅・蕩之什・蕩』을 가리킨다고 한다.[1] 李零과 李學勤 등은 '腸'은 '陽'과 음이 서로 통하기 때문에, 『腸腸』은 곧 『陽陽』이고, '腸='자 앞에 '君子' 두 자가 파손되어, 『腸腸』을 『王風』의 『君子陽陽』으로 보고 있다.[2] 그러나 『王風・君子陽陽』의 내용은 '小人'과

1 馬承源, 『정리본』, 155쪽.
2 劉信芳, 『孔子詩論術學』, 236-237쪽.

관계가 없기 때문에 『整理本』의 의견에 따르기로 한다.

ⓑ '又(有)兎' : 『有兎』는 『王風 · 兎爰』의 첫 구절에 "有兎爰爰(토끼가 깡충깡충 뛰다)"가 있는 것으로 보아 『兎爰』인 것으로 보인다.[3] 때를 잘못 만난 내용으로는 "逢此百罹(숱한 걱정을 만나니)" · "逢此百憂(숱한 근심을 만나니)" · "逢此百凶(숱한 흉한 일 만나니)" 등이 있다.

ⓒ '丰丰' : '(丰丰)'자는 '丰'이 聲符이다. 『楚系簡帛文字編(增訂本)』에는 ''을 '奉'으로 해석하고 『包山楚簡』에 있는 '' · ''을 예로 들고 있다. '奉'자는 '逢'과 통한다.

ⓓ '大田之衮(卒)章智(知)言而又(有)豊(禮)' : '衮'에 대하여 『整理本』에서는 "從爪, 從衣, 讀爲卒(字件 '爪'와 '衣'로 이루어진 자로 '卒'의 의미이다)"라 하였다. 현행본 『小雅 · 大田』 중 "來方騂祀, 以其騂黑, 與其黍稷, 以享以祀, 以介景福(사방의 신에게 정결히 제사 드리는데 붉은 소 검은 소 잡고 메기장 차기장으로 밥 지어 제물 올리며 제사하여 큰 복을 비네)"의 구절이 "知言而有禮(분별력과 예의가 있다)"와 내용상 관련이 있다.

ⓔ 제25간과 제26간 사이의 문자는 죽간의 파손으로 보이지 않는다.

3 馬承源, 『정리본』, 155쪽.

第26簡

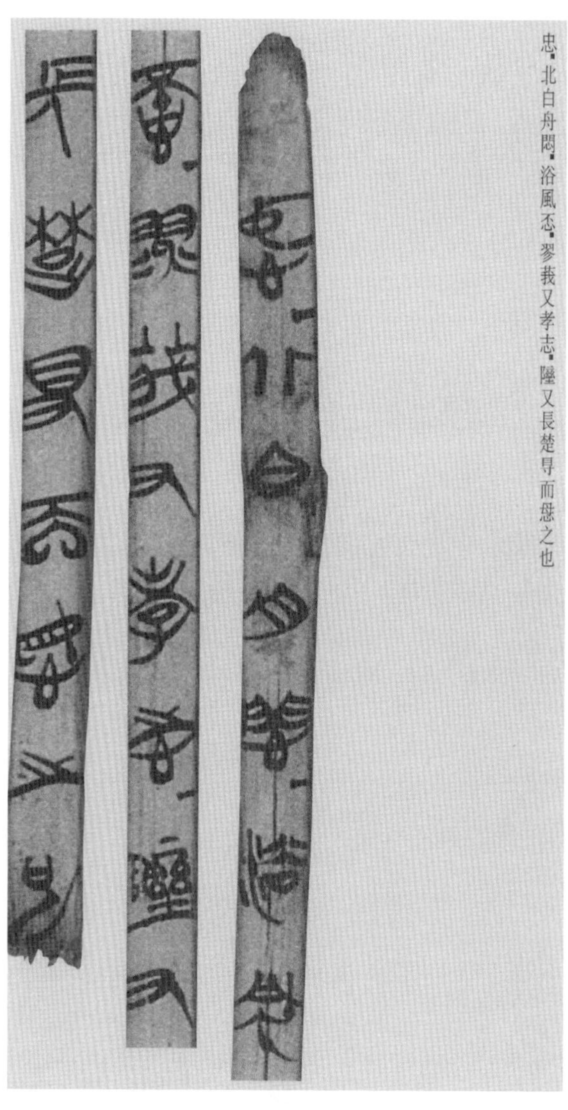

忠▬. 北白舟[ⓐ]悶▬. 浴風[ⓑ]丞[ⓒ]▬. 翏莪又(有)孝志▬. 隰又(有)長楚[ⓓ]㝵(得)而悬[ⓔ]之也.

『校讀記』

[□□□□□□]忠, 『邶 · 栢舟』悶, 『谷風』負, 『蓼莪』有孝志, 『隰有萇楚』得而悔之也, [□□□□□□□□□□□□□□□□□□□□□□□□□□□□□□]

해석

…… 편은 忠誠에 관한 것이며, 『邶風 · 柏舟』는 번민과 관계가 있으며, 『小雅 · 谷風』은 悲傷에, 『小雅 · 谷風之什 · 蓼莪』는 효심에 관한 것으로, 『檜風 · 隰有萇楚』는 얻고 난 다음에 후회하는 내용을 읊은 것이다.

上博楚簡原註

죽간의 길이는 23.4㎝이고, 상하단이 모두 파손되었다. 문자는 22자가 있다.

본 죽간의 파손 상태는 매우 심하며, 문자의 수도 다른 죽간의 절반 정도이다. 간략한 단어로 평론하는 형식으로 보아, 또 다른 한 조로 편성된 첫 평론부분이다.

① '北白舟' : 현행본 『詩·國風·邶風』 중 『柏舟』이다. '白'은 '柏'의 의미이다. 『柏舟』란 篇名은 『鄘風』에도 보인다. 따라서 竹簡은 이를 구별하기 위하여 특별히 지역을 표시하는 '北'를 표기하여 『鄘風』의 『柏舟』와 구별하려고 '北栢舟'라 하였다. 孔子는 이 시를 '悶'으로 평하고 있는데, "耿耿不寐, 如有隱憂(밤새도록 잠 못 이룸은 빠져린 시름 때문인가)"·"憂心悄悄, 慍於羣小. 覯閔既多, 受侮不少(시름은 그지없어 뭇 것들의 미움만 사고. 근심걱정 많이 하다 보니 수모도 적지 않네)"·"心之憂矣, 如匪澣衣, 靜言思之, 不能奮飛(마음의 시름은 빨지 않은 옷 입은 듯. 가만히 생각하니 훨훨 날고만 싶어)" 등의 구절이 이와 관련이 있다. 이 시는 시인이 시름과 근심걱정으로 한탄하고 있기 때문에 공자가 '悶'으로 논평한 것이다.

② '浴風' : '浴風'은 '谷風'이다. 현행본 『詩·國風·邶風』과 『小雅』에 『谷風』이 각각 보인다. '丕'자는 意符가 '心'이고 聲符가 '不'인 형성자로 '背'의 뜻으로 쓰이고 있다. '背'와 관련이 있는 시는 『小雅』의 『谷風』이다. 『小雅』의 『谷風』 구절 중에 "習習谷風, 維風及雨. 將恐將懼, 維予與女. 將安將樂, 女轉棄予(산들산들 동풍이 부니 바람과 함께 비가 오네. 살기 어렵고 걱정 있을 때엔 오직 나와 너 뿐이더니. 즐겁게 편히 살만하게 되자 그대는 돌아서 나를 버리는구려)"가 있고, 이 구절 뒤에도 비슷한 형식으로 "將恐將懼, 寘予於懷. 將安將樂, 棄予如遺(살기 어렵고 걱정 있을 때엔 나를 품안에 품어 주더니. 즐겁게 살만하게 되자 나를 잊은 듯 버리네)"·"忘我大德, 思我小怨(나의 큰 덕은 잊고 나에 대한 조그만 원한만 기억하는가)" 등의 구절이 있는데, 이러한 내용이 '背'와 관련이 있다. 『邶風·谷風』은 부부가 서로 도리 잃음을 풍자한 시이며 "宴以新昏, 不我屑以(그대는 신혼재미에 나를 거들떠보지도 않네)" 등의 시구가 있다. 따라서 본 죽간은 『谷風』은 『小雅』의 시편이다.

③ '翏莪' : '翏莪'는 현행본 『詩 · 小雅 · 谷風之什』의 『蓼莪』이다.

④ '又(有)孝志' : '又(有)孝志'는 '有孝志(효심이 있다)'이다. 『蓼莪』의 구절 "父兮生我, 母兮鞠我, 拊我畜我, 長我育我, 顧我復我, 出入腹我. 欲報之德, 昊天罔極(아버님 날 낳으시고 어머님 날 기르시니, 쓰다듬어 주시고 길러 주시며 키워 주시고 감싸 주시며, 돌아보시고 되돌아보시며 나들이 하심에 되돌아 보셨으니, 이 은혜 갚고자 하나 하늘이 무정하시네)" 등이 부모님을 끝내 모시지 못함을 한탄하고 있다. 따라서 공자는 '有孝志(효심)'이라 평하였다.

⑤ '隰又(有)長楚' : '隰又(有)長楚'는 현행본 『詩 · 檜風』 중의 『隰有萇楚』이다.

⑥ '旻(得)而悬' : '旻(得)而悬'은 '得而悬'의 의미이다. 『隰有長楚』의 시구에 "隰有萇楚, 猗儺其枝. 夭之沃沃, 樂子之無知(진펄의 보리수나무는 가지가 아름답기도 하네. 싱싱하고 곱기만 하니 너의 무지함이 부럽기만 하다)" · "猗儺其華(꽃이 아름답기도 하네)" · "猗儺其實(열매가 아름답기도 하네)" 등의 구절이 있기 때문에, 공자는 "得而悬(얻고 난 다음에 후회한다)"라고 했다. 『集韻』은 '侮'의 古字가 '悬'라고 설명하였다.

譯註說明

ⓐ '北 · 白舟' : '北'은 '邶'와 통하고, '白'은 '柏'과 통한다. 『邶風』이라고 특별히 지적하고 있는 것은 『鄘風』의 『柏舟』가 아니라는 것을 말하기 위함이다.

ⓑ '浴風' : '浴'은 '谷'과 통한다. 『谷風』은 『邶風』과 『小雅』에 두 편이 있다. 『邶風』의 『谷風』은 남편에게 버림받은 아내가 읊은 시이고, 『小

雅』의 『谷風』은 "忘我大德, 思我小怨(나의 큰 덕을 잊고, 나에 대한 작은 원한만 기억하네)"와 내용이 같은 세상이 각박하여 친구 사이의 道가 끊어지게 된 내용이기 때문에(『毛詩序』), 초간의 『谷風』은 『小雅』편을 가리킨다.

ⓒ '怌' : '怌(怌)'자는 '心'과 '不'聲으로 이루어진 형성자이다. 음이 '負'나 '背'와 통하며, '배반하다'는 뜻이다.

ⓓ '隇又(有)長楚' : '『隇又(有)長楚』'는 『檜風』의 『隰有萇楚』를 가리킨다. '隇(隇)'자는 '隰'자의 변형이다. 『說文解字』에서는 '隰(隰)'에 대하여 "阪下溼也. 從𨸏㬎聲('비탈길이 축축하다'의 의미. '𨸏'와 '㬎'聲으로 이루어진 형성자)"라고 설명하고, '溼(溼)'자에 대해서는 "幽溼也. 從水. 一, 所以覆也, 覆而有土, 故溼也. 㬎省聲('매우 축축하다'의 의미. 의미 부분은 '水'와 '一'이다. '一'은 '덮는 물건'을 가리킨다. 물건으로 땅을 덮어 땅이 축축하게 젖어 있음을 말한다. 字件 '㬎'의 일부가 생략된 부분이 聲符이다)"라고 설명하고 있다. '隇'의 오른쪽 字件은 '溼'의 오른쪽 字件과 비슷하다.

ⓔ '𢘅' : '𢘅(𢘅)'는 곧 '悔'와 같다. 『說文解字』에서는 '侮(侮)'자를 '㑄(㑄)'로 쓴다. 『集韻』에서는 "侮, 『說文解字』 '傷也.' 一曰慢也. 古作㑄('侮'자에 대하여 『說文解字』에서는 '傷(훼손하다)'라고 풀이하였다. '慢(업신여기다)'의 의미로 풀이하기도 한다. 古文은 '㑄'로 쓴다)"라고 설명하였다. 『楚系簡帛文字編(增訂本)』에서도 '[글자]'(『上博楚簡 · 容成氏』) · '[글자]'(『郭店楚簡 · 語叢三』) · '[글자]' 등의 자를 '謀'의 이체자로 보았다.[1]

1 滕壬生, 『楚系簡帛文字編(增訂本)』, 216쪽 참고.

第27簡

女此可斯雀之矣𢓕丌所悉必曰虗奚舍之賓贈氏也孔=曰七衡智難▪中氏君子▪北風
不𢆶人之怨子立不

女(如)此[①]. 可斯[②]雀之矣[ⓐ], 𨗨[ⓑ]丌所悉(愛), 必曰虗(吾)奚舍之, 賓贈[ⓒ]氏(是)也[ⓓ]. 孔=(孔子)曰 : 七衜[③ⓓ]智(知)難[④] ■, 中氏[⑤ⓔ]君子 ■, 北風[⑥ⓕ]不㡭(絶)[⑦] 人之怨[ⓖ]子, 立[ⓗ]不

『校讀記』

[□□□□]如此, 『可斯』誚之矣. 離丌所愛, 必曰吾奚捨之, 賓贈是也" 孔子曰 : "『蟋蟀』知難, 『螽斯』君子, 『北風』不絶人之怨, 『子立』不[□□□□□□□□□]

해석

(그 사람을 싫어함이) 어떻겠는가? 이는 곧 『小雅 · 節南山之什 · 何人斯』에서 소인배를 힐책한 것과 같다. 사랑하는 사람을 잃게 되면 반드시 "내가 어찌 그를 잊을 수 있으리"라고 말하며, 喪禮에 필요한 좋은 물건을 바치는 것은 그를 그리워하기 때문이다. 공자가 말하였다. 『唐風 · 蟋蟀』은 어려움을 앎에 대한 표현이고, 『周南 · 螽斯(仲氏)』는 군자에 대한 내용이고, 『邶風 · 北風』은 원망이 끊이지 않음을 나타내고 있는 시이다. 『鄭風 · 子衿』은 감히 하지 않음은

上博楚簡原註

죽간의 길이는 43㎝이며, 상하단이 모두 파손되어 있다. 문자는 42자이고, 그 중에 합문은 한 자이다.

① '女此' : '女此'는 '如此'의 의미이다.

② '可斯' : '可斯'는 篇名이다. '何斯'의 의미로 추증된다. 현행본 『詩・小雅・節南山之什』 중에 『何人斯』가 있으나, 시의 主旨와 죽간의 評語가 맞지 않는다. 『詩・國風・召南・殷其靁』의 "殷其靁, 在南山之陽, 何斯違斯, 莫敢或遑(우르르 천둥소리 남산 남쪽에 서 들리거늘. 어째서 님은 이곳을 떠나가 돌아올 틈도 내지 못하시는가?)" 중에 '何斯'가 보이나, 첫 구절에 쓰지 않았다. 이외에도 『桑中』・『權輿』・『大東』・『庭燎』 중에 '何斯'라는 내용이 있으나, 모두 시 첫 구에 쓰이지 않는다. 또한 이들 시와 본 죽간의 평어와는 관련이 적기 때문에 해석을 잠시 보류하기로 한다.

이 죽간 『可斯』 부분에서 이 조(組)에 대한 평론이 끝난다. 그 아래 부분은 또 다른 조(組)에 대한 평론이다.

③ '七衒' : '七衒'은 현행본 『詩・國風・唐風』의 『蟋蟀』이다. '蟋'과 '七'은 韻部가 같고 聲母는 通轉관계이다. '衒'은 '衛'과의 의미가 같다. 고문은 '衛'로 쓰며 음은 '蟀'과 같다.

④ '智難' : '智難'은 '知難(어려움을 아는 것)'의 의미이다. 『蟋蟀』의 "日月其除(지금 우리 즐기지 않으면 세월은 덧없이 흘러가리)" • "日月其邁(세월은 덧없이 가 버리리)" • "日月其慆(세월은 덧없이 지나가리)" 등의 詩句는 세월(日月)을 멈추기가 어렵다는 것을 노래한 것이고, 屈原의 『離騷』 "日月忽其不淹兮, 春與秋其代序(세월은 홀연히 멈추지 않고, 봄이 또 가을이 되었구려)" 시구도 세월의 덧없음을 노래하였다. 공자 때는 시 몇몇 구절을

인용하여 자신의 사상을 나타내곤 하였다.

⑤ '中氏':'中氏'는 편명이다. 현행본 『詩經』에는 보이지 않는다. '仲氏'라는 말은 『詩經』의 『何人斯』에 보인다. 『何人斯』의 "伯氏吹壎, 仲氏吹篪(맏형은 훈을 불고 둘째형은 저를 불 듯)" 구절 중 '仲氏'는 남성이다. 『國風·邶風·燕燕』의 "仲氏任只, 其心塞淵, 終溫且惠, 淑愼其身(누이는 믿음직하며 마음은 진실하고 깊고, 온순하고 부드러워 그의 몸을 잘 삼가)" 중 '仲氏'는 여성이다. 이 죽간은 '君子'의 德에 관한 내용이다.

⑥ '北風':'北風'은 현행본 『詩·邶風』의 『北風』이다.

⑦ '不𢇍':'不𢇍'은 '不絶'의 의미이다. '絶'의 고문을 '𢇍'로 쓴다. 簡文에는 이 자의 반절만 쓰고 있다. '絶'의 이체자이다. 『北風』의 첫 구절과 둘째 구절 중에 "北風其涼, 雨雪其雱(북풍은 쌀쌀한데 눈이 펑펑 내린다)"·"北風其喈, 雨雪其霏(북풍은 씽씽 부는데 눈이 펄펄 내린다)"라는 구절이 있는데, 이 평어는 이 부분을 가리킨다.

하단이 파손되어 문장 전체의 내용을 파악하기 어렵다.

譯註說明

ⓐ '女(如)此可斯雀之矣':『整理本』에는 첫 구절을 "女(如)此, 『可斯』雀之矣(어떻겠는가? 이는 곧 『何人斯』에서 소인배를 힐책한 것과 같다)"로 이해하여, 『可斯』는 『小雅·節南山之什·何人斯』이거나 혹은 『召南·殷其靁』 중의 한 구절이지만 확신할 수 없다고 하였다.[1] 李零은 제24간과 연결하여 '如此'는 『甘棠』에 관한 설명이고, 『可斯』는 곧 『何人斯』이며, '雀'은 '誚(꾸짖을 초, qiào)'의 의미라 하였다.[2] 이외에도 『可斯』를 시편이

1 馬承源, 『整理本』, 157쪽.

아닌, "女(如)此可, 斯雀之矣"로 해석하며, 이 구절이 제20간의 『杕杜』의 내용과 관련이 있다고 주장하기도 한다.[3] 그러나 문맥의 전후 관계로 보아 『可斯』가 『詩經』의 편명일 가능성이 높기 때문에 『정리본』에서 언급한 『小雅·節南山之什·何人斯』로 해석하기로 한다.

ⓑ '逹' : '[古文字](逹)'자는 제11간에도 보인다. '離'의 의미로 사용되었다.

ⓒ '賓贈' : '賓贈'은 죽은 자의 수장품을 가리킨다.

ⓓ '也' : '也'자는 일반적으로 '[古文字]'로 쓰는데 제7간과 본 簡에서는 '[古文字]'로 쓰고 있다. 李零은 제7簡에서는 '巳'로 예정(隸定)하고 있으나,[4] 본 간에서는 '也'로 예정(隸定)하고 있다.[5] '巳'는 '已'와 통하기 때문에 제7간과 같이 '巳'로 예정(隸定)해야 한다. 語氣詞로 쓰이고 있다.

ⓔ '中氏' : 『정리본』은 '中氏'는 시경의 편명이지만 현행본에는 보이지 않는다 하면서, 『시경』 중 '仲氏'가 언급된 곳은 『何人斯』와 『邶風·燕燕』 등이 있다고 하였다.[6] 李零은 『仲氏』는 『螽斯』라고 주장하고 있다. 『螽斯』에 대하여 『毛詩序』는 '后妃의 자손이 번창함'을 칭송한 시라 하였다.[7] 李零의 주장에 따라 해석하기로 한다.

ⓕ '北風' : 『北風』은 위나라의 학정을 풍자하여 살기 좋은 나라를 그리는 사람의 마음을 노래한 시이다. 따라서 사람의 원망이 끊이지 않는다 했다. '不𢇍(絶)'은 사람의 원망이 멈추지 않음을 풍자한 것이다.

ⓖ '怨' : '怨([古文字])'자를 제3간에서는 '宀'을 추가하여 '[古文字](悹)'으로 썼으며, 의미는 같다. 『楚系簡帛文字編(增訂本)』은 본 죽간의 '[古文字]'과 '[古文字]'·'[古文字]'(『郭

---

2 李零, 『上博楚簡交讀記』(2002), 13쪽.

3 李學勤, 『詩論的體裁和作者』(2002), 58-59쪽.

4 李零, 『上博楚簡交讀記』(2002), 23쪽 참고.

5 李零, 『上博楚簡交讀記』(2002), 13쪽.

6 馬承源, 『整理本』, 158쪽.

7 馬承源, 『정리본』, 14쪽.

店楚簡 · 緇衣』) · ‘’(『郭店楚簡 · 尊德義』) · ‘’(『上博楚簡 · 從政乙』)자를 ‘悁’으로 예정(隷定)하고 ‘怨’의 의미로 해석하였다.[8]

ⓗ ‘子立’ : ‘子立’을 『시경』의 편명으로 보거나,[9] ‘立’자를 ‘泣’자로 이해하여 제27간과 연결하여 『雨無正』에 대한 설명으로 보거나,[10] 『鄭風 · 子衿』으로 보기도 한다.[11] 그렇다면, 문장은 “『北風』不絕(絶). 人之怨子, 立不”은 “『北風』不絕(絶)人之怨, 『子立』不(『邶風 · 北風』은 원망이 끊이지 않음을 표현하고 있는 시이다. 『鄭風 · 子衿』의 감히 하지 않음……)”의 의미로 해석할 수 있다. ‘立’자는 ‘衿(옷깃 금, jīn)’과 음이 통한다.

---

8 滕壬生, 『楚系簡帛文字編(增訂本)』, 919쪽 참고.

9 李零, 『上博楚簡交讀記』(2002), 13쪽.

10 李學勤, 『詩論的體裁和作者』(2002), 59쪽.

11 馮勝君은 『讀上博簡孔子詩論札記』에서 ‘立’자는 ‘衿’과 통하며, ‘子立’은 『子衿』편이라고 설명하였다(劉信芳, 『孔子詩論術學』, 251쪽).

第28簡

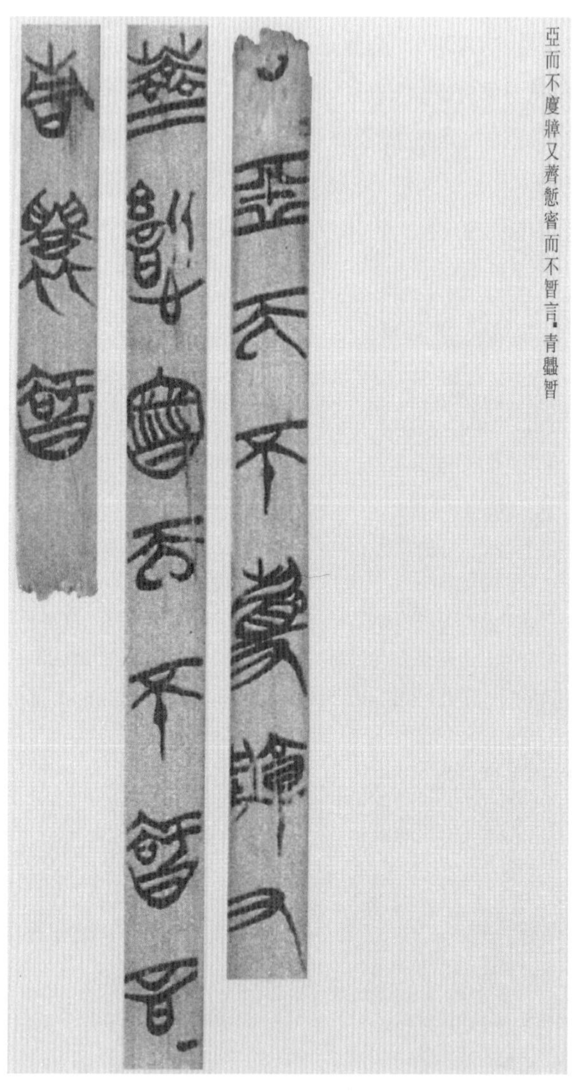

□亞[ⓐ]而不度[①ⓑ]. 牆又薺[②ⓒ]訢(愼)[ⓓ]箸(密)[③ⓔ]不智(知)言 ■. 靑蠅[④ⓕ]智(知)

『校讀記』

[□□□□□□□□□]□惡而不閔, 『墻有茨』愼密不知言. 『靑蠅』知[□□□□□□□□□□□□□□□□□□□□□□□□□□□□□□□]

해석

악독하면서 연민의 정이 없고, 『鄘風 · 墻有茨』는 신중하고 면밀하여 직접 자신의 생각을 말하지 않고, 『小雅 · 甫田之什 · 靑蠅』은 중상모략하는 참인(讒人)에 대한 내용임을 알 수 있다.

上博楚簡原註

죽간은 23.4㎝로 상하단이 모두 파손되어 있다. 문자는 16자가 있다. 첫 자는 흔적이 약간 남아 있으나, 알아 볼 수가 없다.

본 죽간은 『詩經』 세 편을 평하고 있다. "亞而不度(악독하면서 연민의 정이 없다)"는 어떤 시에 대한 평인지 현재는 알 수 없고, 이 다음으로 두 편의 시를 평론하고 있다. 부러지지 않은 완전한 죽간에 비하여 문자의 수는 삼분에 일 밖에 되지 않는다. 내용상으로 다른 組(그룹)와 연계 되

지 않는다.

그래서 본 평론 내용은 한 그룹(組) 중의 일부인 것으로 보인다.

① '廋' : 『爾雅 · 釋獸』에서 "麕 · 杜麌 · 牝麜. 其子麆('麕(노루 균, jūn)' 중 숫사슴을 '麌(큰사슴 우, wú,yú,yǔ)'라고 하고, 암사슴을 '麜(암고라니 률{율}, lì)'이라 하고, 그 새끼를 '麆(노루 새끼 조, cū,zhù,zù)'라 한다)"라고 하였다. '廋'자와 '麆'자의 이체자가 아닌가 한다.

② '牆又薺' : '牆又薺'는 편명이나, 현행본에는 보이지 않는다.

③ '慭䆊' : '慭䆊'은 '愼密(신중하고 면밀하다)'의 뜻이다. '慭'은 意符 '幺'와 '心'과 聲符 '訢(기뻐할 흔, xīn,xī,yín)'으로 이루어진 자이다. 『說文解字』에는 없고, 簡文에서는 일반적으로 '愼'의 의미로 쓰인다. '䆊'은 '甘'과 '宓'로 이루어진 자이며, 이 자 역시 『說文解字』에 보이지 않는다. '蜜'과 '密'은 고문에서 서로 통한다. 여기에서는 '密'의 의미로 쓰였다. '愼密'은 '縝密(촘촘하고 조밀하고 꼼꼼하다)'의 의미로 쓰일 수도 있다. 『禮記 · 聘義』에는 "君子比德於玉焉, 溫仁而澤, 仁也. 縝密以栗, 知也(君子의 덕은 옥과 같다. 온화하고 윤택하기에 仁하다하고, 주도면밀하나 위엄이 있기에 知라한다)"라 하였다. 죽간에는 '신중하고 면밀하나 말하는 의미를 알 수 없다'라고 말하고 있다.

④ '青蠅' : '青蠅'은 현행본 『詩 · 小雅 · 甫山之什』의 『青蠅』으로 추측되지만, 평어가 한 자만 있어, 확신하기가 어렵다.

譯註說明

『정리본』에서 이 죽간은 세 편에 대하여 평론을 하고 있지만, "□亞而

不度"는 어느 시편인지 알 수 없다고 하였다.[1] 『鄘風 · 相鼠』에 대한 평술이라고 설명하는 학자도 있으나,[2] 현재로써는 알 수 없다(未詳).

ⓐ '亞' : '亞'는 '惡'자의 의미로 사용되었다.

ⓑ '度' : ''자를 『정리본』은 '度'으로 예정(隸定)하고 있으나, 『上博楚簡 · 容成氏』 ''나 『包山楚簡』의 ''자 등을 '度'으로 볼 때, ''자와는 다르다. 李零은 ''자의 윗부분은 聲符 '每'이고 '敏'자의 고문자라고 설명하고, 여기에서는 '閔'의 뜻으로 쓰였다고 하였다.[3]

ⓒ '牗又薺' : 『정리본』에서 『牗又薺』는 『詩經』의 편명이지만, 현행본에 없다고 하였으나[4], 『牗又薺』는 『鄘風』 『牆有茨』으로,[5] 宣姜의 음탕하고 불륜함을 풍자한 시이다.

ⓓ '慭(愼)' : ''(慭)'자의 聲符는 '訢(기뻐할 흔, xīn,xī,yín)'이며 초간에서 '愼'자의 의미로 쓰인다.

ⓔ '峹(密)' : ''(峹)'자는 '宓'이 聲符이다. 『說文解字』에서는 ''(宓)'자에 대하여 "安也. 從宀必聲('편안하다'의 의미. '宀'과 '必'聲으로 이루어진 형성자)"이라 설명하였다. '峹' · '密'자나 '蜜'자의 기본 聲符는 '必'이다. 『包山楚簡』에서는 '峹'자를 ''로 쓴다.[6]

ⓕ '青䗙' : ''(䗙)'자는 聲符가 '興'으로 '蠅(파리 승, yíng)'과 음이 서로 통한다. '青䗙'은 『青蠅』을 가리키며, 참인(讒人)을 풍자한 시이다.

---

1 馬承源, 『정리본』, 158쪽.
2 黃懷信, 『詩論解義』, 127쪽 참고.
3 李零, 『上博楚簡三篇交讀記』(2007), 22쪽.
4 馬承源, 『정리본』, 158쪽.
5 劉信芳, 『孔子詩論術學』, 253-254쪽.
6 滕壬生, 『楚系簡帛文字編(增訂本)』, 1112쪽.

第29簡

惓而①ⓐ不智(知)人■, 涉秦②ⓑ丌(其)𢇍(絶), 律而③ⓒ士■, 角幡④ⓓ婦■, 河水⑤ⓔ智,

『校讀記』

[□□□□□□□□□□]『卷耳』不知人, 『涉溱』其絶, 『芣苡』士, 『角枕』婦, 『角幡』知, [□□□□□□□□□□□□□□□□□□□□□□□□□]

해석

『周南·卷耳』는 사람이 어떻게 되었는지 알 수가 없고, 『涉溱』(『褰裳』)은 장차 단교하려는 내용을 읊은 것이며, 『著而(『著』)』는 신랑에 대하여 묘사한 것이고, 『角枕』(『葛生』)은 신부에 관한 내용이다. 『河水』(『邶風·新臺』)는 앎을 노래한 것이다(군자가 하지 말아야 할 바를 아는 것).

上博楚簡原註

죽간의 길이는 18.7㎝로 상하단이 모두 파손되어 있고, 문자는 18자이다.

① '惓而' : '惓而'는 편명이다. 현행본 『詩·檜風·周南』의 『卷耳』와

음이 같다(譯註 : '檜風'은 '國(邦)風'의 오자이다). '不智人'은 하인과 말(馬)이 지쳐 늘어지고 피곤하여 맥을 못 추니 어떻게 될지 알 수가 없어, '吁矣(아!)'라고 탄식만 한다는 내용이다.

② '涉秦' : '涉秦'은 편명이다. 현행본 『詩・國風・鄭風』의 『褰裳』 "子惠思我, 褰裳涉溱(그대가 날 사랑한다면 치마 걷고 진수라도 건너가리라)" 구절 중 '涉溱'이 있는데 '涉秦'과 통한다. 따라서 '涉秦'은 『褰裳』을 가리킨다. 簡文의 '涉秦'은 제1장의 제2구 마지막 두 자를 취하여 편명으로 하였고, 현행본은 앞 두 자를 취하여 편명으로 하였다.

③ '律而' : '律而'는 편명이나, 현행본에 보이지 않는다.

④ '角幡' : '角幡'은 편명이나, 현행본에 보이지 않는다.

⑤ '河水' : '河水'는 현행본에 보이지 않는다. 『國語・晉語四』는 "秦伯賦『鳩飛』, 公子賦『河水』(秦伯은 『鳩飛』라는 시를 읊고, 晉 公子 重耳가 『河水』라는 시를 읊었다)"라 했다. 이는 곧 重耳가 『河水』라는 시를 읊은 적이 있다는 것이다. 韋昭는 "河, 當作沔, 字相似誤也. 其詩曰 : 沔彼流水, 朝宗於海. 言己返國, 當朝事秦('河'자는 '沔'자이다. 형태가 비슷하여 잘못 쓴 것이다. 이 시는 "넘쳐흐르는 물은 모두 바다로 흘러드네"라 노래하고 있다. 자기 조국 진나라로 돌아가 天子 한 분에게로 모두 모여들 듯 조국을 위해 일하고 싶다는 내용이다)"라 하였다. 그러나 簡文에서 '河'자와 '沔'자의 필획이 확실히 다르기 때문에 簡文이 '河'를 '沔'으로 오인할 수는 없다. 따라서 『河水』는 逸詩임이 분명하다.

譯註說明

이 죽간의 『詩經』 편명에 대해서는 의견이 분분하다. 『정리본』은 『惓

而』는 『周南・卷耳』이고, 『涉秦』은 『鄭風・褰裳』이고, 『律而』・『角幡』과 『河水』는 현행본에 없다고 하였다.[1]

ⓐ '卷而': '卷而'는 『卷耳』편을 가리킨다. 사랑하는 사람을 만나지 못하여 그리워하는 내용이다.

ⓑ '涉秦': 『정리본』은 『涉秦』이 『鄭風・褰裳』의 별칭이라 하고 있다. 『周南・芣苢』라고 주장하는 학자도 있으나, 『褰裳』에 "子惠思我, 褰裳涉溱(그대가 날 사랑한다면 치마 걷고 진수라도 건너가리라)"라는 구절이 있기 때문에 『涉秦』이라 할 수 있다.[2]

ⓒ '律而': 『정리본』에서 『律而』는 『시경』의 편명이지만 逸失된 것이라고 주장하는 반면, 李零은 『芣苡』이고,[3] 廖名春은 『著而』 즉 『齊風・著』편이라고 주장하고 있다.[4] 혹은 편명이 아닌 것으로 보기도 한다[5]. 『芣苡』편은 나물 캐는 아낙들의 노래이나, 『著』편은 新郎이 新婦를 親迎하는 내용이기 때문에 『著而』편으로 보기로 한다. 『著』의 첫 구절 "俟我於著乎而(나를 문간에서 기다리셨는데)" 중에 '著'와 '而'자가 있기 때문에 초간은 『著而』라는 별칭을 사용한 것으로 보인다.

ⓓ '角幡': 『角幡』에 대하여 『정리본』은 『시경』의 편명이긴 하나 逸詩라 하였고, 李零은 『角弁』이라 주장하고, 廖名春과 王志平은 『角枕』이라고 주장하고 있다.[6] 『唐風・葛生』 구절 중에 "角枕粲兮, 錦衾爛兮. 予美亡此, 誰與? 獨旦!(소뿔 베개는 반들반들 비단 이불은 곱기만 하네. 내 님은 여기 없으니, 아무도 없이 홀로 밤을 새우네)"라는 내용이 있기 때문에 『角枕』이 『葛生』의 별칭이라고 주장하고 있다. 아직 좀 더 많은 자료가 필

1 馬承源, 『정리본』, 159쪽.
2 劉信芳, 『孔子詩論術學』, 258쪽 참고.
3 李零, 『上博楚簡交讀記』(2002), 14쪽.
4 『上博館藏戰國楚竹書研究』(2002), 270쪽.
5 李學勤, 『詩論的體裁和作者』(2002), 59쪽.
6 廖名春, 『上博館藏戰國楚竹書』(2002), 270쪽. 王志平, 『上博館藏戰國楚竹書研究』(2002), 226쪽.

요하겠지만, 『葛生』이라고 주장하는 학자가 비교적 많고, 『葛生』은 부인이 남편을 그리워하는 내용이기 때문에 廖名春 등의 주장을 따르기로 한다.[7]

ⓔ 『정리본』에서 『河水』를 逸詩라 하였으나, 『涉秦』이 『褰裳』의 편명인 것과 같이 『河水』 역시 내용 중 일부를 편명으로 취한 것으로 이해할 수 있다. 廖名春은 『魏風 · 伐檀』이라 주장하고,[8] 周鳳五나 何琳儀 등은 『邶風 · 新臺』라고 주장하고 있다.[9] 그러나 『伐檀』에 대하여 『毛詩序』에서 '탐함을 풍자한 시'라 하였고, 내용 또한 남녀의 사랑을 읊은 것으로서 '知'와 관련이 없기 때문에 『新臺』로 이해하기로 한다.

7 『上博館藏戰國楚竹書硏究』(2002), 270쪽. 劉信芳, 『孔子詩論術學』, 259-260쪽 참고.

8 『上博館藏戰國楚竹書硏究』(2002), 270쪽.

9 劉信芳, 『孔子詩論術學』, 261-262쪽.

附錄 一 『上博楚簡』과 현행본(今本)의 『詩經』 篇名 대조표

譯者說明 :

『整理本』에서는 원래 『竹書本』과 『현행본』의 편명만 간단하게 비교하고 있으나, 본 번역문은 내용 이해를 위하여 '죽간의 번호'와 '竹書本(上博楚簡)의 내용' 등을 추가하였다. 또한 원래 편명에는 번호 순서가 없으나, 편리를 위해 전후 순서에 따라 붙이기로 한다.

	序	竹書本의 篇名	簡號	현행본	竹書本(上博楚簡)의 내용	비고
訟(頌)	1	清庿	5; 6; 21	清廟	『清廟』: 王德也. 至矣. 敬宗廟之豊, 以爲其本, "秉文之德", 以爲其蘖, "肅雝(5) 多士, 秉文之德", 吾敬之(6)『清廟』吾敬之(21)	
	2	剌文	6	烈文	『烈文』曰 : "乍(亡)競隹人, 不顯唯德. 於乎! 前王不忘", 吾悅之(6)	
	3	昊天又城命	6	昊天有成命	"昊天有城命, 二后受之", 貴且顯矣(6)	
大夏(大雅)	4	有辭失篇名	7	皇矣	"懷爾明德"曷? 誠謂之也(7)	
	5	大明	7	大明	"有命自天, 命此文王". 誠命之也, 信矣. 孔子曰	

					: 此命也夫. 文王唯裕也, 得乎? 此命也(7)	
少夏(小雅)	6	十月	8	十月之交	『十月』善諀言(8)	
	7	雨亡政	8	雨無正	『雨亡政』·『卽南山』, 皆言上之衰也, 王公恥之(8)	
	8	卽南山	8	節南山		
	9	少旻	8	小旻	『小文(旻)』多疑, 疑言不中志者也(8)	
	10	小𣄰	8	小宛	『小𣄰(宛)』其言不惡, 少有㤪焉(8)	
	11	小㝵	8	小弁	『小㝵』·『考言』則言讒人之害也(8)	
	12	考言	8	巧言		
	13	伐木	8	伐木	『伐木』實咎於其也(8)(9)	
	14	天保	9	天保	『天保』其得祿蔑疆矣, 巽(饌)寡德故也(9)	
	15	諦父	9	祈父	『諦(祁)父』之責, 亦有以也(9)	
	16	黃鳥	9	黃鳥	『黃鳥』則困而慾反其故也, 多恥者其㤪之乎(9)	
	17	䔨䔨者莪	9	菁菁者莪	『菁菁者莪』, 則以人益也(9)	
	18	棠棠者芋	9	裳裳者華	『裳裳者華』則(9)	
邦風(國風)	19	閵疋	10;11;12;14	關雎	『關雎』之攺(怡)(10); 『關雎』以色喩於禮(10); 『關雎』之攺(怡), 則其思䀠(益)矣(11); 『關雎』好反納於禮. 不亦能攺(怡)乎(12); 兩矣. 其四章則愉矣. 以琴瑟之悅, 凝好色之愿; 以鐘鼓之樂(14)	
	20	梂木	10;11;12	樛木	『樛木』之時(10); 『樛木』之時, 則以其祿也(11); 『樛木』福斯才君子, 不(12)	
	21	灘峑	10;11;13	漢廣	『漢廣』之智(10); 『漢廣』之智, 則智不可得也(11); 可得, 不攻不可能, 不亦智恒乎(13)	
	22	鵲棹	10;11;13	鵲巢	『鵲巢』之歸(10); 『鵲巢』之歸, 則徸者 (11); 『鵲巢』出以百兩, 不亦又徸乎(13)	
	23	甘棠	10;13;15;24	甘棠	『甘棠』之褒(10); 『甘□』(13); 及其人, 敬愛其樹, 其保厚矣. 『甘棠』之愛, 以邵公(15); 吾以『甘棠』得宗廟之敬. 民性固然, 甚貴其人, 必敬其位; 悅其人, 必好其所爲. 惡其人者亦然(24)	
	24	綠衣	10;16	綠衣	『綠衣』之思(10); 『綠衣』之憂, 思古人也 (16)	
	25	鴖鴖	10;16	燕燕	『燕燕』之情, 害曰動而皆賢於其初者也.(10)『燕燕』之情, 以其篤也.(16)	
	26	●蕁[illegible]	16;24	葛覃	孔子曰 : 吾以『蕁[illegible](葛覃)』得氏初之詩民性固然. 見其美, 必慾反一本. 夫蕁之見歌也, 則(16)	李零, 李天虹, 何琳儀 등
	27	東方未明	17	東方未明	『東方未明』有利詞(17)	
	28	牆中	17	將仲子	『將中』之言, 不可不畏也(17)	
	29	湯之水	17	揚之水	『湯之水』其愛婦悡(17)	
	30	菜蕁	17	× 菜葛	『菜蕁』之愛婦(17)	何琳儀
總論	31	木苽	18;19; 20	木瓜	因『木瓜』之報, 以喩其損者也(18). 『木瓜』有藏悁而未得達也(19) 因木瓜得幣帛之不可去也. 民性固然, 其離志必有以逾也. 其言有所載而後納, 或前之而後交,	

				人不可𧥺也(20).	
32	折杜	18;20	杕杜	『杜杜』則情喜其至也(18) 吾以『折(杜)杜』得雀(20)	
33	●有辭失篇名	19	柏舟	𢘓志, 既曰天也, 猶有損言(19)	兪志慧 廖名春
34	𨌭大車	21;22	無將大車	『將大車』之囂也, 則以爲不可如何也(21)	
35	審霔	21;22	湛露	『審露』之賹(益)也, 其猶軞與(21)	
36	亩丘	21;22	宛丘	『宛丘』吾善之(21); 『宛丘』曰 : "洵有情, 而亡望", 吾善之.(22)	
37	於差	21;22	猗嗟	『猗嗟』吾喜之(21) 『猗嗟』曰 : "四矢叓(變), 以禦亂" 吾喜之(22)	
38	𡰥鴋	21;22	鳲鳩	『鳲鳩』吾信之(21) 『鳲鳩』曰 : "其儀一氏, 心如結也", 吾信之(22)	
39	文王	21;22	文王	『文王』吾美之(21) 『文王』曰 : "[文]王才上, 於昭于天", 吾美之(22)	
40	生民	24	生民	以□萩之古(故)也, 后稷之見貴也, 則以文武之德也(24)	有辭失篇名
41	鹿鳥	23	鹿鳴	『鹿鳴』以樂詞而會, 以道交見善而效, 冬乎不猒人. (23)	
42	兔虘	23	兎罝	『兔罝』其用人則吾取(23)	
43	腸腸	25	蕩	『腸腸』小人(25)	
44	又兎	25	兎爰	『有兔』不逢時(25)	
45	大田	25	大田	『大田』之卒章, 知言而又禮(25)	
46	少明	25	小明	『小明』不(25)	
47	北白舟	26	邶・柏舟	『邶・柏舟』悶(26)	
48	浴風	26	谷風	『谷風』背(26)	
49	翏莪	26	蓼莪	『翏莪』有孝志(26)	
50	隰又長楚	26	隰有萇楚	『隰有萇楚』得而悔之也(26)	
51	可斯	27	× 何人斯	如此, 『何斯』雀之矣. 𢓊丌所愛, 必曰吾奚舍之賓贈氏(是)也(27)	李零
52	七衒	27	蟋蟀	『蟋蟀』智難(27)	
53	中氏	27	× 螽斯	『中氏』君子(27)	李零, 何琳儀, 廖名春 등
54	北風	27	北風	『北風』不絶, 人之怨(27)	
55	● 子立	27	子衿	『子立』不(27)	李零, 馮勝君
56	牅又薺	28	×墻有茨	惡而不度, 『牅有薺』愼密不知言(28)	廖名春, 廖名春, 李學勤 등
57	青𧒒	28	青蠅	『青蠅』知(28)	
58	卷而	29	卷耳	『卷而』不知人(29)	
59	涉秦	29	褰裳	『涉秦』其絶(29)	
60	律而	29	× 著	『律而』士(29)	廖名春
61	角幡	29	× 葛生	『角幡』婦(29)	廖名春, 王志平 등
62	河水	29	× 新臺	『河水』智(29)	周鳳吾, 何琳儀 등

說明(譯者):

위 표에 사용하는 부호에 대한 설명:

1. '●'는 『정리본』의 〈대조표〉에는 없는 편명이다. '비고'란에는 편명을 주장하는 대표적인 학자를 기재하였다. 周鳳五 『孔子詩論新釋文及註解』 중의 '孔子詩論主旨一覽表'[1]와 劉信芳의 『孔子詩論術學』 중의 '詩論所論及的詩經篇名'[2]을 주로 참고하고, 필요에 따라서는 다른 학자의 의견도 참고하였다.

2. 'X'는 〈대조표〉에서 『上博楚簡』에는 있으나 현행본 『詩經』에 없는 편명이다. '비고'란에는 편명을 주장하는 대표적인 학자 이름을 개재한다.

3. '有辭失篇名'은 『詩經』에 편명이 보이지 않으나, 내용으로 편명을 결정한 것이다. 그 중 제24간의 『生民』은 본래 편명은 없고 평만 있으나, 『整理本』에서 직접 편명을 『生民』이라 하였다.

1 『上海博物館藏戰國楚竹書研究』, 166-168쪽.

2 安徽大學出版社(2003年), 86-87쪽.

附錄 二『孔子詩論』의 공자 평어와『毛詩・小序』評語 대조

說明(譯者):

『現行本』에서는 공자와『小序』의 評語를 간략하게 비교하고 있지만, 본 번역 본에서는 내용 이해를 위하여「付祿一:『上博楚簡』(竹書本)과 현행본(今本)의『詩經』篇名 대조표」에서 살펴보았던 순서에 따라『정리본』의「付祿二:『孔子詩論』의 공자 評語와『毛詩・小序』評語 대조」에서 언급하고 있는 비교 평어를 모두 수록하고, 해당되는 시편을 전부 수록하여 내용을 이해하는데, 도움이 되고자 한다.

①『詩經』의 원문은『十三經注疏』를 저본으로 하였다. 우리말 해석은 金學主 譯의『新完譯詩經』(明文堂)을 참고하였다.

② '[ ]' 안의 숫자는「付祿一:『上博楚簡』과 현행본(今本)『詩經』篇名 대조표」의 번호 순서를 가리킨다.

③ '孔子詩論'은『정리본』의『孔子詩論』중 공자 평어이다.

④ ‘毛詩序’는 『毛詩 · 小序』의 내용이다. 우리말 해석은 成百曉 譯註의 『詩經集傳』(전통문화연구회)을 참고하였다.

⑤ 『詩經』 편명 뒤의 숫자는 각각의 편명 순서를 가리킨다. 예를 들어 ‘『淸廟』(4.1.1)’의 『國風』 · 『小雅』 · 『大雅』 · 『頌』 중의 네 번째에 해당되는 『頌』을 가리키며, 그 다음 숫자는 『頌』 중 『周頌 · 淸廟之什』을 가리키며, 그 다음 세 번째 숫자는 『周頌 · 淸廟之什』 중의 첫 번째를 가리킨다.

⑥ 竹書本의 편명에 대한 주장이 학자마다 다른 경우, 주장되어진 시편을 수록하여 참고하기로 한다.

訟(頌)

1) 『淸廟』(4.1.1)

孔子詩論

淸廟 : 王德也. 至矣. 敬宗廟之豊, 以爲其本, “秉文之德, 以爲其業, 肅雝(5)多士, 秉文之德”, 吾敬之(6), 『淸廟』吾敬之.(21)

毛詩序

『淸廟』, 祀文王也. 周公旣成洛邑, 朝諸侯, 率以祀文王焉.(『淸廟』는 문왕에게 제사 드리는 시이다. 周公은 洛邑을 완성하고, 諸侯에게 조회를 받은 다음, 이들과 함께 文王에게 제사 드렸다.)

詩文

於穆淸廟, 肅雝顯相. 아름다운 청묘에 공경하고, 엄숙하고 덕 많은 제사 돕는 대신들 모였네.

濟濟多士, 秉文之德. 수많은 선비들이 문왕의 덕을 받들어.

對越在天, 駿奔走在廟. 하늘에 계신 분 높이 모시며, 분주하게 묘당을 뛰어다니고 있네.

不顯不承, 無射於人斯. 매우 밝게 돌봐 주고 계시니, 사람들은 싫증을 내지 않네.

2) 『烈文』(4.1.4)

孔子詩論

烈文曰 : 乍(亡)競隹人, 不顯唯德. 於乎! 前王不忘, 吾悅之.(6)

毛詩序

『烈文』, 成王卽政, 諸侯助祭也.(『烈文』은 成王이 정사를 친히 다스림에 諸侯들이 제사를 도운 것을 읊은 것이다.)

詩文

烈文闢公, 錫茲祉福. 공 많고 덕 많은 선공들께서 복을 내려 주셨으니,

惠我無疆, 子孫保之. 우리들 사랑하심 한이 없어 자손들이 유업을 보존케 하셨네.

無封靡於爾邦, 維王其崇之. 이 나라의 복록이 폐해지지 않도록 왕은 이를

숭상하여야만 하네.

念茲戎功, 繼序其皇之. 선인들의 큰 공 생각하여, 대를 이어 계승 발전시키기를.

無競維人, 四方其訓之. 이를 데 없이 훌륭한 사람을 세상은 본받으며,
不顯維德, 百辟其刑之. 밝은 덕 있는 분을 모든 제후들이 법도로 삼나니.
於乎前王不忘. 아아! 전 임금을 잊지 마시기를.

3) 『昊天有成命』(4.1.6)

孔子詩論

昊天有城命, 二后受之, 貴且顯矣.(6)

毛詩序

『昊天有成命』, 郊祀天地也.(『昊天有成命』은 天과 땅에 제사 드리는 시이다.)

詩文

昊天有成命, 二后受之. 넓은 하늘의 밝은 명을 문왕과 무왕께서 받으셨네.
成王不敢康, 夙夜基命宥密. 성왕께선 편히 쉬지 못하시고 새벽부터 늦게까지 천명을 터전으로 넓히고 편케 되도록 힘쓰셨네.
於緝熙! 單厥心. 아아 끊이지 않고 이어받아 마음을 독실하게 하시니,
肆其靖之. 마침내 편안해 졌다네.

大夏(大雅)

4)『皇矣』(3.1.7)

孔子詩論

“懷爾明德”曷? 誠謂之也.(7)

毛詩序

『皇矣』, 美周也. 天監代殷, 莫若周. 周世世脩德, 莫若文王.(『皇矣』는 周나라를 찬미한 시이다. 하늘이 은나라를 대신할 나라를 살펴보니, 周나라 만한 나라가 없었고. 周나라에서 대대로 덕을 닦은 분은 文王만한 왕이 없었다.)

詩文

皇矣上帝, 臨下有赫. 위대하신 상제께서 위엄 있게 땅위에 임하셨네.
監觀四方, 求民之莫. 세상을 살펴보시고, 백성들의 아픔을 알아보셨네.
維此二國, 其政不獲. 하나라와 은나라가 정사를 돌보지 못하니,
維彼四國, 爰究爰度. 사방의 나라들을 살펴보고 헤아려 보셨네.
上帝耆之, 憎其式廓. 상제의 노하심은 정사를 돌보지 못함을 미워하신 것.
乃眷西顧, 此維與宅. 이에 서쪽을 돌아보시고, 여기에 함께 머무시게 되었네.

作之屛之, 其菑其翳. 나무를 자르고 치우니 말라죽고 시들어 죽은 것들이네.
脩之平之, 其灌其栵. 닦고 고르게 하니 떨기나무와 움나무 난 땅이라네.
啓之闢之, 其檉其椐. 틔우고 일구니 능수버들 영수목들이네.
攘之剔之, 其檿其柘. 치우고 베고 하니 산뽕나무 들뽕나무네.

帝遷明德, 串夷載路, 상제가 밝은 덕 지닌 분 옮기시니 오랑캐들 쇠퇴하고,
天立厥配, 受命旣固. 하늘이 그 짝할 이를 세우시니, 받으실 명 견고하네.

帝省其山, 柞棫斯拔, 상제께서 그곳 산을 살피시고 갈참나무 백유나무 다 뽑고,
松柏斯兌, 帝作邦作對, 소나무 잣나무도 치워져 상제는 나라 세우시고 다스릴 이 뽑으시니,
自大伯王季. 곧 태백과 왕계이시네.
維此王季, 因心則友. 이 왕계께서는 마음이 우애로우시네.
則友其兄, 則篤其慶. 그 형과 우애하셔서 그의 복 두터이 받으시고,
載錫之光. 受祿無喪, 빛나는 덕을 보이셨으니, 받으신 복 잃지 않으시고,
奄有四方. 마침내 온 세상 다스리게 되셨네.

維此王季, 帝度其心. 이 왕계에게 대하여 상제께서 마음을 정하셔서,
貊其德音, 其德克明. 그의 명성이 크심을 알고 그의 덕이 밝으심을 아셨네.
克明克類, 克長克君. 밝히고 선하게 하시며 어른 노릇 임금 노릇 하실 자질 지니셨으니,
王此大邦, 克順克比. 이 큰 나라의 임금이 되셔 백성들 뜻 따라 친화하셨네.
比於文王, 其德靡悔, 문왕에 이르러 그 덕에 흠 없으시니,
旣受帝祉, 施於孫子. 이미 받으신 상제에게 받은 복이 자손들에게까지도 뻗게 되었네.

帝謂文王, 無然畔援, 상제께서 문왕에게 이르셨네. 그처럼 인심이 떨어져 나가고,
無然歆羨, 誕先登於岸. 그렇게 탐내는 일 없게 하며 우선 송사를 공평히 처리하오.
密人不恭, 敢距大邦, 밀나라 사람들 공손치 않아 감히 주나라에 항거하여,

侵阮徂共. 완땅과 공땅을 정벌하였네.
王赫斯怒, 爰整其旅, 왕께서도 분연히 성내시어 군사들을 거느리시고,
以按徂旅, 以篤於周祜, 그 무리들을 막으셔서 주나라의 복을 두터이 하셔서,
以對於天下. 천하에 본을 보이셨네.

依其在京, 侵自阮疆, 성대함에 의지하여 완땅으로부터 전쟁 끝나 돌아오니
陟我高岡. 높은 산등성이에 올라,
無矢我陵, 我陵我阿, 우리 언덕과 산등성이에 진치지 말며
無飮我泉, 我泉我池. 우리 샘과 못의 물을 마시지 말라 하셨다네.
度其鮮原, 居岐之陽, 선원 땅을 넘어서 기산 남쪽 기슭에 거하며,
在渭之將, 萬邦之方, 위수 곁에 머무시니 온 나라들이 따르게 되고,
下民之王. 모든 백성들의 임금되시겠네.

帝謂文王, 予懷明德. 상제가 문왕께 이르셨다네. 내가 너에게 밝은 덕을 품게 하니,
不大聲以色, 不長夏以革, 큰 소리와 성내는 얼굴하지 않으며 매와 회초리를 쓰지 않으며,
不識不知, 順帝之則. 어떤 순간에라도 상제의 법도를 따르기만 하라.
帝謂文王 : 詢爾仇方. 상제는 또 문왕께 이르셨다네. 너의 이웃 나라와 꾀하고,
同爾兄弟, 以爾鉤援, 그대 형제와 함께 성 공격할 사다리 준비하고,
與爾臨衝, 以伐崇墉. 그대 임거 충거로 숭나라 성을 쳐라.

臨衝閑閑, 崇墉言言. 임거와 충거는 덜컹거리고 숭나라 성은 높고 크네.
執訊連連, 攸馘安安. 줄줄이 포로들 잡고 적의 목 쳐서 질서있게 바치네.
是類是禡, 是致是附. 유제 지내고 마제 지내어 모두 와 복종케 하시니,
四方以無侮. 온 세상 넘보는 이 없게 됐네.
臨衝茀茀, 崇墉仡仡. 임거와 충거는 탄탄하고 숭나라 성은 높고 크네.

是伐是肆, 是絕是忽. 치고 무찌르고 끊고 없애시니,
四方以無拂. 온 세상에 어기는 이 없게 됐네.

5) 『大明』(3.1.2)

孔子詩論

"有命自天, 命此文王". 誠命之也, 信矣. 孔子曰 : 此命也夫. 文王唯裕也, 得乎? 此命也.(7)

毛詩序

『大明』, 文王有明德, 故天復命武王也.(『大明』은 文王이 밝은 德을 가지셨기에 하늘이 다시 武王에게 명함을 읊은 시이다.)

詩文

明明在下, 赫赫在上. 밝고 맑음은 땅 위에 계시며 빛남은 하늘에도 계시네.
天難忱斯, 不易維王. 하늘도 믿기 어려워서 임금 노릇 쉽지 않네,
天位殷適, 使不挾四方. 천자 자리에 있던 은나라 자손 세상을 다스리지 못하게 하셨네.

摯仲氏任, 自彼殷商, 지나라 임씨네 둘째딸이 저 은나라로부터,
來嫁於周. 曰嬪於京, 주나라로 시집을 오고, 도읍으로 맞이하여 아내가 되니,
乃及王季, 維德之行. 왕계님과 함께 덕을 행하시었네.
大任有身, 生此文王. 이 태임께서 태기가 있어 문왕을 낳으셨네.

維此文王, 小心翼翼. 문왕께선 삼가고 조심하셔,
昭事上帝, 聿懷多福. 상제를 밝게 섬기고 많은 복을 누리시니,
厥德不回, 以受方國. 그 덕 어긋나지 않아 나라를 받으셨네.

天監在下, 有命既集. 하늘은 땅이 살피시어 명을 내리셨네.
文王初載, 天作之合. 문왕께서 일을 시작하심에 하늘이 배필을 마련하셨으니,
在洽之陽, 在渭之涘. 흡수의 남쪽 위수 가에,
文王嘉止, 大邦有子. 문왕이 아름답게 여기시니 큰 나라 따님이시네.

大邦有子, 俔天之妹. 큰 나라에 따님이 계셨으니, 상제의 누이 같으셨네.
文定厥祥, 親迎於渭. 길일을 예로 정하고, 위수에서 친히 신부 맞으심에,
造舟爲梁, 不顯其光. 배 다리 놓으시니 그 빛이 매우 밝았네.

有命自天, 命此文王. 하늘로부터 명이 있어 이 문왕에게 명하시어,
於周於京, 纘女維莘. 주나라에서 성대하게 하셨네. 아름다운 신나라의 딸이,
長子維行, 篤生武王. 맏 아드님께 시집오시어 무왕을 낳으셨으니,
保右命爾, 燮伐大商. 하늘이 보호하고 돕고 명하시어 상나라를 치게 하셨네.

殷商之旅, 其會如林. 은나라의 무리들이 숲의 나무처럼 모였는데.
矢於牧野, 維予侯興. 목야에서 군사들에게 훈시하시거늘 내가 일어났다.
上帝臨女, 無貳爾心. 상제가 그대들을 돕고 계시니, 그대들 마음 변치 마라.

牧野洋洋, 檀車煌煌, 목야는 널따란데 박달나무 수레 번쩍번쩍,
駟騵彭彭. 배 흰 검붉은 사마는 건장하네.
維師尙父, 時維鷹揚. 태사인 태공망이 마치 매가 날 듯,
涼彼武王, 肆伐大商. 무왕을 도와 상나라를 치니,
會朝淸明. 밝아오는 아침은 맑고 밝았네.

少夏(小雅)

6)『十月之交』(2.4.3)

孔子詩論

『十月』善諀(諞)言.(8)

毛詩序

『十月之交』, 大夫刺幽王也.(『十月之交』는 大夫가 幽王을 풍자한 시이다.)

詩文

十月之交, 朔月辛卯. 시월 초하루인 신묘 날에,
日有食之, 亦孔之醜. 일식이 일어나니 아주 나쁜 일이네.
彼月而微, 此日而微. 저번엔 월식이 있더니, 이번엔 일식이 일어났으니,
今此下民, 亦孔之哀. 지금 우리 백성들은 아주 슬퍼하고 있네.

日月告凶, 不用其行. 해와 달이 흉함을 알리려고, 그들의 길대로 돌지 않으니,
四國無政, 不用其良. 온 세상 잘 다스려지지 않는 것은 좋은 길을 따르지 않았기 때문이네.
彼月而食, 則維其常. 저번 월식은 보통 있을 수 있는 일이라고 하겠지만,
此日而食, 於何不臧? 이번의 일식은 어떻게 숨길 수 있겠는가?

爗爗震電, 不寧不令. 번쩍번쩍 번갯불이 벼락 치니 불안하고 좋지 않네.
百川沸騰, 山冢崒崩. 온 강물이 끓어오르고, 산봉우리 무너져,

高岸爲谷, 深谷爲陵. 높은 언덕이 골짜기 되고, 깊은 골짜기 언덕이 되는데도
哀今之人, 胡憯莫懲? 슬프도다! 지금의 관리들은 어찌하여 정신 차리지 않나?

皇父卿士, 番維司徒. 경사(卿士)인 왕보(皇父)씨와 사도(司徒)인 번(番)씨와
家伯維宰[1], 仲允膳夫. 재부(宰夫)인 가백(家伯)과 선부(膳夫)인 중윤(仲允)과
聚子內史, 蹶維趣馬. 내사인 추(聚)씨와 취마(趣馬)인 궤(蹶)씨와
楀維師氏, 豔妻煽方處. 사씨(師氏)인 거(楀)씨를 褒姒가 꼬드겨 어울려 지내네.

抑此皇父, 豈曰不時? 아! 황보씨는 이 말도 옳지 않다고 하겠는가?
胡爲我作, 不卽我謀? 어째서 나를 부리면서도 내게 와서 의논하지 않는가?
徹我牆屋, 田卒汙萊. 내 집과 담은 무너지고 밭에는 마침내 물 고이고 잡초가 났거늘
曰予不戕, 禮則然矣! 자기가 죽인 것이 아니라 禮가 그런 것이라고 하네.

皇父孔聖, 作都於向. 황보씨는 너무 꾀가 많아 향(向) 땅에 고을을 만들고,
擇三有事, 亶侯多藏. 자신이 삼경 자리를 차지하니, 정말 그들은 많은 재물 모았으며,
不憖遺一老, 俾守我王. 옛 신하 한 분이라도 남겨 우리 왕 지키게 하지 않고,
擇有車馬, 以居徂向. 수레와 말 있는 자들을 골라 향(向)땅으로 갔네.

黽勉從事, 不敢告勞. 힘써 따라 일을 하면서도 감히 괴로움 말하지 못하네.
無罪無辜, 讒口囂囂. 죄도 허물도 없거늘 모함하는 말만 분분하네.
下民之孽, 匪降自天. 백성들이 받은 벌은 하늘로부터 내려진 것이 아니고,
噂沓背憎, 職競由人. 모이면 합쳐지고, 헤어지면 미워함을 사람들이 다투어 힘쓰기 때문이라네.

1 '維宰'를 '冢宰'로 쓰기도 한다.

悠悠我里, 亦孔之痗. 아득한 내 시름은 너무나 뼈저리네.
四方有羨, 我獨居憂. 온 세상이 즐거워하거늘 나 홀로 근심하네.
民莫不逸, 我獨不敢休. 백성들 모두 즐겨마지 않거늘 나만 홀로 쉬지 못하네.
天命不徹, 我不敢傚. 我友自逸. 하늘의 명이 끝나지 않았으니, 나는 감히 내 친구들 따라 편히 즐기기 못하겠네.

7) 『雨無正』(2.4.4)

孔子詩論

『雨亡政』·『卽南山』, 皆言上之衰也, 王公恥之.(8)

毛詩序

『雨無正』, 大夫刺幽王也. 雨自上下者也, 衆多如雨, 而非所以爲政也.(『雨無正』은 大夫가 幽王을 풍자한 시이다. 비는 위에서 내리는 것이니, 政令이 비처럼 많이 내려왔으나, 올바른 정사는 아니었다.)

詩文

浩浩昊天, 不駿其德. 넓고 넓은 하늘은 그 덕이 일정하지 않으시니,
降喪饑饉, 斬伐四國. 난리와 흉년을 내리셔서 천하 사람들 죽이고 치게 하셨네,
旻天疾威, 弗慮弗圖. 하늘이 포학하심은 사람들이 바르게 생각하고 바르게 도모하지 않아서라네.
舍彼有罪, 旣伏其辜. 저 죄 있는 자는 놓아 주어 그 죄가 숨겨지고 있는데,
若此無罪, 淪胥以鋪. 우리 죄 없는 사람까지 다 함께 괴로움을 당하네.

周宗旣滅, 靡所止戾, 주나라 이미 멸망하여 머물러 살 곳도 없으니,
正大夫離居, 莫知我勩. 높은 관리들 모두 흩어져 우리의 괴로움 아랑곳 없고,
三事大夫, 莫肯夙夜. 삼공과 대부들은 새벽과 밤에 왕 뵈러 오지 않고,
邦君諸侯, 莫肯朝夕. 나라의 제후들은 아침저녁으로 왕께 문안드리지 않네.
庶曰式臧, 覆出爲惡. 착해지기 바라건만 도리어 더욱 악하여지네.

如何昊天, 闢言不信? 어찌 하늘은 법도에 맞는 말을 믿지 않는가?
如彼行邁, 則靡所臻. 나라가 이대로 가다가 어떻게 될지 모르겠네.
凡百君子, 各敬爾身. 모든 관리들은 스스로 경계해야지.
胡不相畏? 不畏於天? 어찌 서로 두려워하지 않는가? 그대들은 하늘도 두렵지 않은가?

戎成不退, 飢成不遂. 병란은 일어나 물러갈 줄 모르고, 흉년이 늘어 안정되지 않으니,
曾我暬御, 憯憯日瘁. 오직 우리 가까이 모시는 신하만이 시름에 잠겨 나날이 가슴 앓네.
凡百君子, 莫肯用訊. 모든 관리들은 남에게 물어보지도 않고,
聽言則荅, 譖言則退. 비위 맞추는 말이면 받아들이고, 간하는 말이면 물리쳐 버리네.

哀哉不能言, 匪舌是出, 슬프다 말 할 수 없음이여, 혀로 다 말하지 못하니.
維躬是瘁. 몸만이 병 드네.
哿矣能言, 巧言如流, 좋겠네. 말 잘하는 사람이여! 교묘한 말이 물 흐르듯 하니,
俾躬處休. 자기의 몸을 편히 보전하네.

維曰予仕, 孔棘且殆. 나도 벼슬을 하기는 한다마는 매우 위험한 처지이네.

雲不可使, 得罪於天子. 일을 못하겠다 하자니 천자님께 죄짓게 되고,
亦雲可使, 怨及朋友. 일을 하겠다 하려니 친구들의 원한을 사겠네.

謂爾遷於王都, 曰予未有室家. 그대들이 왕도를 옮기려 하니 나는 그곳에 집이 없다 핑계대네.
鼠思泣血, 無言不疾. 걱정 근심에 피눈물 흘리며 말하면 속 아프지 않은 일 없으니,
昔爾出居, 誰從作爾室? 전에 그대들이 나가 살 때에 누가 따라가 그 집을 지었던가?

8)『節彼南山』(2.4.1)

孔子詩論

『雨亡政』·『卽南山』, 皆言上之衰也, 王公恥之.(8)

毛詩序

『節南山』, 家父刺幽王也.(家父가 幽王을 풍자한 시이다.)

詩文

節彼南山, 維石巖巖. 높은 저 남산에는 바위가 우뚝우뚝.
赫赫師尹, 民具爾瞻. 혁혁한 太史와 윤씨여 백성들은 바로 당신을 우러러 보네.
憂心如惔, 不敢戲談. 근심스러운 마음 불붙은 듯 감히 농담도 못하고,
國旣卒斬, 何用不監! 나라는 마침내 망하였거늘 어째서 살펴보지도 않나.

節彼南山, 有實其猗. 높은 저 남산에 널찍한 언덕이 있네.

赫赫師尹, 不平謂何? 혁혁한 태사와 윤씨는 고르게 다스리지 않고 어쩌자는 건가?

天方薦瘥, 喪亂弘多. 하늘이 지금 무거운 고통을 내리시어 禍亂이 너무나 심하여,

民言無嘉, 憯莫懲嗟. 백성들 좋게 말하는 이 없거늘 일찍이 삼가고 한탄하는 이도 없네.

尹氏大師, 維周之氐. 윤씨와 태사는 주나라의 뿌리니,

秉國之均, 四方是維. 나라를 고루 다스렸다면 온 세상이 지탱되었을 것을,

天子是毗, 俾民不迷. 천자님을 보좌하여 백성들을 미혹케 하지 않았어야지.

不弔昊天, 不宜空我師. 불행하도다 하늘이여! 우리 백성들을 궁하게 만들지 않았어야 되는 것을.

弗躬弗親, 庶民弗信. 자신의 친척이 아니면 백성들은 믿지 않는데,

弗問弗仕, 勿罔君子? 물어보지도 일하지도 않으면서 군자들을 속이려 들지 마오.

式夷式已, 無小人殆. 평탄히 다스리며 잘못을 그침으로써 백성들을 위태롭게 하지 마오.

瑣瑣姻亞, 則無膴仕. 먼 인척들까지 두터이 쓰지 마오.

昊天不傭, 降此鞠訩. 하늘의 명은 일정치 않아 이토록 궁한 재난을 내리셨고,

昊天不惠, 降此大戾. 하늘이 사랑하지 않으시어 이러한 큰 환난을 내리셨네.

君子如屆, 俾民心闋. 그대 관리들이 만약 바르다면 백성들의 마음을 가라앉혔을 것이며,

君子如夷, 惡怒是違. 그대들 관리가 만약 평탄히 다스렸다면 증오와 원한이 없었을 걸.

不弔昊天, 亂靡有定. 불행하도다 하늘이여. 혼란이 안정되지 못하여,

式月斯生, 俾民不寧. 나날이 더 어지러워져 백성들을 편히 살지 못하게 하였네.

憂心如酲, 誰秉國成? 근심스런 마음 술병 난 듯, 누가 나라를 제대로 다스릴 건가?

不自爲政, 卒勞百姓. 스스로 정치를 하지 않아 마침내는 백성들을 고생케 하네.

駕彼四牡, 四牡項領. 사마 끄는 수레를 타니 사마의 목은 굵기도 하네.

我瞻四方, 蹙蹙靡所騁. 사방을 둘러보아도 마음 움츠러들어 달려갈 곳도 없네.

方茂爾惡, 相爾矛矣. 무성한 그대의 나쁜 짓 보면 창으로 찌르고 싶네,

旣夷旣懌, 如相酬矣. 평탄하게 잘 다스려 기꺼워하게만 된다면 서로 술잔 주고받으리.

昊天不平, 我王不寧. 하늘이 평화롭다 않으시어 우리 왕 편안치 않게 되었거늘,

不懲其心, 覆怨其正. 그 마음을 바로잡지 않고 도리어 그 올바름을 원망하네.

家父作誦, 以究王訩. 가보(家父)가 이에 시를 지어 왕의 환난을 궁구하였으니,

式訛爾心, 以畜萬邦. 그대들 마음 고쳐서 세상 바로 다스리기를.

9) 『小旻』(2.4.5)

孔子詩論

『小文(旻)』多疑, 疑言不中志者也.(8)

毛詩序

『小旻』, 大夫刺幽王也.(『小旻』은 大夫가 幽王을 풍자하는 詩다.)

詩文

旻天疾威, 敷於下土, 높은 하늘은 천벌을 온 땅에 펴시었네.
謀猶回遹, 何日斯沮? 일을 꾀함이 간사하니 어느 때나 그칠 건가?
謀臧不從, 不臧覆用. 좋은 계획 따르지 않고 반대로 나쁜 계획만 쓰니,
我視謀猶, 亦孔之邛. 계획함을 보건대 병폐가 매우 많네.

潝潝訿訿, 亦孔之哀. 서로 친하다 서로 욕하고 하니 정말 애통한 일이네.
謀之其臧, 則具是違. 좋은 계획은 모두 어기고,
謀之不臧, 則具是依. 좋지 않은 계획은 모두 따르니,
我視謀猶, 伊於胡厎? 계획함을 보건대 어떻게 되려는 건지 모르겠네.

我龜既厭, 不我告猶. 거북점도 우릴 미워하여 우리에게 좋은 꾀를 알리지 않네,
謀夫孔多, 是用不集. 꾀하는 이 너무 많아 일이 되지 않네.
發言盈庭, 誰敢執其咎? 발언하는 자 뜰에 가득하니 허물을 누가 책임지나,
如匪行邁謀, 是用不得於道. 길가는 사람과 계획하는 것 같아 정도에 벗어나게 되는 걸세.

哀哉爲猶! 匪先民是程, 슬프다 계획이여! 옛 사람 본받는 것도 아니네.
匪大猶是經. 維邇言是聽, 위대한 도를 법 삼는 것도 아니요 오직 경박한 말만 듣고,
維邇言是爭. 경박한 말로 다투고 있네.
如彼築室於道謀, 是用不潰於成. 집을 지으려는 사람이 길가는 사람과 설

계함 같으니 그래서 끝내 이루지 못하는 것일세.

國雖靡止, 或聖或否. 국론이 비록 일정하지 않다하나, 어떤 이는 만사에 통달했고, 어떤 이는 그렇잖으니,
民雖靡膴, 或哲或謀, 백성들이 비록 적어도 어떤 이는 현명하고 어떤 이는 꾀 많으며,
或肅或艾. 어떤 이는 신중하고 어떤 이는 잘 다스리는 걸세.
如彼泉流, 無淪胥以敗. 저 샘물이 흘러가듯 다 같이 패망하지 않기를.

不敢暴虎, 不敢馮河. 사나운 호랑이를 잡지 못하고, 걸어서 황하를 건너지 못하듯이,
人知其一, 莫知其他. 사람들은 하나만 알 뿐, 그 밖의 것은 알지 못하네.
戰戰兢兢, 如臨深淵, 두려워하며 조심하기를 깊은 못에 임하듯,
如履薄冰. 엷은 얼음판 위를 밟고 가듯 해야 하네.

10) 『小宛』(2.4.6)

孔子詩論

『小𩾦(宛)』其言不惡, 少有㤹焉.(8)

毛詩序

『小宛』, 大夫刺宣王也.(『小宛』은 大夫가 宣王을 풍자한 시다.)

詩文

宛彼鳴鳩, 翰飛戾天. 작은 매가 날개 치며 하늘 위로 날아가네.
我心憂傷, 念昔先人. 내 마음 시름에 겨워 옛 조상들을 생각하네.
明發不寐, 有懷二人. 새벽까지 잠 못 이루며 부모님을 그리네.

人之齊聖, 飮酒溫克. 사람이 총명하고, 예지가 있으면 술 마셔도 온유할 수 있거늘,
彼昏不知, 壹醉日富. 저 멍청하여 지혜 없는 사람은 언제나 취하여 날로 교만하네.
各敬爾儀, 天命不又. 모두가 자기 행동을 삼가야지, 천명이 돕지 않을 걸세.

中原有菽, 庶民採之. 언덕 가운데의 콩을 백성들이 따고 있네.
螟蛉有子, 蜾蠃負之. 뽕나무 애벌레를 나나니벌이 업고 다니네.
教誨爾子, 式穀似之. 자식들을 가르치고 깨닫게 해서 그처럼 선하게 만들어야지.

題彼脊令, 載飛載鳴. 할미새 날아다니며 지저귀네.
我日斯邁, 而月斯徵. 날마다 새롭게 나아가야지.
夙興夜寐, 毋忝爾所生. 일찍 일어나고 늦게 자면서 낳아 주신 부모님 욕되게 말아야지.

交交桑扈, 率場啄粟. 짹짹 청작새가 마당에서 서성이며 곡식을 쫓네.
哀我塡寡, 宜岸宜獄. 슬프게도 나는 병들고 궁하여 감옥에 갇혀 있네.
握粟出卜, 自何能穀? 곡식 한줌 내어 점쳐 묻기를 어떻게 하면 잘 될 수 있나 알아보네.

溫溫恭人, 如集於木. 온유하고 공손한 사람 나무 위에 모이듯이,

惴惴小心, 如臨於谷. 벌벌 떨며 조심하는 마음 깊은 골짜기에 임한 듯,
戰戰兢兢, 如履薄冰. 두려운 듯 조심하여 엷은 얼음 밟듯 해야 한다네.

11)『小弁』(2.4.7)

孔子詩論

『小㝵』·『考言』則言讒人之害也.(8)

毛詩序

『小弁』, 刺幽王也. 大子之傅作焉.(『小弁』은 幽王을 풍자한 시이다. 太子의 師傅가 지은 시이다.)

詩文

弁彼鸒斯, 歸飛提提. 푸드득 갈가마귀가 떼 지어 날아 돌아가며,
民莫不穀, 我獨於罹. 백성들 모두 잘 지내기를 나 홀로 괴로워하네.
何辜於天, 我罪伊何? 무슨 죄를 하늘에 졌나?
心之憂矣, 雲如之何. 마음 상함이여, 어찌하면 좋은가?

踧踧周道, 鞫爲茂草. 평평한 한길에는 무성한 풀이 가득.
我心憂傷, 惄焉如擣. 내 마음의 시름이여! 생각할수록 방망이로 치는 듯하네.
假寐永歎, 維憂用老. 잠깐 졸음에도 긴 탄식하니 걱정 때문에 늙어가네.
心之憂矣, 疢如疾首. 마음의 시름이여, 어찌하면 좋은가?

維桑與梓, 必恭敬止. 뽕나무와 가래나무도 반드시 공경하나니.

靡瞻匪父, 靡依匪母. 쳐다보지 못한다고 아버님이 아니며, 의지하지 않는다고 어머님이 아닌가.

不屬於毛? 不罹於裏? 터럭도 이어받지 않았는가? 살결도 물려받지 않았는가?

天之生我, 我辰安在? 하늘이 나를 내셨는데, 나는 어느 때나 편안할까?

菀彼柳斯, 鳴蜩嘒嘒. 무성한 저 버드나무엔,

有漼者淵, 萑葦淠淠. 깊은 연못가엔 달이며, 매미 소리만 요란하네,

譬彼舟流, 不知所届. 마치 물에 뜬 배가 어디로 가 닿을지 모르는 것 같으니,

心之憂矣, 不遑假寐. 마음의 시름이여, 옷 입은 채 잘 겨를도 없구나.

鹿斯之奔, 維足伎伎. 뛰어가는 저 사슴 다리가 휘청휘청,

雉之朝雊, 尙求其雌. 꿩이 아침에 우는 것은 암놈 찾는 거라.

譬彼壞木, 疾用無枝. 부러진 나무가 병들어 가지도 없는 듯하니,

心之憂矣, 寧莫之知. 마음의 시름이여, 아무도 알아주지 않는구나!

相彼投兎, 尙或先之. 토끼 그물을 쳐봐도 간혹 빠져나가는 수가 있고,

行有死人, 尙或墐之. 길가에 죽은 사람 있으면, 누가 묻어 주기도 하는데.

君子秉心, 維其忍之. 그대의 마음 쓰심이 너무나 잔인하네.

心之憂矣, 涕旣隕之. 마음의 시름이여, 아무도 알아주지 않는구나.

君子信讒, 如或酬之. 군자 참언을 믿으심이 마치 술잔 주고받으시는 듯하니,

君子不惠, 不舒究之. 군자의 사랑 없음이여. 자세히 살펴보지 않으셨네.

伐木掎矣, 析薪扡矣. 나무도 베려면 한쪽을 고이고 잘라야 하고, 장작을 쪼개려면 결을 따라야 하거늘,

舍彼有罪, 予之佗矣. 죄지은 자는 놓아두고 모두 내게 책임지우셨네.

莫高匪山, 莫浚匪泉. 높지 않다고 산이 아니며, 깊지 않다고 샘이 아닌가.

君子無易由言, 耳屬於垣. 군자는 말을 가벼이 하지 않나니, 귀는 담에도 붙어 있다네.

無逝我梁, 無發我笱. 내 어량에 가서 내 통발 꺼내지 마라.

我躬不閱, 遑恤我後. 내 몸 돌보기도 힘드니, 내 뒷일을 걱정할 틈 있겠는가?

12)『巧言』(2.4.8)

孔子詩論

『小旻』·『考言』則言讒人之害也.(8)

毛詩序

『巧言』, 刺幽王也. 大夫傷於讒, 故作是詩也.(『巧言』은 幽王을 풍자한 시이다. 大夫가 참언의 피해를 입고 이 시를 지은 것이다.)

詩文

悠悠昊天, 曰父母且. 아득히 높은 하늘이여! 하늘은 부모라 하였거늘,
無罪無辜, 亂如此幠. 죄도 없고, 허물도 없는데 혼란함이 이토록 큰가?
昊天已威, 予慎無罪. 하늘이 이미 벌을 내리셨으나, 나는 정말 죄 없으니,
昊天大幠, 予慎無辜. 크나큰 하늘이여 나는 정말 허물없네.

亂之初生, 僭始旣涵. 난이 처음 발생할 때 시작은 참언으로 부터이며,
亂之又生, 君子信讒. 난이 또 생김은 왕이 참언을 믿기 때문이네.
君子如怒, 亂庶遄沮. 왕이 참언에 노하신다면, 혼란함이 바로 그칠 것이며,
君子如祉, 亂庶遄已. 왕이 어진 말을 기뻐하신다면 난은 끝날 것이네.

君子屢盟, 亂是用長. 왕이 맹약을 자주 하면 난은 그래서 더해지며,
君子信盜, 亂是用暴. 왕이 소인을 믿으니 난은 그래서 더 심해지며,
盜言孔甘, 亂是用餤. 소인의 말은 매우 달콤하여 난은 이 때문에 늘어만 가네.
匪其止共, 維王之邛. 그들은 함께할 만한 자들이 아니며 왕의 병폐만 되는 걸.

奕奕寢廟, 君子作之. 커다란 궁전과 종묘는 군자가 지었으며,
秩秩大猷, 聖人莫之. 뚜렷하고 위대한 법도는 성인이 정하셨네.
他人有心, 予忖度之. 남이 지닌 마음을 내 헤아려 알 수 있으니,
躍躍毚兎, 遇犬獲之. 깡충깡충 뛰는 약은 토끼도 개를 만나면 잡히고 말지.

荏染柔木, 君子樹之. 야드리한 부드러운 나무를 군자가 심으며,
往來行言, 心焉數之. 이리저리 떠도는 말을 마음으로 분별하네.
蛇蛇碩言, 出自口矣. 실속 없는 큰 소리도 입으로부터 나오고,
巧言如簧, 顔之厚矣. 생황 소리 같은 교묘한 말은 낯 가죽 두꺼운 자들이 하네.

彼何人斯? 居河之麋. 저자는 어떤 사람인가? 황하 물가에 살며,
無拳無勇, 職爲亂階. 힘도 없고 용기도 없으나, 난 일으킴을 일삼고 있네.
旣微且尰, 爾勇伊何! 정강이에 종기 나고 발도 부르텄으니 그대 무슨 용기가 있겠는가?
爲猶將多, 爾居徒幾何! 속임수를 많이 쓰고 있으나 그대의 무리가 얼마나 될 건가?

13)『伐木』(2.1.5)

孔子詩論

『伐木』實咎於其也.(8)(9)

毛詩序

『伐木』, 燕朋友故舊也. 自天子至於庶人, 未有不須友以成者. 親親以睦, 友賢不棄, 不遺故舊, 則民德歸厚矣.(『伐木』은 친구나 오래 사귄 사람들과 잔치할 때 부르는 노래이다. 天子로부터 庶人에 이르기까지 벗 없이 이루어진 자 없으니, 친척을 친애하여 화목하고 어진 이를 벗 삼아 버리지 않으며 오래 사귄 친구를 버리지 않는다면, 백성의 덕이 후한 데로 돌아갈 것이다.)

詩文

伐木丁丁, 鳥鳴嚶嚶. 나무 베는 소리 쩡쩡 울리고, 새들은 짹짹 울더니,
出自幽谷, 遷於喬木. 깊은 골짜기에서 날아와 큰 나무로 옮겨 앉네.
嚶其鳴矣, 求其友聲. 짹짹 우는 것은 그 벗을 찾는 소리지.
相彼鳥矣, 猶求友聲. 저 새들도 벗을 찾는 소리 내거늘,
矧伊人矣, 不求友生. 하물며 사람이 친구를 찾지 않겠는가?
神之聽之, 終和且平. 삼가고 따르면 모두 화평케 지내게 되리라.

伐木許許, 釃酒有藇. 나무 베는 소리 탕탕 울리고, 맛좋은 진한 술(醇)에,
既有肥羜, 以速諸父. 살찐 어린 양 잡아 같은 성의 여러 친구들을 부르니,
寧適不來? 微我弗顧. 마침 일이 있어 오지 못할지언정 내가 돌아보지 않은 것은 아니라네.
於粲灑埽, 陳饋八簋. 아아, 깨끗이 쓸고 닦은 방에 여러 그릇의 음식을 차

려 놨네.

旣有肥牡, 以速諸舅. 살찐 숫짐승 잡아 같은 성의 친척을 부르니,

寧適不來? 微我有咎. 마침 일이 있어 오지 못할지언정 내게 잘못이 있는 것은 아니네.

伐木於阪, 釃酒有衍, 산비탈에선 나무를 베고 있고 빛 좋은 진한 술에,

籩豆有踐, 兄弟無遠. 가지런히 음식 차려 놓으니 형제 같은 벗들 가까이서 즐기네.

民之失德, 乾餱以愆. 사람들과 화합하지 못함은 음식 시원찮은 탓이니,

有酒湑我, 無酒酤我. 술 있으면 거르고 술 없으면 사오며,

坎坎鼓我, 蹲蹲舞我. 둥둥 북치고 덩실덩실 춤추어,

迨我暇矣! 飮此湑矣! 한가한 틈을 타서 거른 술 마셔 보세.

14)『天保』(2.1.6)

孔子詩論

『天保』其得祿蔑疆矣, 巽(饌)寡, 德故也.(9)

毛詩序

『天保』, 下報上也. 君能下下以成其政, 臣能歸美以報其上焉.(『天保』는 아랫사람이 윗사람에게 보답하는 시이다. 군주는 아랫사람에게 몸을 낮추어 그 정사를 이루고, 신하는 아름다움을 군주에게 돌려 그 윗사람에게 보답하는 시이다.)

詩文

天保定爾, 亦孔之固. 하늘이 당신을 안정시켜 매우 굳건케 하셨네.
俾爾單厚, 何福不除? 당신을 크고 두터이 하시니 모든 복을 갖추게 하셨으며,
俾爾多益, 以莫不庶. 당신을 이롭게만 하시어 복록 많이 받으셨네.

天保定爾, 俾爾戩穀. 하늘이 당신을 안정시켜 당신에게 복록 누리게 하셨네.
罄無不宜, 受天百祿. 모두가 합당하여 하늘의 복록 받으셨네.
降爾遐福, 維日不足. 당신에게 큰 복을 내리실 때 받은 날이 부족할세라 많이 내리시길.

天保定爾, 以莫不興! 하늘이 당신을 안정시켜 모두가 흥성하네.
如山如阜, 如岡如陵. 높은 산과도 같고 큰 땅덩이와도 같고, 높은 산등성이와도 같고 높은 언덕과도 같으며,
如川之方至, 以莫不增. 강물이 막 흘러오듯이 불어나지 않은 것이 없네.

吉蠲爲饎, 是用孝享. 맛있고 정결한 음식 마련하여 조상께 바치려고,
禴祠烝嘗, 於公先王. 사철마다 제사를 선공과 선왕들께 드리는데,
君曰卜爾, 萬壽無疆! 선군께선 말씀하시기를, 그대에게 만수무강으로 보답하노라 하셨다네.

神之弔矣, 詒爾多福. 신께서 가상히 여기시어 당신께 많은 복 주셨으며,
民之質矣, 日用飲食. 백성들이 안정되어 편히 살아감이,
羣黎百姓, 徧爲爾德. 여러 백성들과 관원들이 모두 당신의 덕분이라 하네.

如月之恆, 如日之升. 달이 밝은 듯하며, 해가 뜨는 듯하며,
如南山之壽, 不騫不崩. 남산의 무궁함 같아, 이지러지지도 무너지지도 않으며,

如松柏之茂, 無不爾或承. 소나무 잣나무가 무성하듯이 끊임없이 이어지길.

15)『祈父』(2.3.5)

孔子詩論

『誶(祈)父』之責, 亦有以也.(9)

毛詩序

『祈父』, 刺宣王也.(『祈父』는 宣王을 풍자한 시이다.)

詩文

祈父! 予王之爪牙, 기보여, 나는 왕의 발톱이요 이이거늘,
胡轉予於恤? 靡所止居. 어째서 나를 근심하는 처지로 몰아넣어 머물러 살 곳이 없게 합니까?

祈父! 予王之爪士, 기보여, 나는 왕의 발톱 같은 군사거늘,
胡轉予於恤? 靡所厎止. 어째서 나를 근심하는 처지로 몰아넣어 안정되게 머물 곳이 없게 합니까?

祈父! 亶不聰, 기보여, 정말로 귀가 어두우십니까?
胡轉予於恤? 有母之尸饔. 어째서 나를 근심하는 처지로 몰아넣어 어머님이 손수 음식을 차리시게 하십니까?

16) 『黃鳥』(2.3.7)

孔子詩論

『黃鳴』則困而慾反其故也, 多恥者其忑之乎.(9)

毛詩序

『黃鳥』, 刺宣王也(『黃鳥』는 宣王을 풍자한 시다.)

詩文

黃鳥黃鳥, 無集於穀, 누룩제비야, 누룩제비야. 닥나무에 떼 지어 앉았다가,
無啄我粟. 우리 조를 쪼지 마라.
此邦之人, 不我肯穀. 이 나라 사람들 나를 잘 대해 주려 않으니,
言旋言歸, 復我邦族. 우리 일가들 사는 고장으로 되돌아갈까.

黃鳥黃鳥, 無集於桑, 누룩제비야, 누룩제비야. 뽕나무에 떼 지어 앉았다가,
無啄我粱. 우리 수수 쪼지 마라.
此邦之人, 不可與明. 이 나라 사람들은 믿고 함께 지낼 수 없으니,
言旋言歸, 復我諸兄. 되돌아 우리 형님들 계신 고장으로 갈까.

黃鳥黃鳥, 無集於栩, 누룩제비야, 누룩제비야. 참나무에 떼 지어 앉았다가,
無啄我黍. 우리 기장 쪼지 마라.
此邦之人, 不可與處. 이 나라 사람들은 함께 살 수가 없으니,
言旋言歸, 復我諸父. 우리 아저씨들이 계신 고장으로 갈까.

17)『菁菁者莪』(2.2.9)

孔子詩論

『菁菁者莪』, 則以人益也.(9)

毛詩序

『菁菁者莪』, 樂育材也. 君子能長育人材, 則天下喜樂之矣.(『菁菁者莪』는 인재 양성함을 즐거워한 시이니, 君子가 인재를 키우고 기르면 천하가 기뻐하고 즐거워하게 된다.)

詩文

菁菁者莪, 在彼中阿, 무성한 다북쑥이 언덕에 자랐네.
旣見君子, 樂且有儀. 군자를 만나니 즐겁고도 예의바르네.

菁菁者莪, 在彼中沚, 무성한 다북쑥이 모래톱 가운데 자랐네.
旣見君子, 我心則喜. 군자를 만나니 내 마음 기뻐지네.
菁菁者莪, 在彼中陵, 무성한 다북쑥이 언덕 위에 자랐네.
旣見君子, 錫我百朋. 군자를 만나 많은 재물 선물 받은 듯.

汎汎楊舟, 載沈載浮, 둥실 둥실 버드나무 배는 물속에서 찰랑찰랑.
旣見君子, 我心則休. 이미 군자를 만나 내 마음이 기쁨에 차네.

18)『裳裳者華』(2.6.4)

孔子詩論

『裳裳者芋』則□□.

毛詩序

『裳裳者華』, 刺幽王也. 古之仕者世祿, 小人在位, 則讒諂並進, 棄賢者之類, 絶功臣之世焉.(『裳裳者華』는 幽王을 풍자한 시이다. 옛날 벼슬하는 자들은 대대로 祿을 받았고, 小人이 높은 지위에 있으며 참소하고 아첨하는 자들이 進用되어 棄賢者들을 버리고 功臣의 대를 끊었다.)

詩文

裳裳者華, 其葉湑兮. 화려한 꽃은 잎새도 무성하네.
我覯之子, 我心寫兮. 우리 님을 만나니 내 마음 시원해지네.
我心寫兮, 是以有譽處兮. 내 마음 시원해지니 편히 즐길 수 있다네.

裳裳者華, 芸其黃矣. 화려한 꽃에는 노랑 빛이 많기도 하네.
我覯之子, 維其有章矣. 우리 님을 만나니 몸가짐 예에 맞네.
維其有章矣, 是以有慶矣. 몸가짐 예에 맞으니 그래서 복이 있는 거라네.

裳裳者華, 或黃或白. 화려한 꽃은 노란 것도 있고, 흰 것도 있네.
我覯之子, 乘其四駱. 우리 님을 만나니 사마가 끄는 수레 탔네.
乘其四駱, 六轡沃若. 사마 끄는 수레 탔으니 여섯 줄의 고삐 윤이 나네.

左之左之, 君子宜之. 왼쪽이라면 왼쪽으로 군자님께 알맞게 하시며,

右之右之, 君子有之. 오른쪽이라면 오른쪽으로 군자님께 친하게 지내시네.
維其有之, 是以似之. 군자님께 친하게 지내시니 그래서 후사를 잇는 거라네.

邦風(國風)

19)『關雎』(1.1.1)

孔子詩論

『關雎』之攺(怡)(10), 『關雎』以色喩於禮(10), 『關雎』之攺(怡), 則其思賹(益)矣(11), 『闗雎』好反納於禮, 不亦能攺(怡)乎(12), 兩矣. 其四章則愉矣. 以琴瑟之悅, 凝好色之願, 以鐘鼓之樂.(14)

毛詩序

『關雎』, 后妃之德也 …… 『關雎』樂得淑女以配君子, 愛[2]在進賢, 不淫其色, 哀窈窕思賢才而無傷善之心焉, 是『關雎』之義也.(『關雎』는 后妃의 德을 읊은 것이다 …… 『關雎』는 군자가 숙녀를 얻어 짝함을 즐거워하고, 현자를 등용함을 좋아함을 읊은 것이다. 여색에 빠지지 아니하고, 窈窕숙녀를 어여삐 여기고, 현자를 생각하여, 선을 훼손하려는 마음이 없는 것이 곧 『關雎』의 의의이다.)

2 '愛'자를 '憂'자로 쓰기도 한다.

詩文

關關雎鳩, 在河之洲. 구욱구욱 물수리는 강가 숲 속에서 우는데.
窈窕淑女, 君子好逑. 대장부의 좋은 배필 아리따운 아가씨는 어디 있소?
參差荇菜, 左右流之. 올망졸망 마름 풀을 이리저리 헤치며 찾노라니,
窈窕淑女, 寤寐求之. 자나 깨나 그리는 아리따운 아가씨 생각.

求之不得, 寤寐思服. 그리워도 얻지 못해 자나 깨나 생각하노니,
悠哉悠哉, 輾轉反側. 그리움은 가이 없어 이리 뒤척 저리 뒤척.

參差荇菜, 左右採之. 올망졸망 마름 풀을 이리저리 헤치며 따노라니,
窈窕淑女, 琴瑟友之. 금슬 좋게 벗하고픈 아리따운 아가씨 생각.

參差荇菜, 左右芼之. 올망졸망 마름 풀을 이리저리 헤치며 고르네,
窈窕淑女, 鍾[3]鼓樂之. 풍악 울리며 즐기고픈 아리따운 아가씨.

20) 『樛木』(1.1.4)

孔子詩論

『樛木』之時(10), 『樛木』之時, 則以其彔也(11), 『樛木』福斯才君子, 不.(12)

毛詩序

『樛木』, 后妃逮下也, 言能逮下而無嫉妒之心焉.(『樛木』은 后妃의 恩德이 아래에 미침을 읊은 것이니, 恩德이 아랫사람들에게 미치고 질투하는 마음이

3 '鍾'자를 『唐石經』은 '鐘'자로 쓴다.

없음을 말한 것이다.)

詩文

南有樛木, 葛藟纍之, 남산 가지 늘어진 나무에 칡 덩쿨이 얽혔네.
樂只君子, 福履綏之. 즐겁다 우리 님이여, 복록에 편안하네.
南有樛木, 葛藟荒之, 남산 가지 늘어진 나무에 칡 덩쿨이 덮혔네.
樂只君子, 福履將之. 즐겁다 우리 님이여, 복록이 도와주네.
南有樛木, 葛藟縈之, 남산 가지 늘어진 나무에 칡 덩쿨이 감겼네.
樂只君子, 福履成之. 즐겁다 우리 님이여, 복록을 이루었네.

21) 『漢廣』(1.1.9)

孔子詩論

『漢廣』之智(10), 『漢廣』之智, 則智不可得也.(11)

毛詩序

『漢廣』, 德廣所及也. 文王之道被於南國, 美化行乎江漢之域, 無思犯禮, 求而不可得也.(『漢廣』은 德이 멀리 미침을 읊은 것이다. 文王의 道가 남쪽 나라에 입혀져 아름다운 教化가 江漢의 지역에 행해져서 禮를 범할 것을 생각하지 아니하여 구하여도 얻을 수 없는 것이다.)

詩文

南有喬木, 不可休息, 남쪽에 우뚝 솟은 나무가 있다마는 그늘이 있어야 쉬어 보지.

漢有游女, 不可求思, 한수에 노니는 여인이 있다마는 만나 봐야 사랑을 하지.
漢之廣矣, 不可泳思, 한수는 넓어서 헤엄쳐 갈 수 없고,
江之永矣, 不可方思. 강수는 길어서 떼 타고 갈 수 없네.

翹翹錯薪, 言刈其楚, 덥수룩한 잡목 틈에서 싸리나무만을 베어오리.
之子於歸, 言秣其馬, 아가씨 시집올 때면 그의 말에 꼴을 먹여 주리.
漢之廣矣, 不可泳思, 한수는 넓어서 헤엄쳐 갈 수 없고
江之永矣, 不可方思. 강수는 길어서 떼 타고 갈 수 없네.

翹翹錯薪, 言刈其蔞, 덥수룩한 잡목 틈에서 물쑥만 베어 오리.
之子於歸, 言秣其駒, 아가씨 시집올 때엔 그의 망아지에 풀을 먹여 주리.
漢之廣矣, 不可泳思, 한수는 넓어서 헤엄쳐 갈 수 없고,
江之永矣, 不可方思. 강수는 길어서 떼 타고 갈 수 없네.

22)『鵲巢』(1.2.1)

孔子詩論

『鵲巢』之歸(10), 『鵲巢』之歸, 則償者(11), 『鵲巢』出以百兩, 不亦又償乎.(13)

毛詩序

『鵲巢』, 夫人之德也. 國君積行累功, 以致爵位, 夫人起家而居有之. 德如鳲鳩, 乃可以配焉.(『鵲巢』는 夫人의 德을 읊은 것이다. 國君이 훌륭한 행실과 업적을 쌓아 작위를 이루었는데, 夫人이 집을 일으켜 흥하게 하니 德이 鳲鳩

와 같아야 짝할 수 있는 것이다.)

詩文

維鵲有巢, 維鳩居之, 까치집이 있었는데, 비둘기가 살고 있네.
之子於歸, 百兩御之. 아가씨 시집가는데 많은 수레로 마중가네.

維鵲有巢, 維鳩方之, 까치가 집을 지었는데, 비둘기가 살고 있네.
之子於歸, 百兩將之. 아가씨 시집가는데 많은 수레로 배웅 가네.

維鵲有巢, 維鳩盈之, 까치가 집을 지었는데, 비둘기가 차지하네.
之子於歸, 百兩成之. 아가씨 시집가는데 많은 수레로 예를 갖추네.

23) 『甘棠』(1.2.5)

孔子詩論

『甘棠』之褒(10), 『甘□』(13), 及其人, 敬愛其樹, 其保厚矣. 『甘棠』之愛, 以邵公(15), 吾以『甘棠』得宗廟之敬. 民性固然, 甚貴其人, 必敬其位, 悅其人, 必好其所爲. 惡其人者亦然.(24)

毛詩序

『甘棠』, 美召伯也. 召伯之教, 明於南國.(『甘棠』은 召伯을 찬미한 시이다. 召伯의 教化가 남쪽 나라에 밝혀진 것이다.)

詩文

蔽芾甘棠, 勿翦勿伐, 召伯所茇. 싱싱한 팥배나무를 자르지도 베지도 말라. 소백님이 멈추신 곳이다.

蔽芾甘棠, 勿翦勿敗, 召伯所憩. 싱싱한 팥배나무를 자르지도 꺾지도 말라. 소백님이 쉬신 곳이다.

蔽芾甘棠, 勿翦勿拜, 召伯所說. 싱싱한 팥배나무를 자르지도 휘지도 말라. 소백님이 머무신 곳이다.

24) 『綠衣』(1.3.2)

孔子詩論

『綠衣』之思(10), 『綠衣』之憂, 思古人也.(16)

毛詩序

『綠衣』, 衛莊薑傷己也. 妾上僭, 夫人失位而作是詩也.(『綠衣』는 衛나라 莊薑(姜)이 자신을 서글퍼한 시이다. 妾이 위로 참람하여 夫人이 지위를 잃자 이 시를 지은 것이다.)

詩文

綠兮衣兮, 綠衣黃裏, 녹색 옷이라니, 녹색 옷에 황색 안을 대었네.
心之憂矣, 曷維其已. 마음의 시름이여 언제나 그치려는가?

綠兮衣兮, 綠衣黃裳, 녹색 옷이라니, 녹색 저고리에 황색 치마네.

心之憂矣, 曷維其亡. 마음의 시름이여 언제나 없어지려는가?

綠兮絲兮, 女所治兮, 녹색으로 흰 실을 물들이다니, 그대가 한 짓이지.
我思古人, 俾無訧兮. 나는 옛사람들이나 생각하여 허물없게 힘쓰려네.

絺兮綌兮, 淒其以風, 모시옷 베옷이라니, 찬바람이 불어오는데.
我思古人, 實獲我心. 나는 옛사람을 생각하노니, 정말로 내 마음 잡아주네.

25)『燕燕』(1.3.3)

孔子詩論

『燕燕』之情, 害曰動而皆賢於其初者也.(10)『燕燕』之情, 以其篤也.(16)

毛詩序

『燕燕』, 衛莊薑送歸妾也.(『燕燕』은 衛나라 莊薑(姜)이 친정으로 돌아가는 첩을 전송한 시이다.)

詩文

燕燕於飛, 差池其羽, 제비들이 날개짓하며 앞서거니 뒤서거니,
之子於歸, 遠送於野, 누이 시집가는데 멀리 들에서 전송하네,
瞻望弗及, 泣涕如雨. 바라봐도 보이지 않으니 눈물이 비오는 듯하네.

燕燕於飛, 頡之頏之, 제비들은 날개 짓하며 오르락 내리락.
之子於歸, 遠於將之, 누이 시집가는데 멀리 그를 보내고.

瞻望弗及, 佇立以泣. 바라봐도 보이지 않으니 우두커니 서서 눈물 흘리네.

燕燕於飛, 下上其音, 제비들 날며 위아래서 지지배배 지저귀며.
之子於歸, 遠送於南, 누이 시집가는데 멀리 남쪽에서 전송하며.
瞻望弗及, 實勞我心. 바라봐도 보이지 않으니, 내 마음 정말 괴롭네.

仲氏任只, 其心塞淵, 누이는 믿음직하며 마음은 진실하고 깊고,
終溫且惠, 淑愼其身, 온순하고 부드러워 그의 몸을 잘 삼가.
先君之思, 以勗寡人. 돌아가신 군주 생각 받들라고 나를 격려하더니.

26) ●『葛覃』(1.1.2)

孔子詩論

孔子曰 : 吾以『䓫[illegible](葛覃)』得氏初之詩民性固然. 見其美, 必慾反一本. 夫䓫之見歌也, 則.(16)

毛詩序

『葛覃』, 后妃之本也. 後妃在父母家, 則志在於女功之事, 躬儉節用, 服澣濯之衣, 尊敬師傅, 則可以歸安父母, 化天下以婦道也.(『葛覃』, 后妃의 근본을 읊은 것이다. 后妃가 부모의 집(친정 집)에 있을 적에 뜻이 女工의 일에 있어 몸소 검소하고 절약하며 빤 옷을 입고 師傅를 존경하고, 돌아와 친정 父母께 문안을 올려 婦道로써 천하를 敎化할 수 있는 것이다.)

詩文

葛之覃兮, 施於中谷, 칡덩굴이 길게 산골짜기에 뻗어,
維葉萋萋, 黃鳥於飛, 잎새 무성한데 누룩 제비 떼 날아와,
集於灌木, 其鳴喈喈. 떨기나무 위에 모여 앉아 지지배배 지저귄다.

葛之覃兮, 施於中谷, 칡덩굴이 길게 산골짜기에 뻗어,
維葉莫莫, 是刈是濩, 잎새 무성한데, 잘라다가 쪄내어,
爲絺爲綌, 服之無斁. 고운 칡베 짜 베옷 지어 입으니 좋을시고.

言告師氏, 言告言歸, 保姆님께 아뢰고 覲親을 가려할 제,
薄汙我私, 薄澣我衣, 평복도 빨고 예복도 빨아,
害澣害否, 歸寧父母. 모두 깨끗이 빨아 입나니, 돌아가 부모님께 문안드리기 위함이다.

27) 『東方未明』(1.8.5)

孔子詩論

『東方未明』有利詞.(17)

毛詩序

『東方未明』, 刺無節也. 朝廷興居無節, 號令不時, 挈壺氏不能掌其職焉.(『東方未明』은 절도가 없음을 풍자한 시이다. 朝廷이 興하고 居함에 절도가 없고, 號令 또한 제때에 맞지 않아 挈壺氏(시각을 알려주는 관원)가 그 직책을 관장하지 못한 것이다.)

詩文

東方未明, 顚倒衣裳. 동녘에 밝지도 않았는데, 옷을 허둥지둥 거꾸로 입네.
顚之倒之, 自公召之. 허둥지둥 거꾸로 입는 것은 왕으로부터 명령이 왔기 때문이네.

東方未晞, 顚倒裳衣. 동녘이 해가 뜨지도 않았는데, 옷을 허둥지둥 거꾸로 입네.
倒之顚之, 自公令之. 허둥지둥 거꾸로 입는 것은 왕이 처소에서 명령을 내리기 때문이네.

折柳樊圃, 狂夫瞿瞿. 버들가지 꺾어 채전에 울을 치면 어리석은 자도 경계로 알고 조심하거늘,
不能辰夜, 不夙則莫. 아침저녁도 분별 못하여 너무 이르지 않으면 너무 늦게 부르지.

28) 『將仲子』(1.7.2)

孔子詩論

『將中』之言, 不可不畏也.(17)

毛詩序

『將仲子』, 刺莊公也. 不勝其母以害其弟, 弟叔失道而公弗制, 祭仲諫而公弗聽, 小不忍以致大亂焉.(『將仲子』는 莊公을 풍자한 시이다. 그 어머니가 아우만을 사랑함을 이겨내지 못하여 그 아우를 해쳤다. 아우인 公叔이 도리

를 잃었는데, 公은 이를 제지하지 못하였고, 祭仲이 이를 諫하였으나 公이 듣지 아니하여, 작은 일을 참지 못하여 큰 난리에 이른 것이다.)

詩文

將仲子兮, 無踰我里, 둘째 도련님, 우리 마을에 넘어 들어와,
無折我樹杞. 우리 집 산버들 꺾지 마시오.
豈敢愛之? 畏我父母. 어찌 나무가 아깝겠어요, 저의 부모님이 두려워서지요.
仲可懷也, 父母之言, 도련님도 그립기는 하지만 부모님의 말씀도,
亦可畏也. 역시 두려워서요.

將仲子兮, 無踰我牆, 둘째 도련님, 우리 마을에 넘어 들어와,
無折我樹桑. 우리집 뽕나무 꺾지 마시오.
豈敢愛之? 畏我諸兄. 어찌 나무가 아깝겠어요, 저의 손 윗분들이 두려워서지요.
仲可懷也, 諸兄之言, 도련님도 그립기는 하지만 손 윗분들의 말씀도,
亦可畏也. 역시 두려워서요.

將仲子兮, 無踰我園, 둘째 도련님, 우리 마을에 넘어 들어와,
無折我樹檀. 우리 집 박달나무 꺾지 마시오.
豈敢愛之? 畏人之多言. 어찌 나무가 아깝겠어요, 남의 말 많음이 두려워서지요.
仲可懷也, 人之多言, 도련님도 그립기는 하지만 남의 말 많음도,
亦可畏也! 역시 두려워서요.

29)『王風 · 揚之水』(1.6.4)

孔子詩論

『湯之水』其愛婦烈.(17)

毛詩序

『揚之水』, 刺平王也. 不撫其民, 而遠屯戍於母家, 周人怨思焉.(『揚之水』는 平王을 풍자한 시이다. 그 백성을 위로하지 않고, 멀리 母家(申나라)에 주둔시켜 수자리에 살게 하니, 주나라 사람들이 원망한 것이다.)

詩文(『王風』)

揚之水, 不流束薪. 잔잔한 물결은 나무 다발도 떠내려 보내지 못하네.
彼其之子, 不與我戍申. 집 사람을 멀리 두고 나는 申 땅에 수자리 사네.
懷哉懷哉! 曷月予還歸哉! 그립고 그리워 어느 달이면 나는 돌아가게 되는 건가?

揚之水, 不流束楚. 잔잔한 물결은 싸리 다발도 떠내려 보내지 못하네.
彼其之子, 不與我戍甫. 집 사람을 멀리 두고 나는 甫 땅에 수자리 사네.
懷哉懷哉! 曷月予還歸哉! 그립고 그리워 어느 달이면 나는 돌아가게 되는 건가?

揚之水, 不流束蒲. 잔잔한 물결은 개 버들 다발도 떠내려 보내지 못하네.
彼其之子, 不與我戍許. 집 사람을 멀리 두고 나는 許 땅에 수자리 사네.
懷哉懷哉! 曷月予還歸哉! 그립고 그리워 어느 달이면 나는 돌아가게 되는 건가?

참고) 『鄭風 · 揚之水』(1.7.18)

毛詩序

『揚之水』, 閔無臣也. 君子閔忽之無忠臣良士, 終以死亡而作是詩也.(『揚之水』는 훌륭한 신하가 없음을 민망히 여긴 것이니, 太子 忽이 忠臣과 良士가 없어 결국엔 死亡하였음을 민망히 여겨 君子가 이 詩를 지은 것이다.)

詩文

揚之水, 不流束楚, 잔잔한 물결은 싸리 다발도 떠내려 보내지 못하네.
終鮮兄弟, 維予與女, 형제는 많지 않고 오직 나와 너뿐.
無信人之言, 人實迋女. 남의 말은 듣지 마라 남이란 정말 너를 속이려는 것이니.

揚之水, 不流束薪, 잔잔한 물결은 땔나무 다발도 떠내려 보내지 못하네.
終鮮兄弟, 維予二人, 형제는 많지 않고 오직 우리 둘뿐.
無信人之言, 人實不信! 남의 말은 듣지 마라. 남이란 정말 믿을 수 없는 것이니.

참고) 『唐風 · 揚之水』(1.10.3)

毛詩序

『揚之水』, 刺晋昭公也. 昭公分國以封沃, 沃盛强, 昭公微弱, 國人將叛而歸沃焉.(『揚之水』는 晋나라 昭公을 풍자한 시이다. 昭公이 나라를 나누어 沃을 봉해주었는데, 沃은 강성해지고 昭公은 미약해지니 나라 사람들이 장차 昭公

을 버리고 沃 땅으로 가려 하는 것이다.)

詩文

揚之水, 白石鑿鑿, 잔잔한 물결 속에 흰 돌이 깨끗하다.
素衣朱襮, 從子于沃, 흰 옷에 붉은 수놓은 깃 달아 曲沃으로 가 님께 바치리.
旣見君子, 云何不樂. 우리 님을 뵈옴은 정말 즐거운 일.

揚之水, 白石皓皓, 잔잔한 물결 속에 흰 돌이 새하얗네.
素衣朱繡, 從子于鵠, 흰 옷에 수놓은 붉은 깃 달아 鵠 땅으로 가 님께 바치리.
旣見君子, 云何其憂. 우리 님을 뵈옵는다면 아무런 근심도 없으리.

揚之水, 白石粼粼, 잔잔한 물결 속에 흰 돌이 빛나네.
我聞有命, 不敢以告人! 내가 명령을 들었으나, 감히 남에게 고하지는 못하네.

30) ×『采葛』(1.6.8)

孔子詩論

『茱莕(葛)』之愛婦.(17)

毛詩序

『採葛』, 懼讒也.(참소하는 말을 두려워하는 시이다).

詩文

彼採葛兮, 칡 캐러 가세.
一日不見, 如三月兮. 하루를 못 보면 석 달이나 된 듯.

彼採蕭兮, 쑥 캐러 가세.
一日不見, 如三秋兮. 하루를 못 보면 세 번의 가을이 지나간 듯.

彼採艾兮, 약쑥 캐러 가세.
一日不見, 如三歲兮. 하루를 못 보면 삼년이나 된 듯.

31) 木瓜(1.5.10)

孔子詩論

因『木瓜』之報, 以喻其損者也.(18).
『木瓜』有藏忨而未得達也.(19)
[木瓜][得]幣帛之不可去也. 民性固然, 其離志必有以逾也. 其言有所載而後納, 或前之而後交, 人不可觓也.(20).

毛詩序

『木瓜』, 美齊桓公也. 衛國有狄人之敗, 出處於漕, 齊桓公救而封之, 遺之車馬器服焉, 衛人思之, 欲厚報之, 而作是詩也.(『木瓜』는 齊나라 桓公을 찬미한 시이다. 衛國이 오랑캐에게 패하여 漕邑에 거처하고 있었는데, 齊나라 桓公이 구해주고 나라를 봉해주고 車馬와 器服을 보내주니 衛나라 사람들이 이를 생각하고 厚히 보답하려 이 시를 썼다.)

詩文

投我以木瓜, 報之以瓊琚, 나에게 모과를 보내 줌에 아름다운 패옥으로 보답하네.
匪報也, 永以爲好也. 보답했다고 여기지 않음은 영원히 친하게 지내자는 거네.

投我以木桃, 報之以瓊瑤, 나에게 복숭아를 던져 주었으나, 아름다운 구슬로 보답하고도,
匪報也, 永以爲好也. 보답한 것으로 여기지 않음은 영원히 친하게 지내자는 거요.

投我以木李, 報之以瓊玖, 나에게 오얏을 던져줌에, 아름다운 옥돌로 보답하고도,
匪報也, 永以爲好也. 보답이 아니라 함은 영원히 친하게 지내고자 해서지요.

32)『小雅・鹿鳴之什・杕杜』(2.1.9)

孔子詩論

『杕杜』則情喜其至也.(18)
吾以『折(杕)杜』得雀.(20)
『小雅・鹿鳴之什・杕杜』(2.1.9)

毛詩序

『杕杜』, 勞還役也.(『杕杜』는 부역에서 돌아옴을 위로한 시이다.)

詩文

有杕之杜, 有睆其實. 우뚝한 아가위 나무엔 주렁주렁 열매가 열렸네.
王事靡盬, 繼嗣我日. 나라일이 끝나지 않아 님의 行役이 계속되네.
日月陽止, 女心傷止, 세월만 흘러 시월이 되니 여인의 마음은 서글퍼지거늘,
征夫遑止. 집 떠난 우리 님은 돌아오실 겨를도 없으신가.

有杕之杜, 其葉萋萋. 우뚝한 아가위 나무는 잎새가 무성하기도 하네.
王事靡盬, 我心傷悲. 나라 일이 끝나지 않아 내 마음 슬퍼만 지네.
卉木萋止, 女心悲止, 초목들이 무성하여지니 여인의 마음은 슬픔에 차건만.
征夫歸止. 집 떠난 우리 님은 돌아오시지도 못하는가.

陟彼北山, 言採其杞. 저 북산에 올라 구기자를 뜯네.
王事靡盬, 憂我父母. 나라일이 끝나지 않아 부모님도 걱정하시네.
檀車幝幝, 四牡痯痯, 박달나무 수레는 덜컹덜컹 사마는 타박타박.
征夫不遠. 집 떠난 우리 님 돌아오실 날 멀지 않으련만.

匪載匪來, 憂心孔疚. 수레 타고 돌아오시지 않으니, 걱정하는 마음 병들었거늘,
期逝不至, 而多爲恤. 기약한 날이 가도 오시지 않으니 걱정은 더하여만 가네.
卜筮偕止, 會言近止, 거북점 시초 점 모두 돌아올 날 가까웠다 하니.
征夫邇止. 집 떠난 님은 가까이 오고 계시겠지.

참고) 『唐風 · 杕杜』(1.10.6)

毛詩序

『杕杜』, 刺時也. 君不能親其宗族, 骨肉離散, 獨居而無兄弟, 將爲沃所並爾.(『杕杜』는 시대를 풍자한 시이다. 군주가 그 종족을 친애하지 못하여 骨肉之親이 이산되어, 홀로 거처하고 兄弟가 없어서 장차 沃에게 겸병 당하게 되었다.)

詩文

有杕之杜, 其葉湑湑. 우뚝선 아가위 나무 잎새만 더부룩하네.
獨行踽踽, 豈無他人? 외로이 길을 가노니 어이 남이야 없으련만.
不如我同父, 내 형제만 할까?
嗟行之人, 胡不比焉? 아아 길가는 사람들은 어째서 내게 친하게 굴지 않나?
人無兄弟, 胡不佽焉? 나는 형제도 없거늘 어째서 도와주지들 않나?

有杕之杜, 其葉菁菁. 우뚝 선 아가위 나무 잎새만 무성하네.
獨行睘睘, 豈無他人? 홀로 쓸쓸히 길을 가노라니 어이 남이야 없으랴만.
不如我同姓, 모두 내 친족만 할까?
嗟行之人, 胡不比焉? 아아 길가는 사람들은 어째서 내게 친하게 굴지 않나?
人無兄弟, 胡不佽焉? 나는 형제도 없거늘 어째서 도와주지들 않나?

참고)『唐風 · 有杕之杜』(1.10.10)

毛詩序

『有杕之杜』, 刺晉武也. 武公寡特, 兼其宗族, 而不求賢以自輔焉. (『有杕之杜』는 晉나라 武公을 풍자한 시이다. 武公이 독단적으로 행동하여 宗族을 겸병하면서도 賢人을 구하여 자신을 돕게 하지 않았다.)

詩文

有杕之杜, 生於道左. 우뚝선 아가위 나무가 길 왼쪽에 자라 있네.
彼君子兮, 噬肯適我. 저 어진 군자님 내게로 와 주었으면,
中心好之, 曷飮食之. 마음속으로 그를 좋아하는데 어쩌면 그와 음식을 함께 할까?

有杕之杜, 生於道周. 우뚝선 아가위 나무가 길 오른쪽에 자라 있네.
彼君子兮, 噬肯來遊. 저 어진 군자님 내게로 놀러 와 주었으면,
中心好之, 曷飮食之. 마음속에 그를 좋아하는데 어쩌면 그와 음식을 함께 할까?

33) ●『柏舟』(1.4.1)

孔子詩論

[illegible]志, 旣曰天也, 猶有損言.(19)

毛詩序

『柏舟』, 共姜自誓也. 衛世子共伯蚤死, 其妻守義, 父母欲奪而嫁之, 誓而弗許, 故作是詩以絶之.(『柏舟』는 共姜이 스스로 맹세한 시이다. 衛나라 世子인 共伯이 일찍 죽자, 그 아내(公姜)가 절개를 지키고 있었는데, 친정 父母들이 수절하려는 뜻을 빼앗아 시집보내려 하였으므로 공강이 맹세하고 허락하지 않았다. 그러므로 이 시를 지어 거절한 것이다.)

詩文

汎彼柏舟, 在彼中河, 두둥실 잣나무배 황하물 가운데 떠 있네.
髧彼兩髦, 實維我儀, 늘어진 다팔머리 총각이 실로 내 배필이었으니,
之死矢靡它, 죽어도 딴 마음 안 가지겠네.
母也天只, 不諒人只. 어머님은 하늘같은 분 저를 몰라 주시나이까.

汎彼柏舟, 在彼河側, 두둥실 잣나무배가 황하물 가에 떠 있네.
髧彼兩髦, 實維我特, 늘어진 다팔머리 총각이 실로 내 남편이었으니,
之死矢靡慝, 죽어도 허튼 마음 안 가지겠네.
母也天只, 不諒人只. 어머님은 하늘같은 분 저를 몰라주시나이까.

참고)『邶風·北門』(1.3.15)

毛詩序

『北門』, 刺仕不得志也. 言衛之忠臣不得其志爾.(『北門』은 벼슬함에 뜻을 얻지 못함을 풍자한 시이니, 위나라의 忠臣이 그 뜻을 얻지 못함을 말한 것이다.)

詩文

出自北門, 憂心殷殷, 북문을 나서니 근심 걱정 태산이네.
終窶且貧, 莫知我艱, 궁하고 가난하거늘 어려움은 아무도 몰라주네.
已焉哉, 아서라.
天實爲之, 謂之何哉. 하늘이 하시는 일이니 일러 무엇 하리.

王事適我, 政事一埤益我, 나라일 내게 돌아오고 정사도 모두 내게 밀려지네.
我入自外, 室人交徧讁我, 내 밖에서 들어가니 집사람들은 번갈아 다 나를 책하네.
已焉哉, 아서라,
天實爲之, 謂之何哉. 하늘이 하시는 일이니 일러 무엇 하리.

王事敦我, 政事一埤遺我, 나라일 내게 던져지고 정사도 내게 맡겨지네.
我入自外, 室人交徧摧我, 내 밖에서 들어가니 집사람들은 번갈아 모두 나를 핀잔하네.
已焉哉, 아서라.
天實爲之, 謂之何哉. 하늘이 하시는 일이니 일러 무엇 하리.

참고) 『鄘風 · 君子偕老』(1.4.3)

毛詩序

『君子偕老』, 刺衛夫人也. 夫人淫亂, 失事君子之道, 故陳人君之德, 服飾之盛, 宜與君子偕老也.(『君子偕老』는 衛나라 夫人을 풍자한 시이다. 夫人이 음란하여 군자를 섬기는 道理를 잃었으므로, 人君(小君)의 덕과 服飾의 성대함을 말하여 군자와 더불어 백년해로하여야 한다고 한 것이다.)

詩文

君子偕老, 副笄六珈, 낭군과 해로해야지 여섯 개 구슬박은 비녀 꽂았으니,
委委佗佗, 如山如河, 음전한 걸음걸이 산처럼 무겁고 황하처럼 넓은 거동.
象服是宜, 왕후의 제복이 딱 어울리는데,
子之不淑, 云如之何. 그대의 정숙하지 못함은 어떻게 된 일이요?

玼兮玼兮, 其之翟也, 빛나고 고운 것은 그의 꿩 깃 그린 예복이요.
鬒髮如雲, 不屑髢也, 검은 머리 구름 같으니 가발이 필요 없네.
玉之瑱也, 象之揥也, 구슬 귀막이 달고 상아 머리 꽂개 꽂고.
揚且之晳也, 넓은 이마는 깨끗하고 희지만,
胡然而天也, 胡然而帝也. 어찌 그렇게 천신 같겠으며, 어찌 그렇게 천제 같겠는가.

瑳兮瑳兮, 其之展也, 곱고 흰 것은 그의 흰 예복이요.
蒙彼縐絺, 是紲袢也, 고운 모시 걸친 것은 여름 속적삼이라.
子之淸揚, 揚且之顔也, 그의 눈은 청명하고 훤한 이마의 얼굴이라.
展如之人兮, 邦之媛也. 정말 이러한 사람이야 말로 나라의 미인일세.

34) 『無將大車』(2.5.6)

孔子詩論

『將大車』之囂也, 則以爲不可如何也(21)

毛詩序

『無將大車』, 大夫悔將小人也(『無將大車』는 大夫가 小人과 더불어 일한 것을 뉘우친 시이다.)

詩文

無[4]將大車, 祇自塵兮. 큰 수레를 몰지마라. 먼지만 뒤집어쓰고 말 것을.
無思百憂, 祇自疧兮. 여러 가지 근심들 생각 마라. 병만 들게 할 것을.

無將大車, 維塵冥冥. 큰 수레를 몰지 마라. 먼지만 자욱이 일어날 것을.
無思百憂, 不出於熲. 수많은 근심들 생각마라, 마음의 불안 벗어나지 못할 것을.

無將大車, 維塵雝兮. 큰 수레를 몰지 마라. 먼지만 뿌옇게 덮어쓸 것을.
無思百憂, 祇自重兮. 여러 가지 걱정 생각마라. 스스로 거북한 일만 만들게 될 것을.

35) 『湛露』(2.2.7)

孔子詩論

『審露』之賹(益)也, 其猶鮀與.(21)

---

4 '無'자를 語頭助詞 '唯'와 같은 용법으로 해석하기도 한다(『孔子詩論術學』, 218-219쪽).

毛詩序

『湛露』, 天子燕諸侯也.(천자가 제후에게 宴樂을 베풀어줌을 읊은 시이다.)

詩文

湛湛露斯, 匪陽不晞. 축축한 이슬 해뜨지 않으면 사라지지 않네.
厭厭夜飮, 不醉無歸. 흐뭇한 술자리 밤에 벌어졌으니, 취하지 않고 돌아가진 못하리라.

湛湛露斯, 在彼豐草. 축축한 이슬 무성한 풀밭에 내렸네.
厭厭夜飮, 在宗載考. 흐뭇한 술자리가 밤에 벌어졌으니, 종실을 위해 차린 것이라네.

湛湛露斯, 在彼杞棘. 촉촉한 이슬이 산버들과 대추나무에 내렸네.
顯允君子, 莫不令德. 밝고 진실한 군자들 모두가 아름다운 덕을 지닌 분들일세.

其桐其椅, 其實離離. 오동나무 가래 나무에 열매가 주렁주렁.
豈弟君子, 莫不令儀. 즐겁고 편안한 군자들은 모두가 아름다운 거동을 하시네.

36)『宛丘』(1.12.1)

孔子詩論

『宛丘』吾善之.(21)

『宛丘』曰 : “洵有情, 而亡望”, 吾善之.(22)

毛詩序

『宛丘』, 刺幽公也. 淫荒昏亂, 游蕩無度焉.(『宛丘』는 幽公을 풍자한 시이다. 방탕하고 혼란하며 음탕하여 법도가 없어서이다.)

詩文

子之湯兮, 宛丘之上兮, 그대는 방탕하게 완구 위에서 놀고 있네.
洵有情兮, 而無望兮. 정말 하고 싶어 그러는지 모르나 바라는 바 아닐세.

坎其擊鼓, 宛丘之下, 덩덩 북을 치며 완구 밑에서 놀고 있는데.
無冬無夏, 値其鷺羽. 겨울 여름 없이 백로 깃들고 춤을 추네.

坎其擊缶, 宛丘之道, 둥둥 동이 두드리며 완구 길가에서 놀고 있는데.
無冬無夏, 値其鷺翿. 겨울 여름 없이 백로 깃 부채 들고 춤을 추네.

37) 『猗嗟』(1.8.11)

孔子詩論

『猗嗟』吾喜之(21)
『猗嗟』曰 : “四矢𢀩(變), 以禦亂” 吾喜之.(22)

毛詩序

『猗嗟』, 刺魯莊公也. 齊人傷魯莊公有威儀技藝, 然而不能以禮防閑其母. 失子之道, 人以爲齊侯之子焉.(『猗嗟』는 魯나라 莊公을 풍자한 시이다. 齊나라 사람들이 魯나라 莊公이 威儀와 技藝가 있으나, 禮로써 어머니를 防閑하지 못하여 자식의 도리를 잃어 사람들이 齊侯의 아들이라고 말하는 것을 서글퍼한 것이다.)

詩文

猗嗟昌兮! 頎而長兮. 아아 멋지다. 훤칠하게 큰 키에,
抑若揚兮, 美目揚兮. 화살을 위아래로 겨누는데 아름다운 눈에 넓은 이마.
巧趨蹌兮. 射則臧兮. 잽싸게 교묘히 움직이며 활도 참 잘 쏘누나.

猗嗟名兮! 美目淸兮. 아아 훌륭하다, 아름다운 눈은 맑기도 하지.
儀旣成兮, 終日射侯, 활 쏘는 의식을 다 갖추어 하루 종일 과녁을 쏘는데,
不出正兮, 展我甥兮. 한번도 표적에서 빗나가지 않으니, 정말 우리 임금의 조카일세.

猗嗟孌兮! 淸揚婉兮. 아아 잘났다. 맑은 눈에 넓은 이마 곱기도 하지.
舞則選兮, 射則貫兮, 거동은 가락에 맞고 쏘면 과녁을 뚫는데,
四矢反兮, 以禦亂兮. 네 화살이 똑같은 곳에 꽂히니 세상의 어지러움 막고도 남겠네.

38)『鳲鳩』(1.14.3)

孔子詩論

『鳲鳩』吾信之.(21)
『鳲鳩』曰 : “其儀一氏, 心如結也”, 吾信之.(22)

毛詩序

『鳲鳩』, 刺不壹也. 在位無君子, 用心之不壹也.(『鳲鳩』는 마음이 한결같지 않음을 풍자한 시이다. 지위에 있는 자들이 君子가 없어 마음 씀이 한결같지 못하였다.)

詩文

鳲鳩在桑, 其子七兮. 뻐꾸기가 뽕나무에 앉았는데 새끼 일곱 마리.
淑人君子, 其儀一兮. 훌륭한 군자님은 그의 언행이 한결같네.
其儀一兮, 心如結兮. 언행이 한결같으니 마음은 맺어놓은 듯 단단하리.

鳲鳩在桑, 其子在梅. 뻐꾸기는 뽕나무에 새끼들은 매화나무에,
淑人君子, 其帶伊絲. 훌륭한 군자님은 흰 실띠를 띠었네.
其帶伊絲, 其弁伊騏. 흰 실띠를 띠었으니 관 솔기엔 구슬 달았으리.

鳲鳩在桑, 其子在棘. 뻐꾸기는 뽕나무에 새끼들은 대추나무에,
淑人君子, 其儀不忒. 훌륭한 군자님은 언행이 어긋나지 않네.
其儀不忒, 正是四國. 언행이 어긋나지 않으니 온 세상이 이를 본받으리오.

鳲鳩在桑, 其子在榛. 뻐꾸기는 뽕나무에 새끼들은 개암나무에,

淑人君子, 正是國人. 훌륭한 군자님은 나라 사람들이 본받네.
正是國人, 胡不萬年. 나라 사람들이 본받으니 어찌 만수무강 안하시리.

39)『文王』(3.1.1)

孔子詩論

『文王』吾美之.(21)
『文王』曰 : "𡆥王才上, 於昭于天", 吾美之.(22)

毛詩序

『文王』, 文王受命作周也.(『文王』은 文王이 天命을 받아 周를 일으킴을 읊은 시이다.)

詩文

文王在上, 於昭於天. 문왕께선 백성의 군주이시니, 그의 덕행 온 천하를 밝히네,
周雖舊邦, 其命維新. 주나라가 비록 오래된 나라지만 그 명은 새롭기만 하네.
有周不顯, 帝命不時. 주나라 임금은 매우 밝으시니 상제의 명은 바르게 내리셨네.
文王陟降, 在帝左右. 문왕께선 하늘땅을 오르내리니 상제 곁을 떠나지 않으시네.

亹亹文王, 令聞不已. 문왕께선 애쓰시어 아름다운 기림 끊이지 않게 하셨으니,

陳錫哉周, 侯文王孫子. 주나라에 많은 복 내리시어 문왕 자손들이 누리시네.
文王孫子, 本支百世. 문왕 자손들은 집안이 백세토록 번성하시며,
凡周之士, 不顯亦世. 무릇 주나라의 신하들까지도 세세로 밝게 되네.

世之不顯, 厥猶翼翼. 세세로 밝게 되니 그들의 계획은 신중하고 충성되네.
思皇多士, 生此王國. 빛나는 많은 신하들이 이 왕국을 낳았는데,
王國克生, 維周之楨. 왕국을 낳았음은 주나라의 기둥삼기 위해서네.
濟濟多士, 文王以寧. 많고 많은 여러 신하들 있으니, 문왕께서도 마음 편하시리라.

穆穆文王, 於緝熙敬止. 아름다운 문왕께서는 아아 끊임없이 공경하셨네.
假哉天命, 有商孫子. 위대한 하늘의 명은 상나라 자손들에게 있었는데,
商之孫子, 其麗不億. 상나라 자손들 그 수 헤아릴 수 없었건만,
上帝旣命, 侯於周服. 상제가 명을 내리시어 주나라에 복종케 되었네.

侯服於周, 天命靡常. 주나라에 복종케 하셨으니 하늘의 명은 일정하지 않은 걸세.
殷士膚敏, 祼將於京. 아름답고 민첩한 은나라 관원이 경사에서 강신할 술 따라 올리니,
厥作祼將, 常服黼冔. 그들이 강신할 술 올릴 때엔 언제나 보 무늬 바지에 은관을 썼네.
王之藎臣, 無念爾祖. 임금님의 충성스러운 신하라면 그대들 조상은 생각말기를.

無念爾祖, 聿脩厥德. 그대들 조상 생각말고 덕 닦기에 힘쓰기를
永言配命, 自求多福. 오래도록 하늘의 명을 지켜 스스로 많은 복을 구해야지.
殷之未喪師, 克配上帝. 은나라가 백성들을 잃지 않았을 적에는 상제와 화

합할 수 있었으니,

宜鑒於殷, 駿命不易. 마땅히 은나라를 거울삼아 위대한 명지키기 쉽지 않음 알기를.

命之不易, 無遏爾躬. 명지키기 쉽지 않으니, 그대 자신에게서 끊기지 않도록 하기를.

宣昭義問, 有虞殷自天. 기리는 말 밝게 빛나게 하고 또 은나라가 하늘의 명을 다시 받을까 염려하여야 할 걸.

上天之載, 無聲無臭. 상제의 일은 소리도 없고 냄새도 없는 것.

儀刑文王, 萬邦作孚. 문왕을 본받으면 온 세상이 믿고 따르게 되리.

40) 『生民』(3.2.1)

孔子詩論

后稷之見貴也, 則以文武之德也. (24)

毛詩序

『生民』, 尊祖也. 后稷生於薑嫄, 文武之功, 起於后稷, 故推以配天焉.(『生民』은 先祖를 존경하는 시이다. 后稷은 姜嫄에게서 태어났고, 文王·武王의 功은 그들의 조상인 后稷에게서 시작되었다. 그런 까닭으로 后稷을 추모하여 하늘에 짝한 것이다.)

詩文

厥初生民, 時維薑嫄. 처음 백성을 낳으신 분은 바로 강원이란 분이네.

生民如何? 克禋克祀, 백성을 어떻게 낳으셨나? 정결히 제사지내시어,

以弗無子. 履帝武敏歆, 자식 없는 징조 없애고 상제의 발자국 엄지발가락 밟으시자 마음 기뻐져,

攸介攸止. 載震載夙, 쉬어 머무르셨네. 곧 아기 배고 신중히 하시어,

載生載育. 時維后稷. 아기 낳아 기르셨으니, 이분이 바로 후직이시네.

誕彌厥月, 先生如達. 아기 낳으실 달이 차자 첫 아기를 양처럼 쉽게 낳으셨으니,

不拆不副, 無菑無害. 째지지도 터지지도 않으시고, 재난도 해도 없으셨네.

以赫厥靈, 上帝不寧. 그 영험함 밝히셨으니, 상제께서 크게 편안히 하신 걸세.

不康禋祀, 居然生子. 정결한 제사에 크게 즐거워 하사 의연히 아들 낳게 하신 걸세.

誕寘之隘巷, 牛羊腓字之. 아기를 좁은 골목에 버렸으나, 소와 양도 감싸 주고 애호하였으며,

誕寘之平林, 會伐平林. 넓은 숲 속에 버렸으나, 마침 넓은 숲의 나무를 다 베어내었으며,

誕寘之寒冰, 鳥覆翼之. 찬 얼음 위에 버렸으나, 새가 날개로 덮어 주고 깔아 주었네.

鳥乃去矣, 后稷呱矣. 새가 날아가자 후직께서 우시니,

實覃實訏, 厥聲載路. 소리가 길고 커서 그 소리가 행길에까지 들렸다네.

誕實匍匐, 克岐克嶷, 기어 다니게 되자, 지각과 의식이 있으셨고,

以就口食. 蓺之荏菽, 음식을 찾아 먹게 되자 콩을 심으셨네.

荏菽旆旆, 禾役穟穟. 콩은 너풀너풀 자랐으며, 벼도 탐스럽게 줄지어 자라게 하고.

麻麥幪幪, 瓜瓞唪唪. 삼과 보리도 무성하게 만들고 외덩굴도 쭉쭉 자라게

하셨네.

誕后稷之穡, 有相之道. 후직의 농사지으심은 땅의 도를 보아 합당케 하신 거네.

茀厥豐草, 種之黃茂. 많은 잡초들을 뽑아내고 거기에 곡식 심어 무성케 하셨네.

實方實苞, 實種實褎, 싹이 뾰죽뾰죽 올라오더니 쭉쭉 길게 자랐으며,
實發實秀, 實堅實好, 이삭 패고 여물게 되고 줄기 굳게 잘 자랐으며,
實穎實慄. 卽有邰家室. 이삭 처지고 여물게 하시더니 태나라에 집안을 거느리게 되셨네.

誕降嘉種, 維秬維秠, 하늘이 좋은 곡식 씨 내려 주셨으니 검은 기장 메기장과
維穈維芑. 붉은 차조 흰 차조네. 검은 기장 메기장 두루 심어.
恆之秬秠, 是穫是畝. 걷어서 밭에 쌓아 놓고 붉은 차조 흰 차조 두루 심어.
恆之穈芑, 是任是負. 메기도 하고 지기도 하여,
以歸肇祀. 집으로 돌아와 제사지내네.

誕我祀如何? 或舂或揄, 제사는 어떻게 지내셨나? 찧고 빻고 해서,
或簸或蹂. 釋之叟叟, 불리고 비비고 한 뒤 설설 그것을 일어,
烝之浮浮. 載謀載惟, 푹 찌며, 좋은 날을 가리고,
取蕭祭脂, 取羝以軷. 쑥을 기름에 섞어 태우며 수양으로 길의 신에 제하여,
載燔載烈, 以興嗣歲. 고기를 부쳐 구워 다음 해의 풍년을 비는 거네.

卬盛於豆, 於豆於登[5]. 제기에 제물 담는데, 접시며 대접이 있네.
其香始升, 上帝居歆. 그 향기 올라가니 상제가 즐겨 드시네.
胡臭亶時? 后稷肇祀, 향기 크게 정성되고 훌륭하니 후직께서 제사지내는

5 '登'자를 '登'자로 쓰기도 한다.

걸세.

庶無罪悔, 以迄於今. 어떤 죄나 허물없이 지금까지 이르렀네.

41) 『鹿鳴』(2.1.1)

孔子詩論

『鹿鳴』以樂詞而會, 以道交見善而效, 冬乎不猒人.(23)

毛詩序

『鹿鳴』, 燕羣臣嘉賓也. 旣飮食之, 又實幣帛筐篚, 以將其厚意, 然後忠臣嘉賓, 得盡其心矣.(『鹿鳴』은 여러 신하들과 아름다운 손님을 연향하는 시이다. 음식을 먹이고 또 폐백을 광주리에 담아서 그 후의를 받들어야 하니, 그러한 뒤에야 忠臣과 아름다운 손님이 그 마음을 다 할 수 있는 것이다.)

詩文

呦呦鹿鳴, 食野之蘋. 우우 사슴들이 울며 들의 다북쑥 뜯고 있네.
我有嘉賓, 鼓瑟吹笙. 내게 좋은 손님 오시어 슬 뜯고 생황 불며 즐기네.
吹笙鼓簧, 承筐是將. 생황 불며 폐백 광주리 받들어 올리니,
人之好我, 示我周行. 그이는 나를 좋아하여 내게 위대한 道를 보여 주네.

呦呦鹿鳴, 食野之蒿. 우우 사슴들이 울며 들의 쑥을 뜯고 있네.
我有嘉賓, 德音孔昭. 내게 좋은 손님 오셨으니 그이 말씀 매우 밝아,
視民不恌, 君子是則是傚. 백성들에게 두터운 정 보이시니 군자들도 본뜨고 따르네.

我有旨酒, 嘉賓式燕以敖. 내게 맛있는 술 있어 좋은 손님 잔치하며 즐기시네.

呦呦鹿鳴, 食野之芩. 우우 사슴들이 울며 들의 금풀을 뜯고 있네.
我有嘉賓, 鼓瑟鼓琴. 내게 좋은 손님 오시어 슬 뜯고 금 타며 즐기네.
鼓瑟鼓琴, 和樂且湛. 슬 뜯고 금 타며 즐기니 화락함이 끝이 없네.
我有旨酒, 以燕樂嘉賓之心. 내게 맛있는 술 있어 잔치하여 좋은 손님의 마음 즐겁게 하네.

42)『兔罝』(1.1.7)

孔子詩論

『兔罝』其用人則吾取.(23)

毛詩序

『兔罝』, 后妃之化也. 關雎之化行, 則莫不好德, 賢人衆多也.(『兔罝』는 后妃의 교화를 읊은 시이다. 關雎의 교화가 행하여지면, 德을 좋아하지 않는 이가 없어 賢人이 많은 것이다.)

詩文

肅肅兔罝, 椓之丁丁, 얼기설기 토끼 그물 치는 말뚝 박는 소리 쨍쨍 울린다.
赳赳武夫, 公侯干城. 늠름한 군인은 나라의 방패.

肅肅兔罝, 施於中逵, 얼기설기 토끼 그물이 언덕 위에 쳐 있다.

赳赳武夫, 公侯好仇. 늠름한 군인은 임금님의 좋은 신하.

肅肅兎罝, 施於中林, 얼기설기 토끼 그물이 숲 속에 쳐 있다.
赳赳武夫, 公侯腹心. 늠름한 군인은 임금님과 한 마음.

43) 『蕩』(3.3.1)

孔子詩論

『腸腸』小人.(25)

毛詩序

『蕩』, 召穆公傷周室大壞也. 厲王無道, 天下蕩蕩, 無綱紀文章, 故作是詩也.(『蕩』은 召穆公이 周나라 王室이 크게 무너짐을 서글퍼한 것이다. 厲王이 無道하나, 天下는 위대한데 綱紀와 文章이 없음을 알음을 풍자한 시이다.)

詩文

蕩蕩上帝, 下民之闢. 위대한 상제는 백성들을 다스리는 임금님이시거늘,
疾威上帝, 其命多闢. 매정하신 상제 그 명령에 편벽됨 많으시네.
天生烝民, 其命匪諶. 하늘이 백성들을 낳으셨으나, 하늘의 명은 믿고 있을 수만 없는 것.
靡不有初, 鮮克有終. 모두 시작은 있었지만, 끝까지 잘한 나라는 드무네.

文王曰咨! 咨汝殷商, 문왕께서 말씀하셨네. 아아 그대들 은상나라에,
曾是彊禦, 曾是掊克. 포학한 사람들과 취렴하는 사람들이,

曾是在位, 曾是在服. 벼슬을 차지하고 일하고 있어,

天降滔德, 女興是力. 하늘이 벌을 내리시는데도 그대들은 나쁜 짓 힘쓰네.

文王曰咨! 咨女殷商, 문왕께서 말씀하셨네. 아아 그대들 은상나라여.

而秉義類, 彊禦多懟. 그대들은 착한 사람들을 써야 하거늘 포학하고 원한 많은 사람들 써서,

流言以對, 寇攘式內. 뜬소문으로 임금 대하게 하니 도적들이 안으로 들어와,

侯作侯祝, 靡屆靡究. 속이고 저주하게 하여 어떻게 될는지 모르게 되었네.

文王曰咨! 咨女殷商, 문왕께서 말씀하셨네. 아아 그대들 은상나라여.

女[6]炰烋於中國, 斂怨以爲德. 그대들은 나라 안에서 소리치며 원한이 쌓이는 것을 덕으로 아네.

不明爾德, 時無背無側. 그대들 덕 밝지 않으니 주변에 좋은 신하 없으며,

爾德不明, 以無陪無卿. 그대들 덕 밝지 않으니, 올바른 대신들 하나도 없네.

文王曰咨! 咨女殷商, 문왕께서 말씀하셨네. 아아 그대들 은상나라여.

天不湎爾以酒, 不義從式. 하늘은 그대들에게 술에 빠지지 말라 하셨는데, 옳지 못한 일만 하고 있네.

旣愆爾止, 靡明靡晦; 그대들의 행동 허물 많아 낮도 밤도 없으며,

式號式呼, 俾晝作夜. 호통치고 소리치며 낮도 밤도 없이 지내네.

文王曰咨! 咨女殷商, 문왕께서 말씀하셨네. 아아 그대들 은상나라여.

如蜩如螗, 如沸如羹. 매미나 쓰르라미 울 듯하고 국이 끓듯 괴로워하여,

小大近喪, 人尙乎由行. 낮고 높음 없이 모든 사람들이 망해 가고 있거늘 사람들 행동 여전하네.

內奰於中國, 覃及鬼方. 안으로는 온 나라가 성을 내어 오랑캐 나라까지 뻗

---

6 '女'자를 '汝'자로 쓰기도 한다.

어가고 있네.

文王曰咨! 咨女殷商, 문왕께서 말씀하셨네. 아아 그대들 은상나라여.
匪上帝不時, 殷不用舊. 상제가 착하지 않아서가 아니라 은나라가 옛 법도 따르지 않기 때문이네.
雖無老成人, 尙有典刑. 비록 현인은 없으나 여전히 법도는 있거늘,
曾是莫聽, 大命以傾. 거들떠보지도 않으니 나라의 운명이 기울어진 것일세.

文王曰咨! 咨女殷商, 문왕께서 말씀하셨네. 아아 그대들 은상나라여.
人亦有言, 顚沛之揭. 옛말에 이르기를 넘어지고 뽑히어 뿌리 드러나네.
枝葉未有害, 本實先撥. 가지와 잎새엔 해 없다해도 뿌리가 실은 먼저 끊긴 거라 하였네.
殷鑒不遠, 在夏後之世. 은나라의 거울 먼 곳에 있는 것 아니었으니, 바로 하나라 임금 때를 거울로 삼아야 했을 거네.

참고) 『王風』『君子陽陽』

毛詩序

『君子陽陽』, 閔周也. 君子遭亂, 相招爲祿仕, 全身遠害而已.(『君子陽陽』은 周나라를 민망히 여긴 시이다. 君子가 亂을 만나자, 서로 불러 祿을 받는 벼슬을 하여 몸을 보전하여, 화를 멀리 할 뿐이기 때문이다.)

詩文

君子陽陽, 左執簧. 즐거운 우리 님은 왼손에 생황을 들고,
右招我由房, 其樂只且. 오른손으로 나를 방으로 부르니 정말 즐겁네.

君子陶陶, 左執翿. 홍겨운 우리 님은 왼손에 새깃 들고,
右招我由敖, 其樂只且. 오른손으로 나를 춤 자리로 부르니 정말 즐겁네.

44)『兎爰』(1.6.6)

孔子詩論

『有兎(兎爰)』不逢時(25)

毛詩序

『兎爰』, 閔周也. 桓王失信, 諸侯背叛, 構怨連禍, 王師傷敗, 君子不樂其生焉.(『兎爰』은 주나라를 민망히 여긴 시이다. 桓王이 信義를 잃자 諸侯들이 背叛하여 원한을 맺고 禍가 잇달아서 왕의 군대가 패하니, 君子들이 그 삶을 즐거워하지 않은 것이다.)

詩文

有兎爰爰, 雉離於羅. 토끼는 깡충깡충 뛰는데, 꿩은 그물에 걸렸네.
我生之初, 尙無爲. 내가 처음 났을 때엔 아무 탈도 없었는데.
我生之後, 逢此百罹, 내가 자란 뒤에는 이런 숱한 걱정 만나니.
尙寐無吪? 아예 꼼짝 않고 잠이나 내내 들었으면.

有兎爰爰, 雉離於罦. 토끼는 깡충깡충 뛰는데, 꿩은 그물에 걸렸네.
我生之初, 尙無造. 내가 처음 났을 때엔 아무렇지도 않았는데.
我生之後, 逢此百憂, 내가 자란 뒤에는 이런 숱한 근심 만나니.
尙寐無覺? 아예 깨지 말고 잠이나 내내 들었으면.

有兎爰爰, 雉離於罿. 토끼는 깡충깡충 뛰는데, 꿩은 그물에 걸렸네.
我生之初, 尙無庸. 내가 처음 났을 때엔 아무런 일도 없었는데.
我生之後, 逢此百凶, 내가 자란 뒤에는 이런 숱한 흉한 일 만나니.
尙寐無聰! 아예 귀 막고 잠이나 내내 들었으면.

45) 『大田』(2.6.2)

孔子詩論

『大田』之卒章, 知言而又禮.(25)

毛詩序

『大田』, 刺幽王也. 言矜寡不能自存焉.(『大田』은 幽王을 풍자한 시이다. 홀아비와 과부가 스스로 생존할 수 없음을 말한 것이다.)

詩文

大田多稼, 旣種旣戒. 커다란 밭에 농사 많이 지으니 씨 고르고 농구 갖춰,
旣備乃事, 以我覃耜. 농사일 다 준비하고, 날카로운 쟁기로,
俶載南畝, 播厥百穀. 남쪽 밭에 일을 시작하여 여러 가지 곡식 씨 뿌리니,
旣庭且碩, 曾孫是若. 꼿꼿하고 크게 자라 증손자는 만족하네.

旣方旣皁, 旣堅旣好, 이삭 내밀어 패고 단단히 잘 여물게 하네.
不稂不莠. 去其螟螣, 잡초와 가라지 없으면 명충과 황충을 잡고,
及其蟊賊, 無害我田穉. 계심이와 해충을 잡아내야 밭곡식에 해가 없으니,
田祖有神, 秉畀炎火. 신농씨께서는 불길 속에 벌레 잡아 던지리라.

有渰萋萋, 興雨祁祁, 구름이 뭉게뭉게 일고 비가 듬뿍 내려,

雨我公田, 遂及我私. 공전을 적시고 사전도 적시네.

彼有不穫穉, 此有不斂穧. 저기엔 베지 않은 벼, 여기엔 베 놓고 들이지 않은 벼가 있고,

彼有遺秉, 此有滯穗. 저기엔 남은 벼 다발 있고 여기엔 빠트린 벼이삭 있으니,

伊寡婦之利. 과부 같은 이들 차지일세.

曾孫來止, 以其婦子, 증손자가 오시는데 농부의 부인은

饁彼南畝. 田畯至喜. 남쪽 밭으로 밥을 날아오니 권농관이 매우 기뻐하네.

來方禋祀, 以其騂黑. 사방의 신에게 정결히 제사 드리는데 붉은 소 검은 소 잡고,

與其黍稷, 以享以祀, 메기장 차기장으로 밥 지어 제물 올리며 제사하여,

以介景福. 큰 복을 비네.

46)『小明』(2.5.7)

孔子詩論

『小明』不(25)

毛詩序

『小明』, 大夫悔仕於亂世也.(『小明』은 大夫가 亂世에 벼슬함을 후회하는 시이다.)

詩文

明明上天, 照臨下土. 밝고 밝은 하늘이 아래 땅을 비추고 있네.
我徵徂西, 至於艽野. 내가 서쪽으로 종군하여 멀고 거친 들에 이르렀는데,
二月初吉, 載離寒暑. 이월 초하룻날 집 떠나 추위와 더위에 시달려 왔네.
心之憂矣, 其毒大苦. 마음의 시름이여, 그 괴로움 너무나 쓰구나.
念彼共人, 涕零如雨. 얌전한 그이 생각에 눈물만 비오듯 하네.
豈不懷歸? 畏此罪罟. 어찌 돌아가고프지 않으리, 법망이 두려워 못 가는 거지.

昔我往矣, 日月方除. 옛날 내가 떠나올 땐 봄기운이 완연할 때였는데,
曷云其還? 歲聿云莫[7]. 언제나 돌아가게 되려나, 이 해도 저물어 가는데,
念我獨兮, 我事孔庶. 내 외로이 홀로 생각하니 내 일이 너무나 많구나,
心之憂矣, 憚我不暇. 마음의 시름이여, 수고로움에 돌아갈 틈도 없네.
念彼共人, 睠睠懷顧[8]. 저 얌전한 그이 생각에 온 길 그리워 돌아보고 돌아보네.
豈不懷歸? 畏此譴怒. 어찌 돌아가고프지 않으리, 죄책이 두려워 못 가는 거지.

昔我往矣, 日月方奧[9]. 옛날 내가 떠나올 땐 날씨가 따뜻해지던 때였는데,
曷云其還, 政事愈蹙. 언제나 돌아가게 되려나, 나라 일은 더욱 급박해지네,
歲聿云莫, 采蕭穫菽. 이 해도 다 저물어 가니 쑥도 베고 콩도 거뒀으니,
心之憂矣, 自詒伊戚. 마음의 시름이여, 스스로 이런 걱정 끼치게 한 것을,
念彼共人, 興言出宿. 저 얌전한 그이 생각에 잠 못 들고 일어나 밖으로 나가네.
豈不懷歸? 畏此反覆. 어찌 돌아가고프지 않으리. 도리어 죄될까 두려워 못 가는 거지.

7 '莫'자를 '暮'자로 쓰기도 한다.
8 '睠睠'을 '眷眷'으로 쓰기도 한다.
9 '奧'자를 '燠'자로 쓰기도 한다.

嗟爾君子, 無恆安處. 아아 높은 관리들 언제나 편히 살려만 들지 말고.
靖共爾位, 正直是與. 다스림에 당신들의 자리 삼가서 바르고 곧게 일하고,
神之聽之, 式穀以女. 신중히 법도를 따르면 좋은 일이 당신에게 생기리라.

嗟爾君子, 無恆安息. 아아 높은 관리들은 언제나 편히 놀려만 들지 말아야지.
靖共爾位, 好是正直. 다스림에 당신들의 자리 삼가서 바르고 곧음을 좋아하고,
神之聽之, 介爾景福. 신중히 법도를 따르며 커다란 복 빌기를.

47) 『柏舟』(1.3.1)

孔子詩論

『邶・柏舟』悶.(26)

毛詩序

『柏舟』, 言仁而不遇也. 衛頃公之時, 仁人不遇, 小人在側.(『柏舟』은 仁하면서도 不遇함을 말한다. 衛나라 頃公 때에 仁人이 不遇하고 小人이 측근에 있었다.)

詩文

汎彼柏舟, 亦汎其流, 둥실 둥실 잣나무 배는 하염없이 떠내려가는데,
耿耿不寐, 如有隱憂, 밤새도록 잠 못 이룸은 뼈저린 시름 때문인가.
微我無酒, 以敖以遊. 내게 술이 없어 즐기고 놀지 않는 것이 아니라네.

我心匪鑒, 不可以茹, 내 마음 거울 아니니 남이 알아줄 리 없고,
亦有兄弟, 不可以據, 형제도 있다 하나 믿을 수 없네.
薄言往愬, 逢彼之怒. 가서 하소연해 봤자 그의 노여움만 살 것이고.

我心匪石, 不可轉也, 내 마음 돌이 아니니 굴릴 수도 없고,
我心匪席, 不可捲也, 내 마음 돗자리 아니니 말 수도 없네.
威儀棣棣, 不可選也. 의젓한 그의 용모는 가릴 것이 없네.

憂心悄悄, 慍於羣小, 시름은 그지없어 뭇 것들의 미움만 사고,
覯閔旣多, 受侮不少, 근심걱정 많이 하고 보니 수모도 적지 않네.
靜言思之, 寤闢有摽. 가만히 생각하니 자나깨나 가슴만 치노라.

日居月諸, 胡迭而微, 해야 달아 어째서 번갈아 이지러지느냐.
心之憂矣, 如匪澣衣, 마음의 시름은 빨지 않은 옷 입은 듯.
靜言思之, 不能奮飛. 가만히 생각하니 훨훨 날고만 싶어.

참고) 『鄘風 · 柏舟』(1.4.1)

毛詩序

『柏舟』, 共姜自誓也. 衛世子共伯蚤死, 其妻守義, 父母欲奪而嫁之, 誓而弗許, 故作是詩以絶之.(『柏舟』는 共姜이 스스로 맹세한 시이다. 衛나라 世子인 共伯이 일찍 죽자, 그 아내(公姜)가 절개를 지키고 있었는데, 친정 父母들이 수절하려는 뜻을 빼앗아 시집보내려 하였으므로 공강은 맹세하고 허락하지 않았다. 그러므로 이 시를 지어 거절한 것이다.)

詩文

汎彼柏舟, 在彼中河, 두둥실 잣나무배가 황하 물 가운데 떠 있네.
髧彼兩髦, 實維我儀, 늘어진 다팔머리 총각이 실로 내 배필이었으니,
之死矢靡它, 죽어도 딴 마음 안 가지겠네.
母也天只, 不諒人只. 어머님은 하늘같은 분 저를 몰라주시나이까.

汎彼柏舟, 在彼河側, 두둥실 잣나무배가 황하 물가에 떠 있네.
髧彼兩髦, 實維我特, 늘어진 다팔머리 총각이 실로 내 남편이었으니,
之死矢靡慝, 죽어도 허튼 마음 안 가지겠네.
母也天只, 不諒人只. 어머님은 하늘같은 분 저를 몰라주시나이까.

48) 『谷風』(2.5.1)

孔子詩論

『谷風』背.(26)

毛詩序

『谷風』, 刺幽王也. 天下俗薄, 朋友道絶焉.(『谷風』은 幽王을 풍자한 시이다. 天下의 풍속이 야박해져 친구의 도가 끊긴 것이다.)

詩文

習習谷風, 維風及雨. 산들산들 동풍이 부니 바람과 함께 비가 오네.
將恐將懼, 維予與女. 살기 어렵고 걱정 있을 때엔 오직 나와 너뿐이더니.

將安將樂, 女轉棄予. 편히 즐겁게 살만 하게 되자 그대 돌아서 나를 버리는구려.

習習谷風, 維風及頹. 부드럽던 동풍이 사납게 불어오네.
將恐將懼, 寘予於懷. 살기 어렵고 걱정 있을 때엔 나를 품안에 품어 주더니.
將安將樂, 棄予如遺. 즐겁고 편히 살만 하게 되자 나를 잊은 듯 버리네.

習習谷風, 維山崔嵬. 부드러운 동풍이 높다란 산에 불어오는데도,
無草不死, 無木不萎. 풀이 모두 죽고 나무는 모두 시드네.
忘我大德, 思我小怨. 내 큰 덕은 잊고 내 조그만 원한만 생각하는가.

참고) 『邶 · 谷風』(1.3.10)

毛詩序

『谷風』, 刺夫婦失道也. 衛人化其上, 淫於新昏, 而棄其舊室. 夫婦離絶, 國俗傷敗焉.(『谷風』은 夫婦간에 도리 잃음을 풍자한 시이다. 衛나라 사람들이 윗사람의 나쁜 행위에 동화되어 新昏에 빠져 옛 아내를 버려 夫婦가 서로 헤어져서 나라의 풍속이 무너졌기 때문이다.)

詩文

習習谷風, 以陰以雨. 살랑살랑 동풍에 흐렸다 비가 오네,
黽勉同心, 不宜有怒. 한마음으로 힘써 살아 왔으니 성내지 말아야지요.
采葑采菲, 無以下體? 순무나 무우를 캠은 뿌리만을 위한 것이 아니니,
德音莫違, 及爾同死. 언약을 어기지 않았다면 그대와 죽도록 함께 하려 했어요.

行道遲遲, 中心有違. 가는 길 차마 발이 안 떨어짐은 마음의 원한 때문,
不遠伊邇, 薄送我畿. 당신은 멀리 나오기는커녕 나를 문안에서 내보냈지요.
誰謂荼苦, 其甘如薺. 누가 씀바귀를 쓰다 했나요. 내 처지엔 냉이보다도 달아요.
宴爾新昏, 如兄如弟. 그대 신혼 재미에 형제처럼 그 각시와 즐기겠지요.

涇以渭濁, 湜湜其沚. 경수 때문에 위수가 흐려진다 해도 파랗게 맑은 때가 있거늘.
宴爾新昏, 不我屑以. 그대 신혼 재미에 나를 거들떠보지도 않네요.
毋逝我梁, 毋發我笱. 내가 놓은 어량에는 가지 마라. 내 통발도 다치지 마오.
我躬不閱, 遑恤我後. 내 한몸 가누기도 힘든데 뒷걱정할 겨를이나 있겠어요.

就其深矣, 方之舟之. 깊은 물에 닥치면 뗏목이나 배타고 건너고,
就其淺矣, 泳之游之. 얕은 물에 닥치면 자맥질이나 헤엄쳐 건넜지요.
何有何亡, 黽勉求之. 있고 없는 것을 헤아려 그저 애써 장만했었지요.
凡民有喪, 匍匐救之. 남의 집에 큰일 생기면 힘을 다해 도와주고요.

不我能慉, 反以我爲讎. 그런데도 좋아하지 않고 오히려 나를 원수로 삼는군요.
旣阻我德, 賈用不售. 내 좋은 점은 물리치시니 팔리지 않는 물건 같은 팔자.
昔育恐育鞫, 及爾顚覆. 옛날 살림할 때엔 궁해질까 애태우며 그대와 함께 고생했더니,
旣生旣育, 比予於毒. 살림살이 할 만하니깐 나를 독벌레처럼 여기는군요.

我有旨蓄, 亦以御冬. 우리가 맛있는 마른 나물 장만함은 겨울철 나기 위한 것이라더니,
宴爾新昏, 以我御窮. 이제 그대 신혼 재미 보고 나는 궁할 때나 부려먹고,

有洸有潰, 旣詒我肄. 우악스럽고 퉁명스럽게 내게 고생만을 시키고도,
不念昔者, 伊餘來塈. 옛날에 날 사랑하던 일 잊었나요.

49)『蓼莪』(2.5.2)

孔子詩論

『翏莪』有孝志.(26)

毛詩序

『蓼莪』, 刺幽王也. 民人勞苦, 孝子不得終養爾.(『蓼莪』는 幽王을 풍자한 시이다. 백성들이 勞苦하여 孝子가 봉양을 끝마치지 못한 것이다.)

詩文

蓼蓼者莪, 匪莪伊蒿. 다북쑥이 더부룩이 자라면 다북쑥이 아니라 약쑥이지.
哀哀父母, 生我劬勞. 슬프다 부모님은 나를 낳으시고 수고하셨네.

蓼蓼者莪, 匪莪伊蔚. 다북쑥이 더부룩이 자라면 다북쑥이 아니라 왕쑥이지.
哀哀父母, 生我勞瘁. 슬프다 부모님 나를 낳으시고 고생하셨네.

缾之罄矣, 維罍之恥. 텅빈 병은 항아리에게 부끄럽네.
鮮民之生, 不如死之久矣. 가난한 사람들의 삶은 일찍 죽어 버림만 같지 못하네.
無父何怙? 無母何恃? 아버지 아니면 무얼 의지하며 어머니 아니면 누굴 믿나.
出則銜恤, 入則靡至. 나가면 걱정되고 들어오면 갈 곳 없는 듯하네.

父兮生我, 母兮鞠我, 아버님 날 낳으시고 어머님 날 기르시니,
拊我畜我, 長我育我, 쓰다듬어 길러 주시며 키워 주시고 감싸 주시며,
顧我復我, 出入腹我. 돌아보시고 되돌아보시며 나가고 들어 볼 때 되돌아 보셨으니,
欲報之德, 昊天罔極. 이 은혜 갚고자 하나 하늘이 무정하시네.

南山烈烈, 飄風發發. 남산은 높다랗고 회오리바람은 쏜살같네.
民莫不穀, 我獨何害? 백성들은 모두 잘 지내거늘 나만 왜 홀로 해를 입는가.

南山律律, 飄風弗弗. 남산은 우뚝하고 회오리바람 몰아치네.
民莫不穀, 我獨不卒! 백성들은 모두 잘 지내거늘 나만 홀로 부모님 끝내 모시지 못하네.

50) 『隰有萇楚』(1.13.3)

孔子詩論

『隰有萇楚』得而悔之也.(26)

毛詩序

『隰有萇楚』, 疾恣也. 國人疾其君之淫恣, 而思無情慾者也.(『隰有萇楚』는 방자함을 미워한 시이니, 國人들이 그 군주가 음탕하고 방자함을 미워하여 情慾이 없는 자를 그리워한 것이다.)

詩文

隰有萇楚, 猗儺其枝. 진펄의 양도는 가지가 아름답기도 하네.
夭之沃沃, 樂子之無知. 싱싱하고 곱기만 하니 너의 무지함이 부럽기만 하구나.

隰有萇楚, 猗儺其華. 진펄의 양도는 꽃이 아름답기도 하네.
夭之沃沃, 樂子之無家. 싱싱하고 곱기만 하니 너의 집 없음이 부럽기만 하구나.

隰有萇楚, 猗儺其實. 진펄의 양도는 열매가 아름답기도 하네.
夭之沃沃, 樂子之無室. 싱싱하고 곱기만 하니 그대 집안 없음이 부럽기만 하구나.

51) ×『何人斯』(2.4.9)

孔子詩論

如此,『何斯』雀之矣. 𢓊丌所愛, 必曰吾奚舍之賓贈氏(是)也.(27)

毛詩序

『何人斯』, 蘇公刺暴公也. 暴公爲卿士而譖蘇公焉, 故蘇公作是詩以絶之.(『何人斯』는 蘇公이 暴公을 풍자한 시이다. 暴公이 왕의 卿士가 되어 蘇公을 참소하므로 蘇公이 이 詩를 지어 끊은 것이다.)

詩文

彼何人斯? 其心孔艱. 제가 무언가. 마음이 매우 고약하네.
胡逝我梁, 不入我門? 어째서 우리 어살엔 가면서 내 집엔 들어오지 않는가?
伊誰雲從? 誰暴之雲. 저자는 누구를 따라다니나? 바로 포공이라네.

二人從行, 誰爲此禍? 두 사람이 함께 다니는데 누가 이런 화근을 만들었나.
胡逝我梁, 不入唁我? 어째서 내 어량엔 가면서 들어와 위문하진 않나?
始者不如, 今雲不我可. 처음에는 지금 같지 않았는데 나를 좋다 하지 않네.

彼何人斯, 胡逝我陳? 제가 무언가? 내 뜰 앞길은 어째서 지나가는가?
我聞其聲, 不見其身. 나는 그의 목소리만 듣고 그의 몸은 보지 못하네.
不愧於人. 不畏於天. 사람에게 부끄럽지 않다 하더라도 하늘도 두렵지 않은가?

彼何人斯? 其爲飄風. 제가 무언가? 그는 회오리 바람처럼 싸다니네.
胡不自北? 胡不自南? 어째서 북쪽으로부터 불어오지 않는가? 어째서 남쪽으로부터 불어오지 않은가?
胡逝我梁? 祇攪我心. 어째서 우리 어살엔 가는가? 내 마음만 휘저어 놓네.

爾之安行, 亦不遑舍. 그대 천천히 다닐 때도 내게 와 쉴 겨를이 없으니.
爾之亟行, 遑脂爾車? 그대가 급히 다닐 적에는 네 수레에 기름칠 틈은 있는가?
壹者之來, 云何其盱. 한 번 오면 될 것을 어째서 눈 빠지게 하는가?

爾還而入, 我心易也. 그대가 찾아오면 내 마음 가벼워지련만,
還而不入, 否難知也. 돌아들어오지 않으니 정말 이해하기 어렵구나.
壹者之來, 俾我祇也. 한번만 온다면 내 마음 안정시키련만.

伯氏吹壎, 仲氏吹篪. 맏형은 훈을 불고 둘째형은 저를 불 듯,
及爾如貫, 諒不我知. 그대와 한 줄에 꿴 듯 지내렸더니 정말 나를 몰라.
出此三物, 以詛爾斯. 개돼지 닭 잡아놓고 그대를 저주하리라.

爲鬼爲蜮, 則不可得. 귀신이나 단호가 되면 남들이 볼 수 없으려니,
有靦面目, 視人罔極. 얼굴에 부끄러움 있으니 보는 이 다함없네.
作此好歌, 以極反側. 이러한 좋은 노래 지어 어긋나는 마음 바로잡으려는 거네.

참고) 『召南 · 殷其靁』(1.2.8)

毛詩序

『殷其靁』, 勸以義也. 召南之大夫遠行從政, 不遑寧處. 其室家能閔其勤勞, 勸以義也.(『殷其靁』는 義로움으로 권면한 시이다. 召南의 大夫가 멀리 길을 떠나 정사에 종사하여 편안히 거처할 겨를이 없으니 그 아내가 그의 수고로움을 민망히 여기면서 의로움으로 권면한 것이다.)

詩文

殷其靁, 在南山之陽, 우르르 천둥소리 남산 남녘에 울리는데.
何斯違斯, 莫敢或遑, 어째서 님은 이곳을 떠나가 돌아올 틈도 없으신가?
振振君子, 歸哉歸哉. 늠름한 우리 님이여. 어서 돌아오소서.

殷其靁, 在南山之側, 우르르 천둥소리 남산 곁에서 울리는데.
何斯違斯, 莫敢遑息, 어째서 님은 이곳을 떠나가 쉬러 올 틈도 없으신가?
振振君子, 歸哉歸哉. 늠름한 우리 님이여. 어서 돌아오소서.

殷其靁, 在南山之下, 우르르 천둥소리 남산 밑에서 울리는데.
何斯違斯, 莫或遑處, 어째서 님은 이곳을 떠나가 한번도 틈을 내지 않으시는가?
振振君子, 歸哉歸哉. 늠름한 우리 님이여. 어서 돌아오소서.

52) 『蟋蟀』(1.10.1)

孔子詩論

『蟋蟀』智難(27)

毛詩序

『蟋蟀』, 刺晉僖公也. 儉不中禮, 故作是詩以閔之. 欲其及時以禮自虞樂也, 此晉也而謂之唐, 本其風俗, 憂深思遠, 儉而用禮, 乃有堯之遺風焉.(『蟋蟀』은 晉나라의 僖公을 풍자한 시이다. 너무 검소하여 禮에 맞지 못하였다. 그러므로 민망함을 詩로 지어서 때에 맞는 禮로써 스스로 즐거워하고자 한 것이다. 이것은 晉나라 시인데, 唐風이라 칭하였으니, 이는 그 風俗을 근본으로 하여 근심이 깊고 생각이 원대하며 검소하면서도 禮를 따르고 堯帝의 遺風이 있었기 때문이다.)

詩文

蟋蟀在堂, 歲聿其莫. 귀뚜라미 집에 드니 이 해도 저무는구나.
今我不樂, 日月其除. 지금 우리 못 즐기면 세월은 덧없이 흘러가리.
無已大康, 職思其居. 다만 지나치게 즐기지만 말고 집안일도 생각해야지.
好樂無荒, 良士瞿瞿. 즐김은 좋아하되 지나치지 않도록 훌륭한 선비는 조심하지.

蟋蟀在堂, 歲聿其逝. 귀뚜라미 집에 드니 이 해도 다 가누나.
今我不樂, 日月其邁. 지금 우리 못 즐기면 세월은 덧없이 가 버리리.
無已大康, 職思其外. 지나치게 즐기지만 말고 언제나 밖의 일도 생각해야지.
好樂無荒, 良士蹶蹶. 즐김은 좋아하되 지나치지 않도록 훌륭한 선비는 자중하지.

蟋蟀在堂, 役車其休. 귀뚜라미 집에 드니 짐 수레도 일없어지누나.
今我不樂, 日月其慆. 지금 우리 못 즐기면 세월은 덧없이 지나가리.
無已大康, 職思其憂. 다만 지나치게 즐기지만 말고 걱정거리도 항상 생각해야지.
好樂無荒, 良士休休. 즐김은 좋아하되 지나치지 않도록 훌륭한 선비는 바른 길을 즐기지.

53) ×『螽斯』(1.1.5)

孔子詩論

『中氏』君子(27)

毛詩序

『螽斯』, 后妃子孫衆多也. 言若螽斯, 不妬忌, 則子孫衆多也.(『螽斯』는 后妃의 子孫이 많음을 읊은 것이니, 螽斯(여치)와 같이 妬忌하지 않으면 子孫이 많음을 말한 것이다.)

詩文

螽斯羽, 詵詵兮, 여치 날개 소리 스륵스륵 울리는데.
宜爾子孫, 振振兮. 그대의 자손들도 여치처럼 번성하기를.

螽斯羽, 薨薨兮, 여치 날개 소리 붕붕 울리는데.
宜爾子孫, 繩繩兮. 그대의 자손들도 여치처럼 끊임 없기를.

螽斯羽, 揖揖兮, 여치 날개 소리 직직 울리는데.
宜爾子孫, 蟄蟄兮. 그대의 자손들도 여치처럼 모여 즐기기를.

54) 『北風』(1.3.16)

孔子詩論

『北風』不絶人之怨.(27)

毛詩序

『北風』, 刺虐也. 衛國並爲威虐, 百姓不親, 莫不相攜持而去焉.(『北風』은 사나움을 풍자한 시이다. 衛나라가 모두 사납게 구니, 백성들이 친하지 못하여 서로 손을 잡고 떠나가지 않는 자가 없었다).

詩文

北風其涼, 雨雪其雱, 북풍은 쌀쌀한데 눈이 펑펑 내리네.
惠而好我, 攜手同行, 사랑하고 나를 좋아하는 이와 손잡고 함께 떠나 버릴까?

其虛其邪, 旣亟只且. 어이 우물쭈물하랴. 빨리 떠나야지.

北風其喈, 雨雪其霏, 북풍은 씽씽 부는데 눈이 펄펄 내린다.
惠而好我, 攜手同歸, 사랑하고 나를 좋아하는 이와 손잡고 함께 도망쳐 버릴까?
其虛其邪, 旣亟只且. 어이 우물쭈물하랴. 빨리 떠나야지.

莫赤匪狐, 莫黑匪烏, 붉지 않다고 여우가 아니며, 검지 않다고 모두 까마귀 아니겠는가.
惠而好我, 攜手同車, 사랑고 나를 좋아하는 이와 손잡고 함께 수레 타고 갈까?
其虛其邪, 旣亟只且. 어이 우물쭈물하랴. 빨리 떠나야지.

55) ●『子衿』(1.7.17)

孔子詩論

『子立(衿)』不.(27)

毛詩序

『子衿』, 刺學校廢也. 亂世則學校不脩焉.(『子衿』은 學校가 폐지됨을 풍자한 시이다. 세상이 혼란해지면 학교의 정사가 닦여지지 않게 된다.)

詩文

靑靑子衿, 悠悠我心. 푸른 님의 옷깃이여, 내 마음에 시름 안기네.
縱我不往, 子寧不嗣音. 비록 내가 못 간다 하더라도 님마저 소식없는가?

青青子佩, 悠悠我思. 푸른 님의 패옥 끈이여, 내 마음에 시름 안기네.
縱我不往, 子寧不來. 비록 나는 못 간다 하더라도 님은 어찌하여 오지 않는가?

挑兮達兮, 在城闕兮. 왔다갔다하며 님은 성 누각에 있다지만,
一日不見, 如三月兮. 하루를 못 만나면 석 달을 못 본 것 같네.

56)『墻有茨』(1.4.2)

孔子詩論

惡而不度,『牆有薺』慎密不知言.(28)

毛詩序

『牆有茨』, 衛人刺其上也. 公子頑通乎君母, 國人疾之, 而不可道也. (『牆有茨』는 衛나라 사람들이 윗사람을 풍자한 시이다. 公子 頑이 군주의 어머니와 간통하니 國人들이 이를 미워하였으나, 입에 올려 말할 수 없었기 때문이다.)

詩文

牆有茨, 不可埽也, 담장에 찔레가 났는데 쓸어버릴 수도 없네.
中冓之言, 不可道也, 방안의 얘기는 말할 수도 없는 것,
所可道也, 言之醜也. 말해 봤자 더러운 것뿐일 것을

牆有茨, 不可襄也, 담장에 찔레가 났는데 치워 버릴 수도 없네.
中冓之言, 不可詳也, 방안의 얘기는 자세히 말할 수도 없는 것,
所可詳也, 言之長也. 말해 봤자 길어만 질 것을

牆有茨, 不可束也, 담장에 찔레가 났는데 묶어다 버릴 수도 없네.
中冓之言, 不可讀也, 방안의 얘기는 떠들 수도 없는 것,
所可讀也, 言之辱也. 떠들어 봤자 욕된 것일 뿐.

57)『青蠅』(2.6.9)

孔子詩論

『青蠅』知.(28)

毛詩序

『青蠅』, 大夫刺幽王也.(『青蠅』은 大夫가 幽王을 풍자한 시이다.)

詩文

營營青蠅, 止於樊. 윙윙 쉬파리가 울타리에 앉았네.
豈弟君子, 無信讒言. 점잖으신 군자님 참언을 믿지 마시기를.

營營青蠅, 止於棘. 윙윙 쉬파리가 대추나무에 앉았네.
讒人罔極, 交亂四國. 참해하는 나쁜 자들 우리 온 나라를 어지럽히네.

營營青蠅, 止於榛. 윙윙 쉬파리가 개암나무에 앉았네.
讒人罔極, 構我二人. 참해하는 나쁜 자들 우리 서로를 이간질 하네.

58) 『卷而』(1.1.3)

孔子詩論

『卷而』不知人.(29)

毛詩序

『卷耳』, 后妃之志也, 又當輔佐君子, 求賢審官, 知臣下之勤勞, 內有進賢之志, 而無險詖私謁之心, 朝夕思念, 至於憂勤也.(『卷耳』, 后妃의 뜻을 읊은 것이다. 또 마땅히 남편(君子)을 보좌하여 賢者를 찾고 관직을 살펴 신하들의 수고로움을 알아야 하니, 안에 賢者를 進用하려는 뜻이 있고, 험하고 편벽되며 사사로이 청탁하려는 마음이 없어 朝夕으로 思念해서 근심하고 수고로움에 이른 것이다.)

詩文

采采捲耳, 不盈頃筐, 캐고 캐어도 도꼬마리는 납작 바구니에도 차지 못하네.
嗟我懷人, 寘彼周行. 아아 내 그리운 임 생각에 바구니조차도 길 위에 내던지네.

陟彼崔嵬, 我馬虺隤, 높은 산 오르려 하나 내 말이 병들었네.
我姑酌彼金罍, 維以不永懷. 에라 금잔에 술이나 따라 기나긴 회포 잊어볼까.

陟彼高岡, 我馬玄黃, 높은 산에 오르려 하나 내 말이 맥을 못 추네.
我姑酌彼兕觥, 維以不永傷. 에라 쇠뿔 잔에 술이나 부어 기나긴 시름 잊어볼까.

陟彼砠矣, 我馬瘏矣, 돌산이라도 오르려 하나 내 말이 지쳐 늘어졌고.
我僕痡矣, 云何吁矣. 내 하인조차 발 병났으니 어떻게 하면 그대를 바라볼까?

59)『褰裳』(1.7.13)

孔子詩論

『涉秦』(『褰裳』)其絶.(29)

毛詩序

『褰裳』, 思見正也. 狂童恣行, 國人思大國之正己也.(『褰裳』은 바로잡아 주기를 생각한 시이니, 狂童이 멋대로 행동하자 國人들이 强大國에서 자기나라를 바로잡아 주기를 생각한 것이다.)

詩文

子惠思我, 褰裳涉溱. 그대가 날 사랑한다면 치마 걷고 진수라도 건너가리라.
子不我思, 豈無他人? 그대가 날 생각 않는다면야 세상에 사내가 그대뿐일까?
狂童之狂也且! 바보 같은 미친 녀석.

子惠思我, 褰裳涉洧. 그대가 날 사랑한다면 치마 걷고 유수라도 건너가리라.
子不我思, 豈無他士? 그대가 날 생각 않는다면야 세상에 남자가 그대뿐일까?
狂童之狂也且! 바보 같은 미친 녀석.

60) ×『著』(1.8.3)

孔子詩論

『侓而』(『著』)士.(29)

毛詩序

『著』, 刺時也. 時不親迎也.(『著』는 시속을 풍자한 시이다. 당시에 親迎을 하지 않았다).

詩文

俟我於著乎而, 充耳以素乎而, 나를 문간에서 기다리셨는데 흰 실끈 단 귀막이네,
尙之以瓊華乎而. 꽃 새긴 옥돌을 달으셨으니.

俟我於庭乎而, 充耳以青乎而, 나를 뜰에서 기다리셨는데 파란 실끈 단 귀막이네,
尙之以瓊瑩乎而. 꽃처럼 옥돌을 달으셨으니.

俟我於堂乎而, 充耳以黃乎而, 나를 대청에서 기다리셨는데 누런 실끈 단 귀막이네,
尙之以瓊英乎而. 꽃 같은 옥돌을 달으셨네.

참고) 『芣苢』(1.1.8)

毛詩序

『芣苢』, 后妃之美也. 和平, 則婦人樂有子矣.(『芣苢』는 后妃의 아름다움을 읊은 것이니, 천하가 和平해지면 婦人들이 자식 둠을 즐거워한다.)

詩文

采采芣苢, 薄言采之, 질경이를 캐고 캐자 캐어 오자.
采采芣苢, 薄言有之. 질경이를 캐고 캐자 듬뿍 캐자.

采采芣苢, 薄言掇之, 질경이를 뜯고 뜯자 뜯어 오자.
采采芣苢, 薄言捋之. 질경이를 뜯고 뜯자 듬뿍 뜯자.

采采芣苢, 薄言袺之, 질경이를 캐고 캐어 치마에 담아 오자.
采采芣苢, 薄言襭之. 질경이를 캐고 캐어 앞치마에 싸 오자.

61) × 『葛生』(1.10.11)

孔子詩論

『角幡』(『葛生』)婦.(29)

毛詩序

『葛生』, 刺晉獻公也. 好攻戰, 則國人多喪矣.(『葛生』은 晉나라 獻公을

풍자한 시이다. 헌공이 전쟁과 공격하기를 좋아하니 國人 중에 죽는 이가 많았다.)

詩文

葛生蒙楚, 蘞蔓於野. 칡은 자라 싸리나무를 덮었고 가위 톱 덩굴은 들에 뻗어 있는데.
予美亡此, 誰與獨處. 내 님은 여기 없으니 아무도 없이 홀로 지내네.

葛生蒙棘, 蘞蔓於域. 칡은 자라 대추나무를 덮었고 가위 톱 덩굴은 무덤 위에 뻗어 있는데.
予美亡此, 誰與獨息. 내 님은 여기 없으니 아무도 없이 홀로 자네.

角枕粲兮, 錦衾爛兮. 소뿔 베개, 반들반들 비단 이불은 곱기만 한데.
予美亡此, 誰與獨旦. 내 님은 여기 없으니 아무도 없이 홀로 밤을 새우네.

夏之日, 冬之夜. 여름날 겨울 밤이여.
百歲之後, 歸於其居. 백년 뒤 그의 무덤에라도 함께 묻히리.

冬之夜, 夏之日. 겨울 밤 여름 날이여.
百歲之後, 歸於其室. 백년 뒤 그의 무덤 속에서라도 함께 살리.

62) ×『新臺』(1.3.18)

孔子詩論

『河水』(『新臺』)智.(29)

毛詩序

『新臺』, 刺衛宣公也, 納伋之妻, 作新臺於河上而要之. 國人惡之, 而作是詩也.(『新臺』는 衛나라 宣公을 풍자한 시이다. 伋의 아내를 들이려 하수가에 新臺를 지어 맞이하니, 國人들이 이를 미워하여 이 시를 지은 것이다.)

詩文

新臺有泚, 河水瀰瀰, 새 누대는 산뜻하고 황하 물은 넘쳐흐르네.
燕婉之求, 籧篨不鮮. 고운 님 찾아왔건만 죽지도 않을 곱사등이 만났네.

新臺有灑, 河水浼浼, 새 누대는 솟아있고 황하 물은 평평하네.
燕婉之求, 籧篨不殄. 고운 님 찾아왔건만 죽지도 않을 곱사등이 만났네.

魚網之設, 鴻則離之, 고기 그물을 쳤는데 큰 기러기가 걸렸네.
燕婉之求, 得此戚施. 고운 님 찾았는데 이런 꼽추 같은 자가 걸렸네.

참고) 『伐檀』(1.9.6)

毛詩序

『伐檀』, 刺貪也. 在位貪鄙, 無功而受祿, 君子不得進仕爾.(『伐檀』은 탐욕을 풍자한 시이다. 지위에 있는 자가 탐욕스럽고 비루하여 공이 없으면서 祿을 받아 君子가 벼슬길에 나아가지.)

詩文

坎坎伐檀兮, 寘之河之乾兮, 꽝꽝 박달나무 베어 황하 가에 놓고 보니,

河水淸且漣猗. 황하물만 맑게 물놀이치고 있네.

不稼不穡, 胡取禾三百廛兮! 씨 뿌리고 거두지도 않거늘 어째서 수백호의 전세 곡식을 거둬들이며,

不狩不獵, 胡瞻爾庭有縣貆兮. 짐승 사냥도 않거늘 어째서 그대 집 뜰엔 담비가 걸려있나?

彼君子兮, 不素餐兮. 진실한 군자란 일 않고 밥 먹지 않는 법인데.

坎坎伐輻兮, 寘之河之側兮, 꽝꽝 바퀴살감 베어 황하 곁에 놓고 보니.

河水淸且直猗. 황하물만 맑게 굽이쳐 흐르네.

不稼不穡, 胡取禾三百億兮! 씨 뿌리고 거두지도 않거늘 어째서 곡식 수억 다발을 거둬들이며,

不狩不獵, 胡瞻爾庭有縣特兮. 짐승 사냥도 않거늘 어째서 그대 집 뜰엔 큰 짐승들이 걸려 있나?

彼君子兮, 不素食兮. 진실한 군자란 놀면서 밥 먹지 않는 법인데.

坎坎伐輪兮, 寘之河之漘兮, 꽝꽝 수레 바퀴감 베어 황하 물가에 놓고 보니.

河水淸且淪猗. 황하물만 맑게 잔물결 지우네.

不稼不穡, 胡取禾三百囷兮! 씨 뿌리고 거두지도 않거늘 어째서 수백 창고의 곡식을 거둬들이며,

不狩不獵, 胡瞻爾庭有縣鶉兮. 짐승 사냥도 않거늘 어째서 그대 집 뜰엔 걸려 있는 메추리가 보이는가?

彼君子兮, 不素飧兮. 진실한 군자란 하는 일없이 밥 먹지 않는 법인데.

편집후기

馬承源

이상은 공자가 제자에게 『詩經』을 전수한 내용이다. 『孔子詩論』에는 『雨亡政』과 『節南山』의 "皆言上之衰也, 王公恥之(왕실의 쇠락을 읊은 것으로, 王公들은 이를 부끄럽게 여긴다)" 구절 내용 이외에는, 『毛詩 · 小序』가 '풍자(刺)'하거나 '찬미(美)'했다라고 하는 실존 인물들은 보이지 않는다.

『毛詩 · 小序』가 '풍자(刺)'한 시편은 상당히 많다. 『國風』에는 '풍자(刺)'의 내용이 모두 70편이고, 『小雅』에는 『國風』의 절반에 해당하는 35편이 있다. 그 중 宣王을 '풍자(刺)'한 시가 5편이고 宣王을 '찬미(美)'한 시가 5편이고, 권고성의 내용을 담고 있는 시가 2편이다. 幽王을 '풍자(刺)'한 시가 30여 편으로 가장 많다. 『大雅』 중 宣王을 '찬미(美)'했다는 시가 6편이고, 厲王을 '풍자(刺)'한 시가 6편이며, 幽王을 '풍자(刺)'한 시 2편이다.

『大雅』 · 『小雅』와 『邦風』 중 총체적으로 君主를 풍자하거나 찬양한 시편을 제외하면, 대부분은 직접 厲王·宣王·幽王 등 세 왕조를 풍자하거나 찬양했다고 하는 시편이다. 만약에 西周시기의 사관이 시가를 채집하여 편집하였다면, 厲王 이전의 군주들은 풍자되거나 찬양되지 않았던 걸까? 이는 실존 인물을 지목하여 풍자하거나 찬양했다는 견해에 설득력을 떨어뜨린다. 『小序』에서 풍자하거나 찬양했다고 직접적으로 언급한 인물은 실존 인물이 아니라, 대부분 漢代의 儒者들이 추측하여 만들어낸 가정 인물일 것이다.

『左傳·襄公二十七年』에 정(鄭)나라 군주가 귀국중인 趙孟(趙武)을 垂隴에서 향연을 베풀어 배웅할 때, 趙孟이 公子 展·伯有·공자 西·공자 產·공자 大叔과 두 공자 石 등 일곱 명에게 자기의 지향(志向)을 『詩經』으로 표현해 보라 했다는 기록이 있다.

공자 展이 『草虫』을 읊어 趙孟을 군자라고 비유하자, 趙孟은 "善哉! 民之主也. 抑武也不足以當之(훌륭하구려, 백성들의 주인감이시여. 하지만 내가 어찌 시에서 말한 것처럼 훌륭한 군주가 될 수 있겠습니까?)"라며 겸손해 했다. 伯有가 『鶉之賁賁』을 읊자 趙孟은 이 시는 "非使人之所得聞也(외국의 사자(使者)로 온 제가 들을 말은 아니군요)"라 했다. 공자 西가 『黍苗』 제4장을 노래하여 趙孟을 召伯으로 비유하자 "寡君在, 武何能焉?(우리 군주님이 계시는데, 어찌 趙武 제가 할 수 있겠습니까?)"라 했고, 공자 產이 군자의 즐거움을 함께 하는 내용인 『隰桑』을 읊자 趙孟은 "武請受其卒章(저는 이 시의 마지막 장과 같이 늘 친하게 해주기를 바랄 뿐입니다"라 했다. 공자 大叔이 만나기를 학수고대한 사람과 해후(邂逅)한 내용인 『野有蔓草』를 읊자 趙孟은 "吾子之惠也(그대가 이렇게 환대해 주시는 덕택입니다)"라며 이에 동의하였다. 印段賦가 『蟋蟀』을 읊자 趙孟은 기뻐하며 "保家之主也, 吾有望矣(가문을 잘 지키실 분이군요. 저도 그렇게 되기를 바랍니다)"라 했다. 公孫段은 『桑扈』을 읊었는데, 杜預는 이 시를 "桑扈詩小雅義取君子有禮文, 故能受天之祜(『詩·小雅』의 『桑扈』는 군자가 문질빈빈(文質彬彬)한 예의가 있으니 하늘의 축복을 받는다는 내용이다)"라 했다. 趙孟이 이 시를 듣고

이 시 마지막 구절 예를 들어 "'非交非敖', 福將焉往? 若保是言也, 欲辭福祿, 得乎?('非交非敖(사귐에 교만하지 않는다)'면 복이 어디로 가겠는가? 만약에 이 말을 잘 지킨다면 福祿을 사양한들 어디로 가겠는가?)"라 했다.

『小序』는 『草蟲』에 대하여 "大夫妻能以禮自防也(대부의 아내가 예로써 스스로 단속함을 읊은 것)"이고, 『鶉之奔奔』은 衛나라 宣羌을 풍자한 시이며, 『黍苗』와 『隰桑』은 "刺幽王(幽王을 풍자)"한 시라 했다. 『野有蔓草』에 대하여 『小序』는 "思遇時(만날 날을 생각하다)"라고 했는데, 시구 "邂逅相遇, 適我願兮(우연히 서로 만나니 내 소원 이루어졌네)"의 내용과 서로 부합(符合)된다. 『蟋蟀』에 대해서 『小序』는 "刺晉僖公(진 나라 僖公을 풍자했다)"라 했고, 『桑扈』는 "刺幽王(幽王을 풍자했다)"라 했다.

趙孟이 『詩經』을 듣고 평한 내용과 『小序』가 평한 내용은 대부분이 다르다.

이처럼 『詩經』을 인용하여 자신의 취지를 표현하고자 하는 내용과 『詩經』의 원 내용이 서로 관련 없는 경우가 많은 이유는, 자신의 생각을 나타내기 위하여 단지 한 두 구절만을 인용하여 썼기 때문이다. 시를 노래하여 자신의 의견을 표현할 때 그 시가 담고 있는 내용을 당시의 제후와 공경들은 모두 잘 알고 있었을 것이다. 이러한 표현방식은 공자가 후에 발견한 것이 아니라, 당시 귀족 사회에서 자주 있었던 일반적인 예절 방식이었을 것이다.

이외에도 『左傳』 중에 정식적인 회합장소에서 시로서 자신의 의견을 나타내는 경우로는 戎나라 추장에 관한 내용이 있다. 晉나라 范宣子(士匄)가 수차례에 걸쳐 융인(戎人)의 아들 駒支가 진나라를 적대하여 충성하지 않음을 나무라자, 駒支는 즉각 조회 참여를 거부하고, 진나라가 戎人에게 너무 각박하게 대하고 戎人의 음식·의복과 언어가 다르기 때문에 참여하기 싫다면서 『青蠅』을 읊으며 퇴장하였다. 『青蠅』의 "無信讒言(점잖으신 군자님은 참언을 믿지 마시기를)"·"讒人罔極(참언하는 자들의 망극함이여)" 구절은 바로 士匄를 빗댄 시구이다.

죽간은 이 시 『青蠅』에 대하여 "『青蠅』智 ……(『青蠅』은 앎이다……)"라 하여 긍정적인 견해를 가지고 있다. 이는 인용한 시구의 긍정적인 효능을 말하는 것일 것이다. 『小序』는 "大夫刺幽王(대부가 幽王을 풍자한 시이다)"라고 하였는데, 이러한 평가는 『시경』의 원 내용과 그다지 일치하지 않는다. 하지만 융나라 태자 駒支는 아주 적절하게 『시경』의 구절을 인용하여 晉國에 대한 불만을 토로하고 있다. 이러한 예들로 보아 『詩經』에 대한 일반적인 지식을 갖추는 것은 당시 상류 사회인에게는 그다지 큰 어려움이 아니었다.

『孔子詩論』 역시 공자가 제자들이 사회생활을 하면서 반드시 알아야 할 『詩經』에 대한 지식과 중요 사항을 전수한 내용을 담고 있다.

고적(古籍)에는 많은 사람들이 『시경』의 구절을 인용하거나 노래를 불러 자신의 견해와 취지를 설명한 내용이 있는데, 그 중 『左傳』이 비교적 많다.

대략적인 통계에 따르면, 『詩經』의 구절을 인용하거나 『詩經』을 노래한 내용이 약 152차례 보인다. 이 숫자에는 魯나라 襄公 29년의 내용 중 吳季札이 魯나라를 방문하여 들은 주나라 음악에 관한 시편들은 포함되어 있지 않다. 현행본 『毛詩』 중 『小雅』와 『大雅』가 비교적 많다. 이외에도 '君子' 등과 같은 시구를 인용하여 평술한 내용이 약 35차례 있다. 이를 통하여 볼 때, 시구를 인용하여 사건을 이야기 하고, 시편을 노래하여 자신의 의향을 나타내는 풍속이 春秋시대에 각국 제후나 공경대부들 사이에 상당히 유행했음을 알 수 있다. 공식적인 장소에서 적절하게 시구를 인용하면 분위기를 부드럽게 전환시킬 수 있고 또한 멋스러운 아취를 자아낼 수 있으므로 풍속은 없어서는 안 되는 언어 예술이었다. 당시 많은 公卿大夫들은 방식을 잘 알고 있었고, 이 방식을 능수능란하게 응용하였다.

『左傳』에서 위와 같은 방식을 잘 표현하고 있는 예를 살펴보면 아래와 같다.

1. 襄公 14年 范宣子가 융족의 아들 駒支에게 자신의 조정에서 조공의 기밀이 새어나감을 꾸짖고 晉나라 조정에 대한 불성실함을 나무라자, 駒支는 이에 불복하고 반박하면서 "賦『靑蠅』而退 (『靑蠅』을 노래 부르며 물러났다)". 융족의 추장도 이렇게 시를 읊조릴 수 있었던 것처럼 당시 정치를 하는 사람들은 반드시 『詩經』에 대하여 일정한 지식을 갖추고 있어야 했음을 알 수 있다. 이와 같은 내용은 이미 앞에서 살펴보았다.

2. 襄公 16년 봄, "晉侯與諸侯宴于溫, 使諸大夫舞, 曰 : "歌詩必類!" 齊高厚之詩不類. 荀偃怒, 且曰 : "諸侯有異志矣!" 使諸大夫盟高厚, 高厚逃歸(晉나라 제후는 온(溫)에서 각국의 대부들에게 춤을 추라 하며 "노래를 부르되 반드시 서로 의미가 통하는 것을 부르도록 하시오"라 하였다. 齊나라 대부 高厚가 의미가 서로 통하지 않은 노래를 부르자 晉나라 대부가 화를 내며 "제후 중에는 딴 마음을 가진 사람이 있습니다!"라 하며 각국의 대부들로 하여금 高厚와 맹서를 하게 했다. 그러자 高厚는 도망쳐 돌아왔다"는 기록이 있다.

3. 襄公 16年 겨울, 魯나라 叔孫豹 穆叔이 晉나라를 방문하여 晉나라가 齊나라의 침범에 저항할 수 있도록 魯나라를 도와 줄 것을 요청하자 晉나라에서는 별 반응이 없었다. 그러자 魯나라 叔孫豹 穆叔은 中行獻子에게 『圻父』를 들려주고, 范宣子 士匃를 배알하고는 『鴻雁』의 마지막 장을 노래 부르자, 士匃는 "匃在此, 敢使魯無鳩乎?(士匃가 여기 있는데, 어찌 노나라가 평화롭지 못하겠습니까?)"하며 노나라를 도와주겠다고 선언하였다.

4. 襄公 20年. 季武子가 송나라에 가서, 송나라 向戌이 이전에 노나라 군주를 예방한 일에 대하여 보답하고자 할 때, "報向戌之聘也. 褚師段逆之以受享, 賦『常棣』之七章以卒. 宋人重賄之. 歸, 復命, 公享之. 賦『魚麗』之卒章. 公賦『南山有台』. 武子去所, 曰 : "臣不堪也"(송나라 褚師段이 그를 접대하고 연회대접을 받으면서 『常棣』의 제7장 끝 부분을 노래하고 마쳤고, 송나라 사람들은 많은 선물을 주었다. 노나라에 돌아와 군주에게 보고한

후 군주가 연회를 베풀어 대접하자 季武子가 『魚麗』의 마지막 장을 노래했다. 군주가 이에 『南山有台』로 대응하자 武子는 물러나며 "신에게 그 노래를 불러주심은 너무 가당치 않사옵니다")"라 했다.

5. 襄公 27년 봄, "齊慶封來聘, 其車美. 孟孫謂叔孫曰 : "慶季之車, 不亦美乎?" 叔孫曰 : "豹聞之 : '服美不稱, 必以惡終.' 美車何爲?" 叔孫與慶封食, 不敬. 爲賦『相鼠』, 亦不知也(齊나라 慶封이 魯나라를 예빙할 때 타고 온 수레가 화려했다. 孟孫(仲孫羯)이 叔孫(叔孫豹)에게 "慶季(慶封)의 수레가 화려하지 않습니까?"라 하자 叔孫은 "내가(豹) '복장이 너무 화려해 그의 신분에 맞지 않으면 그 끝이 좋지 않다'라는 시를 들었는데, 수레가 좋은 것이 무슨 소용이 있겠습니까?" 叔孫이 慶封과 식사를 하는데 慶封이 예의가 없어 『相鼠』를 읊어도 알아듣지 못했다)"라 했다. 이는 『詩經』을 모르는 사람에 대하여 아주 생동적으로 묘사한 내용이다. 시를 읊는 것은 만남의 장소에서 교류를 하는데 필요한 중요한 형식 중의 하나였다.

6. 襄公 27년 가을, "鄭伯享趙孟于垂隴, 子展・伯有・子西・子產・子大叔・二子石從. 趙孟曰 : "七子從君, 以寵武也. 請皆賦以卒君貺, 武亦以觀七子之志."(鄭나라 군주가 귀국중인 趙孟(趙武)에게 垂隴에서 향연을 베풀어 주었다. 그 자리에 公子 展・伯有・공자 西・공자 產・공자 大叔과 두 공자 石 등 일곱 명이 군주와 함께 참석하였다. 趙孟은 "일곱 명의 공자를 모시고와 저(武)를 관대하게 대해 주시는군요. 모두 시를 읊어 군주께서 베풀어 주신 연회에 화답해 주시면, 제가 그 노래를 듣고 일곱 분의 지향(志向)을 살펴보겠습니다")"라 했다. 그래서 일곱 공자가 모두 시를 읊었고, 趙孟은 각각 이들의 시를 평하였다. 이 내용은 이미 앞에서 살펴보았기 때문에 더 이상 언급하지 않기로 한다.

7. 昭公 元年 4월 여름, "趙孟・叔孫豹・曹大夫入于鄭, 鄭伯兼享之(晉나라의 趙孟・叔孫豹와 曹大夫가 鄭나라에 가자 鄭나라 군주는 그들을 함께 초빙하여 연회를 베풀어 주었다)"라 했는데, 예를 갖추는 것과 연회를 베푸는 과정에서 趙孟・叔孫豹과 공자 皮가 다섯 편의 『詩經』을 읊었다.

이 또한 시를 이용하여 교류를 하는 전형적인 사례 중의 하나이다.

8. 소공 16년 4月 여름, 鄭나라 六卿이 야외에서 宣子에게 연회를 베풀어 주자 宣子는 "二三君子請皆賦, 起亦以知鄭志(오늘 모두 각기 노래를 불러 주십시오. 이로써 내가(起) 정나라의 의향을 알도록 하시면 고맙겠습니다)"라 했다. 그래서 子齹·子游·子旗·子柳 등이 노래를 불렀고, 韓起는 그들에게 말 한 필씩을 선물하고 자신도 『我將』을 노래하였다.

이상의 예들을 통하여 공자가 제자들에게 『詩經』학을 전수하려 했던 그 역사적 배경과 필요성을 알 수 있다. 그것은 공경대부들에게는 필수과목이었던 셈이다.

『左傳』에서, '君子'의 명목을 설명할 때 인용한 내용을 포함하여, 시를 말하고 노래한 내용은 隱公·桓公·莊公·閔公 때에 각각 한 번, 僖公 10번, 文公 14번, 宣公 11번, 成公 12번, 襄公 40번, 昭公 54번, 定公 4번, 哀公에서 3번 출현하였다. 앞에서의 통계가 당시의 상황을 그대로 묘사한 실록은 아니겠지만, 이를 통하여 당시의 상황을 대략적으로 알 수 있다.

襄公과 昭公 때 시를 말하고 노래한 내용이 상당히 많다. 隱公에서 成公까지의 횟수를 모두 합한다 해도 襄公 때보다 많지 않다. 이는 襄公과 昭公 시대에 시를 말하고 노래하는 풍속이 매우 성황을 이루었다가, 定公과 哀公 때에 이르러 갑자기 시들해졌다는 것을 말해 준다.

공자는 襄公보다 열 살이 적었는데, 당시는 시를 노래하는 풍속이 매우 성행하였다. 공자가 魯나라로 돌아와 시를 전수한 때가 哀公 때로, 당시 사대부들은 시를 교육받을 기회가 있었고, 이러한 교육은 『左傳』의 기록을 보면 당시에 상당히 일반적이었음을 알 수 있다. 그렇지 않다면 어떻게 사대부들이 능수능란하게 시에 대처할 수 있는 능력을 갖추고 있었겠는가?

공자가 『詩經』을 전수하고자 한 것은, 그 당시 사대부들이 『詩經』의 시구를 잘못 응용하거나 『詩經』 내용을 잘못 이해하는 경우가 많아 정확하게 시를 이해시킬 필요가 있었기 때문일 것이다. 그래서 『孔子詩論』에는 주관적인 견해를 강조한 내용이 자주 등장한다. 예를 들어, '虗信之(나는 믿는다)'・'虗悅之(나는 좋아한다)'・'虗美之(나는 찬미한다)' 등이다. 『孔子詩論』이 같은 시를 중복 논술한다거나 처음에는 간단하게 설명하다가 점차적으로 심도 있게 설명하는 형식을 취하고 있는 것은, 당시 사대부들의 잘못된 『詩經』에 대한 이해를 교정하고자 한 것일 것이다.

『左傳』에 시를 읊은 횟수를 기록한 자료에 의하면, 공자 시기에 『詩經』을 읊는 풍속이 최고의 절정기는 아니었던 것 같다. 그래서 공자는 『詩經』을 전수하여 魯나라에서 오랫동안 유행하였던 사교 언어의 문풍을 회복하고자 하였던 것이 아닐까.

馬承源 主編, 『上海博物館藏戰國楚竹書(一)~(八)』, 上海古籍出版社, 2001年~2011年.

荊門市博物館 編者, 『郭店楚墓竹簡』, 文物出版社, 1998年 第一版.

清華大學思想文化研究所編, 『上博館藏戰國楚竹書研究』, 上海書店出版社, 2002年 3月.

_____, 『上博館藏戰國楚竹書研究續編』, 上海書店出版社, 2004年 7月.

李零, 『上博楚簡三篇校讀記』, 中國人民大學出版社, 2007年 8月 初版.

_____, 『上博楚簡校讀記(之一)』, 『中華文史論叢』(2001年 第4輯), 總第68輯, 上海古籍出版社, 2002年 4月.

_____, 『郭店楚簡校讀記』, 北京大學出版社, 2002年 3月 初版.

_____, 『郭店楚簡校讀記(增訂本)』, 中國人民大學出版社, 2007年 8月 初版.

李天虹 著, 『郭店竹簡「性自命出」研究, 湖北教育出版社, 2003年 1月 初版.

陳偉 著, 『郭店竹書別釋』, 湖北教育出版社, 2003年 1月 初版.

劉釗 著, 『郭店楚簡校釋』, 福建人民出版社, 2003年 12月 初版.

季旭昇 主編, 『上海博物館藏戰國楚竹書(一)讀本』, 萬卷樓, 2004年 7月.

_____, 『上海博物館藏戰國楚竹書(二)讀本』, 萬卷樓, 2003年 7月.

_____, 『上海博物館藏戰國楚竹書(三)讀本』, 萬卷樓, 2005年 7月.

_____, 『上海博物館藏戰國楚竹書(四)讀本』, 萬卷樓, 2007年 7月.

中國哲學編輯部, 『郭店楚簡與儒學研究』(『中國哲學』 第二十一輯), 遼寧教育出版社, 2001年 1月 初版.

_____, 『郭店楚簡研究』(『中國哲學』 第二十輯), 遼寧教育出版社, 2000年 1月 第二版.

李學勤, 『詩論簡的編聯與復原』, 『中國哲學史』, 2002年 第2期.

_____, 『上海博物館藏楚竹書詩論分章釋文』, 國際簡帛研究通訊』 第二卷 第二期, 2002年 1月.

_____, 『詩論的體裁和作者』, 『上海博物館藏戰國楚竹書研究』, 2002年 3月.

_____, 『出土佚書的三點貢獻』, 『文藝研究』, 2000年 第3期.

_____, 『新出簡帛研究叢書・總序』, 湖北教育出版社, 2003年 1月.

廖名春, 『上博詩論簡的形制與編連』, 『孔子研究』, 2002年 第2期.(『簡帛研究』, 인터넷사이트 참고)

曹建國, 『論上博孔子詩論簡的編連』, http://www.jianbo.org/Wsst/2003/caojianguo02.htm,

2004年 12月.
黃懷信, 『上海博物館藏戰國楚竹書「詩論」』解義, 社會科學文獻出版社, 2004年 8月.
姜廣輝, 古『詩序』復原方案, 『簡帛研究』, 2005年 2月.
劉信芳 著, 『孔子詩論術學』, 安徽出版社, 2003年 1月.
陳桐生 著, 『孔子詩論研究』, 中華書局, 2004年 12月.
廖名春 著, 『郭店楚簡老子校釋』, 清華大學出版社, 2003年 6月 初版.
______, 『出土簡帛叢考(新出簡帛研究叢書第二輯)』, 湖北教育出版社, 2003年 1月.
丁四新 主編, 『楚地出土簡帛文獻思想研究(一)·前言』, 湖北教育出版社, 2002年 12月.
______, 『郭店楚墓竹簡思想研究』, 東方出版社, 2000年 10月 初版.
何琳儀 著, 『戰國古文字典』上下冊, 中華書局, 1998年 9月 第一版.
______, 『戰國文字通論』上下冊, 江蘇教育出版社, 2003年 1月 第一版.
『道家文化研究』 第三輯, 上海古籍出版社, 1993年.
『道家文化研究』 第六輯, 上海古籍出版社, 1995年.
艾蘭·邢文 編, 『新出簡帛研究』, 新出簡帛國際學術研討論文集, 文物出版社, 2000年 8月.
饒宗頤 等人, 『楚帛書研究』, 中華書局, 1985年 9月.
商承祚 編著, 『戰國楚竹書匯編』, 齊魯書社, 1995年 11月.
湖北省荊沙鐵路考古隊, 『包山楚簡』, 文物出版社, 1991年 10月 初版.
容庚 編著, 『金文編』, 中華書局, 1985年.
李守奎 編著, 『楚文字編』, 華東師範大學出版社, 2003年 12月 初版.
編著, 『上海博物館藏戰國楚竹書(一-五)文字編』, 作家出版社, 2007年 12月 初版.
張守中 選集, 『郭店楚簡文字篇』, 文物出版社, 2000年 5月 第一版.
選集, 『包山楚簡文字篇』, 文物出版社, 1996年 8月 第一版.
選集, 『睡虎地秦簡文字篇』, 文物出版社, 1994年 2月 第一版.
駢宇騫 編著, 『銀雀山漢簡文字篇』, 文物出版社, 2001年 7月 第一版.
陸錫興 編著, 『漢代簡牘草字編』, 上海書畵出版社, 1989年 12月 第一版.
滕壬生 者, 『楚系簡帛文字篇(增訂本)』, 湖北教育出版社, 2008年 10月 第一版.
湯餘惠 主編, 『戰國文字編』, 福建人民出版社, 2001年 12月 第一版.
陳松長 編著, 『馬王堆簡帛文字篇』, 文物出版社, 2001年 6月 第一版.
徐中舒, 『甲骨文字典』, 四川辭書出版社, 1988年.
周法高 主編, 張日昇·徐芷儀·林潔明 編纂, 『金文詁林』(全十八冊), 香港中文大學出版, 1974年 出版
______, 『金文詁林補』(全八冊), 臺灣歷史語言研究所專刊之七十七, 中央研究院歷

史研究所, 1982年 5月.
周法高·李孝定·張日昇 編著, 『金文詁林附錄』, 香港中文大學出版, 1977年 出版.
李孝定, 『金文詁林讀後記』, 臺灣歷史研究所專刊之八十, 中央研究院歷史研究所, 1982年 6月.
_____, 『甲骨文集釋』, 臺灣歷史研究所專刊之五十, 中央研究院歷史研究所, 1970年 10月 再版.
陳初生, 『金文常用字典』, 陝西人文出版社, 1987年.
戴家祥, 『金文大字典』, 學林出版社, 1995年.
王文耀, 『簡明金文辭典』, 上海辭書出版社, 1994年.
湯可敬, 『說文解字今釋』, 嶽麓書社, 1997年.
范韌庵 等編著, 『中國隸書大字典』, 上海書畵出版社, 1991年 12月 初版.
陳建貢 等編著, 『簡牘帛書字典』, 上海書畵出版社, 1991年 12月 第一版.
李正光 等編著, 『楚漢簡帛書典』, 湖南美術出版社, 1998年 1月 第一版.
崔永東 著, 『簡帛文獻與古代法文化』, 湖北教育出版社, 2003年 1月 初版.
王子今 著, 『睡虎地秦簡「日書」甲種疏證』, 湖北教育出版社, 2003年 2月 初版.
馬今洪 著, 『簡帛發現與研究』, 上海書店出版社, 2002年 12月 第一版.
李學勤 著, 『簡帛佚籍與學術史』, 江西教育出版社, 2001년 9月 初版.
駢宇騫·段書安, 『本世紀以來出土簡帛概述』『資料篇·論著目錄篇』, 臺灣萬卷樓圖書有限公司, 1999年.
朱淵清 著, 『中國出土文獻與傳統學術』, 華東師範大學出版社, 2001年 5月 初版.
李均明 著, 『古代簡牘』, 文物出版社, 2003年 4月 第一版.
鄭有國 著, 『中國簡牘學綜論』, 華東師範大學出版社, 1989年.
薛英群 著, 『居延漢簡通論』, 甘肅教育出版社, 1991年.
張亞初 著, 『論楚公豕鐘和楚公逆鐘的年代』, 『江漢考古』, 1984年 4期.
吳辛丑 著, 『簡帛異文的類型及其價値』, 華南師範大學學報, 第3期.
吳白匋 著, 『從出土簡帛書看秦漢早期隸書』, 『文物』, 1978年 2期.
張飛鶯 著, 『論錯金鄂君啓節的文物內涵及書法意義』, 『書法叢刊』, 2003年 3期.
鍾鳴天、左德承 著, 『從雲夢秦簡看秦隸』, 『書法』, 1983年 第3期.
徐學標 著, 『蝌蚪文新辯』, 『書法』, 2003年 第7期.
高明 著, 『中國古文字學通論』, 北京大學出版社, 1996年.
崔南圭 等人, 『동양철학과 문자학-유가철학 주요개념의 형성과 변천』, 아카넷, 2003年 10月.
_____, 『四書의 자구 이해와 개념고찰』, 신성출판사, 2004年 12月.

______, 『郭店楚墓竹簡-임서와 고석』, 신성출판사, 2005年 8月.
崔南圭 著, 『郭店楚墓竹簡『上海博物館藏戰國楚竹書』的書體風格特徵及隷變現象研究』, 남경예술대학박사학위논문, 2005年 5月.
叢文俊 主編, 『中國書法全集3・商周-春秋戰國金文』, 寶榮齋, 1997年 4月 第一版.
徐暢 主編, 『中國書法全集4・商周-春秋戰國刻石簡牘帛書』, 寶榮齋, 1996年 11月 第一版.
沃興華 主編, 『中國書法全集5・秦漢編-秦漢簡牘帛書卷一』, 寶榮齋, 1997年 11月 第一版.
______, 『中國書法全集6・秦漢編-秦漢簡牘帛書卷一』, 寶榮齋, 1997年 10月 第一版.
黃惇 編著, 『書法篆刻』, 高等教育出版社, 1990年 10月 第一版.
黃惇 等著, 『中國書法史』, 遼寧美術出版社, 2001年 10月 第一版.
蔣文光 著, 『中國書法史』, 文津出版社, 1994年 7月 第一版.
錢存訓 著, 金允子 譯, 『中國古代書史』, (韓國)東文選, 1990年 3月 初版.
"簡帛研究(http : //www.jianbo.org)" 簡帛書專題研究論文 300여 篇 참고.
張書岩 主編, 『異體字研究』, 商務印書館, 2004年.
王力 主編, 『古代漢語』(修訂本), 中華書局, 1962年 第一版.
裘錫圭 著, 『古文字概要』, 商務印書館, 1988年.
徐中舒 主編, 『漢語大字典』, 四川・湖北辭書出版社, 1988年.

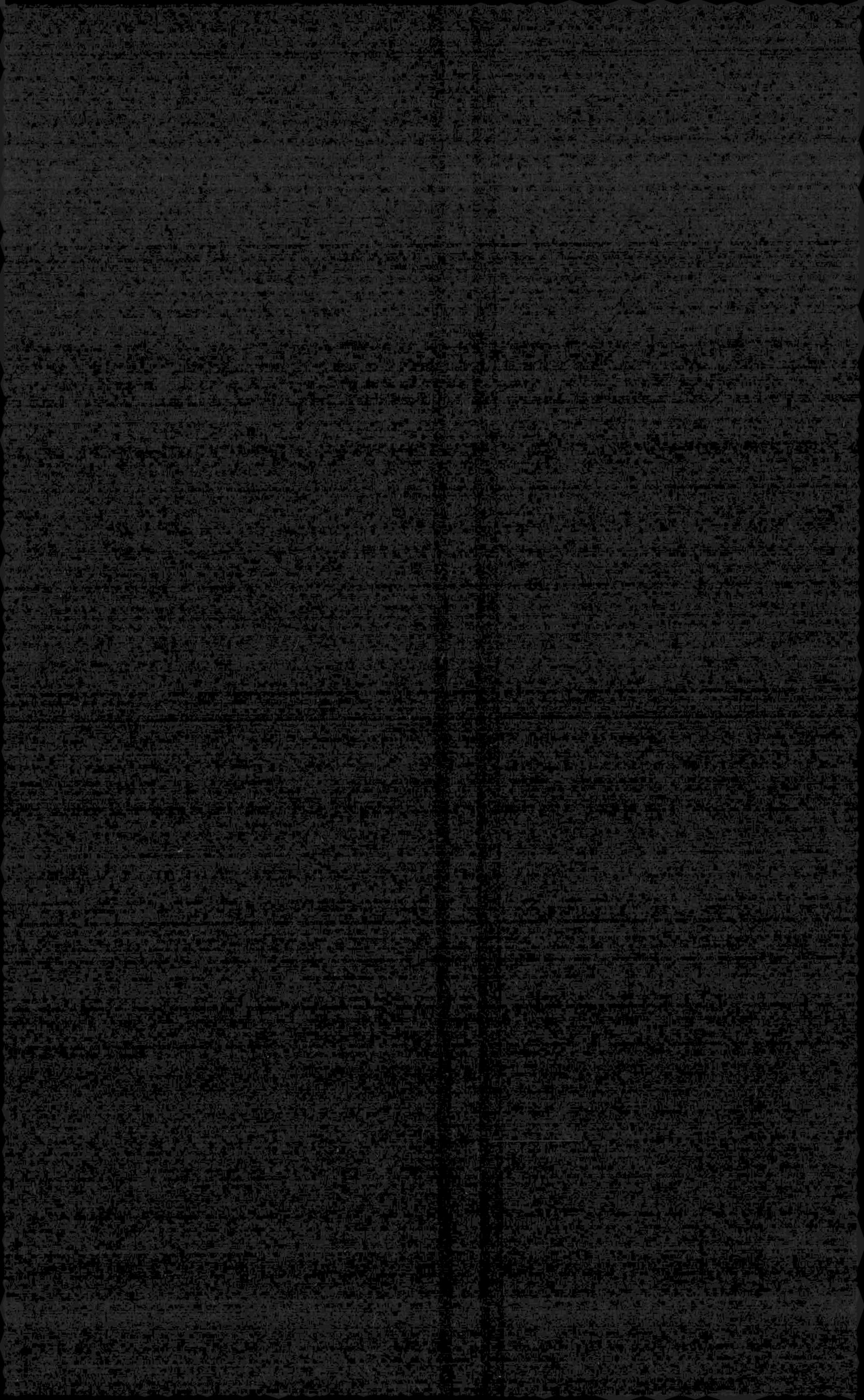